Nachfolge in Familienunternehmen – Rechtliche Rahmenbedingungen bei Kapitalgesellschaften in Deutschland und in der Türkei

Aile Şirketlerinde Halefiyet – Türkiye ve Almanya'daki Sermaye Şirketlerindeki Hukuksal Çerçeve

Schriften zum Gesellschafts-, Bilanz- und Unternehmensteuerrecht

Herausgegeben von Barbara Grunewald und Joachim Hennrichs

Band 40

Zur Qualitätssicherung und Peer Review der vorliegenden Publikation

Die Qualität der in dieser Reihe erscheinenden Arbeiten wird vor der Publikation durch den Herausgeber der Reihe geprüft.

Notes on the quality assurance and peer review of this publication

Prior to publication, the quality of the work published in this series is reviewed by the editor of the series.

Aysegül Altinbas

Nachfolge in Familienunternehmen – Rechtliche Rahmenbedingungen bei Kapitalgesellschaften in Deutschland und in der Türkei

Aile Şirketlerinde Halefiyet –

Türkiye ve Almanya'daki

Sermaye Şirketlerindeki Hukuksal Çerçeve

PETER LANG

Bibliografische Information der Deutschen Nationalbibliothek
Die Deutsche Nationalbibliothek verzeichnet diese Publikation in der Deutschen Nationalbibliografie; detaillierte bibliografische Daten sind im Internet über http://dnb.d-nb.de abrufbar.

Zugl.: Köln, Univ., Diss., 2022

D 38
ISSN 1867-500X
ISBN 978-3-631-85874-5 (Print)
E-ISBN 978-3-631-88261-0 (E-PDF)
E-ISBN 978-3-631-88262-7 (EPUB)
DOI 10.3726/b20052

Peter Lang – Berlin · Bern · Bruxelles · New York · Oxford · Warszawa · Wien

Diese Publikation wurde begutachtet.

www.peterlang.com

Meiner Familie

Vorwort

Die vorliegende Arbeit wurde im Sommersemester 2021 von der Rechtswissenschaftlichen Fakultät der Universität zu Köln als Dissertation angenommen. Sie ist im Kontext des vom österreichischen Fonds zur Förderung der wissenschaftlichen Forschung (FWF) und von der Deutschen Forschungsgemeinschaft (DFG) geförderten Forschungsprojektes „Familiäre Vermögensplanung" entstanden. Gesetzgebung, Rechtsprechung und Literatur wurden bis Juli 2021 berücksichtigt.

An erster Stelle möchte ich meiner hochverehrten Doktormutter, Frau Professor Dr. Dr. h.c. *Barbara Dauner-Lieb*, einen herzlichen Dank für die hervorragende Betreuung im Rahmen meiner Promotion aussprechen. Als Koryphäe im Recht der Familienunternehmen hat sie mir stets sehr wertvolle Hinweise gegeben und mich in jeglicher Hinsicht gefördert. Ihr Vertrauen in mich und ihre ermutigende Art haben mir bei der Anfertigung dieser Arbeit jederzeit den notwendigen Rückhalt gegeben. Frau Professor Dr. *Barbara Grunewald* bin ich für die schnelle Erstellung des Zweitgutachtens sowie das Interesse an der Entstehung meiner Arbeit besonders dankbar.

Mein unendlicher Dank gilt Herrn Professor Dr. *Hilmar Krüger*, einem der großen deutschen Kenner des türkischen Rechts, für seine bedingungslose Unterstützung zu Beginn dieser Arbeit. Ich bedauere es sehr, dass er die Fertigstellung meiner Arbeit nicht mehr erlebt hat.

Zu besonderem Dank verpflichtet bin ich Frau Professor Dr. *Şükran Şıpka*, Herrn Professor Dr. *Hasan Pulaşlı*, Frau Dr. *Nilgün Başalp Yıldırım* und Frau Dr. *Döne Yalçın*, die durch Ihre wertvollen Hinweise und Anregungen zu einzelnen Themenbereichen im türkischen Recht zum Gelingen meiner Arbeit beigetragen haben.

Großer Dank gebührt Frau Dr. *Melanie Rillig* für das geduldige Begleiten meiner Abenteuerreise Promotion sowie die mühevolle Arbeit des Korrekturlesens. Unsere langjährige Freundschaft hat mir stets Kraft und Mut zur Anfertigung und Vollendung meiner Arbeit gegeben.

Von meinen lieben Freunden möchte ich besonders Frau *Tülin Kara* und Frau *Yıldız Carmen Hitit* danken. In der Entstehungsgeschichte dieser Arbeit hatten sie immer ein offenes Ohr für mich und standen mir uneingeschränkt zur Seite.

Frau *Tuana Keskin* danke ich ganz herzlich für ihre stete Unterstützung und die mir mit auf den Weg gegebenen Ermunterungen.

Unserer Nanny Frau *Razia Mehmed Ahmed* danke ich von Herzen dafür, dass sie in den vergangenen Jahren liebevoll für meine Kinder da war und mir so in der Promotionszeit den Rücken freigehalten hat.

Mein größter Dank gilt meiner Familie, insbesondere meinem lieben Ehemann *Nusret Altınbaş*, Unternehmer aus Überzeugung und Leidenschaft, sowie unseren vier Söhnen *Efekan*, *Eren Can*, *Noyan* und *Erdem*, deren Geduld, liebevolle Unterstützung und Verständnis das Gelingen dieser Arbeit überhaupt erst ermöglicht haben. Ich hoffe, diese Arbeit wird ihnen und anderen Mitgliedern von Unternehmerfamilien zugutekommen. Nicht zuletzt danke ich meinen Eltern, *İbrahim* und *Neriman Mutaf*, die meine gesamte Ausbildung selbstlos unterstützt haben. Meiner Familie ist diese Arbeit gewidmet.

Istanbul, im April 2022
Ayşegül Altınbaş

Inhaltsübersicht

1. Kapitel: Einführung / *Giriş*

Weltweit werden erhebliche Vermögenswerte vererbt bzw. übertragen.[1] In den Jahren 2015 bis 2024 wird in der Bundesrepublik Deutschland ein Gesamtvermögen von ca. 3,1 Billionen Euro vererbt. Das sind knapp drei von zehn Vermögenseuro. Die generationsübergreifenden Übertragungen belaufen sich auf ca. 2,1 Billionen[2]. Auch in der Türkei bilden die großen privaten Vermögen, die aufgrund des wirtschaftlichen Wachstums erwirtschaftet wurden, bedeutende Nachlässe[3]. Die Vermögensübertragungen vollziehen sich demnach in kaum vorstellbarem Ausmaß von der einen auf die andere Generation. Die steigende Anzahl wohlhabender Personen und das steigende private Finanzvermögen zeigen die Bedeutung der privaten Vermögensnachfolge im Allgemeinen. Dies betrifft insbesondere Unternehmensnachfolgen, da sich sehr große Vermögen in erster Linie durch unternehmerisches Engagement bilden.

I. Bedeutung der Nachhaltigkeit von Familienunternehmen / *Aile Şirketlerinin Devamlılığının Önemi*

Familienunternehmen bilden von jeher das Rückgrat einer Volkswirtschaft. Studien gehen davon aus, dass 90 % aller deutschen Unternehmen familienkontrollierte Unternehmen sind[4]. Sie erzielen 52 % der Umsätze und stellen ca. 58 %

---

1 Die Arbeit entstand im Kontext des vom österreichischen Fonds zur Förderung der wissenschaftlichen Forschung (FWF) und von der Deutschen Forschungsgemeinschaft (DFG) geförderten Forschungsprojektes „Familiäre Vermögensplanung", das das Thema aus österreichischer, schweizer und deutscher Sicht beleuchtet; wesentliche, für diese Arbeit zum deutsch-türkischen Recht relevante Ergebnisse bei *Kalss/Dauner-Lieb*, GesRZ 2018, 261; *dies.*, GesRZ 2019, 374; grundlegend *Baddeley/Dauner-Lieb/Deixler-Hübner/Kalss/Schauer/Trigo Trindade*, Familiäre Vermögensplanung; zu den gesellschaftspolitischen Vorfragen siehe, *Dutta*, Warum Erbrecht?

2 Das Deutsche Institut für Altersvorsorge rechnet damit, dass bis zum Jahr 2024 3,1 Billionen des rund 11 Billionen Euro umfassenden Vermögensbestandes der privaten Haushalte der BRD vererbt werden, Einzelheiten siehe unter https://www.empirica-institut.de/fileadmin/Redaktion/Publikationen_Referenzen/PDFs/DIA_Studie_Erben_in_Deutschland_HighRes.pdf, zuletzt abgerufen am 15.07.2021; für die Türkei gibt es keine entsprechenden Untersuchungen.

3 *Serozan*, Beiträge zum türkischen Recht, S. 9, 10.

4 Einzelheiten zu dem Begriff der familienkontrollierten Unternehmen siehe Kap. 2, I.

aller sozialversicherungspflichtigen Beschäftigungsverhältnisse in Deutschland[5]. Auch in der Türkei repräsentieren Familienunternehmen die Mehrzahl aller Unternehmen. Einer Studie zufolge sind 90% der Unternehmen Familienunternehmen; sie erwirtschaften 90% des Nationaleinkommens (*milli gelir*)[6]. Neben diesen quantitativen Faktoren ist die Innovationskraft der Familienunternehmen hervorzuheben. Daher stammt die große Mehrzahl der wichtigsten Erfindungen der vergangenen Jahre aus Familienunternehmen[7]. So verwundert es nicht, dass mehr als Dreiviertel der unbekannten Weltmarktführer, die sog. „Hidden Champions", Familienunternehmen sind[8]. Diese hervorragende Stellung erlangen Familienunternehmen dadurch, dass sie sich auf ihren Märkten durch eine hohe Flexibilität und kurze Entscheidungswege behaupten können. Die Familie denkt in Generationen und versucht dabei, das Unternehmen über mehrere Generationen hinweg krisensicher zu erhalten[9].

Umso wichtiger ist es, nachhaltige und tragfähige Nachfolgeregelungen zu finden, damit der Fortbestand dieser Unternehmen über Generationen gesichert werden kann. Schätzungen zufolge vermag es weltweit aber nur ein Drittel der Familienunternehmen, den Übergang von einer Generation auf die nächste erfolgreich zu meistern. So gelingt in Deutschland der Generationswechsel von der ersten (der Gründer-)Generation in die zweite noch in 30 % der Fälle. Der Übergang von der zweiten in die dritte Generation ist nur noch bei ca. 10 % der Unternehmen erfolgreich[10]. Die Nachfolgefrage in der Türkei ist ebenso problematisch. Denn der Übergang von der Gründergeneration in die nächste Generation gelingt in nur 38% der Fälle und Nachfolgen in die dritte Generation sind nur noch zu 13% erfolgreich[11]. Im Volksmund heißt es daher nicht ganz zu

---

5 https://www.familienunternehmen.de/de/daten-fakten-zahlen, zuletzt abgerufen am 15.07.2021.

6 Deloitte Studie zu Familienunternehmen von 2016, https://www2.deloitte.com/tr/tr/pages/risk/articles/the-keys-to-sustainable-success-in-the-family-business.html, zuletzt abgerufen am 15.07.2021.

7 Vgl. *Hennerkes*, S. 19.

8 Vgl. *Klein*, FS für Bernd Rödl, S. 1, 3; *Hennerkes*, S. 19.

9 Deloitte Studie zu Familienunternehmen von 2016, https://www2.deloitte.com/tr/tr/pages/risk/articles/the-keys-to-sustainable-success-in-the-family-business.html, zuletzt abgerufen am 15.07.2021.

10 Riedel/*Riedel*, § 1 Rn. 23; *Baus*, Familienstrategie, S. 22.

11 Deloitte Studie zu Familienunternehmen von 2016, https://www2.deloitte.com/tr/tr/pages/risk/articles/the-keys-to-sustainable-success-in-the-family-business.html, zuletzt abgerufen am 15.07.2021.

Unrecht „dass die erste Generation erwirbt, die zweite bewahrt und die dritte verliert“[12].

Die Bedeutung und die Herausforderungen der Unternehmensnachfolge verdeutlicht eine Berechnung des Instituts für Mittelstandsforschung (IFM)[13]. Der zufolge steht im Zeitraum von 2018 bis 2022 bei etwa 150.000 Unternehmen in Deutschland die Nachfolge an. Davon betreffen gut 44 % Übertragungen an Familienangehörige. Die übrigen Unternehmen werden entweder an Mitarbeiter oder Dritte verkauft oder mangels Nachfolgeregelung stillgelegt. Von dem Nachfolgeprozess sind mindestens 2,4 Millionen Beschäftigte betroffen.

Angesichts dieser erheblichen Bedeutung und Herausforderung wird der Themenkomplex der Unternehmensnachfolge in Familienunternehmen in jüngster Zeit verstärkt erforscht. In Deutschland wird über das Thema in den einschlägigen Fachdisziplinen der Wissenschaft und der Praxis lebhaft diskutiert[14]. Für die DACH-Länder ist das Themenfeld inzwischen gut erforscht[15]. In der Türkei wird dieses Thema bisher hauptsächlich von privaten Vereinen, Wirtschaftsprüfungsgesellschaften, Beratungsunternehmen und Banken untersucht. Während im Bereich der Betriebswirtschaftslehre zu einzelnen Themen Forschung betrieben wird, vernachlässigt die rechtswissenschaftliche Forschung dieses wichtige Thema. Die dogmatisch fundierte Aufbereitung der Thematik ist daher in der Türkei unzureichend. Gesicherte wissenschaftliche insbesondere gebietsübergreifende Erkenntnisse fehlen.

Die vorliegende Arbeit nimmt vor dem Hintergrund der Forschung zu den DACH-Ländern rechtsvergleichend die Themenstellung aus der deutsch-türkischen Perspektive in den Blick.

II. Problemstellung / *Sorunun Ortaya Konulması*

Die Unternehmensnachfolge ist der Kernbereich einer umfassend als Vermögensnachfolgeplanung verstandenen Materie[16]. Familienvermögensplanung ist die Umsetzung des Wunsches einer über die eigene Person hinausgehenden

---

12 Zitiert von *Gesmann-Nuissl*, BB 2006, 2, 2.

13 Institut für Mittelstandsforschung, Daten und Fakten 2018, https://www.ifm-bonn.org/fileadmin/data/redaktion/publikationen/daten_und_fakten/dokumente/Daten-und-Fakten-18_2018.pdf, zuletzt abgerufen am 18.07.2021.

14 Siehe nur das Projekt Familienvermögensplanung (Fn. 1).

15 Ausführungen hierzu siehe unter Fn. 1.

16 *Mutter*, S. 9; umfassend dazu das Projekt Familienvermögensplanung (Fn. 1).

Vorsorge sowie einer generationenübergreifenden Erhaltung von Vermögensgesamtheiten in der Familie und für die Familie[17].

Da oftmals der Unternehmer sein gesamtes Vermögen im Unternehmen gebunden hat, kommt der Absicherung der Familienangehörigen im Rahmen der Unternehmensnachfolgeplanung eine besondere Bedeutung zu. Das Familienvermögen soll auf Wunsch des Unternehmers und nach dessen Vorstellung auch für nachfolgende Generationen als Lebens- und Existenzgrundlage erhalten bleiben. Fehlende Vorsorge für den Fall des Todes des Unternehmers kann zur Enttäuschung der Angehörigen, zu einer ungewollten Vermögensaufteilung, zum Verfall von Unternehmen und Vermögen sowie zu einer Belastung der sozialen Netze führen. Eine große Rolle spielt oft auch der Wunsch des Unternehmers, sein Lebenswerk zu erhalten.

Gegen die Perpetuierung von Vermögenseinheiten gibt es aber auch Einwände. So wird argumentiert, dass die Perpetuierung von Familienunternehmen nur zu Verkrustungen überkommener Strukturen führe; ein derartiges Lebensmodell könne daher keineswegs ein erstrebenswertes Ziel sein, das vom Privatrecht auch noch gefördert werden sollte[18]. Zudem ist zu beachten, dass Pflichtteils-, Erbersatz- und güterrechtliche Ausgleichsansprüche als Teilhabeformen naher Familienangehöriger oder des Ehegatten des Erblassers an dessen Vermögen bestehen können[19].

Der Wunsch des Erblassers, sein Vermögen dauerhaft als „Sondervermögen"[20] zu konstituieren, steht daher in einem Spannungsfeld gesetzlicher Ansprüche der Mindestteilhabeberechtigten an der Partizipation am Vermögen des Erblassers. Da es weder in Deutschland noch in der Türkei ein kodifiziertes Recht für Familienvermögensnachfolge gibt, wird das Spannungsverhältnis des Prinzips der Testierfreiheit und des Familienerbrechts besonders deutlich. Das Spannungsverhältnis zeigt sich in der Verteilungswirkung des Erbrechts einerseits und dem Interesse am ungeteilten Erhalt der Eigentümerinteressen am Unternehmen andererseits[21]. Die zentrale Frage lautet daher, ob und inwieweit das Individuum frei ist und frei sein sollte, über seine Lebensspanne hinaus sein

---

17 Baddeley/Dauner-Lieb/Deixler-Hübner/Kalss/Schauer/Trigo Trindade, Familiäre Vermögensplanung.

18 Ausführlich mit weiteren Nachweisen *Kalss/Dauner-Lieb*, GesRZ 2018, 261, 277; grundlegend *Dutta*, insbesondere S. 185 ff.

19 Siehe *Kalss/Dauner-Lieb*, GesRZ 2018, 261 ff.

20 Zum Begriff des Sondervermögens siehe *Dauner-Lieb*, Unternehmen in Sondervermögen, S. 37 ff.

21 Vgl. *Kalss/Probst*, GesRZ 2013, 115, 122.

Vermögen zu perpetuieren und umgekehrt, welche Grenzen ihm dabei gesetzt sind bzw. gesetzt werden sollen.

In diesem Zusammenhang ist besonders die Schnittstelle zum Pflichtteilsrecht von enormer Bedeutung, da seine Verteilungswirkung einseitig nicht überwindbar ist[22]. Das Pflichtteilsrecht sichert den nächsten Angehörigen des Erblassers eine Mindestteilhabe an dessen Nachlass in beiden Ländern zu, wenn sie durch Verfügung von Todes wegen von der Erbfolge ausgeschlossen sind. Während das deutsche Pflichtteilsrecht dem Berechtigten einen reinen schuldrechtlichen Zahlungsanspruch gegenüber den Erben in Höhe der Pflichtteilsquote gewährt[23], ist im türkischen Recht die Mindestteilhabe als materielles Noterbrecht ausgestaltet[24]. Das heißt, der Berechtigte hat grundsätzlich einen Anspruch auf Einsetzung als Erbe. In beiden Rechtsordnungen können diese Teilhabeansprüche insbesondere dann zu Problemen führen, wenn neben dem zu perpetuierenden „Familienvermögen" kein ausreichend weiteres Vermögen vorhanden ist, um nicht gewünschte pflichtteilsberechtigte Familienmitglieder auszuzahlen. Denn unter dem Gesichtspunkt der Wahrung der Unternehmenskontinuität spielt die Erhaltung der Liquidität des Unternehmens im Erbgang eine ausschlaggebende Rolle. Der Abfluss liquider Mittel durch die Erfüllung von Pflichtteilsansprüchen und güterrechtlichen Ausgleichsansprüchen können die Existenz eines Unternehmens angesichts ohnehin meist geringer Eigenkapitalquoten gefährden[25].

Daher ist es notwendig, die rechtlichen Rahmenbedingungen für die Familienvermögensplanung und insbesondere das Pflichtteilsrecht als die zentrale rechtliche Rahmenbedingung für eine generationsübergreifende Familienvermögensplanung herauszuarbeiten. Familienvermögensnachfolgeplanung berührt dabei verschiedene Kerngebiete, dazugehören neben dem Erbrecht und Schenkungsrecht das Gesellschaftsrecht, das eheliche Güterrecht und das Steuerrecht. Auch hat das Stiftungsrecht eine besondere Relevanz.

Das Zusammenspiel dieser ganz unterschiedlichen Rechtsgebiete macht die Vermögensnachfolge zu einer komplexen Materie. Hinzu kommt, dass eine Konstituierung und eine Perpetuierung des unternehmerischen Vermögens über die eigene Lebensspanne hinaus – im Sinne des ursprünglichen Vermögensinhabers – als „Sondervermögen" besonders herausfordernd sind. Denn als dynamische, sich notwendig ständig verändernde Einheit lässt sich unternehmerisches

22 Vgl. *Kalss/Dauner-Lieb*, GesRZ 2018, 261, 261 ff.; *Kalss/Probst*, GesRZ 2013, 115, 122.
23 Zur Ausgestaltung des deutschen Pflichtteilsrechts siehe nur MüKo/*Lange*, § 2303 Rn. 1.
24 Zur Ausgestaltung des türkischen Pflichtteilsrechts siehe nur *Imre/Erman*, § 26 II 1.
25 Ausführlich *Kalss/Dauner-Lieb*, GesRZ 2018, 261 ff.; vgl. *Lorz/Kirchdörfer*, Kap. 4 Rn. 1.

Vermögen nicht einfach durch ordnungsgemäße Verwaltung „erhalten", sondern bedarf der Führung durch geeignete unternehmerische Persönlichkeiten, die möglicherweise zum Zeitpunkt der Planung noch gar nicht vorhersehbar sind[26].

An diese Herausforderungen knüpft diese Arbeit an und untersucht zunächst national für Deutschland und die Türkei und dann rechtsvergleichend die rechtlichen Rahmenbedingungen der Familienvermögensplanung im Allgemeinen sowie im pflichtteilsrechtlichen Kontext. Ziel der Arbeit ist es, Möglichkeiten und Grenzen der generationenübergreifenden Perpetuierung von unternehmerischen Vermögen anhand von Instrumenten, die Rechtsordnungen zur Vermögensplanung zur Verfügung stellen, im Gesamtzusammenhang aufzuzeigen.

Ein Rechtsvergleich mit der Türkei bietet sich insbesondere wegen der juristischen Verwandtschaft beider Länder an. Denn die Rechtssysteme beider Länder sind durch gemeinsame geschichtliche Wurzeln eng miteinander verbunden[27]. Die schweizerische Privatrechtskodifikation wurde 1926 fast vollumfänglich in die türkische Rechtsordnung übernommen – und damit auch die in diesen Gesetzen zum Ausdruck kommenden gesellschaftlichen Wertevorstellungen. Mustafa Kemal Atatürk, Gründer der Republik Türkei, sagte zur Rechtsrezeption wörtlich: „Die Länder sind verschieden, die Zivilisation aber gemeinsam und einzig"[28]. Auch gibt es zwischen den beiden Rechtsordnungen Divergenzen wie die unterschiedliche Ausgestaltung des Mindestteilhabeanspruchs, die es zu untersuchen gilt.

Des Weiteren ist eine rechtsvergleichende Untersuchung auch praktisch von hohem Interesse, da im Zuge der Globalisierung die deutsch-türkischen Wirtschaftsbeziehungen in den letzten Jahren an Bedeutung gewonnen haben. So agieren in der Türkei über 7.500 Unternehmen mit deutscher Kapitalbeteiligung[29], in Deutschland gibt es über 100.000 türkischstämmige Unternehmer. Ein bilaterales Handelsvolumen von ca. 34 Mrd. Euro und 3,1 Millionen türkischstämmige Mitbürger in Deutschland bilden die Grundlage für eine intensive Verbindung zwischen Deutschland und der Türkei[30]. Rechtsübergreifende Beteiligungen an Gesellschaften wird es daher in beiden Ländern regelmäßig geben.

26 *Dauner-Lieb*, Unternehmen in Sondervermögen, insbesondere S. 28 ff.

27 *Serozan*, Beiträge zum türkischen Recht, S. 9, 11.

28 *Öztan*, 100 Jahre Schweizerisches ZGB, 80 Jahre Türkisches ZGB, S. 47, 48.

29 Deutsche Vertretungen in der Türkei, Bilaterale Wirtschaftsbeziehungen, https://tuerkei.diplo.de/tr-de/themen/wirtschaft/-/1673720, zuletzt abgerufen am 15.07.2021.

30 Türkisch-Deutsche Industrie- und Handelskammer, https://www.td-ihk.de/de/details/9/1/tdihkaktionsplan-2018-wird-den-bilateralen-wirtschaftsbeziehungen-neue-impulse-geben; https://tuerkei.diplo.de/tr-de/themen/wirtschaft/-/1673720, zuletzt abgerufen am 15.07.2021.

III. Gang der Untersuchung / *Araştırma Metodu*

Die zunehmende Bedeutung der Familienvermögensnachfolgeplanung in der kautelarjuristischen Praxis zeichnet den Gang der Untersuchung vor.

Das Unternehmensvermögen kann an die nächste Generation vielfältig übertragen werden. Dies richtet sich zunächst nach dem Bürgerlichen Recht bzw. nach dem Zivilrecht. Hat der Unternehmer keine Verfügung von Todes wegen über die Erbfolge errichtet, so vollzieht sich die Unternehmensnachfolge im Rahmen der gesetzlichen Erbfolge. Hat der Unternehmer eine Verfügung von Todes wegen errichtet, dann kommt die gewillkürte Erbfolge zum Zuge. Auch kann der Unternehmer bereits zu Lebzeiten sein Unternehmen im Wege der vorweggenommenen Erbfolge etwa durch Schenkung auf den vorgesehenen Nachfolger übertragen. Schließlich kann als Nachfolgevariante die Stiftungslösung in Betracht kommen.

Die Arbeit gliedert sich in neun Kapitel. Nach der Einführung werden im Kapitel zwei der Arbeit die grundlegenden Begriffe des Familienunternehmens und der Unternehmensnachfolge geklärt. Kapitel drei und vier befassen sich mit der erbrechtlichen Rechtslage, jeweils nach dem deutschen und dem türkischen Recht. Im Einzelnen handelt es sich hierbei um die gesetzliche und gewillkürte Erbfolge. Die zentrale Problematik des Pflichtteilsrechts für die Familienvermögensnachfolgeplanung wird in Kapitel fünf der Arbeit dargestellt. Um diesen Problemkreis vollständig erfassen zu können, werden das Spannungsfeld zwischen der Privatautonomie des Erblassers und der Familienerbfolge erörtert und zur Vermeidung der pflichtteilsrechtlichen Problematik die gesetzlichen und kautelarjuristischen Möglichkeiten aufgezeigt. Sodann werden in Kapitel sechs der Arbeit die gesellschaftsrechtlichen Rahmenbedingungen der Unternehmensnachfolge dargestellt. Untersucht wird die Grundfrage, ob bzw. inwieweit ein Kapitalgesellschaftsanteil vererblich ist. In der weiteren Bearbeitung wird der Frage nachgegangen, ob mit gesellschaftsvertraglichen Nachfolgeregelungen ein unerwünschtes Eindringen Dritter in die Gesellschaft verhindert werden kann. Das Augenmerk richtet sich dabei wieder auf das Pflichtteilsrecht als Gestaltungsgrenze. Kapitel sieben der Arbeit zeigt die rechtlichen Rahmenbedingungen für die Unternehmensnachfolge im Wege der vorweggenommenen Erbfolge auf. Die Sicherstellung der Versorgung des Übertragenden wird dabei näher betrachtet. Auch werden die Probleme des Pflichtteilsrechts wieder beleuchtet, da im Erbfall Pflichtteilsergänzungsansprüche entstehen können. Hieran anschließend untersucht Kapitel acht der Arbeit, ob Stiftungen sich als geeignetes Instrument erweisen, um Familienvermögen auch nach dem Tod des Unternehmers ewig für nachfolgende Generationen zu erhalten. Das letzte Kapitel der Arbeit, Kapitel 9, widmet sich schließlich der Schlussbetrachtung.

2. Kapitel: Familienunternehmen und Nachhaltigkeit / *Aile Şirketleri ve Sürdürebilirlik*

I. Definition und Abgrenzung / *Tanımlaması ve Ayrımı*

„Familienunternehmen sind keine Organisationsform, sondern eine Haltung". Das sind die inspirierenden Worte der Bundeskanzlerin Angela Merkel auf dem Tag des deutschen Familienunternehmens[31]. Um das Anliegen, durch Rechtsgestaltung geeignete Regeln für Familienunternehmen zu schaffen, rechtfertigen zu können, ist es erforderlich, das Besondere und Einmalige, somit die begriffsbestimmenden Merkmale von Familienunternehmen darzustellen[32].

In der Literatur existiert keine einheitliche Definition des Begriffs „Familienunternehmen". Die Abgrenzungskriterien, die den Definitionsversuchen zugrunde liegen, sind die Eigentumsverhältnisse, die Führung und die Kontrolle durch die Familie.

Die Europäische Kommission definiert ein Unternehmen beliebiger Größe als Familienunternehmen, „wenn 1.) die Entscheidungsgewalt mehrheitlich in der Hand der natürlichen Personen, die das Unternehmen gegründet oder es erworben haben, oder in der Hand der Ehepartner, Eltern und Kinder oder direkten Erben liegt; 2.) die Entscheidungsgewalt mehrheitlich direkt oder indirekt von diesen Personen ausgeübt wird; 3.) mindestens ein Mitglied der Familie in der Unternehmensführung eingebunden ist; 4.) bei börsennotierten Unternehmen reicht es, wenn die Familie über 25% der Stimmrechte hält"[33].

Die Stiftung Familienunternehmen versteht unter dem Begriff Familienunternehmen eine „Unternehmung beliebiger Größe, 1.) bei dem sich die Mehrheit der Entscheidungsrechte im Besitz der natürlichen Personen, die das Unternehmen gegründet oder erworben haben, oder im Besitz ihrer Ehepartner, Eltern oder Kinder befindet; 2.) die Mehrheit der Entscheidungsrechte direkt oder

---

31 Zitiert nach *Hennerkes/Kirchdörfer*, S. 33.

32 Vgl. *Kalss/Probst*, GesRZ 2013, 115, 115.

33 Europäische Kommission, Overview of family business relevant issues, final report of the expert group 2009, https://www.familienunternehmen.de/media/public/pdf/projekte-veranstaltungen/expertengruppe-familienunternehmen/stiftung-familienunternehmen_expertengruppe-familienunternehmen_group-report-en.pdf, zuletzt abgerufen am 15.07.2021; deutsche Übersetzung siehe *Kalss/Probst*, GesRZ 2013, 115, 115.

indirekt von diesen Personen ausgeübt wird und schließlich ein Vertreter der Familie offiziell in der Leitung oder Kontrolle des Unternehmens beteiligt ist"[34].

Der Begriff des Familienunternehmens ist in der Türkei trotz häufiger Verwendung in der öffentlichen Diskussion ebenfalls nicht gesetzlich geregelt. Definiert werden sie im Schrifttum als Unternehmen, die von Familienmitgliedern mit Entscheidungsmehrheit geführt oder kontrolliert werden. Als besondere Merkmale werden die Eigentumsverhältnisse, Management, Familien- und Unternehmenskultur genannt[35].

In den verschiedenen Definitionsansätzen wird auf die Familie als Eigentümer, die Führung und Kontrolle im Unternehmen abgestellt. Festzustellen ist, dass es bei den Definitionen von Familienunternehmen keine quantitativen Ansätze, wie die Größe des Unternehmens oder den Jahresumsatz gibt. Die Rechtsform, in der das Unternehmen geführt wird, ist für die Definition unerheblich[36]. Die Grundlage für das weitere Vorgehen dieser Arbeit stellen die gemeinsamen Merkmale der vorgestellten Definitionen des Familienunternehmens dar.

Familienunternehmen sind in Abgrenzung zu kapitalmarktorientierten Konzernen zu sehen, was sich vor allem in der Interessenlage der hinter dem Unternehmen stehenden Familie widerspiegelt[37]. Das vorrangige Ziel eines typischen Familienunternehmers besteht in dem Erhalt und der Sicherung des Unternehmens über mehrere Generationen. So findet eine Trennung zwischen Unternehmen und Familie häufig nicht in klaren Zügen statt. Die starke Verbindung zwischen Unternehmen und Familie legt den Grundstein für die besonderen Stärken aber auch Schwächen von Familienunternehmen, die deren wirtschaftliches Geschehen bestimmen.

---

34 Stiftung Familienunternehmen, https://www.familienunternehmen.de/de/definition-familienunternehmen, zuletzt abgerufen am 15.07.2021.

35 *Karpuzoğlu*, S. 42 ff.; Deloitte Studie zu Familienunternehmen von 2016, https://www2.deloitte.com/tr/tr/pages/risk/articles/the-keys-to-sustainable-success-in-the-family-business.html, zuletzt abgerufen am 15.07.2021.

36 Vgl. Wittener Institut für Familienunternehmen, https://www.wifu.de/best-of-fu-wissen/familienunternehmen/, zuletzt abgerufen am 15.07.2021; *Kalss/Probst*, GesRZ 2013, 115, 115.

37 Zur Abgrenzung Publikumsgesellschaft siehe *Hennerkes/Kirchdörfer*, S. 36 ff.

II. Nachhaltigkeit durch erfolgreiche Unternehmensnachfolge / *Şirketin Devamlılığının Başarılı Halefiyet Vasıtasıyla Sağlanması*

1. Definition der Unternehmensnachfolge / *Şirket Halefiyetinin Tanımı*

Eine erfolgreiche Unternehmensnachfolge ist für Familienunternehmen eine äußerst wichtige Aufgabe. Mit dem Begriff der „Unternehmensnachfolge" werden Konstellationen umschrieben, in denen eine Unternehmerstellung an einen Nachfolger oder eine Nachfolgerin oder an mehrere übergeht, oder übergeben wird[38]. Entscheidend ist, dass das Unternehmen fortbesteht, obwohl der bisherige Inhaber zu Lebzeiten ausgeschieden oder durch Tod weggefallen ist. Durch Unternehmensnachfolgeplanung soll das Unternehmen vor Veräußerung und Auflösung geschützt werden. Ebenso soll es durch die Möglichkeit der Gewinnnutzung bzw. Leistungen für die Abkömmlinge oder sonstigen Begünstigten rechtlich gesichert werden. Dabei sind zwei völlig verschiedene Fragestellungen zu beachten[39]. Zum einen geht es um die Nachfolge in die Gesellschaftsanteile auf der Gesellschafterebene, also um die Vermögensnachfolge. Zum anderen geht es um die Nachfolge auf der Geschäftsführungsebene, also die Unternehmer- und Führungsnachfolge[40].

Die Gestaltung der Unternehmensnachfolge stellt eine zentrale Herausforderung im Leben eines Familienunternehmens dar. Mit ihr werden die Weichen für die Zukunftsfähigkeit des Unternehmens ebenso wie für Zusammenhalt und Frieden in der Familie gestellt. „Best Practice" für die Unternehmensnachfolge kann es nicht geben. Dazu sind die Unternehmen und die Familien zu unterschiedlich[41].

---

38 Siehe nur *Gesmann-Nuissl*, BB 2006, 1, 2.

39 Vgl. *Kirchdörfer*, FuS 2019, 144, 145.

40 Hennerkes/Kirchdörfer, S. 172.

41 *Breyer*, FuS 2018, 22, 22.

2. Formen der Unternehmensnachfolge / *Şirket Halefiyetinin Şekilleri*

Als Gestaltungsformen für eine Unternehmensnachfolge kommen familieninterne und familienexterne Nachfolgelösungen in Betracht, die im Folgenden aufgezeigt werden[42].

a) Familieninterne Nachfolge / *Aile İçi Halefiyet*

Einer Studie aus dem Jahr 2018 zufolge entschied sich die Mehrzahl der Familienunternehmen – genau 53% – für eine familieninterne Nachfolgelösung[43], d.h. Söhne, Töchter oder Ehegatten sollen das Unternehmen weiterführen. Von daher wird von Stimmen in der Literatur zurecht vertreten, dass die interne Unternehmensnachfolge „der wichtigste Garant für die Kontinuität von Familienunternehmen" ist[44]. Für eine solche traditionelle Unternehmensnachfolge stehen mehrere Varianten zur Verfügung, zumeist erfolgt sie jedoch durch eine vorweggenommene Erbfolge oder durch eine letztwillige Verfügung[45]. Die Arbeit konzentriert sich auf familieninterne Gestaltungen, da mit der Übertragung an Familienmitglieder das Familienunternehmen steht und fällt. Der Vollständigkeit halber wird die familienexterne Nachfolge im Folgenden kurz dargestellt.

b) Familienexterne Nachfolge / *Aile Dışı Halefiyet*

Es gibt vielschichtige Motive für eine familienexterne Nachfolgelösung[46]. So kann der Mangel an natürlichen Nachfolgern im Familienumfeld ein Motiv für die Wahl einer externen Nachfolgeregelung sein. Denkbar ist ferner, dass vorhandenen potenziellen Nachfolgern einfach das Interesse oder die notwendige Qualifikation für eine Selbstständigkeit oder Fortführung der unternehmerischen Aktivitäten des Vorgängers fehlen. Schließlich können finanzielle oder geschäftsstrategische Überlegungen die familienexterne Nachfolge begründen[47].

42 Zu den Gestaltungsalternativen der Nachfolgelösung siehe *Gesmann-Nuissl*, BB 2006, 2, 3 ff.

43 https://www.ifm-bonn.org/fileadmin/data/redaktion/publikationen/daten_und_fakten/dokumente/Daten-und-Fakten-18_2018.pdf; vgl. auch *Feick*, § 4 Rn. 2.

44 Hennerkes/Kirchdörfer, S. 169.

45 *Gesmann-Nuissl*, BB 2006, 2, 3.

46 Grundlegend zur familienexternen Gestaltung siehe *Gesmann-Nuissl*, BB 2006, 2, 5 ff.

47 Hierzu siehe *Gesmann-Nuissl*, BB 2006, 2, 5.

Die erste Variante für eine familienexterne Nachfolge ist das sog. Fremdmanagement, bei welchem der Unternehmer seine Eigentumsrechte am Unternehmen behält und lediglich das operative Geschäft, die Geschäftsführung, in fremde Hände gibt.

Bei der Nachfolgelösung des sog. Management-Buy-Out (MBO) wird das Familienunternehmen an das bestehende, aber nicht zur Familie zählende Management veräußert. Bei den Managern handelt es sich somit um unternehmensinterne Führungskräfte, die das Unternehmen mit eigenen Mitteln erwerben.[48]

Bei einem sog. Management-Buy-In (MBI) handelt es sich um eine Nachfolgevariante, bei welcher sich ein externes Managementteam in die Führung des Unternehmens einkauft[49]. Das Familienunternehmen wird damit an außenstehende, also neu eintretende Manager veräußert.

48 *Göthel*, BB 2012, 726, 726.

49 Ausführlich dazu *Göthel*, BB 2012, 726, 727.

3. Kapitel: Rechtslage ohne Verfügungen des Erblassers: Die gesetzliche Erbfolge / *Murisin Ölüme Bağlı Tasarrufunun Bulunmaması Halinde Hukuki Durum: Yasal Mirasçılık*

Zunächst sind die rechtlichen Rahmenbedingungen der Unternehmensnachfolge im Rahmen der Erbfolge (*mirasçılık açısından şirket halefiyetinin yasal koşulları*) zu ermitteln. Hat der Erblasser keine Verfügung von Todes wegen über die Erbfolge errichtet oder ist die Erbenbestimmung in einer Verfügung von Todes wegen unwirksam, so bestimmt unmittelbar das Gesetz, wer Erbe wird.

I. Die gesetzliche Erbfolge nach deutschem Recht / *Alman Hukukuna Göre Yasal Mirasçılık*

Nach deutschem Recht ist die gesetzliche Erbfolge in den §§ 1924 bis 1936 BGB[50] geregelt[51]. Es ist als Familienerbrecht ausgestaltet. Danach sind gesetzliche Erben zunächst die Angehörigen des Erblassers und der überlebende Ehegatte oder der gleichgeschlechtliche Lebenspartner[52].

Mit Einführung der sog. „Ehe für alle" hat der Gesetzgeber zum 01.01.2017 über § 1357 Abs. 1 BGB das Recht der Eheschließung auf Personen gleichen Geschlechts erweitert[53]. Lebenspartnerschaften können seit dem 01.10.2017 nicht mehr begründet werden[54]. Bereits bestehende, eingetragene

---

50 Die im Folgenden mit BGB zitierten Paragrafen sind solche des Deutschen Bürgerlichen Gesetzbuches.

51 Zum System der gesetzlichen Erbfolge siehe etwa *Lange*, Kap. 5, S. 159 ff.; *Schmoeckel*, Kap. C., S. 72 ff.

52 Für bis zum 30.09.2017 eingetragene Lebenspartnerschaften.

53 Gesetz zur Einführung des Rechts auf Eheschließung für Personen gleichen Geschlechts v. 27.07.2017, BGBl 2787 (Eheöffnungsgesetz).

54 Dazu Begründung des Gesetzgebers: „Mit der Öffnung der Ehe für gleichgeschlechtliche Paare entfällt der Bedarf, das Rechtsinstitut der eingetragenen Lebenspartnerschaft weiter für Neueintragungen offen zu halten – auch angesichts dessen, dass es bislang zwar die gleichen Pflichten wie die Ehe beinhaltet, nicht aber die vollen Rechte (z.B. im Adoptionsrecht). Deshalb wird die Neueintragung der Lebenspartnerschaft nicht mehr möglich sein. Die schon eingetragenen Lebenspartnerschaften werden hingegen

Lebenspartnerschaften bleiben jedoch bestehen, § 1 Abs. 1 S. 1 LPartG. Die Partner haben die Wahl, ob sie den Status der eingetragenen Lebenspartnerschaft beibehalten oder die Lebenspartnerschaft in die Ehe nach Maßgabe des § 20a LPartG umwandeln wollen[55]. Im Hinblick auf das Erbrecht bedarf es bei einer gleichgeschlechtlichen Ehe zukünftig nicht mehr des § 10 LPartG, das die gleichgeschlechtlichen Lebenspartnerschaften im Erbrecht Ehegatten gleichstellte[56]. Das Erbrecht des Bürgerlichen Gesetzbuches nach §§ 1922 ff. BGB ist direkt anwendbar. Sehen die Lebenspartner allerdings von einer Umwandlung einer Lebenspartnerschaft in eine Ehe ab, so bleibt es bei den erbrechtlichen Bestimmungen des LPartG[57].

Wenn keine Verwandten bzw. kein Ehegatte vorhanden sind, fällt der Nachlass in letzter Konsequenz an den Staat, § 1936 BGB.

1. Die Gründe des Familienerbrechts und die dahinterstehende Philosophie / *Aile Miras Hukukunun Nedenleri ve Arka Plandaki Temel Felsefe*

Die Systematik der Vorschriften über die gesetzliche Erbfolge basiert auf der Grundsatzentscheidung des Erbrechts für das Prinzip der Familienerbfolge[58]. Mit dem Prinzip des Familienerbrechts wird die Familie als soziale Gemeinschaft in den Mittelpunkt des erbrechtlichen Regelungssystems gestellt[59]. Die grundsätzliche Ausprägung des gesetzlichen Erbrechts als Familienerbrecht (Verwandten- und Ehegattenerbrecht) ist vom verfassungsrechtlichen Schutz der Ehe und der Familie nach Art. 6 Abs. 1 GG mitumfasst [60]. Davon geht auch das BVerfG aus, indem es bei den nächsten Familienangehörigen engere Grenzen für die zulässige Erbschaftssteuerbelastung zieht als bei sonstigen Erben[61].

Als innere Gründe des Familienerbrechts lassen sich die persönlichen Beziehungen, wirtschaftliche Verflechtungen und gegenseitige Versorgung

weiter bestehen, es sei denn die Lebenspartnerinnen bzw. Lebenspartner werden sie in eine Ehe umwandeln.", Bundestagsdrucksache 18/6665, S. 9.

55 Dazu etwa *Löhnig*, NZFam 2017, 977, 977; *Kaiser*, FamRZ 2017, 1985 ff.

56 Vgl. Scherer/*Bregulla-Weber*, § 17 Rn. 19.

57 *Leipold*, § 7 Rn. 209.

58 Grundlegend etwa *Lange*, Kap. 5, § 20 Rn. 5 ff.; siehe etwa auch *Leipold*, § 3 Rn. 71.

59 Siehe nur *Lange*, Kap. 5, § 20 Rn. 5.

60 Vgl. *Leipold*, § 3 Rn. 71; *Olzen/Looschelders*, Kap. 1, § 3 Rn. 41; *Gursky/Lettmaier*, Einl. Rn. 30.

61 BVerfGE 93, 165, 173 f.; BVerfGE 112, 332 ff.; BVerfG ZEV 2000, 399, 399.

bezeichnen[62]. Diejenigen Personen, die dem Erblasser in aller Regel im Leben am nächsten stehen, wie der Ehegatte und die Verwandten, insbesondere die Eltern, leisten zum Vermögenserwerb des Erblassers in der Regel mittelbar oder unmittelbar Unterstützung. Diese Familiensolidarität bildet für den Gesetzgeber von Verfassung wegen des Leitmodells für die Ausgestaltung der gesetzlichen Erbfolge[63].

Den Begriff der Familiensolidarität definierte das BVerfG in seiner Pflichtteilsentscheidung im Jahre 2005 als „unauflösbare, lebenslange Gemeinschaft zwischen Eltern und Kindern, innerhalb derer beide nicht nur berechtigt, sondern auch berechtigt sind, füreinander sowohl materiell als auch persönlich Verantwortung zu übernehmen“[64]. Zwar tritt das Prinzip der Familienerbfolge in Widerspruch zum Grundsatz der Testierfreiheit, welche es dem Erblasser gestattet, einen von der gesetzlichen Familienerbfolge abweichenden Übergang seines Vermögens von Todes wegen anzuordnen. Dieser Widerspruch wird aber durch das Pflichtteilsrecht nach §§ 2303 ff. BGB von nahen Angehörigen und Ehegatten entschärft, welches dem Berechtigten eine unentziehbare Mindestteilhabe am Nachlass garantiert[65]. Das Pflichtteilsrecht knüpft damit an die familienrechtlichen Beziehungen zwischen dem Erblasser und seinen Kindern und implementiert das Postulat der regelmäßig durch Abstammung begründete und zumeist durch familiäres Zusammenleben untermauerten Solidarität zwischen Generationen in den Bereich des Erbrechts[66].

2. Erbrechtliche Grundzüge / *Miras Hukukunun Temel İlkeleri*

Nach deutschem Recht gelten gemäß §§ 1922 Abs. 1, 1942 Abs. 1 BGB die Grundsätze der Universalsukzession / Gesamtrechtsnachfolge und die des Vonselbsterwerbes (*ipso iure*)[67]. Das Vermögen des Erblassers, d. h. die Gesamtheit seiner geldwerten privaten Rechte, geht mit dem Tod auf den oder die Erben über. Mehrere Erben bilden eine Erbengemeinschaft, die wie die BGB-Gesellschaft eine Gesamthandsgemeinschaft ist, §§ 2032 ff. BGB[68]. Aufgrund der

62 *Leipold*, § 4 Rn 86 f.
63 Vgl. *Horsch*, NVwZ 2010, 232, 233.
64 Vgl. BVerfGE 112, 332, 352 f. = BVerfG NJW 2005, 1561, 1564; *Hollmann*, S. 163.
65 Vgl. BVerfGE 112, 332 ff.; *Hollmann*, S. 166.
66 *Horsch*, NVwZ 2010, 232.
67 Siehe dazu etwa MüKo/*Leipold*, § 1922 Rn. 2.
68 Siehe dazu nur MüKo/*Gergen*, § 2032 Rn. 6; Hau/Poseck/*Lohmann*, BeckOK BGB, § 2032 Rn. 2.

Universalsukzession werden Alleinerbe oder Miterbengemeinschaft anstelle des Erblassers mit dem Erbfall Eigentümer beweglicher und unbeweglicher Sachen und Inhaber aller schuldrechtlichen Forderungen. Auch die Schulden des Erblassers gehen mit dem Erbfall auf den Erben oder die Erben über. Die Vorschrift des § 1967 BGB stellt klar, dass der Erbe für die Nachlassverbindlichkeiten haftet. Bei der Fortführung eines Unternehmens durch den Erben ist außerdem § 27 HGB zu beachten, womit schwierige Rechtsfragen verbunden sein können.[69]

Die Gesamtrechtsnachfolge soll den Interessen der Nachlassbeteiligten (Erbe bzw. Miterben, Nachlassgläubiger, Pflichtteilsberechtigte) und der Allgemeinheit dienen, da sie die Nachlassabwicklung erleichtert und zunächst den Nachlass als wirtschaftliche Einheit und Haftungseinheit zusammenhält[70]. Der Vonselbsterwerb verhindert Eingriffe Dritter[71].

Nach diesen Grundsätzen geht mit dem Tod des Erblassers der Nachlass als Ganzes im Wege der Gesamtrechtsnachfolge ohne jegliche Mitwirkung auf den Erben über. Der Erbe erwirbt automatisch und ohne eigene Aktivität den Nachlass mit dinglicher Wirkung. Er tritt ohne Weiteres in alle Rechte und Pflichten des Erblassers ein[72]. Ein Annahmeakt ist nicht erforderlich[73]. Der Anfall der Erbschaft kann jedoch durch Ausschlagung wieder beseitigt werden. Wird die Erbschaft ausgeschlagen, so gilt der Anfall an den Ausschlagenden als nicht erfolgt, § 1953 Abs. 1 BGB. Ein Ausschlagungsrecht steht dem Staat als Zwangserben nicht zu, §§ 1942 Abs. 2, 1936 BGB.

3. Erbrecht der Verwandten / *Hısımların Miras Hakkı*

Im Hinblick auf die Frage, ob bzw. welcher Verwandte des Erblassers Erbe wird, gilt das sog. Parentelsystem[74]. Danach werden die Verwandten des Erblassers in verschiedene Parentelen, auch Ordnungen genannt, eingeteilt und innerhalb

---

69 Grundlegend dazu *Dauner/Lieb*, Unternehmen in Sondervermögen, S. 152 ff.; zum aktuellen Stand der Vererbung eines einzelkaufmännischen Unternehmens siehe etwa Baumbach/*Hopt*, § 27.

70 Siehe nur MüKo/*Leipold*, § 1922 Rn. 145 f.

71 Siehe nur MüKo/*Leipold*, § 1942 Rn. 3.

72 Siehe nur Jauernig/*Stürner*, § 1922 Rn. 1.

73 *Kalss/Dauner-Lieb*, GesRZ 2018, 261, 265, im Vergleich zum österreichischen System der Verlassenschaft. Beim Tod des Erblassers geht das Vermögen auf eine temporär bestehende juristische Person, die Verlassenschaft über. Der Erwerb durch die Erben erfolgt erst durch eine gerichtliche Entscheidung, der sogenannten Einantwortung.

74 Siehe dazu etwa *Lange*, Kap. 5, § 21 Rn. 28 ff.

einer Parentel nach Stämmen, §§ 1924 ff. BGB. Die Verwandtschaft und – als Voraussetzung der Verwandtschaft – die Abstammung sind nach den Regeln des Familienrechts zu beurteilen. Ausgangspunkt ist dabei die Vorschrift des § 1589 BGB, wonach Personen miteinander verwandt sind, die voneinander abstammen (Verwandtschaft in gerader Linie, z.B. Eltern, Kinder, Enkel) oder die von der dritten Person abstammen (Verwandtschaft in der Seitenlinie, z.B. zwischen Geschwistern)[75].

Nichteheliche Kinder stehen seit dem Inkrafttreten des Erbrechtsgleichstellungsgesetzes vom 01.04.1998 den ehelichen Abkömmlingen gleich.

Adoptivkinder, die nach dem 01.01.1977 adoptiert wurden, sind den leiblichen Kindern gleichgestellt. Zu unterscheiden ist dabei zwischen der Volljährigen- und der Minderjährigenadoption. Erfolgte die Adoption als Minderjähriger, erlöschen gemäß § 1755 BGB alle bestehenden Verwandtschaftsverhältnisse zur Ursprungsfamilie und das Kind erlangt ein vollwertiges Erb- und Pflichtteilsrecht nach seiner Adoptivfamilie. Bei der Adoption Volljähriger wird das Verwandtschaftsverhältnis zu den Blutsverwandten grundsätzlich beibehalten, § 1770 Abs. 2 BGB. Gleichzeitig entsteht kein Erbrecht gegenüber den Verwandten des Annehmenden, § 1770 Abs. 1 BGB.

Nicht zu den Verwandten im Rechtssinne zählt der Ehegatte, da die Ehe keine Verwandtschaft begründet. Das gesetzliche Erbrecht des Ehegatten bestimmt sich nach eigenen Regeln, und zwar nach §§ 1931 ff. BGB.[76]

a) Erbfolge nach Ordnungen (Parentelsystem) / *Zümrelere Göre Mirasçılık (Parantel Sistem)*

Die Erbfolge nach Ordnungen besagt, dass Verwandte der näheren Ordnung die Verwandten, die weiter entfernten Ordnungen angehören, grundsätzlich ausschließen[77]. Zu einer Ordnung werden jeweils diejenigen Personen zusammengefasst, die sich von dem Erblasser oder seiner Eltern, Großeltern usw. ableiten[78]. Dementsprechend sind gemäß § 1924 Abs. 1 BGB die Abkömmlinge des Erblassers zu Erben berufen. Hat der Erblasser mehrere Kinder hinterlassen, erben diese zu gleichen Teilen, § 1924 Abs. 4 BGB.

Gesetzliche Erben der zweiten Ordnung sind die Eltern des Erblassers sowie deren Abkömmlinge, § 1925 Abs. 1 BGB. Sie kommen nach § 1930 BGB nur

---

75 Siehe nur MüKo/*Wellenhofer*, § 1589 Rn. 1.

76 Zum Ganzen siehe etwa MüKo/Leipold, § 1931 Rn. 1 ff.

77 Anschaulich *Brox/Walker*, § 4 Rn. 6.

78 Siehe nur *Lange*, Kap. 5, § 21 Rn. 36 f.; *Brox/Walker*, § 4 Rn. 6.

zum Zuge, wenn kein Erbe erster Ordnung vorhanden ist. Innerhalb der Erben zweiter Ordnung sieht das Gesetz ebenfalls eine Rangfolge vor: Leben beide Eltern des Erblassers, so erben diese zu gleichen Teilen, § 1925 Abs. 2 BGB. Ist ein Elternteil vorverstorben, so geht nach dem sog. Liniensystem[79] die auf ihn fallende Hälfte auf seine Abkömmlinge über, § 1925 Abs. 3 S. 1 BGB. Unter einer sog. Linie ist die Teilung der aufsteigenden Erblasserverwandtschaft in eine mütterliche und väterliche Seite zu verstehen[80]. Das Erbrecht nach Linien ist bei halbbürtigen Geschwistern von Bedeutung[81]. Dabei gelten für die Abkömmlinge des vorverstorbenen Elternteils die Vorschriften über die Erben erster Ordnung, d.h. die Kinder des vorverstorbenen Elternteils – auch die nichtehelichen oder aus einer anderen Ehe stammenden – erben zu gleichen Teilen[82].

Die dritte Ordnung umfasst die Großeltern und ihre Abkömmlinge, § 1926 Abs. 1 BGB. Auch in der dritten Ordnung werden die Erben nach Linien bestimmt. Jeder Großelternteil bildet mit seinen Abkömmlingen zusammen eine Linie. Erben vierter Ordnung sind die Urgroßeltern des Erblassers und deren Abkömmlinge, § 1928 BGB.

Ab der vierten Ordnung gilt nach § 1928 Abs. 3 BGB das Gradualsystem. Danach steht das gesetzliche Erbrecht der Person zu, die mit dem Erblasser gradmäßig näher verwandt ist[83]. Nach § 1589 Abs. 1 S. 3 BGB wird der Grad der Verwandtschaft durch die Zahl der vermittelnden Geburten bestimmt.

b) Erbfolge nach Stämmen / *Soylara Göre Mirasçılık*

Da innerhalb ein und derselben Ordnung mehrere, mit dem Erblasser in verschiedener Weise verwandte Personen vorhanden sein können, tritt zur Auswahl der konkreten Erben und zur Bestimmung der Erbteile zum Parentelsystem der Grundsatz der Erbfolge nach Stämmen hinzu[84]. Zu einem Stamm fasst das Gesetz jeweils diejenigen Abkömmlinge des Erblassers zusammen, die durch ein und denselben Abkömmling mit dem Erblasser verwandt sind, § 1924 Abs. 3 BGB. Jedes Kind des Erblassers bildet daher zusammen mit seinen Abkömmlingen einen gesonderten Stamm. Innerhalb der Stämme gilt das

---

79 Vgl. *Brox/Walker*, § 4, Rn. 11.

80 Zu den Einzelheiten siehe *Lange*, Kap. 5, § 21 Rn. 36.

81 Siehe nur MüKo/*Leipold*, § 1925 Rn. 6; Hau/Poseck/*Müller-Christmann*, BeckOK BGB, § 1925 Rn. 6; *Leipold*, § 5 Rn. 132.

82 Vgl. *Leipold*, § 5 Rn. 132.

83 Siehe nur *Lange*, Kap. 5 § 21 Rn. 29, 31.

84 Im Einzelnen siehe nur MüKo/*Leipold*, § 1924 Rn. 1; *Leipold*, § 4 Rn. 115 ff.

Repräsentationsprinzip[85], § 1924 Abs. 2 BGB. Danach schließt der mit dem Erblasser am nächsten verwandte Angehörige eines jedes Stammes die anderen Angehörigen dieses Stammes von der Erbfolge aus. Er repräsentiert gleichsam seinen Stamm. Ist dagegen ein Abkömmling des Erblassers bereits vor dem Erbfall verstorben, so treten nach dem sog. Eintrittsprinzip jeweils die durch ihn mit dem Erblasser verwandten Abkömmlinge an seine Stelle, § 1924 Abs. 3 BGB.

4. Erbrecht des Ehegatten / *Eşin Miras Hakkı*

Neben den Verwandten ist auch der überlebende Ehegatte oder der eingetragene Lebenspartner des Erblassers als gesetzlicher Erbe berufen, §§ 1931 ff. BGB bzw. § 10 Abs. 1 LPartG. Dem überlebenden Partner einer nichtehelichen Lebensgemeinschaft steht kein gesetzlicher Erbteil zu, da es insofern an einer personen- und vermögensrechtlichen Bindung fehlt[86]. Dem Partner können aber Rechte aus § 1969 BGB zustehen[87]. Hiernach ist der Erbe verpflichtet, den Familienangehörigen des Erblassers, zu dessen Hausstand sie gehörten und von dem sie Unterhalt bezogen, 30 Tage lang einen entsprechenden Unterhalt zu gewähren. Zweck der Norm ist es, die dem Erblasser nahestehenden Personen, wie etwa Familienangehörige und auch nichteheliche Partner, für den ersten Monat nach dem Tod des Erblassers durch diesen sog. „Dreißigsten" abzusichern[88].

Voraussetzung für das Erbrecht des überlebenden Ehegatten ist, dass die Ehe mit dem Erblasser bis zum Zeitpunkt des Erbfalls bestand. Das Erbrecht ist nach § 1933 S. 1 BGB schon dann ausgeschlossen, wenn beim Todesfall die Voraussetzungen der Scheidung nach §§ 1564 ff. BGB gegeben waren und der Erblasser die Scheidung beantragt oder ihr zugestimmt hatte.

Die Höhe des gesetzlichen Erbteils hängt davon ab, neben welchen Verwandten der Ehegatte oder der Lebenspartner zur Erbfolge gelangt, § 1931 BGB, § 10 LPartG, und welcher Güterstand gegeben war. Der überlebende Ehegatte erbt zunächst unabhängig vom Güterstand neben Verwandten der ersten Ordnung ein Viertel, neben Verwandten der zweiten Ordnung die Hälfte des Nachlasses, § 1931 Abs. 1 BGB. Treffen Erben der dritten Ordnung, also Großeltern des Erblassers und deren Abkömmlinge, mit dem Ehegatten zusammen, erhält der Ehegatte zusätzlich zur Hälfte des Nachlasses noch den Anteil, der auf die Abkömmlinge der Großeltern fallen würde, § 1931 Abs. 1 S. 2 BGB.

---

85 Siehe nur *Lange*, Kap. 5, § 21 Rn. 38 ff.

86 Siehe dazu Lange, Kap. 5 § 22 Rn. 87, 87a.

87 Siehe nur MüKo/*Küpper*, § 1969 Rn. 2.

88 Siehe nur Lange, Kap. 5, § 26 Rn. 116; MüKo/*Küpper*, § 1969 Rn. 1.

a) Zugewinngemeinschaft / *Kazanç Ortaklığı Rejimi*

Nach § 1931 Abs. 3 BGB i.V.m. § 1371 Abs. 1 BGB erhöht sich der gesetzliche Erbteil des überlebenden Ehegatten pauschal um ein Viertel, wenn die Ehegatten in Zugewinngemeinschaft gelebt haben. Die Zugewinngemeinschaft ist der gesetzliche und häufigste Güterstand[89], d.h. die Regeln dieses Güterstandes gelten, wenn die Ehegatten nicht durch Ehevertrag etwas anderes vereinbart haben, §§ 1363 Abs. 1, 1408 BGB. Durch einen gemäß § 1410 BGB der notariellen Form unterliegenden Ehevertrag können entweder statt des gesetzlichen Güterstandes die Güterstände der Gütertrennung nach § 1414 BGB oder der Gütergemeinschaft nach §§ 1415 ff. BGB gewählt oder aber die Zugewinngemeinschaft nur modifiziert werden.

Die gesetzliche Regelung geht von der Überlegung aus, dass der Vermögenszuwachs/Zugewinn, den der eine Ehegatte während der Zeit der Ehe erzielt, letztlich auch auf Leistungen des anderen Ehegatten beruht[90]. Daher sollen beide Ehegatten an dem Vermögen, das während der Ehe erwirtschaftet wurde, in gleicher Weise beteiligt werden. Trotz dieses Grundgedankens und entgegen dem Wortbestandteil „Gemeinschaft" führt aber die Zugewinngemeinschaft nicht zu einer gemeinschaftlichen Berechtigung am Vermögen. Vielmehr bleiben die beiderseitigen Vermögen der Ehegatten getrennt[91]. Das gilt sowohl für das bei der Eheschließung vorhandene als auch für das später erworbene Vermögen beider Ehegatten, § 1363 Abs. 2 S. 1 BGB. Erst bei der Beendigung der Ehe wie durch den Tod eines der beiden Ehegatten werden aus der Vorstellung, der Zugewinn sei gemeinsam erwirtschaftet worden, Konsequenzen gezogen. Nunmehr ist der beidseitige Zugewinn der Ehegatten auszugleichen, § 1363 Abs. 2 S. 2 BGB. Dabei ist im Todesfall zwischen der sog. erbrechtlichen und der sog. güterrechtlichen Lösung zu unterscheiden[92].

Nach der erbrechtlichen Lösung erfolgt der Zugewinnausgleich dadurch, dass der Erbteil des überlebenden Ehegatten pauschal um ein Viertel erhöht wird, §§ 1931 Abs. 3, 1371 BGB. Dieses Viertel kommt zu dem Erbteil, den der Ehegatte nach § 1931 Abs. 1 BGB erhält, hinzu. Neben Abkömmlingen des verstorbenen Ehegatten erbt der überlebende Ehegatte also insgesamt die Hälfte. Unerheblich ist, ob der verstorbene Ehegatte tatsächlich einen Zugewinn erzielt hat[93]. Nur

89 Grundlegend *Gernhuber/Coester-Waltjen*, §§ 33 ff.
90 Aus erbrechtlicher Sicht nur *Leipold*, § 6 Rn. 163; ausführlich *Dethloff*, A 87.
91 Gernhuber/Coester-Waltjen, §§ 33 Rn. 23.
92 Vgl. *Lange*, Kap. 5 § 22 Rn. 72 ff.; *Leipold*, § 6 Rn. 163 ff., 191 ff.
93 Siehe nur *Brox/Walker*, § 6 Rn. 11.

wenn der überlebende Ehegatte weder Erbe noch Vermächtnisnehmer ist, greift die güterrechtliche Lösung ein. In diesem Fall hat der überlebende Ehegatte gem. § 1371 Abs. 2 BGB Anspruch auf Ausgleich des Zugewinns nach den §§ 1373 ff. BGB. Dabei wird der Anspruch nach dem tatsächlichen Zugewinn ermittelt[94].

b) Gütertrennung / *Mal Ayrılığı Rejimi*

Gem. § 1408 BGB können die Ehegatten ihre güterrechtlichen Verhältnisse durch Vertrag regeln, insbesondere den gesetzlichen Güterstand aufheben oder ändern. Sie können insbesondere Gütertrennung vereinbaren. Gütertrennung tritt ein, wenn die Ehegatten eine Gütertrennung durch Ehevertrag vereinbaren oder der gesetzliche Güterstand aufgehoben wird, ohne dass eine andere Regelung getroffen wird, § 1414 BGB. Die Gütertrennung bewirkt eine strikte Trennung der Gütermassen während der Ehe und auch nach Beendigung der Ehe [95]. Infolgedessen ist § 1371 BGB nicht anwendbar[96]. Der überlebende Ehegatte wird zunächst den Abkömmlingen des Erblassers gleichgestellt. Das Gesetz privilegiert den Ehegatten, der neben einem oder zwei Kindern erbt. In diesem Fall erben alle zu gleichen Teilen, § 1931 Abs. 4 BGB. Der Ehegatte erhält also mehr als das nach § 1931 Abs. 1 BGB vorgesehene Viertel. Sofern keine Kinder gesetzliche Erben sind oder wenn drei oder mehr Abkömmlinge des Erblassers vorhanden sind, verbleibt es bei der Grundregel des § 1931 Abs. 1 BGB[97]. Der überlebende Ehegatte erbt neben Verwandten der ersten Ordnung zu einem Viertel, neben Verwandten der zweiten Ordnung oder neben Großeltern die Hälfte.

Für Unternehmerehen wurde und wird traditionell Gütertrennung vereinbart. Dadurch sollte vor allem für den Fall der Scheidung das Unternehmen von einem lebensbedrohenden Liquiditätsabfluss geschützt werden[98]. Eine (untergeordnete) Rolle mag auch der Gesichtspunkt gespielt haben, dass der Ehepartner eines überschuldeten Unternehmers vor Pfändungen des Hausrates geschützt werden soll[99]. Eine kompensationslose Vereinbarung von Gütertrennung kann im Hinblick auf die vom Ehegatten geleistete Familienarbeit, die auch dem Unternehmen zugutegekommen ist, unangemessen sein. Diese Erkenntnis setzt

94 Dazu im Einzelnen Jauernig/*Budzikiewicz*, § 1371, Rn. 10.
95 Vgl. nur Jauernig/*Budzikiewicz*, vor § 1415 Rn. 5 f.
96 Siehe dazu nur *Leipold*, § 6 Rn. 186.
97 Jauernig/*Stürner*, § 1931 Rn. 2.
98 Dazu ausführlich *Kalss/Dauner*-Lieb, GesRZ 2019, 374 ff.
99 So etwa *Spiegelberger*, § 3 Rn. 21.

sich allmählich auch in der Beratungspraxis durch, und führt zunehmend zu differenzierenden Lösungen wie einer modifizierten Zugewinngemeinschaft[100].

c) Gütergemeinschaft / *Mal Ortaklığı Rejimi*

Die Gütergemeinschaft kommt wegen der Schwerfälligkeit der gesetzlichen Regelungen praktisch kaum noch vor, bleibt aber als theoretisches Modell interessant[101]. Die Gütergemeinschaft beruht auf dem Gedanken einer Lebensgemeinschaft auch im vermögensrechtlichen Bereich. Grundsätzlich verschmelzen das Vermögen des Mannes und der Frau nach § 1416 BGB zum sog. Gesamtgut, dem gemeinschaftlichen Vermögen. Daneben kann jedoch jeder Ehegatte Sondergut nach § 1417 BGB oder Vorbehaltsgut nach § 1418 BGB besitzen. Beim Tod eines Ehegatten wird die Gütergemeinschaft im Regelfall beendet. Der Anteil des verstorbenen Ehegatten am Gesamtgut fällt in seinen Nachlass, der nach den allgemeinen Vorschriften beerbt wird, § 1482 S. 2 BGB. Demnach erbt der Ehegatte neben Abkömmlingen des Erblassers zu einem Viertel, neben Erben zweiter Ordnung und Großeltern zur Hälfte. Für das Sondergut, zu dem die Gegenstände gehören, die nicht durch Rechtsgeschäfte übertragen werden können, § 1417 BGB, und für das Vorbehaltsgut, zu dem vor allem die Gegenstände gehören, die durch Ehevertrag dazu bestimmt sind, § 1418 BGB, gelten erbrechtlich keine Besonderheiten. Hinsichtlich dieser Vermögensmassen wird der verstorbene Ehegatte nach den erbrechtlichen Vorschriften beerbt.

d) Der Voraus / *Sağ Kalan Eş Lehine Ön Vasiyet*

Als gesetzlicher Erbe hat der überlebende Ehegatte auch einen Anspruch auf den sog. Voraus, § 1932 BGB. Der Voraus umfasst Haushaltsgegenstände, soweit sie nicht Grundstückszubehör sind, und Hochzeitsgeschenke. Dadurch soll dem überlebenden Ehegatten die Beibehaltung der bisherigen Lebensumstände ermöglicht werden. Neben Erben der ersten Ordnung gilt dies aber nur soweit, als der Ehegatte die Gegenstände zur Führung eines angemessenen Haushalts benötigt. Der Anspruch des Ehegatten auf Übereignung der Gegenstände ergibt sich aus §§ 1932 Abs. 2, 2174 BGB und ist schuldrechtlicher Natur[102].

---

100 Zu diesen Zusammenhängen siehe *Kalss/Dauner-Lieb* GesRZ 2019, 374 ff.

101 Siehe dazu auch im Hinblick auch im Hinblick auf die Forderungen nach Einführung einer modernen Errungenschaftsgemeinschaft *Dauner-Lieb*, FF 2017, 190 ff.

102 Siehe dazu nur Jauernig/*Stürner*, § 2174 Rn. 1.

5. Erbengemeinschaft und deren Nachteile / *Miras Ortaklığı ve Dezavantajları*

Sind mehrere Erben vorhanden, bilden sie gem. § 2032 BGB eine Erbengemeinschaft. Der Nachlass wird gemeinschaftliches Vermögen der Erben in Form eines Gesamthandsvermögens[103]. Die Verwaltung des Nachlasses steht den Erben gemeinschaftlich zu, § 2038 Abs. 1 BGB. Dabei ist zwischen der Verwaltung des ungeteilten Nachlasses und der Verfügung über Nachlassgegenstände zu unterscheiden. Das Verwaltungsrecht im Innenverhältnis sowie auch die Vertretungsmacht im Außenverhältnis hinsichtlich des Nachlasses bestimmt sich danach, um was für eine Art von Geschäft es sich handelt. Für die ordnungsgemäße Verwaltung, d.h. die Abwicklung der üblichen Geschäfte gilt nach §§ 2038 Abs. 1 S. 2, 745 BGB das Mehrheitsprinzip. Außerhalb der ordnungsgemäßen Verwaltung müssen nach § 2038 Abs. 1 S. 1 BGB alle Mitglieder der Erbengemeinschaft gemeinsam tätig werden. Für Notmaßnahmen wie etwa Verkehrssicherungsmaßnahmen [104] hat jeder Miterbe allein ein Verwaltungs- und Vertretungsrecht, § 2038 Abs. 1 S. 2 BGB. Soweit über Nachlassgegenstände verfügt werden soll, regelt § 2040 Abs. 1 BGB, dass die Erben nur gemeinsam, nicht einzeln über Nachlassgegenstände verfügen können. Eine weitere Besonderheit der Erbengemeinschaft liegt darin, dass sie eine Zwangsgemeinschaft ist. Wer Mitglied dieser Gemeinschaft wird, bestimmt sich entweder nach der letztwilligen Verfügung des Erblassers oder nach Gesetz, jedenfalls nicht nach dem Willen der Mitglieder dieser Gemeinschaft. Die Zwangsgemeinschaft trägt daher den Keim des Streites immer in sich[105]. Da die Erbengemeinschaft ferner nicht auf Dauer, sondern auf Liquidation angelegt ist, kann jeder Miterbe grds. jederzeit ohne jegliche Fristsetzung nach § 2042 Abs. 1 BGB die Auseinandersetzung[106] und damit die Veräußerung oder Versteigerung des Gesellschaftsvermögens verlangen. Erst im Wege der Auseinandersetzung werden die einzelnen Nachlassgegenstände auf einzelne Erben oder Dritte übertragen.

Bereits diese wenigen Bemerkungen lassen erkennen, dass der Übergang eines Unternehmens (insbesondere eines Einzelkaufmanns) auf eine Erbengemeinschaft sehr problematisch ist und zahlreiche, nur schwer zu lösende Rechtsfragen aufwirft[107]. Die mit der Entstehung einer Erbengemeinschaft und

---

103 Im Einzelnen MüKo/*Gergen*, § 2032 Rn. 4 ff.; Jauernig/*Stürner*, § 2032 Rn. 1.

104 Jauernig/*Stürner*, § 2038 Rn. 6.

105 Sudhoff/*Stracke*, Familienunternehmen § 33 Rn. 113.

106 *Leipold*, § 21 Rn. 742.

107 Dazu im Einzelnen, *Dauner-Lieb*, Unternehmen in Sondervermögen, S. 152 ff., 330 ff.

der anschließenden Auseinandersetzung verbundenen Schwierigkeiten sind zu groß. Zu unterschiedlich sind die wirtschaftlichen Interessen der Miterben. Der eigentliche Zweck der Erbengemeinschaft, die auf die Auseinandersetzung angelegt ist, birgt ein hohes Gefährdungspotenzial für die Fortexistenz unternehmerischen Vermögens im Erbgang. In den Fällen der gesetzlichen Erbfolge droht daher zumeist die Zerschlagung der Vermögenswerte. Auch wenn es zu einer Einigung der Miterben über die Fortführung des Unternehmens kommt, kann ggfs. der abzufindende Erbteil so hoch sein, dass sie von dem Nachfolger nicht finanziert werden kann und somit die Fortführung des Unternehmens gefährdet ist. Dennoch hat der Bundesgerichtshof[108] zugelassen, dass ein einzelkaufmännisches Unternehmen in ungeteilter Erbengemeinschaft fortgeführt wird[109]. Im Rahmen einer geordneten Nachfolgeplanung sollte dies angesichts der Folgeprobleme aber unbedingt vermieden werden.

6. Unternehmen im Erbrecht / *Şirketlerin Miras Hukukundaki Durumu*

Die Übersichtsskizze über die gesetzliche Erbfolge zeigt, dass das deutsche Erbrecht das Unternehmen nicht im Blick hat. Es ist zugeschnitten auf normale „statische" Vermögensgegenstände wie Schmuck oder Grundstücke[110]. Die Vererbung von Unternehmen wirft schon auf der bürgerlich-rechtlichen Ebene erhebliche Schwierigkeiten auf, insbesondere wenn mehrere Erben vorhanden sind. Eine gesicherte Erhaltung von Familienunternehmen ist auf dem Wege der gesetzlichen Erbfolge ohne gestaltende Vorsorge kaum zu erreichen. Dies erklärt die Bedeutung der Familienvermögensplanung im unternehmerischen Bereich[111].

---

108 BGHZ 92, 259.

109 Zu den Problemen der sog. unternehmenstragenden Erbengemeinschaft im Einzelnen *Dauner-Lieb*, Sondervermögen, S. 464 ff.; aus aktueller Sicht *Lange*, Kap. 22, § 101 Rn. 6 ff.

110 Grundlegend *Dauner-Lieb*, Unternehmen in Sondervermögen, S. 14 ff.

111 Siehe zur Familienvermögensplanung umfassend *Baddeley/Dauner-Lieb/Deixler-Hübner/Kalss/Schauer/Trigo Trindade*, Familiäre Vermögensplanung.

II. Die gesetzliche Erbfolge nach türkischem Recht / *Türk Hukukunda Yasal Mirasçılık*

Das türkische Erbrecht ist Bestandteil des Zivilrechts und im dritten Buch des neuen ZGB[112] in den Art. 495-574 türkZGB geregelt. Im Rahmen des am 01.01.2002 in Kraft getretenen neuen türkischen Zivilgesetzbuches ist das türkische Erbrecht teilweise neu gefasst worden[113]. Ursprünglich entsprach das türkische ZGB aus dem Jahre 1926 einer wortgetreuen Übersetzung des schweizerischen ZGB aus dem Jahre 1907[114]. Das alte Zivilgesetzbuch stand aufgrund der Totalrezeption des schweizerischen ZGB schon kurz nach der Gründung der türkischen Republik konzeptionell dem deutschsprachigen Rechtskreis nahe, da es genauso wie das deutsche Recht auf den Grundprinzipien des römisch-germanischen Pandektenrechts beruht[115].

Die gesetzliche Erbfolge tritt ein, wenn keine Verfügung von Todes wegen vorliegt. Gesetzliche Erbfolge tritt auch ein, falls eine vorhandene Verfügung von Todes wegen nicht zur Geltung kommt und für diesen Fall keine Ersatzverfügung (*yedek mirasçı atama*) vorgesehen ist, Art. 520 türkZGB. Gesetzliche Erben können nach Art. 495 ff. türkZGB die Blutsverwandten, der überlebende Ehegatte, das Adoptivkind und seine Nachkommen und das Gemeinwesen als letzter gesetzlicher Erbe sein.

1. Die Gründe des Familienerbrechts und die dahinterstehende Philosophie / *Aile Miras Hukukunun Nedenleri ve Arka Plandaki Temel Felsefe*

Auch das gesetzliche Erbrecht der Türkei ist als Familienerbrecht ausgestaltet[116]. Evident ergibt sich das aus der Gesetzessystematik, nach der das Erbrecht als drittes Buch des ZGB genau zwischen dem Familienrecht und dem Sachenrecht geregelt ist. Diese Ausgestaltung wird als historisch erklärt und mit dem Schutz der Familie begründet[117]. Das natürliche Erbrecht geht zu den Wurzeln und ist nur eine Fortsetzung des natürlichen Familienrechts. Viele Menschen

112 Die im Folgenden mit türkZGB zitierten Artikel sind solche des Türkischen Zivilgesetzbuches.

113 *Türk Medeni Kanunu*, Gesetz Nr. 4721 v. 22.11.2001, RG Nr. 24607 v. 08.12.2001.

114 *Serozan*, 100 Jahre Schweizerisches ZGB 80 Jahre Türkisches ZGB, S. 175.

115 Vgl. *Serozan*, Beiträge zum türkischen Recht, S. 9, 10.

116 Siehe *Kocayusufpaşaoğlu*, S. 15 ff.; *Dural/Öz*, § 1 Rn. 14.

117 Weitere Nachweise bei *Imre/Erman*, § 1 III 1.

leisten nicht nur, um ihre eigenen Bedürfnisse zu befriedigen, sondern sie leisten bewusst auch für die nächsten Generationen.

Bei der Überlassung des Vermögens an die nächste Generation spielen familiäre Motive wie Betreuung und Versorgung der engsten Familienangehörigen eine große Rolle, welche wiederum Auswirkungen auf die gesellschaftliche Entwicklung haben und somit für einen gesellschaftlichen Aufschwung sorgen[118].

Allegorisch werden die beiden Prinzipien, die bei der Bestimmung der Erben zum Zuge kommen, mit einem „Wippenspiel" verglichen: die Familienerbfolge (*mirasın aileye kalması ilkesi*) auf dem einen Wippenende und die Testierfreiheit (*ölüme bağlı tasarruf serbestliği ilkesi*) auf dem anderen Wippenende[119]. Das Prinzip der Familienerbfolge gibt blutsverwandten Personen sowie dem Ehegatten des Erblassers vorrangig ein Teilhaberecht am Nachlass. Als Ausfluss der Privatautonomie räumt demgegenüber das Prinzip der Testierfreiheit dem Erblasser das Recht ein, über seine künftige Erbschaft innerhalb der Schranken des Pflichtteilsrechts frei zu verfügen. Es scheint so, als ob die Noterbfolge (*zorunlu mirasçılık*) den magischen Ring zwischen der Familienerbfolge und der Testierfreiheit bildet, mit anderen Worten ist sie die „tragende Stütze der Wippe"[120].

Die Spannung, die zwischen der Testierfreiheit und der Familienerbfolge gegeben ist, lösen die Verfassung und die Verfassungsgerichte folgendermaßen: Die Testierfreiheit als „natürliche Verlängerung" der Willensautonomie sowie der Eigentumsgarantie und des Erbrechts wird nach Art. 35 der türkischen Verfassung gewährleistet[121]. Das Erbrecht der Familienangehörigen wird indessen vom verfassungsrechtlichen Schutz der Ehe und der Familie sichergestellt. In dieser Beziehung das Maß und das Gleichgewicht zu bestimmen, liegt im Ermessen des Gesetzgebers. Der Gesetzgeber darf dabei weder das eine noch das andere missachten noch eine Reduzierung auf null vornehmen[122].

2. Erbrechtliche Grundzüge / *Miras Hukukunun Temel İlkeleri*

Auch nach türkischem Erbrecht gilt auch der Grundsatz der Gesamtrechtsnachfolge (*külli halefiyet*) und der des Vonselbsterwerbes (*kendiliğinden kazanma*

118 Vgl. *Çabri*, Einf. 6 Rn. 6; *Dural/Öz*, § 1 Rn. 4.
119 *Serozan/Engin*, § 1 Rn. 59.
120 *Serozan/Engin*, § 1 Rn. 60.
121 *Hatemi*, Miras Hukuku, § 1 Rn. 3; *Öztan*, S. 4.
122 *Serozan/Engin*, § 1 Rn. 61a.

ilkesi), welche in Art. 599 türkZGB verankert sind[123]. Mit dem Tode des Erblassers geht das Vermögen kraft Gesetzes als Ganzes auf den oder die Erben über. Mehrere Erben bilden nach Art. 640 türkZGB eine Erbengemeinschaft, die den praktisch häufigsten Fall einer Gemeinschaft zur gesamten Hand bildet (*birden çok mirasçının ortaklığında elbirliği*)[124]. Die Erben rücken als Gesamtnachfolger in die komplette vermögensrechtliche Position des Erblassers, d.h. in den gesamten Nachlass ein[125]. Durch den Tod fällt die Erbschaft den Erben automatisch zu. Zum Erwerb bedarf es weder einer Annahmeerklärung noch einer amtlichen Zuweisung (Anfallprinzip)[126]. Die Universalsukzession erfasst sämtliche vererblichen Rechte und Pflichten des Erblassers. Das folgt aus Art. 599 Abs. 2 türkZGB, wonach die Schulden des Erblassers zu persönlichen Schulden der Erben werden. Den Erbanfall kann der Erbe durch Ausschlagung (*mirasın reddi*) mit Rückwirkung wieder beseitigen, Art. 605 türkZGB. Das Ausschlagungsrecht steht auch dem Staat zu.

3. Erbrecht der Blutsverwandten / *Kan Hısımlığı Miras Hakkı*

Als gesetzliche Erben kommen vorab die Blutsverwandten des Erblassers in Betracht. Als „Blutsverwandte" werden nach Art. 495 ff. türkZGB die Nachkommen, der elterliche Stamm, der großelterliche Stamm und nichtehelichen Verwandten des Erblassers aufgeführt.

Gemäß Art. 500 Abs. 1 türkZGB haben auch das Adoptivkind und seine Nachkommen zum Adoptierenden das gleiche Erbrecht wie die Blutsverwandten. Die Erbberechtigung des Adoptivkindes und seiner Nachkommen gegenüber dem Adoptierenden setzt voraus, dass das Adoptivverhältnis zum Adoptierenden bei dessen Tod schon bestanden hat und jetzt noch besteht[127]. Das Adoptivkind bleibt zugleich auch gesetzlicher Erbe der leiblichen Eltern, Art. 500 Abs. 1 S. 2 türkZGB. Die Adoption hat keinen Einfluss auf die Erbberechtigung des Adoptivkindes und seiner Nachkommen gegenüber ihren leiblichen Verwandten. Das Erbrecht der Adoptivkinder ist allerdings einseitig ausgestaltet[128]. Der Adoptierende und seine Verwandte können nicht Erbe des Adoptivkindes sein,

123 Vgl. hierzu *Oğuzman*, S. 7 f.; *Hatemi*, Miras Hukuku, § 1 Rn. 36 ff.; *Öztan*, S. 21 ff.; *Çabri*, Einf. Rn. 13 ff., 19, 21 f.

124 *Öztan*, S. 437 ff.; *Serozan/Engin*, § 1 Rn. 91 ff.

125 *Imre/Erman*, § 2 IV; *Dural/Öz*, § 1 III 1 Rn. 74 ff.

126 *Serozan/Engin*, § 1 Rn. 64 f.

127 *Engin*, Beiträge zum türkischen Recht, S. 29, 39.

128 *Dural/Öz*, § 3 Rn. 173; *Imre/Erman*, § 6 1.

Art. 500 Abs. 2 türkZGB. Demzufolge steht das gesetzliche Erbrecht beim Tod des Adoptivkindes nur seinen leiblichen Eltern zu.

Mit der Reform im Jahre 2002 sind nichteheliche Kinder den ehelichen Kindern gesetzlich gleichgestellt worden[129]. Art. 498 türkZGB stellt klar, dass außerehelich geborene Abkömmlinge und deren Nachkommen aufseiten des Vaters genauso erben, wie dessen eheliche Verwandte. Voraussetzung ist jedoch das rechtliche Bestehen des Kindschaftsverhältnisses. Dieses wird im Verhältnis zur Mutter nach Art. 282 Abs. 1 türkZGB durch Geburt, im Verhältnis zum Vater kraft der Ehe der Mutter, durch Anerkennung oder richterliche Feststellung der Vaterschaft begründet, Art. 282 Abs. 2 türkZGB[130]. Heiraten die Eltern erst nach der Geburt des Kindes, so finden auf das Kind die Bestimmungen über das während der Ehe geborene Kind entsprechende Anwendung, Art. 292 türkZGB. Das neue ZGB geht verzichtet auf die Unterscheidung des alten ZGB zwischen rechtlicher Ehelichkeit und Außerehelichkeit. Auch sieht das neue ZGB den bisherigen Unterschied von Zahlvaterschaft und Vaterschaft mit Standesfolge nicht mehr vor[131]. Bereits im Jahre 1987 entschied vor der Reform das Verfassungsgericht, dass nichteheliche Kinder den ehelichen völlig gleichgestellt sind[132]. Jedes Gerichtsurteil verschaffte dem unehelichen Kind vor der Reform schon die Erbrechte[133].

a) Erbfolge nach Ordnungen (Parentelsystem) / *Zümre Mirasçılığı (Parantel Sistem)*

Das türkische ZGB hat die Blutsverwandten nach einem Parentelsystem geordnet, Art 495 ff. türkZGB. Dieses System gliedert die Verwandten je nach verwandtschaftlicher Nähe zum Erblasser in drei Gruppen, sog. Parentelen[134]. Die erste Parentele bilden die Nachkommen des Erblassers, die zweite die Eltern des Erblassers, die dritte die Großeltern und ihre Nachkommen. Ein erbenloser Nachlass fällt an das Gemeinwesen. Die verschiedenen Parentele bilden untereinander eine Rangfolge. Danach kommen die Parentelen nacheinander

---

129 *Serozan/Bilgin*, § 1 Rn. 36 f.; *Dural/Öz*, § 2 Rn. 158 ff.

130 *Engin*, Beiträge zum türkischen Recht, 29, 32.

131 *Engin*, Beiträge zum türkischen Recht, 29, 32.

132 Amtsblatt (*Resmî Gazete*) v. 29.03.1988, Nr. 19769; *siehe auch Oğuzman*, Ankara Üniversitesi SBF Dergisi 49 (1994), S. 303 ff.

133 *Serozan*, ZEV 1997, 473, 475; zum Erbrecht des nichtehelichen Kindes siehe auch *Öztan*, S. 59; *Eren/Yücer Aktürk*, § 2 IV Rn. 144 f.

134 *Serozan/Engin*, § 2 Rn. 17 ff.

zum Zuge, sodass jede Parentale die ihr folgende ausschließt. Solange ein Erbe einer vorangehenden Parentel vorhanden ist, schließt er die Erben der folgenden Parentelen aus[135]. Es kommt also nicht zu einer Konkurrenz zwischen verschiedenen Parentelen. Gesetzlich verankert ist dieser Grundsatz in Art. 496 Abs. 1, 497 Abs. 1 türkZGB.

b) Erbfolge nach Stämmen / *Kök Mirasçılık Prensibi*

Innerhalb einer Parentel gilt auch eine Rangordnung (*öncelik ilişkisi*). Nach diesem sog. Stammesprinzip (*kök mirasçılık prensibi*) geht die ältere Generation seinen eigenen Nachkommen vor[136]. Ein zur Zeit des Erbfalls lebender Abkömmling schließt daher die Abkommen, die durch ihn mit dem Erblasser verwandt sind, von der Erbfolge aus[137]. Fällt dagegen eine Person als Erbe außer Betracht, so treten nach dem sog. Eintrittsprinzip (*yerini alma prensibi*) deren Nachkommen an ihre Stelle[138]. Dieses Prinzip gilt in allen Parentelen, vgl. Art. 495 Abs. 3, 496 Abs. 2, 497 Abs. 2 türkZGB.

Gesetzliche Erben erster Ordnung sind gem. Art. 495 Abs. 1 türkZGB die Nachkommen des Erblassers, Kinder, Großkinder, Urgroßkinder usw. Sind mehrere Kinder vorhanden, so erben sie zu gleichen Teilen, Art. 495 Abs. 2 türkZGB. An die Stelle vorverstorbener Kinder treten ihre Nachkommen, und zwar in allen Graden nach Stämmen, Art. 495 Abs. 3 türkZGB. Wie bereits dargestellt sind erbberechtigte Nachkommen sowohl die ehelichen als auch die außerehelichen Kinder. Hinterlässt der Erblasser keine erbberechtigten Nachkommen, so gelangt die Erbschaft an den Stamm der Eltern als zweite Parentele. Vater und Mutter erben nach Hälften, Art. 496 Abs. 1 türkZGB. Sind die Eltern vorverstorben, so treten ihre Nachkommen im Rahmen der Erbfolge an ihre Stelle, und zwar in allen Graden nach Stämmen, Art. 496 Abs. 2 türkZGB. Hinterlässt der Erblasser weder Nachkommen noch Erben des elterlichen Stammes, so gelangt die Erbschaft an den Stamm der Großeltern als dritte Parentele, Art. 497 türkZGB. Zugunsten des überlebenden Ehegattens ist nach Art. 497 Abs. 5, 499 Ziff. 3 türkZGB die Erbberechtigung der dritten Parentele begrenzt. Der Ehegatte konkurriert demnach nur mit den Großeltern und deren Kindern.

135 *Serozan/Engin*, § 2 Rn. 25.

136 *Oğuzman*, S. 31; *Çabri*, § 2 Rn. 133; *Imre/Erman*, § 3 II 1 c).

137 *Kocayusufpaşaoğlu*, S. 62; *Dural/Öz*, § 2 Rn. 123.

138 *Imre/Erman*, § 3 II 2 c); *Dural/Öz*, § 2 Rn. 132.

So wird z.B. die Nichte oder der Neffe des Erblassers nicht zu Erben, wenn es einen überlebenden Ehegatten gibt[139].

4. Erbrecht des Ehegatten und die Bedeutung des Güterstandes / *Eşin Miras Hakkı ve Mal Rejiminin Önemi*

Der überlebende Ehegatte gehört nicht zu den Verwandten des Erblassers und steht daher außerhalb des Parentelsystems. Aufgrund des Eheverhältnisses kommt ihm aber ebenfalls die Stellung eines gesetzlichen Erbens zu[140]. Der gesetzliche Erbteil des überlebenden Ehegatten hängt gemäß Art. 499 türkZGB davon ab, mit welcher Parentel er den Nachlass zu teilen hat. Der Erbteil ist je nach Parentele, mit der er in Konkurrenz tritt, unterschiedlich gestaltet. Der Ehegatte tritt neben die blutsverwandten Erben. Mit abnehmendem Rang der blutsverwandten Erben erhöht sich der Anteil des überlebenden Ehegatten[141]. Neben den direkten Abkömmlingen erhält der Ehegatte gemäß Art. 499 Ziffer 1 türkZGB ein Viertel, neben den Eltern und deren Abkömmlingen gemäß Art. 499 Ziffer 2 türkZGB die Hälfte und neben den Großeltern und deren Abkommen gemäß Art. 499 Ziffer 3, 1. Alt türkZGB drei Viertel des Nachlasses. Wenn keine Erben des elterlichen Stammes vorhanden sind, erhält der Ehegatte die ganze Erbschaft, Art. 499 Ziffer 3, 2. Alt. türkZGB.

Das gesetzliche Erbrecht des überlebenden Ehegatten setzt voraus, dass im Zeitpunkt des Todes des Erblassers eine Ehe bestand. Ist vor dem Erbfall ein „Trennungsurteil“ nach Art. 170 f. türkZGB ergangen, so steht dies dem gesetzlichen Erbrecht des Ehegatten nicht entgegen[142].

Nach Art. 181 Abs. 1 türkZGB haben geschiedene Ehegatten zueinander kein gesetzliches Erbrecht und können aus Verfügungen von Todes wegen, die sie vor der Rechtshängigkeit des Scheidungsverfahrens errichtet haben, keine Ansprüche erheben. In den Fällen, in denen zum Zeitpunkt des Todes des Erblassers ein Scheidungsverfahren anhängig war, ist der überlebende Ehegatte grundsätzlich erbberechtigt[143]. Denn die Ehe wurde durch den Tod aufgelöst. Art. 181 Abs. 2 türkZGB sieht aber eine Ausnahme vor: Stirbt der Kläger oder der Beklagte während des Scheidungsverfahrens, können seine Erben das

---

139 *Dural*, FS Rudolf Welser, S. 135, 136.

140 *Dural/Öz*, § 5 Rn. 180; *Öztan*, S. 65; *Serozan/Engin*, § 2 Rn. 59; *Çabri*, § 6 Rn.171.

141 *Imre/Erman*, § 8 I.; *Çabri*, § 6 Rn. 182.

142 *Serozan/Engin*, § 2 Rn. 63; *Dural/Öz*, § 5 Rn. 216; *Öztan*, S.67; *Çabri*, § 6 Rn.184.

143 *Imre/Erman*, § 8 V; *Engin*, Beiträge zum türkischen Recht, S. 29, 36; *Dural/Öz*, § 5 Rn. 206; *Serozan/Engin*, § 2 Rn. 65.

Verfahren fortsetzen. Diese Klage ist keine Scheidungsklage, sondern eine Klage auf Feststellung des Verschuldens des überlebenden Ehegatten[144]. Wird in diesem Verfahren ein Verschulden nachgewiesen, so ist das Erbrecht des Ehegatten ausgeschlossen[145].

Das neue türkische ZGB kennt vier Güterstände: die Errungenschaftsbeteiligung als gesetzlichen Güterstand und die Gütertrennung, die Gütertrennung mit Aufteilgut und die Gütergemeinschaft als Wahlgüterstände. Im weiteren Verlauf wird im Rahmen der Errungenschaftsbeteiligung insbesondere auf den praxisrelevanten gesetzlichen Güterstand eingegangen.

a) Errungenschaftsbeteiligung / *Edinilmiş Mallara Katılma Rejimi*

Haben die Ehegatten durch Ehevertrag nichts anderes vereinbart, so gelten gemäß Art. 202 türkZGB die Regeln des gesetzlichen Güterstandes. Gesetzlicher Güterstand ist seit dem 01.01.2002 die Errungenschaftsbeteiligung, die in den Art. 218 ff. türkZGB geregelt ist. Der bis zur Reform geltende gesetzliche Güterstand war in Anlehnung an den osmanischen Brauch die Gütertrennung, mithin wurden die Vermögensmassen der Eheleute getrennt gehalten[146]. Dem überlebenden Ehegatten stand neben dem gesetzlichen Erbrecht kein güterrechtlicher Ausgleich zu. Der Gesetzgeber begründete die Ablösung der bis dahin geltenden Gütertrennung damit, dass diese mit den veränderten wirtschaftlichen und soziologischen Verhältnissen in der türkischen Gesellschaft nicht mehr vereinbar sei[147]. Der gesetzliche Güterstand der Gütertrennung benachteiligte vor allem diejenigen Frauen, deren jahrelange Dienste in Haus und Hof letztendlich unberücksichtigt blieben[148]. Durch die Ansammlung des Vermögens in den Händen der erwerbstätigen Ehegatten wirkte sich der Güterstand der Gütertrennung in der Regel zugunsten der Ehemänner aus, und führte im Einzelfall zu zufälligen und damit unbilligen Ergebnissen[149].

Der gesetzliche Güterstand der Errungenschaftsbeteiligung soll als „Mittellösung" zwischen Gütertrennung und Gütergemeinschaft insbesondere zwei Ziele

---

144 *Engin*, Beiträge zum türkischen Recht, S. 29, 36, Fn. 22; *Çabri*, § 6 Rn. 213.

145 *Dural/Öz*, § 5 III, 1 Rn. 207 ff.; *Imre/Erman*, § 8 V.

146 Vgl. *Öztan*, 100 Jahre schweizerisches ZGB 80 Jahre türkisches ZGB, S. 47, 59; *Hatemi*, Aile Hukuku, § 9 Rn. 410.

147 Siehe insbesondere *Şıpka*, S. 5 ff.; *Hatemi*, Aile Hukuku, § 9 Rn. 410 ff.; *Öztan*, 100 Jahre schweizerisches ZGB 80 Jahre türkisches ZGB, S. 47, 59.

148 *Şıpka*, S. 5 ff.; *Oğuz*, Ankara Law Review 2017, 131, 134.

149 *Odenthal*, FamRZ 2003, 648, 648; *Acabey*, S. 18 f; *Şıpka*, S. 6.

verwirklichen: Zum einen die völlige vermögensrechtliche Unabhängigkeit der Ehegatten voneinander während des Bestehens der Ehe, zum anderen einen Interessenausgleich nach der Auflösung des Güterstandes, der aus dem Gedanken der Verbundenheit der Eheleute als Teil einer Interessen- bzw. Schicksalsgemeinschaft folgt[150]. Seit der Gesetzesreform aus dem Jahre 2002 leben türkische Eheleute fast ausschließlich im gesetzlichen Güterstand, der Abschluss von Güterrechtsverträgen ist verschwindend gering[151].

aa) Die Besonderheiten der Errungenschaftsbeteiligung / *Edinilmiş Mallara Katılma Rejiminin Özellikleri*

Die Errungenschaftsbeteiligung ist dadurch gekennzeichnet, dass sie bis zur güterrechtlichen Auseinandersetzung der Gütertrennung gleichkommt. Jedoch handelt es sich bei der Errungenschaftsbeteiligung keineswegs um eine Zugewinngemeinschaft vergleichbar mit der des deutschen Rechts, wenn auch Ausgleichsansprüche bei Beendigung des Güterstands entstehen[152]. Denn anders als bei der Zugewinngemeinschaft bestehen bei der Errungenschaftsbeteiligung nicht nur zwei Vermögensmassen, nämlich das Vermögen des Mannes und das der Frau, sondern vier. Jeder Ehegatte hat sein Eigengut nach Art. 220 f. türkZGB und davon seine Errungenschaft nach Art. 219 türkZGB als jeweiliges Sondervermögen[153] zu unterscheiden.

Jeder Ehegatte darf sein Vermögen grundsätzlich alleine verwalten, nutzen und kann darüber verfügen, Art. 223 Abs. 1 türkZGB[154]. Auch eine gegenseitige Schuldenhaftung besteht nicht. Jeder Ehegatte haftet für seine Schulden grundsätzlich nur mit seinem eigenen Vermögen, Art. 224 türkZGB.

Wann der gesetzliche Güterstand aufgelöst wird, und wann die Liquidation des Güterstandes eingeleitet wird, ist in Art 225 türkZGB geregelt. Einer der Gründe für die Auflösung des Güterstandes ist der Tod eines Ehegatten, Art. 225 Abs. 1 türkZGB. Im Übrigen zählen zu den Auflösungsgründen die Vereinbarung eines anderen Güterstandes, Scheidung, Ungültigerklärung der Ehe und eine gerichtliche Anordnung der Gütertrennung[155].

---

150 *Neumann*, RNotZ 2003, 343, 348.

151 *Acabey*, S. 19; *Zeytin*, S. 45 Rn. 32; *Gençcan*, Mal Rejimleri Hukuku, § 3 S. 136; *Yarayan*, NZFam 2016, 1147, 1148.

152 *Yarayan*, NZFam 2016, 1147, 1148.

153 *Zeytin*, S. 115 ff. Rn. 241, 242; *Şıpka*, S. 89 ff.; *Yarayan*, NZFam 2016, 1147, 1148.

154 Siehe insbesondere *Şıpka*, S. 127 f.

155 *Şıpka*, S. 141 ff; *Zeytin*, S. 106 Rn. 222 ff.; *Acabey*, S. 141 ff.

Eine güterrechtliche Auseinandersetzung ist gemäß Art. 226 ff. türkZGB vorzunehmen. Jedem Ehegatten steht eine gesetzliche Forderung auf die Hälfte des Wertzuwachses des anderen zu, Art. 236 Abs. 1 S. 1 türkZGB. Durch Ehevertrag kann nach Art. 237 Abs. 1 türkZGB auch eine andere Beteiligung vereinbart werden. Beide Forderungen sind zu verrechnen, Art. 236 Abs. 1 S. 2 türkZGB. Zur Ermittlung dieses Wertzuwachses wird das Vermögen jedes Ehegatten in zwei verschiedene Gütermassen aufgeteilt, und zwar in das sog. Eigengut (*kişisel mal*) und die sog. Errungenschaft (*edinilmiş mal*), Art. 218 türkZGB, sodass – wie bereits oben erwähnt – insgesamt vier Vermögensmassen gegeben sind.

Die Vorschriften der Art. 219 ff. türkZGB bestimmen, welche Vermögenswerte der Errungenschaft und welche dem Eigengut zuzuordnen sind. Nach der Legaldefinition des Art. 219 türkZGB gehören zur Errungenschaft sämtliche Vermögenswerte, die ein Ehegatte während der Dauer des Güterstandes entgeltlich erwirbt. Der Arbeitserwerb fällt gemäß Art. 219 Abs. 2 Nr. 1 türkZGB unter die „Errungenschaft" und umfasst den Lohn aus unselbstständiger Arbeit sowie das Einkommen aus selbstständiger Erwerbstätigkeit. Dazu gehört auch der Gewinn eines Gewerbes oder Unternehmens, soweit er auf unternehmerische Tätigkeit zurückzuführen ist[156]. Auch wenn der Unternehmensanteil Eigengut des Ehegatten ist, gelten Dividenden und Rücklagen aus gesetzlich als Errungenschaft, vgl. Art. 219 Abs. 2 Nr. 4 türkZGB[157].

Im Gegensatz zur Errungenschaft enthält das Gesetz keine Legaldefinition für das Eigengut. Die Vermögenswerte, die von Gesetzes wegen als Eigengut qualifiziert werden, sind in Art. 220 türkZGB aufgeführt. So sind Gegenstände, die ausschließlich dem persönlichen Gebrauch dienen, gemäß Art. 220 Nr. 1 türkZGB Eigengut, auch dann, wenn sie entgeltlich erworben wurden. Maßgebliches Kriterium für die Zuordnung der Vermögenswerte zur Errungenschaft oder zum Eigengut ist der Grundsatz des engsten sachlichen Zusammenhangs und damit insbesondere des quantitativen Übergewichts der einen oder der anderen Gütermasse[158]. Bei der Zuordnung der Vermögenswerte gilt zunächst die Vermutung, dass alle im Familienbesitz befindlichen Güter Miteigentum beider Ehegatten sind, sodass der jeweilige Ehepartner im Zuge der Auseinandersetzung eine alleinige Eigentümerstellung beweisen muss, wenn er Güter als Eigengut ausgesondert haben will, bevor es zur Teilung kommt, Art. 222 Abs. 2 türkZGB[159].

---

156 *Saltaş-Özcan*, S. 37; *Şıpka*, S. 96.

157 Ausführlich dazu *Acabey*, S. 117; *Zeytin*, S. 155 Rn. 388, 339.

158 *Saltaş-Özcan*, S. 39; *Zeytin*, S. 113, Rn. 236 (*Tercih Ülkesi*); *Acabey*, S. 73.

159 *Şıpka*, S. 123 ff.; *Gençcan*, Mal Rejimleri Hukuku, § 29 I B, S. 348.

Die Vorschrift des Art. 222 Abs. 3 türkZGB stellt eine weitere Vermutung auf, dass alles Vermögen eines Ehegatten bis zum Beweis des Gegenteils als Errungenschaft gilt[160].

bb) Die Auswirkungen des Todes auf die Errungenschaftsbeteiligung / *Bir Eşin Ölümünün Edinilmiş Mallara Katılma Rejimine Etkileri*

Nach Durchführung der güterrechtlichen Auseinandersetzung steht fest, was daraus dem überlebenden Ehegatten und was den Erben des Verstorbenen zukommt. Nach Art. 225 türkZGB wird mit dem Tod eines Ehegatten der Güterstand aufgelöst[161]. Das dem verstorbenen Ehegatten nach Abschluss der güterrechtlichen Auseinandersetzung zustehende Vermögen fällt in dessen Erbschaft. Ob das Ehegüterrecht Auswirkungen auf die Erbschaft hat, richtet sich danach, was dem überlebenden Ehegatten aus dem Ehevermögen direkt zusteht und was nicht in den Nachlass fällt[162]. Mit dem Tod eines Ehegatten kommen zwei verschiedene Liquidationsverfahren zum Zuge. Zum einen handelt es sich um die Liquidation des Güterstandes (*mal rejimi tasfiyesi*) nach dem Familienrecht, zum anderen handelt es um die Liquidation der Erbschaft (*mirasın tasfiyesi*). Zunächst ist es notwendig, den Güterstand zwischen den Eheleuten abzuwickeln. Damit erwirbt der überlebende Ehegatte aufgrund der Errungenschaft des verstorbenen Ehegatten einen Anspruch auf Beteiligung. Gemäß Art. 236 Abs. 1 türkZGB beträgt die Beteiligungsquote ½. Diese Forderung gilt als Verbindlichkeit des Nachlasses. Gleichzeitig können weitere Erben des verstorbenen Ehegatten im Falle der Errungenschaft des überlebenden Ehegatten von diesem nach der Liquidation des Güterstandes eine Beteiligung fordern. Diese Forderung ist im Grunde genommen ein Anspruch des verstorbenen Ehegatten. Von daher muss es dem Nachlass hinzugefügt werden[163].

b) Gütertrennung / *Mal Ayrılığı Rejimi*

Der Güterstand der Gütertrennung kann als vertraglicher Güterstand zwischen den Eheleuten vereinbart werden, Art. 242 türkZGB. Demnach behält jeder Ehegatte das Eigentum an seinem Vermögen. Innerhalb der gesetzlichen Schranken kann er sein Vermögen verwalten und nutzen sowie darüber verfügen. Inhaltlich

---

160 *Şıpka*, S. 125; *Gençcan*, Mal Rejimleri Hukuku, § 29 II B, S. 350.

161 Zur Auflösung des Güterstandes siehe *Zeytin*, S. 406 f. Rn. 882 ff.; *Şıpka*, S. 347 ff.; *Acabey*, S. 141 ff.

162 Vgl. *Öztan*, S. 69.

163 *Zeytin*, S. 406 f. Rn. 882 ff.; 391, Rn. 876: *Şıpka*, S. 349.; *Acabey*, S. 142.

zeichnet sich die Gütertrennung dadurch aus, dass sich die Eheleute in vermögensrechtlicher Hinsicht wie nicht verheiratete Personen teilnehmen und am wirtschaftlichen Erfolg des anderen nicht teilnehmen[164]. Daher hat die Gütertrennung grundsätzlich weder während der Dauer des Güterstandes noch bei dessen Auflösung einen Einfluss auf das Vermögen der Ehegatten[165]. Es bestehen keine Gütermassen, sondern es liegen nur die güterrechtlich vollständig getrennten Vermögen der beiden Ehegatten vor[166]. Daher entfällt auch eine eigentliche güterrechtliche Auseinandersetzung. Im Übrigen wird im Falle der Gütertrennung bezüglich der Beweisführung, der Haftung für Verbindlichkeiten und der Zuweisung von Miteigentum auf die Bestimmungen über Gütertrennung mit Aufteilgut verwiesen, vgl. Art. 243 türkZGB[167].

c) Gütertrennung mit Aufteilgut / *Paylaşmalı Mal Ayrılığı Rejimi*

Durch Güterrechtsvertrag können die Ehepartner ferner eine Gütertrennung mit Aufteilgut nach den Vorschriften der Art. 244 ff. türkZGB vereinbaren. Dieser Güterstand ist mit dem Güterstand der Errungenschaftsbeteiligung vergleichbar[168]. Wie bei der Errungenschaftsbeteiligung haben die Eheleute jeweils eigenes Vermögen ohne weitere Vermögensmassen. Während der Ehe sind die Ehegatten vermögensrechtlich selbstständig, ihre finanziellen Verhältnisse bleiben völlig getrennt. Innerhalb der gesetzlichen Schranken verwaltet und nutzt jeder Ehegatte sein Vermögen und verfügt darüber, Art. 244 türkZGB. Jeder Ehegatte haftet für seine Schulden mit seinem gesamten Vermögen, Art. 246 türkZGB.

Mit der Beendigung des Güterstandes nach Art. 247 türkZGB nimmt jeder Ehegatte seine Vermögensgüter zurück, die sich im Besitz des anderen Ehegatten befinden, Art. 248 Abs. 1 türkZGB. Im Gegensatz zur Gütertrennung nach Art. 242 türkZGB, wonach im Falle der Auflösung jegliche Beteiligung am Vermögen des anderen Ehegatten ausgeschlossen ist, sieht die Gütertrennung mit Beteiligung gemäß Art. 250 Abs. 1 türkZGB eine gleichwertige Beteiligung der Eheleute am sog. Familiengut vor (*aileye özgülenen mallar*).

Zum Familiengut gehören sowohl solche Vermögenswerte, die zum gemeinschaftlichen Gebrauch sowie Nutzung der Familie bestimmt sind, als auch

164 *Gençcan*, Mal Rejimleri Hukuku, S. 736 ff.; *Yarayan*, NZFam 2016, 1147, 1152.
165 *Yılmaz/Yaşar*, TBB Dergisi, 449, 470.
166 *Yarayan*, NZFam 2016, 1147, 1152.
167 *Gençcan*, Mal Rejimleri Hukuku, § 47, S. 740 ff.
168 *Gençcan*, Mal Rejimleri Hukuku, § 48, S. 745.

Vermögensanlagen, die zum Zwecke der zukünftigen finanziellen Absicherung der Familie getätigt worden sind. Darüber hinaus ist nach Art. 250 Abs. 1 S. 2 türkZGB auch ein der Absicherung der finanziellen Verhältnisse der Familie dienendes Unternehmen dem Familiengut zuzuordnen[169]. Im Gegensatz zur Errungenschaftsbeteiligung, bei welchem dem berechtigten Ehegatten eine Beteiligungsforderung an dem Überschuss als lediglich rechnerische Größe zu steht, erfolgt im Rahmen der Gütertrennung mit Aufteilgut eine Beteiligung an den einzelnen Sachwerten des Familienguts[170]. Die Beteiligung erfolgt daher grundsätzlich in Natur (*ayın*), Art. 253 Abs. 1 S. 1 türkZGB. Ist eine Teilung in Natur nicht möglich, so kann der Vermögensgegenstand einem Ehegatten zugewiesen werden, wobei der Anteil des anderen Ehegatten gemäß Art. 253 Abs. 1 S. 2 türkZGB durch Zahlung einer Entschädigung ausgeglichen wird. Die Entschädigung bemisst sich nach dem Verkehrswert des Vermögensgegenstandes im Zeitpunkt der Beendigung, Art. 253 Abs. 1 S. 3 türkZGB.

d) Gütergemeinschaft / *Mal Ortaklığı Rejimi*

Ferner können die Ehepartner durch Güterrechtsvertrag eine Gütergemeinschaft nach Art. 256 ff. türkZGB vereinbaren. Im Gegensatz zur Errungenschaftsbeteiligung steht bei der Gütergemeinschaft ein Teil des Vermögens den Ehegatten als Gesamteigentum zu[171]. Bei der Gütergemeinschaft sind daher drei Gütermassen zu unterscheiden, nämlich das Gesamtgut und das Eigengut jedes Ehegatten, Art. 256 türkZGB. Das Gesamtgut gehört beiden Ehegatten ungeteilt, Art. 257 Abs. 2 türkZGB, und kein Ehegatte kann über seinen Anteil am Gesamtgut verfügen, Art. 257 Abs. 3 türkZGB. Am Gesamtgut sind die Ehegatten Eigentümer zur gesamten Hand. Sie sind grundsätzlich nur gemeinsam berechtigt, das Gesamtgut zu verwalten, zu nutzen oder aber darüber zu verfügen[172]. Gemäß Art. 261 türkZGB gelten alle Vermögenswerte als Gesamtgut, solange nicht bewiesen ist, dass sie Eigengut eines Ehegatten sind. Somit besteht eine Vermutung zugunsten des Gesamtguts.

Die Eheleute können zwischen drei Formen der Gütergemeinschaft wählen. Zum einen können sie die allgemeine Gütergemeinschaft nach Art. 257 türkZGB vereinbaren, nach der das Vermögen und die Einkünfte der Eheleute

---

169 Gesetzesbegründung zu Art. 250 türkZGB; *Yılmaz/Yaşar*, TBB Dergisi, 449, 471; *Saltaş-Özcan*, S. 49.

170 *Gençcan*, Mal Rejimleri Hukuku, § 48, S. 751, 758.

171 *Saltaş-Özcan*, S. 50, 51; *Gençcan*, Mal Rejimleri Hukuku, § 49 S. 773.

172 *Gençcan*, Mal Rejimleri Hukuku, § 49 S. 769 ff.; *Saltaş-Özcan*, S. 50, 51.

zu einem Gesamtgut vereinigt werden, das beiden Ehegatten ungeteilt gehört, und über das kein Ehepaar allein verfügen darf. Ausnahme bilden die Gegenstände, die Eigengut (*kişisel mal*) sind. Das Eigengut entsteht durch Ehevertrag, durch Zuwendung Dritter oder von Gesetzes wegen, Art. 260 Abs. 1 türkZGB. Von Gesetzes wegen umfasst das Eigengut jedes Ehegatten die Gegenstände, die ihm ausschließlich zum persönlichen Gebrauch dienen, sowie die Genugtuungsansprüche, Art. 260 Abs. 2 türkZGB.

Zum anderen können die Ehegatten durch Güterrechtsvertrag eine sog. beschränkte Gütergemeinschaft (*sınırlı mal ortaklığı*) vereinbaren, indem sie die Gemeinschaft auf die Errungenschaft beschränken und somit eine Errungenschaftsgemeinschaft oder eine „andere Gütergemeinschaft" bilden, Art. 258 f. türkZGB. Beide Varianten schränken im Vergleich mit der allgemeinen Gütergemeinschaft den Umfang des Gesamtguts ein und vergrößern denjenigen des Eigenguts. Bei der Errungenschaftsgemeinschaft umfasst das Gesamtgut jene Vermögensgegenstände, welche im Güterstand der Errungenschaftsbeteiligung Errungenschaft bilden, Art. 258 Abs. 1 türkZGB. Bei den „anderen Gütergemeinschaften" nach Art. 259 türkZGB können durch Ehevertrag bestimmte Vermögenswerte – etwa bestimmte Arten von bestimmten Vermögenswerten – vom Gesamtgut ausgeschlossen werden, Art. 259 Abs. 1 türkZGB.

Mit dem Tod eines Ehegatten wird der Güterstand der Gütergemeinschaft aufgelöst, Art. 271 Abs. 1 türkZGB. Zum Umfang der Erbschaft des verstorbenen Ehegatten gehören dessen Eigengut sowie das, was ihm aus dem Gesamtgut zusteht. Nach Art. 257 ff. türkZGB ist daher festzustellen, welche Vermögenswerte welcher Gütermasse zuzuordnen sind. Das Eigengut des verstorbenen Ehegatten fällt in dessen Erbschaft. Für die Teilung des Gesamtgutes ist zwischen der gesetzlichen Regelung und einer eventuell anderweitig getroffenen ehevertraglichen Vereinbarung im Sinne des Art. 276 Abs. 1 türkZGB zu unterscheiden. Von Gesetzes wegen steht jedem Ehegatten die Hälfte des Gesamtgutes zu, Art. 276 Abs. 1 türkZGB.

e) Das Ehegattenvorrecht / *Sağ Kalan Eşin Öncelikli Miras Hakkı*

Nach Art. 652 türkZGB kann der überlebende Ehegatte unter Anrechnung auf seinem Erbteil verlangen, dass ihm das Eigentum an einer im Nachlass befindlichen, gemeinsam bewohnten Wohnung übertragen wird. Bei berechtigten Gründen kann er auf seinen oder Antrag der anderen Miterben auch ein Nutzungs- oder Wohnrecht an der Familienwohnung erhalten, Art. 652 Abs. 2 türkZGB. Die Vorschrift soll die Interessen des überlebenden Ehegatten durch die vorgesehenen Ansprüche auf Zuweisung von Wohnung und Hausrat schützen sowie die Fortführung der bisherigen Lebensweise in der vertrauten Umgebung ermöglichen[173].

5. Erbengemeinschaft und deren Nachteile / *Miras Ortaklığı Rejimi ve Olumsuz Yönleri*

Beerben mehrere Erben den Erblasser, so besteht unter ihnen, bis die Erbschaft geteilt wird, infolge des Erbgangs gemäß Art. 640 Abs. 1 türkZGB eine Gemeinschaft aller Rechte und Pflichten der Erbschaft, d.h. eine Erbengemeinschaft. Nicht nur die gesetzlichen Erben bilden die Erbengemeinschaft, sondern auch die durch den Erblasser eingesetzten Erben[174]. Unmittelbar mit dem Erbfall tritt die Erbengemeinschaft unabhängig vom Willen der Miterben kraft Gesetzes ein. Ihr Entstehen ist insofern zwingend[175].

Die Erbengemeinschaft ist als Gemeinschaft zur gesamten Hand im Sinne der Art. 701 ff. türkZGB ausgestaltet[176]. Die Mitglieder der Erbengemeinschaft werden Gesamteigentümer der Erbschaftsgegenstände und verfügen unter Vorbehalt der vertraglichen oder der gesetzlichen Vertretungs- und Verwaltungsbefugnisse über die Rechte der Erbschaft gemeinsam, Art. 640 Abs. 2 ZGB. Während des Bestehens der Gemeinschaft ist der „Erbteil" eines einzelnen Erben „inaktiv, geheim und verdeckt"[177]. Aus der Rechtsnatur der Erbengemeinschaft als Gemeinschaft zur gesamten Hand ergibt sich das Prinzip des gemeinsamen Handelns aller Miterben[178]. Der Grundsatz des gemeinschaftlichen Handelns gilt für jede Art der Ausübung der gemeinschaftlichen Rechte, sodass die Erben einen Beschluss grundsätzlich nur einstimmig (*oybirliğiyle*) fassen können[179]. Diese Einstimmigkeit ist von Gesetzes wegen zwingend vorgesehen. Mithin kann ein einzelner Erbe nicht alleine über einen Nachlasswert verfügen.

Das grundsätzlich bestehende Erfordernis der Einstimmigkeit bzw. des gemeinsamen Handelns kann bei Uneinigkeit zwischen den Erben letztlich dazu führen, dass das Handeln innerhalb der Erbengemeinschaft schwerfällig oder gar gelähmt wird. Daher sind Lockerungen vom Grundsatz des gemeinschaftlichen Handelns vorgesehen. Diese können gesetzlich oder vertraglich sein.

173 *Serozan/Engin*, § 7 Rn. 57.
174 *Imre/Erman*, § 44 II 2b); *Öztan*, S. 437.
175 *Serozan/Engin*, § 7 Rn. 2.
176 *Serozan/Engin*, § 7 Rn. 3, 4.
177 *Imre/Erman*, § 44 II 2b); *Serozan/Engin*, § 7 Rn. 3.
178 Ausführlich hierzu *Serozan/Engin*, § 7 Rn. 9 ff.
179 Vgl. hierzu *Öztan*, S. 439 ff.; *Dural/Öz*, § 37 Rn. 1873.

Zu den vertraglichen gehört etwa der Einsatz eines Willensvollstreckers, den der Erblasser selbst in einer letztwilligen Verfügung bestimmt, Art. 550 Abs. 1 türkZGB[180]. Der Willensvollstrecker hat gemäß Art. 552 Abs. 2 türkZGB die Erbschaft zu verwalten. Von Gesetzes wegen zur Vertretung und Verwaltung der Erbschaft berechtigt sind etwa der Erbschaftsverwalter (*tasfiye memuru*), Art. 592, 634 türkZGB, und der Erbenvertreter (*tereke temsilcisi*), Art. 640 Abs. 3 türkZGB. Auf Begehren eines Miterben kann die zuständige Behörde für die Erbengemeinschaft bis zur Teilung einen Erbenvertreter bestellen. Eine „frappante Lockerung der schwerfälligen Erbengemeinschaft" stellt die Vorschrift des Art. 644 türkZGB dar, nach dem jeder Erbe verlangen kann, dass das Gesamthandseigentum (*elbirliği mülkiyeti*) in Miteigentum (*paylı mülkiyet*) umgewandelt wird[181]. Wenn innerhalb der vom Gericht festgelegten Frist keine Einwände erhoben werden, die eine Fortführung der Gesamthandsgemeinschaft rechtfertigen, und keiner der Erben eine Teilungsklage erhebt, wird das strikte Gesamthandseigentum in Miteigentum umgewandelt, das eine Anteilsübertragung ermöglicht[182].

Eine weitere Besonderheit der Erbengemeinschaft liegt darin, dass es sich bei der Erbengemeinschaft von Gesetzes wegen um eine vorübergehende Gemeinschaft handelt, die zur Auseinandersetzung (*miras taksimi*) bestimmt ist[183]. Mit anderen Worten hat die Erbengemeinschaft keinen anderen Zweck, als sich selbst aufzulösen. Sie ist von vornherein eine Liquidationsgemeinschaft. Denn jeder Miterbe kann zu beliebiger Zeit die Teilung der Erbschaft verlangen (*miras taksim talebi*), soweit er nicht durch Vertrag oder Vorschrift des Gesetzes zur Gemeinschaft verpflichtet ist, Art. 642 türkZGB.

Diese Darstellungen lassen erkennen, dass der Übergang eines Unternehmens auf eine Erbengemeinschaft als Zwangsgemeinschaft sehr problematisch ist. Willensbildung, Beschlussfassung und Handeln in Angelegenheiten der Erbschaft sind stark erschwert. Leicht können Meinungsverschiedenheiten und letztlich Streitigkeiten unter den Erben entstehen. Die Ernennung eines Erbenvertreters nach Art. 640 Abs. 3 türkZGB oder die Möglichkeit der Umwandlung des Gesamthandeigentums in Miteigentum vermag diesem Umstand auch nicht abzuhelfen. Denn die Erbengemeinschaft bleibt als solche bestehen. Der

---

180 *Serozan/Engin*, § 7 Rn. 14.

181 *Imre/Erman*, § 4 I 2c); *Serozan/Engin*, § 7 Rn. 16; *Serozan*, Successio 2014, 4, 20; *Serozan*, Beiträge zum türkischen Recht, 9, 21.

182 *Dural/Öz*, § 37 Rn. 1925; *Serozan/Engin*, § 7 Rn. 16.

183 Vgl. *Imre/Erman*, § 44 II 2c); *Serozan/Engin*, § 7 Rn. 5.

eigentliche Zweck der Erbengemeinschaft, die auf die Auseinandersetzung angelegt ist, birgt daher ein enormes Gefährdungspotenzial für die Fortexistenz unternehmerischen Vermögens im Erbgang. In den Fällen der gesetzlichen Erbfolge droht daher zumeist die Zerschlagung der Vermögenswerte.

6. Unternehmen im Erbrecht / *Şirketlerin Miras Hukukundaki Durumu*

Die Ausführungen über die gesetzliche Erbfolge zeigen, dass auch das türkische Recht kein spezielles Erbrecht in Bezug auf Unternehmen kennt. Sie werden nach den Vorschriften des allgemeinen Erbrechts vererbt. Da die Vererbung von Unternehmen schon auf der zivilrechtlichen Ebene erhebliche Schwierigkeiten bereitet, insbesondere wenn mehrere Erben vorhanden sind, ist die generationsübergreifende Erhaltung des Unternehmens als schützenswerte wirtschaftliche Einheit gefährdet. Eine gesicherte Erhaltung von Familienunternehmen ist auf dem Wege der gesetzlichen Erbfolge auch in der Türkei ohne gestaltende Vorsorge kaum zu erreichen. Dies erklärt die Bedeutung der Familienvermögensplanung im unternehmerischen Bereich.

III. Vergleichender Teil: Unterschiede und Gemeinsamkeiten / *Alman ve Türk Hukukundaki Farklı ve Ortak Niteliklerin Karşılaştırılması*

Das türkische Erbrecht weist viele Gemeinsamkeiten mit dem deutschen Erbrecht auf. Diese werden in der Literatur folgendermaßen beschrieben: „Die Wurzeln des türkischen ZGB gehen tief auf romanistisches, pandektistisches, germanistisches Gedankengut und auf den naturrechtlichen Geist zurück. Am Bosporus gelten also die gleichen erbrechtlichen Grundsätze wie am Rhein. Der Bosporus und der Rhein fließen in gleicher Richtung“[184]. Familienerbfolge, Unmittelbarkeit und Gesamtheit der Nachfolge, „gesamthänderische“ Miterbengemeinschaft sind vergleichbar ausgestaltet. Auch ist weitestgehend eine erbrechtliche Gleichheit zwischen Mann und Frau sowie zwischen ehelichen und nichtehelichen Kindern gegeben[185]. Gleichwohl hat sich im Laufe der Zeit aus der rezeptierten Kodifikation ein eigenständiges türkisches Recht mit landesspezifischen Besonderheiten entwickelt.

184 Vgl. hierzu *Serozan*, ZEV 1997, 473, 474 f.

185 Vgl. *Serozan*, Beiträge zum türkischen Recht, S. 9, 11.

Unterschiede sind auf dem ersten Blick beim Vergleich des Umfanges der Erbvorschriften zu erkennen. Während das deutsche Erbrecht des BGB 464 Paragrafen umfasst, zählt das türkische Erbrecht des ZGB nur 188 Artikel. Das ZGB behandelt das Erbrecht volkstümlicher und leichter als das BGB. Die gesetzlichen Regeln sind überwiegend allgemein gefasst worden, auf Einzelheiten wurde verzichtet und dem Richter wurden weitreichende Befugnisse zur Schließung von Lücken *intra* und *praeter legem* zuerkannt[186].

Auch Abweichungen in den materiellrechtlichen Lösungen kann man feststellen. Das türkische ZGB kennt anders als das deutsche BGB eine Erbrechtsgrenze. Nur die Zugehörigen der ersten drei Parentelen sind gesetzlich erbberechtigt.

Nach beiden Rechtsordnungen steht dem Adoptivkind ein gesetzliches Erbrecht zu. Allerdings charakterisiert sich das gesetzliche Erbrecht der gesetzmäßig angenommenen Kinder in der Türkei sich als ein einseitiges und beschränktes Erbrecht[187]. Im Gegensatz zum deutschen Recht erbt der Anzunehmende nach türkischem Recht sowohl nach den Annehmenden als auch nach seinen leiblichen Eltern. Dies läuft auf ein außerordentliches Privileg der Doppelerbschaft hinaus, welche als unglückliches Relikt der gesetzlichen Familienerbfolge angesehen wird[188]. Das deutsche Recht unterscheidet zwischen der Volljährigen- und der Minderjährigenadoption. Bei der Adoption als Minderjähriger erlangt das Kind nur ein vollwertiges Erb- und Pflichtteilsrecht nach seiner Adoptivfamilie. Bei der Adoption als Volljähriger bleibt das Verwandtschaftsverhältnis zu den Blutsverwandten beibehalten, ein Erbrecht gegenüber den Verwandten des Annehmenden entsteht nicht.

Anders als im deutschen Recht bleibt die Erbquote des überlebenden Ehegatten nicht immer gleich. Vielmehr hängt sie davon ab, neben welcher Parentel der Ehepartner zum Erben berufen ist. Das türkische Recht kennt des Weiteren eine dem Zugewinnausgleich dienende pauschale Erhöhung der Erbquote des Ehegatten nicht. Vielmehr müssen die Vermögensverhältnisse in der Errungenschaftsgemeinschaft berechnet werden.

Insgesamt ist das Ehegüterrecht im türkischen Recht unterschiedlich als im deutschen Recht ausgestaltet[189]. Der gesetzliche Güterstand des Zugewinnausgleichs nach deutschem Recht ist umfassender. Da nur das Vermögen bei Eheschließung und das im Erbgang Erlangte als Anfangsvermögen zählt, nimmt

---

186 *Serozan*, ZEV 1997, 473, 474.

187 *Neumann*, RNotZ 2003, 343, 361; *Serozan*, ZEV, 473, 475.

188 *Serozan*, Successio 2014, 4, 15.

189 Vgl. hierzu *Yarayan*, NZFam 2016, 1147, 1148, 1152; *Odenthal*, FamRZ 2003, 648, 657.

der Ehegatte fast vollständig an der wirtschaftlichen Entwicklung des anderen Ehegatten teil. Dagegen hat jeder Ehegatte im türkischen Recht sein Eigengut und seine Errungenschaft als jeweiliges Sondervermögen. Da der Wertzuwachs nur die Errungenschaft betrifft, verbleiben Wertsteigerungen des Eigenguts im Eigengut und werden nicht ausgeglichen. Der Wahlgüterstand der Gütertrennung mit Aufteilgut ist ein allein des türkischen Rechts eigener Güterstand.

Zudem reicht im türkischen Recht das Vorliegen der Voraussetzungen für die Scheidung oder Antragstellung bzw. Zustimmung wie im BGB nicht aus. Die eigenwillige türkische Lösung mit der Fortführung der Scheidungsklage des Erblassers seitens seiner Erben ist insofern befremdlich, als sie, zumindest dem Wortlaut nach, die absolut höchstpersönliche Scheidungsklage auf die Erben übergehen lässt[190]. Da das türkische Recht das Rechtsinstitut der eingetragenen Lebenspartnerschaft bzw. das Institut für gleichgeschlechtliche Paare nicht kennt, steht den Lebenspartnern bzw. gleichgeschlechtlichen Paaren auch kein gesetzliches Erbrecht zu.

Das Rechtsverhältnis unter mehreren Erben, die Erbengemeinschaft, ist in beiden Ländern als Gemeinschaft zur gesamten Hand ausgestaltet. Es herrscht das Prinzip des gemeinsamen Handelns aller Mitglieder, d.h. grundsätzlich besteht das Erfordernis der Einstimmigkeit. Allerdings ist im deutschen Recht das Gesamthandsprinzip für die ordnungsgemäße Verwaltung aufgelockert. Für die Abwicklung der üblichen Geschäfte gilt das Mehrheitsprinzip. Hingegen gibt es im türkischen Recht die Möglichkeit der Umwandlung des Gesamthandeigentums in Miteigentum. Trotz dieser Auflockerungen ist der Übergang eines Unternehmens auf eine Erbengemeinschaft nach beiden Rechtsordnungen problematisch, da der eigentliche Zweck der Erbengemeinschaft, die auf die Auseinandersetzung angelegt ist, bestehen bleibt. In den Fällen der gesetzlichen Erbfolge droht daher zumeist die Zerschlagung der Vermögenswerte.

Im Ergebnis gibt es im türkischen wie im deutschen Erbrecht keine Regelungen, die auf die Besonderheiten des Unternehmens und der Unternehmensnachfolge zugeschnitten sind.

---

190 Vgl. *Serozan*, Beiträge zum türkischen Recht, S. 9, 21; *Saltaş-Özcan*, S. 177.

4. Kapitel: Rechtslage mit Verfügungen des Erblassers: Gewillkürte Erbfolge / *Murisin Ölüme Bağlı Tasarrufuna Dayanan Hukuki Durum: İradi Mirasçılık*

I. Die gewillkürte Erbfolge nach deutschem Recht / *Alman Hukukuna Göre İradi Mirasçılık*

Die bisherigen Überlegungen haben ergeben, dass die gesetzlichen Regelungen nicht automatisch zu einer sinnvollen und stabilen Unternehmensnachfolge führen. Es bedarf im Regelfall einer vorsorgenden Gestaltung. Hat der Erblasser eine Verfügung von Todes wegen errichtet, dann kommt die gewillkürte Erbfolge zum Zuge. Demnach wird die vom Gesetz als Regelfall behandelte gesetzliche Erbfolge nach dem sog. Grundsatz der Subsidiarität durch den Erblasserwillen abbedungen[191]. Der Erblasser kann im Rahmen der gewillkürten Erbfolge durch Verfügungen von Todes wegen einen Erben frei bestimmen, § 1937 BGB. Dies gilt ohne Weiteres auch für die Vererbung von Unternehmen und Unternehmensbeteiligungen.

1. Grundsatz der Testierfreiheit / *Ölüme Bağlı Tasarruf Serbestisi İlkesi*

Grundlage der gewillkürten Erbfolge ist das Prinzip der Testierfreiheit. Die Testierfreiheit hat im Bereich der Erbfolge Vorrang vor dem Prinzip der Familienerbfolge[192], welches dem gesetzlichen Erbrecht zugrunde liegt[193]. Die Testierfreiheit ist zwar im BGB nicht ausdrücklich erwähnt, wird jedoch von der Verfassung garantiert und gehört zum unantastbaren Wesensgehalt des Art. 14 GG[194]. Unter der Testierfreiheit ist das Recht einer natürlichen Person zu verstehen, nach eigenem Gutdünken Verfügungen von Todes wegen zu errichten,

---

191 Vgl. nur Jauernig/*Stürner*, Anm. zu §§ 1937-1941 BGB.

192 *Leipold*, § 9 Rn. 234.

193 Ausführungen zur Familienerbfolge siehe Kap. 3 I 1).

194 Siehe insb. BVerfGE 91, 346 ff.; ausführlich in diesem Zusammenhang *Lange*, Kap. 3, § 11 Rn. 4 ff.

also rechtsgeschäftliche Anordnungen über das Vermögen zu treffen, die erst mit dem Tod des Verfügenden wirksam werden[195]. Die Testierfreiheit kann nicht durch Vertrag eingeschränkt werden. Ein solcher Vertrag ist gemäß § 2302 BGB nichtig. Die Testierfreiheit ist die erbrechtliche Ausprägung der Privatautonomie. Sie wird jedoch eingeschränkt durch den erbrechtlichen Typenzwang. Der Erblasser kann nur solche Verfügungen treffen, die ihrer Art nach im Gesetz ausdrücklich erwähnt werden, oder deren Zulässigkeit jedenfalls durch Auslegung oder Analogie aus dem Gesetz abgeleitet werden kann[196]. Weitere Einschränkungen der Testierfreiheit ergeben sich aus den allgemeinen Vorschriften wie etwa nach §§ 134, 138 BGB.[197] Das Pflichtteilsrecht führt faktisch dazu, dass ein Erblasser regelmäßig nur über die Hälfte seines Vermögens frei verfügen kann, denn der schuldrechtliche Pflichtteilsanspruch entspricht der Hälfte des gesetzlichen Erbteils.

2. Formen und allgemeine Wirksamkeitsvoraussetzungen letztwilliger Verfügungen / *Ölüme Bağlı Tasarrufların Şekilleri ve Genel Geçerlilik Şartları*

Als Verfügung von Todes wegen gelten alle rechtsgeschäftlichen Anordnungen des Erblassers, die erst mit seinem Tod Wirksamkeit erlangen sollen und in spezifisch erbrechtlichen Formen erfolgt[198]. Das Gesetz unterscheidet bei den Verfügungen von Todes wegen zunächst zwischen dem Testament nach § 1937 BGB mit der Sonderform des gemeinsamen Ehegattentestaments nach §§ 2265 ff. BGB und dem Erbvertrag nach § 1941 BGB.

Für alle Verfügungen von Todes wegen muss der Erblasser seine Verfügung von Todes wegen höchstpersönlich errichten und auch den Inhalt selbst festlegen, §§ 2064, 2065, 2274 BGB. Fehlt es an der persönlichen Errichtung, so ist die Verfügung nichtig[199]. Der Gesetzgeber hat diese Regelung getroffen, damit der Erblasser die Verantwortung für seine Nachlassgestaltung nicht von sich selbst abwälzen soll[200]. Mit der Bestimmung über die persönliche Errichtung ist Stellvertretung ausgeschlossen. Auch darf der Erblasser nach § 2065 Abs. 1 BGB die

---

195 *Leipold*, § 9 Rn. 233.
196 Siehe nur *Leipold*, § 12 Rn. 351.
197 Siehe nur MüKo/*Armbrüster*, § 138 Rn. 69; Hau/Poseck/*Wendtland*, BeckOK BGB, § 138 Rn. 75.
198 MüKo/*Leipold*, § 1937 Rn. 4.
199 MüKo/*Leipold*, § 2064 Rn. 8.
200 *Brox/Walker*, § 9 Rn. 6.

Gültigkeit seiner Verfügung nicht vom Willen eines Dritten abhängig machen. Der Wille eines Dritten darf den des Erblassers nicht ersetzen. Des Weiteren soll der Erblasser die Bestimmung desjenigen, der eine Zuwendung erhalten soll sowie die Bestimmung des Gegenstandes der Zuwendung nicht einem Dritten überlassen dürfen, § 2056 Abs. 2 BGB. Zweck dieser Norm ist die Verhinderung der Vertretung des Erblassers im Willen. Zulässig ist es aber, dass einem Dritten die Bezeichnung der Erben anhand objektiver Kriterien übertragen wird[201].

a) Testament / *Vasiyetname*

Das Testament ist eine einseitige Verfügung von Todes wegen, § 1937 BGB. Die Wirksamkeit eines Testaments hängt davon ab, dass der Erblasser zur Zeit der Errichtung gemäß § 2229 BGB testierfähig war und die gesetzlichen Formvorschriften gewahrt hat.

Die Testierfähigkeit, erbrechtliche Ausprägung der Geschäftsfähigkeit, ist die Fähigkeit, rechtswirksam ein Testament zu errichten[202]. Der Erblasser muss im Zeitpunkt der Errichtung über die erforderliche Einsichtsfähigkeit verfügen[203]. Er muss in der Lage sein, sich ein klares Urteil zu bilden, welche Tragweite seine Anordnungen haben, insbesondere welche Wirkungen sie auf die persönlichen und wirtschaftlichen Verhältnisse der Betroffenen ausüben[204]. Die Testierfähigkeit besteht schon ab dem 16. Lebensjahr. Die Anordnung einer Betreuung für eine Person durch das Betreuungsgericht steht der Testierfähigkeit nicht entgegen[205]. Wenn der Erblasser aufgrund geistiger Defizite nicht in der Lage ist, einen eigenen Willen zu bilden und die Folgen seines Verhaltens abzuschätzen, entfällt die Testierfähigkeit, § 2229 Abs. 4 BGB. Die Beweislast für die Testierunfähigkeit trägt die Partei, die sich hierauf beruft[206]. Das Gesetz sieht ordentliche Testamentsformen, die in jedem Fall zur Verfügung stehen, sowie außerordentliche Formen, von den nur in besonderen Situationen Gebrauch gemacht werden kann. Ordentliche Testamentsformen sind nach § 2231 BGB das eigenhändige Testament sowie das Testament zur Niederschrift eines Notars. Die gesetzlichen

201 Siehe nur MüKo/*Leipold*, § 2065 Rn. 35; grundlegend zur Testierunfähigkeit siehe *Lange*, Kap. 3, § 11 Rn. 22 ff.

202 MüKo/*Sticherling*, § 2229 Rn. 3.

203 MüKo/*Sticherling*, § 2229 Rn. 3.

204 MüKo/*Sticherling*, § 2229 Rn. 3.

205 *Brox*/*Walker*, § 10 Rn. 91; zur Feststellung der Testierunfähigkeit siehe *Lange*, Kap. 3, § 11 Rn. 28 ff.

206 MüKo/*Sticherling*, § 2229 Rn. 3.

Formvorschriften sind zwingend vorgeschrieben. Testamente, die keiner der zur Verfügung stehenden Formen entsprechen, sind nach § 125 S. 1 BGB nichtig[207].

Das ordentliche Testament kann der Erblasser durch eine eigenhändig geschriebene und unterschriebene Erklärung nach §§ 2231 Nr. 2, 2247 BGB oder unter Mitwirkung eines Notars nach §§ 2231 Nr. 1, 2232 BGB errichten. Die Eigenhändigkeit dient als Sicherungsmittel für die Echtheit des Testaments[208]. Eigenhändigkeit liegt nur dann, wenn der Erblasser das Testament persönlich niedergeschrieben hat[209]. Daher kann der Erblasser auch nicht einen Dritten ermächtigen, die letztwillige Verfügung für ihn niederzuschreiben[210]. Die Errichtung eines privatschriftlichen Testaments ist zwar mit keinerlei Kosten für den Erblasser verbunden, jedoch besteht wegen der fehlenden rechtskundigen Beratung die Gefahr, dass der Wille des Erblassers nicht eindeutig festgestellt werden kann[211]. Außerdem steigen das Fälschungsrisiko und die Gefahr unbefugter Vernichtung oder Unauffindbarkeit im Todesfall[212]. Die größte Sicherheit für den Erblasser bietet die Errichtung eines Testaments zur Niederschrift eines Notars[213]. Der Erblasser erklärt entweder dem Notar seinen letzten Willen oder übergibt ihm eine offene oder verschlossene Schrift mit der Erklärung, dass diese seinen letzten Willen enthalte, §§ 2231 Nr. 1, 2232 BGB.

Die Formvorschriften für die Beurkundung des Testaments durch den Notar ergeben sich aus dem Beurkundungsgesetz. Die Vorteile des öffentlichen gegenüber dem eigenhändigen Testament liegen darin, dass aufgrund der Beratung durch den Notar nach § 17 BeurkG Erklärungen im öffentlichen Testament die rechtlich richtige Ausformung erhalten und Formfehler vermieden werden[214]. Die Gefahr von Auslegungs- oder Gültigkeitsfragen wird deutlich vermindert. Das notarielle Testament hat zudem den Vorteil, dass es in bestimmter Hinsicht den Erbschein, den das Nachlassgericht auf Antrag nach § 2353 BGB erstellt, ersetzt. Durch ein öffentliches Testament werden daher dem Erben ggfs. die

---

207 Vgl. hierzu MüKo/*Sticherling*, § 2231 Rn. 1 m.w.N.; grundlegend zum eigenhändigen Testament *Lange*, Kap. 4, § 14 Rn. 18 ff.

208 MüKo/*Sticherling*, § 2247 Rn. 1.

209 MüKo/*Sticherling*, § 2247 Rn. 17.

210 MüKo/*Sticherling*, § 2247 Rn. 1.

211 MüKo/*Sticherling*, § 2231 Rn. 26.

212 Vgl. MüKo/*Sticherling*, § 2231 Rn. 26; Brox/*Walker*, § 10 Rn. 100, 119.

213 MüKo/*Sticherling*, § 2231 Rn. 19 ff.; grundlegend zum öffentlichen Testament *Lange*, Kap. 4, § 14 Rn. 35 ff.

214 Vgl. MüKo/*Sticherling*, § 2231 Rn. 21; siehe zu den Einzelheiten auch *Lange*, Kap. 4, § 11 Rn. 35 ff.

Kosten des Erbscheins erspart[215]. Dies gilt etwa im Grundbuch- und Handelsrecht. Da dem öffentlichen Testament Beweiskraft im Sinne des § 35 GBO zukommt, kann der zur Bewirkung einer Grundbuchberechtigung erforderliche Nachweis der Erbfolge gegenüber dem Grundbuchamt allein durch die Vorlage einer beglaubigten Abschrift des notariellen Testaments zusammen mit einer Abschrift der Eröffnungsniederschrift des Nachlassgerichts geführt werden[216].

Auch beim Handelsregister kann die Vorlage des Erbscheins regelmäßig durch die vorbezeichneten Urkunden ersetzt werden, § 12 Abs. 2 S. 2 HGB[217]. Banken akzeptieren ein notarielles Testament ebenfalls vielfach zum Nachweis der Erbfolge, ein privates hingegen nicht[218]. Das notarielle, aber auch das eigenhändige Testament, § 2248 BGB, kann bei einem frei zu wählenden Amtsgericht hinterlegt werden, um seine sichere Aufbewahrung und seine Auffindung alsbald nach dem Tod des Erblassers zu gewährleisten. Wegen der besonderen amtlichen Verwahrung beim Amtsgericht nach §§ 344, 346 f. FamFG, § 34 Abs. 1 S. 4 BeurkG besteht zudem kein Fälschungsrisiko.

Die Anordnungen im einseitigen Testament binden den Erblasser nicht, sondern können jederzeit und ohne Grund durch den Erblasser widerrufen werden, § 2253 BGB. Das eigenhändige Testament kann der Erblasser durch ein reines Widerrufstestament nach § 2254 BGB oder durch eine Vernichtung nach § 2255 BGB oder durch eine widersprechende spätere Verfügung nach § 2258 BGB beseitigen. Ein öffentlich errichtetes Testament kann der Erblasser dadurch widerrufen, dass er sie aus der amtlichen Verwahrung zurücknimmt, § 2256 BGB.

b) Erbvertrag / *Miras Sözleşmesi*

Verfügungen von Todes wegen können auch durch einen Vertrag, den der Erblasser mit einer anderen Person schließt, den Erbvertrag, vorgenommen werden, § 1941 Abs. 1 BGB. Der Erbvertrag ist zum einen Verfügung von Todes wegen, zum anderen Vertrag sui generis[219]. Durch den Erbvertrag wird für den als Erbe Benannten unmittelbar der Berufungsgrund als Erbe oder Vermächtnisnehmer

---

215 *Leipold*, § 11 Rn. 294.

216 MüKo/*Sticherling*, § 2231 Rn. 23; zum Erbscheinserteilungsverfahren *Lange*, Kap. 19, § 78 Rn. 19 ff.

217 MüKo/*Sticherling*, § 2231 Rn. 23.

218 *Lorz/Kirchdörfer*, Kap. 5, Rn. 59.

219 MüKo/*Leipold*, § 1941 Rn. 3; *Leipold*, § 15 Rn. 495; grundlegend zum Erbvertrag *Lange*, Kap. 4, § 17 Rn. 142 ff.

geschaffen[220]. Eine Rechtsposition des Begünstigten, die Rechte und Pflichten begründet, entsteht zu Lebzeiten des Erblassers jedoch nicht, vgl. § 2286 BGB. Solche Rechtswirkungen treten erst mit dem Erbfall ein. Der Erblasser ist gebunden, kann keine abweichende beeinträchtigende Verfügung von Todes wegen mehr errichten. Der Vertragspartner und der im Erbvertrag Bedachte sind damit gegen Verfügungen des Erblassers unter Lebenden grundsätzlich nicht geschützt[221]. Schuldrechtliche Verpflichtungen werden folglich durch den Erbvertrag nicht begründet[222]. Nur soweit anderweitige Verfügungen von Todes wegen das Recht des vertragsmäßig Bedachten beeinträchtigen, sind sie nach § 2289 Abs. 1 BGB unwirksam. Eine Beeinträchtigung des Rechts des Bedachten liegt dann vor, wenn zum Zeitpunkt des Erbfalls die anderweitige letztwillige Verfügung die vertragsmäßige Zuwendung mindern, beschränken, belasten oder gegenstandslos machen würde[223]. Dies zeichnet ihn als Verfügung von Todes wegen aus.

Aus dem vertraglichen Charakter ergibt sich die Bindung des Erblassers, und damit die Einschränkung seiner Testierfreiheit, vgl. § 2289 BGB, das heißt, der freie Widerruf beim Erbvertrag ist ausgeschlossen[224]. Insoweit unterscheidet sich der Erbvertrag vom Testament. Bindende Verfügungen, die im Erbvertrag getroffen werden, kann der Erblasser grundsätzlich nicht mehr einseitig aufheben. In dieser Bindungswirkung, die sich auf die „vertragsmäßigen" Verfügungen gemäß § 2278 BGB beschränkt, liegt der eigentliche Zweck des Erbvertrages als Rechtsinstitut[225].

Eine solche Bindung kann gerade bei Familienunternehmen für einen potenziellen Nachfolger im Unternehmen von großem Interesse sein. Stellt sich beispielsweise für einen Abkömmling des Firmeninhabers und Erblassers die Frage, ob er im elterlichen Betrieb verbleibt oder eine anderweitige Arbeitsmöglichkeit wahrnimmt, wird er häufig nur dann geneigt sein, in den elterlichen Betrieb einzutreten, wenn er sichergehen kann, dass der Betriebsinhaber ihn verbindlich als „Unternehmenserben" einsetzt[226]. Wenn sich der Unternehmer über die Person

---

220 MüKo/*Leipold*, § 1941 Rn. 4.

221 Vgl. MüKo/*Leipold*, § 1941 Rn. 4.

222 MüKo/*Leipold*, § 1941 Rn. 4; MüKo/*Musielak*, Vor. § 2274, Rn. 2.

223 Jauernig/*Stürner*, § 2289 Rn. 1; zu den erbrechtlichen Folgen des Erbvertrages *Lange*, Kap. 3, § 17 Rn. 174 ff.

224 *Lange*, Kap. 4, § 17 Rn. 174 ff.; Rn. *Brox/Walker*, § 14 Rn. 145.

225 *Leipold*, § 15 Rn. 491.

226 Hierzu siehe Sudhoff/*Stracke*, Familienunternehmen § 34 Rn. 24; *Brox/Walker*, § 14 Rn. 144; *Hannes/Kuhn/Brückmann*, § 6 Rn. 68.

des Nachfolgers sowie die Gestaltung der Erbfolge völlig im Klaren ist, kann die Bindungswirkung des Erbvertrages für die Beteiligten den Vorteil der Schaffung klarer erbrechtlicher Verhältnisse bieten[227]. Über den Weg eines Erbvertrags kann auch ein drohender Liquiditätsabfluss als Folge einer Geltendmachung von Pflichtteilsansprüchen vermieden werden.

Wegen der endgültigen und weitreichenden Bindungswirkung des Erbvertrages sieht das Gesetz hohe formale Anforderungen an den Vertragsschluss vor[228]. Der Erblasser muss bei Abschluss des Erbvertrages nach § 2275 BGB unbeschränkt geschäftsfähig, d.h. volljährig sein. Die Testierfähigkeit genügt nicht, weil er sich vertragsmäßig bindet[229]. Erbverträge beschränkt geschäftsfähiger oder geschäftsunfähiger Erblasser sind nichtig. Eine Stellvertretung ist aufseiten des Erblassers ausgeschlossen, vgl. § 2274 BGB. Für den Vertragsgegner, der nicht selbst Erblasser ist, gelten die allgemeinen Vorschriften über die Verträge. Er kann sich vertreten lassen[230]. Zudem ist der Erbvertrag nur formgültig, wenn die Erklärungen zur Niederschrift eines Notars bei gleichzeitiger Anwesenheit beider Teile abgegeben werden, § 2276 BGB i.V.m. §§ 32, 30 BeurkG.

Der Erbvertrag kann als einseitiger oder gegenseitiger Erbvertrag im Sinne von § 2298 Abs. 1 BGB geschlossen werden. Während ein einseitiger Erbvertrag nur vertragsmäßige Verfügungen des Erblassers beinhaltet, die der Vertragspartner lediglich annimmt, erklären bei einem gegenseitigen Erbvertrag beide Vertragsteile vertragsmäßige Verfügungen von Todes wegen, die in der Regel wechselbezüglich sind[231].

Die erbvertragliche Regelung kann allein getroffen, aber auch mit einem anderen Rechtsgeschäft verbunden werden[232]. Das andere Rechtsgeschäft kann auch ein Erbverzichtsvertrag nach § 2346 ff. BGB sein[233]. Der Erbverzicht ist ein Vertrag zwischen dem Erblasser einerseits und einem künftigen gesetzlichen Erben oder Pflichtteilsberechtigten bzw. eines durch Verfügung von Todes wegen berufenen Erbes oder Vermächtnisnehmers andererseits, durch das der

---

227 *Lorz/Kirchdörfer*, Kap. 5, Rn. 60.

228 Vgl. *Hannes/Kuhn/Brückmann*, § 6 Rn. 68.

229 *Brox/Walker*, § 14 Rn. 146.

230 *Brox/Walker*, § 14 Rn. 146.

231 Jauernig/*Stürner*, § 2298 Rn. 1; *Lange*, Kap. 4, § 17 Rn. 151 ff.; *Brox/Walker*, § 14 Rn. 153 f.

232 In § 34 Abs. 2 BeurkG wird die Zulässigkeit der Verbindung in derselben Urkunde vorausgesetzt.

233 Zu den verschiedenen Arten von Erbverträgen *Lange*, Kap. 4, § 41 Rn. 151 ff.

Anfall des Erbrechts, die Entstehung des Pflichtteilsrechts oder des Vermächtnisanspruchs ganz oder teilweise ausgeschlossen wird[234].

Wenn der Erblasser die Bindungswirkung des Erbvertrages beseitigen will, kann er im Einverständnis des Vertragspartners einen Aufhebungsvertrag nach § 2290 BGB schließen. Einseitig kann der Erblasser vom Vertrag zurücktreten, falls er sich ein Rücktrittsrecht vorbehalten hat, § 2293 BGB. Innerhalb eines Jahres kann der Erblasser den Vertrag auch nach § 2283 BGB anfechten.

c) Gemeinschaftliches Testament / *Ortak Vasiyetname*

Der Vorstellung der meisten Ehegatten, die Erbfolge gemeinsam zu regeln, trägt das BGB mit der Möglichkeit der Errichtung eines gemeinschaftlichen Testaments Rechnung. Das gemeinschaftliche Testament ist die Zusammenfassung von gemeinschaftlich getroffenen letztwilligen Verfügungen mehrerer Personen[235]. Ein solches gemeinschaftliches Testament kann nach § 2265 BGB nur von Ehegatten und von Lebenspartnern im Sinne von §§ 1, 10 Abs. 4 LPartG errichtet werden. Gemeinschaftliche Testamente anderer Personen wie z. B. von Verlobten oder Geschwistern sind unwirksam.

Die Wirksamkeit des gemeinschaftlichen Testaments ist nach §§ 2268 Abs. 1, 2077 Abs. 1 BGB im Regelfall an den Bestand der Ehe beim Tod des ersten Ehegatten geknüpft. Wird die Ehe geschieden, so wird das gesamte gemeinschaftliche Testament im Regelfall unwirksam[236]. Die Verfügungen bleiben jedoch wirksam, soweit anzunehmen ist, dass sie auch für den Fall der Scheidung getroffen sein würden, § 2268 Abs. 2 BGB. Beim gemeinschaftlichen Testament handelt sich um ein einheitliches Testament, das für den Tod beider Ehegatten, also für zwei Erbfälle gilt[237]. Die Ehegatten verfügen zwar gemeinschaftlich, aber jeder einseitig. Im Gegensatz zum Erbvertrag fehlt dem gemeinschaftlichen Testament der vertragliche Charakter[238]. Daher reicht für das gemeinschaftliche Testament die Testierfähigkeit nach § 2229 BGB aus.

Ein gemeinschaftliches Testament setzt ferner voraus, dass jeder der Ehegatten eine letztwillige Verfügung trifft und beide aufgrund gemeinsamer

---

234 Grundlegend zum Erbverzicht *Lange*, Kap. 10, § 17 Rn. 85.

235 *Brox/Walker*, § 15 Rn. 1 ff.; grundlegend *Lange*, Kap. 8, § 17 Rn. 32 ff.; kritisch zum gemeinschaftlichen Testament *de lege ferenda Strobel*, AcP 221 (2021), S. 399 ff.

236 MüKo/*Musielak*, § 2068 Rn. 1.

237 *Leipold*, § 14 Rn. 456.

238 *Brox/Walker*, § 15 Rn. 176; grundlegend *Lange*, Kap. 4, § 17 Rn. 151 ff.

Entschließung handeln[239]. Es kann in allen für das Testament zulässigen Formen errichtet werden. Das Gesetz sieht bei gemeinschaftlichen Testamenten insofern eine Formerleichterung vor, als dass es ausreicht, wenn einer der beiden Eheleute das Testament in der Form des § 2247 BGB errichtet, eigenhändig unterschreibt und der andere Ehegatte eigenhändig mitunterschreibt, § 2267 BGB[240]. Die Gemeinschaftlichkeit der Errichtung ergibt sich bei einem notariellen gemeinsamen Testament bereits aus der einheitlichen Verhandlung. Bei einem eigenhändigen Testament, das mit der Formerleichterung des § 2267 BGB errichtet wurde, folgt die Gemeinsamkeit der Errichtung aus der einheitlichen Urkunde, die von beiden Ehegatten unterschrieben worden ist.

Hinsichtlich der Arten des gemeinschaftlichen Testaments ist zu unterscheiden zwischen dem „gleichzeitigen gemeinschaftlichen Testament", bei dem die letztwilligen Verfügungen der Ehegatten in einem gemeinschaftlichen Testament zusammengefasst sind, ohne dass der Inhalt aufeinander abgestimmt ist, dem „gegenseitigen gemeinschaftlichen Testament", bei dem die Erblasser sich gegenseitig zu Erben einsetzen oder sich sonst gegenseitig bedenken[241]. Auf diese Weise wird ein inhaltlicher Zusammenhang der Verfügungen hergestellt, ohne jedoch die Verfügungen in ihrer Wirksamkeit voneinander abhängig werden zu lassen[242]. Schließlich liegt die Besonderheit eines gemeinschaftlichen Testaments in der Möglichkeit, wechselseitige Verfügungen zu treffen, § 2270 BGB. Dies sind Verfügungen, die der Ehegatte nur im Hinblick auf die Verfügung des anderen vorgenommen hat. Ausschlaggebend ist also die gegenseitige innere Abhängigkeit der beidseitigen Verfügungen. Die beiden Verfügungen müssen mit anderen Worten nach dem Willen der Ehegatten so eng miteinander verknüpft sein, dass die eine mit der anderen stehen oder fallen soll[243]. Aufgrund dieser Abhängigkeit hat die Nichtigkeit der einen Verfügung die Unwirksamkeit der anderen Verfügung zur Folge, § 2270 Abs. 1 BGB. Bei der Auslegung ist der beiderseitige Wille der Ehegatten zu berücksichtigen[244].

Eine inhaltliche Sonderform des gemeinschaftlichen Testaments stellt das sog. Berliner Testament dar, § 2269 BGB. Hierbei setzen sich die Ehegatten

---

239 *Brox/Walker*, § 15 Rn. 176.
240 MüKo/*Musielak*, vor. § 2265, Rn. 1.
241 Siehe nur MüKo/*Musielak*, vor. § 2265, Rn. 7, 13 ff.; grundlegend *Lange*, Kap. 4, § 16 Rn. 77 ff.
242 Vgl. MüKo/*Musielak*, vor. § 2265, Rn. 13 ff.
243 *Leipold*, § 14 Rn. 466; Jauernig/*Stürner*, § 2270 Rn. 1.
244 Zur Auslegung *Lange*, Kap. 4, § 16 Rn. 108 ff.

gegenseitig und einen Dritten, in der Regel ihre gemeinsamen Kinder, zu Erben des Überlebenden ein. Zur Verwirklichung dieses Ziels können die Ehegatten zwischen dem sogenannten Einheits- und dem Trennungsprinzip wählen[245]. Das Trennungsprinzip geht von einer Trennung der beiden Vermögensmassen der Ehegatten aus. Stirbt ein Ehegatte, wird der andere lediglich Vorerbe und der Dritte Nacherbe des Erstverstorbenen[246]. Der Dritte erbt das Vermögen des Erstverstorbenen erst, wenn der überlebende Ehegatte verstirbt[247]. Der überlebende Ehegatte kann über sein Vermögen frei verfügen. Beim Einheitsprinzip hingegen ‚verschmelzen' die beiden Vermögensmassen. Stirbt ein Ehegatte, wird der andere sein Vollerbe[248]. Der Erbe kann hinsichtlich des Nachlasses grundsätzlich frei verfügen. Mit dem Tod des überlebenden Ehegatten werden die gemeinsamen Kinder oder ggf. bestimmter Dritter Schlusserbe[249]. Ehegatten können in ein Berliner Testament auch eine sog. Wiederverheiratungsklausel aufnehmen[250]. Danach soll der Nachlass des Verstorbenen an die Kinder fallen, wenn der Überlebende wieder heiratet[251]. Sind die Ehegatten nach dem Trennungsprinzip vorgegangen, bedeutet die Wiederverheiratungsklausel, dass der Nacherbfall mit der erneuten Eheschließung eintritt[252]. Die Kinder erben dann schon mit der erneuten Eheschließung, nicht erst mit dem Tod des überlebenden Ehegatten. Sind die Ehegatten nach dem Einheitsprinzip vorgegangen, stellt die Klausel eine bedingte Anordnung von Vor- und Nacherbschaft dar. Bedingung ist die Wiederverheiratung[253]. Der Überlebende ist zugleich auflösend bedingter Vollerbe und aufschiebend bedingter Vorerbe, wobei seine Vollerbenstellung erst mit dem Tod ohne vorherige Wiederheirat endgültig wird.

Nicht wechselbezügliche Verfügungen in einem gemeinschaftlichen Testament können jederzeit grundlos und ohne Verständigung des anderen Ehegatten widerrufen werden, § 2253 BGB. Jeder Ehegatte ist also in der Lage, seine

245 Siehe MüKo/*Musielak*, § 2269, Rn. 1 ff.; *Lange*, Kap. 4, § 16 Rn. 95 ff.; *Brox/Walker*, §15 Rn. 187 ff.

246 Zu den Einzelheiten MüKo/*Musielak*, § 2269, Rn. 2, 34 ff.

247 MüKo/*Musielak*, § 2269, Rn. 2; zu den Unterschieden zwischen Einheits- und Trennungslösung *Lange*, Kap. 4, § 16 Rn. 99 ff.

248 MüKo/*Musielak*, § 2269, Rn. 3, 40 ff.

249 MüKo/*Musielak*, § 2269, Rn. 3.

250 MüKo/*Musielak*, § 2269, Rn. 47 ff.; *Brox/Walker*, § 15 Rn. 191; grundlegend zu Wiederverheiratungsklauseln *Lange*, Kap. 4, § 16 Rn. 112 ff.

251 MüKo/*Musielak*, § 2269, Rn. 47.

252 MüKo/*Musielak*, § 2269, Rn. 49; *Lange*, Kap. 4, § 16 Rn. 117 ff.

253 MüKo/*Musielak*, § 2269, Rn. 50 ff.; *Lange*, Kap. 4, § 16 Rn. 118.

nicht wechselbezüglichen Verfügungen nach den Widerrufsmöglichkeiten der §§ 2254 ff. BGB aufzuheben. Solange beide Ehegatten noch leben, bleiben auch wechselbezügliche Verfügungen frei widerruflich. Allerdings ist eine notariell beurkundete Widerrufserklärung gegenüber dem anderen Ehegatten erforderlich, §§ 2271 Abs. 1 S. 1, 2296 Abs. 2 S. 2 BGB. Verstirbt einer der Ehegatten, so erlischt das Recht des anderen Ehegatten, seine wechselbezüglichen Verfügungen zu widerrufen, § 2271 Abs. 2 S. 1, 1. Halbs. BGB. Die wechselbezüglichen Verfügungen des überlebenden Ehegatten werden also nach dem Tod des ersten Ehegatten bindend. Der Grund liegt darin, dass der erste Ehegatte auf die Wirksamkeit der korrespondierenden Verfügungen des zweiten Ehegatten vertraut hat. Durch die Bindung an die wechselbezüglichen Verfügungen sind alle neuen testamentarischen oder erbrechtlichen Anordnungen ausgeschlossen, die die Rechte aus den getroffenen Verfügungen ganz oder teilweise beeinträchtigen würden. Anders ist es, wenn dem überlebenden Ehegatten ein Änderungsvorbehalt eingeräumt wurde[254].

3. Erbrechtliches Instrumentarium (Anordnungen des Erblassers) / *Miras Hukukuna İlişkin Araçlar (Miras Bırakanın Ölüme Bağlı Tasarrufları)*

Das Gesetz räumt dem Erblasser, der nach freiem Belieben Verfügungen von Todes wegen treffen möchte, unterschiedliche erbrechtliche Instrumente ein, um die Rechtsstellung der Bedachten zu beeinflussen[255]. Beabsichtigt der Erblasser, dass der Bedachte in vollem Umfang in seine Rechtsposition eintritt, wird er den Bedachten zum Erben einsetzen. Will der Erblasser nur einen einzelnen Gegenstand zuwenden, wird er diesen im Rahmen eines Vermächtnisses dem Bedachten zukommen lassen. Daneben stehen dem Erblasser weitere Instrumente zur Verfügung, die im Folgenden erläutert werden. Der Wille des Erblassers ist durch Auslegung nach § 133 BGB zu ermitteln.

a) Erbeinsetzung / *Mirasçı Atanması*

Mit der Erbeinsetzung entscheidet der Erblasser darüber, wer als Rechtsnachfolger sein Vermögen als Ganzes erhält. Das kann ein Einzelner sein, das können aber auch mehrere sein, die dann im Erbfall eine Erbengemeinschaft bilden,

---

254 *Leipold*, § 14 Rn. 471; zu den Schwächen gemeinschaftlicher Testamente siehe *Lange*, Kap. 4, § 16 Rn. 136 ff. m.w.N; neuerdings *Strobel*, AcP 221 (2021), 339.

255 Siehe Überblick *Lange*, Kap. 6, § 27 Rn. 3 ff.

vgl. § 1922 Abs. 1 BGB. Der Erblasser kann die Anteile, zu denen die Miterben eingesetzt sein sollen, bestimmen. Der Rechtsnachfolger tritt gleichsam in die Fußstapfen des Erblassers. Er wird – wie bereits dargestellt – Rechtsnachfolger im Wege der Gesamtrechtsnachfolge und tritt unmittelbar und von selbst in die Rechte und Pflichten des Erblassers ein. Damit kann er über das geerbte Vermögen frei verfügen[256]. Da es kein Risiko eines anderweitigen Zugriffs gibt, erscheint die Erbeinsetzung zumindest in den Fällen, in denen der Unternehmensnachfolger zum Alleinerben eingesetzt wird, als die sicherste Form der Gestaltung der Unternehmensfolge von Todes wegen zu sein[257]. Es muss dann aber sichergestellt sein, dass drohende Pflichtteilsansprüche nicht zu einem existenzgefährdenden Liquiditätsabfluss führen. Andererseits ist eine Erbengemeinschaft zur Führung eines Unternehmens nicht geeignet [258].

b) Vor- und Nacherbschaft / *Ön ve Artmirasçılık*

Durch Anordnung einer Vor- und Nacherbfolge kann in gewissem Umfang die Nachfolge über mehrere Generationen geregelt werden, §§ 2100 ff. BGB[259]. Die Erbschaft fällt zunächst dem Vorerben an. Erst mit einem vom Erblasser letztwillig vorgesehenen oder sich aus dem Gesetz ergebenden Ereignis nach § 2106 Abs. 1 BGB geht die Erbschaft auf den Nacherben über, § 2139 BGB. Der Nacherbe ist dann Erbe des Erblassers und nicht Erbe des Vorerben[260]. Der Nacherbe erwirbt neben dem zukünftigen Erbrecht im Nacherbfall ein Anwartschaftsrecht, welches veräußerbar, übertragbar und als solches weitervererblich ist[261]. Ein Recht auf Herausgabe des Nachlasses steht dem Nacherben allerdings erst im Zeitpunkt des Nacherbfalls zu, § 2130 BGB.

Dem Erblasser ist es durch das Institut der Vor- und Nacherbschaft möglich, den Vorerben in seinen Möglichkeiten, über das Erbe zu verfügen, zu beschränken und festzulegen, welches weitere Schicksal das vererbte Vermögen haben soll[262]. Dadurch kann zwar sichergestellt werden, dass das Vermögen in der Familie bleibt und unternehmerisches Vermögen perpetuiert werden kann[263].

---

256 MüKo/*Musielak*, § 1922, Rn. 6.

257 Vgl. *Lorz/Kirchdörfer*, Kap. 5 Rn. 63.

258 Zu den Nachteilen der Erbengemeinschaft siehe Kap. 3 I 5).

259 Zur Einsetzung von Vor- und Nacherben *Lange*, Kap. 6, § 28 Rn. 41 ff.

260 MüKo/*Lieder*, § 2100, Rn. 1.

261 MüKo/*Lieder*, § 2100 Rn. 51 ff.

262 MüKo/*Lieder*, § 2100 Rn. 5; *Crezelius*, § 2 Rn. 47.

263 Vgl. MüKo/Lieder, § 2100 Rn. 5; *Crezelius*, § 2 Rn. 47; *Bengel*, FS für Bernd Rödl, S. 225, 229.

Der Erblasser hat dadurch die Möglichkeit, in dem durch § 2109 BGB gezogenen zeitlichen Rahmen die Freiheit der später Lebenden erheblich einzuengen[264].

Um eine überlange Bindung des Nachlasses zu verhindern, verbietet jedoch die Vorschrift des § 2109 Abs. 1 S. 1 BGB grundsätzlich eine längere Nacherbeneinsetzung als 30 Jahre. Auch zeigt die Praxis, dass die Vor- und Nacherbschaft im unternehmerischen Bereich untauglich ist, da sie faktisch eine Kreditsperre für den Vorerben ist[265]. Denn die Finanzierungsinstitute werden dem Vorerben nur dann einen Kredit gegen Eintragung eines Grundpfandrechts gewähren, wenn alle Nacherben der Kreditaufnahme ausdrücklich zustimmen, da der Nachweis der entgeltlichen Verwendung der Kreditmittel nicht geführt werden kann. Von den Verfügungsbeschränkungen der §§ 2113 ff. BGB kann der Erblasser den Vorerben aber nach § 2136 BGB befreien.

c) Vermächtnis / *Muayyen Mal Vasiyeti*

Eine weitere Gestaltungsmöglichkeit ist das Vermächtnis. Das Vermächtnis ist eine Verfügung von Todes wegen, durch die der Erblasser einem anderen ein Recht auf einen Vermögensgegenstand zuwendet, ohne ihn als Erben einzusetzen, §§ 1937, 2147 ff. BGB[266]. Der Vermächtnisnehmer ist nicht dinglich am Nachlass berechtigt, er erlangt jedoch einen schuldrechtlichen Anspruch gegen den/die Beschwerten auf Leistung des Vermächtnisgegenstandes[267]. Der vermachte Gegenstand geht mit dem Erbfall zunächst in das Eigentum der Erben über[268]. Der Vermächtnisnehmer hat gegen den/die Beschwerten einen Anspruch auf Übertragung des vermachten Gegenstandes, § 2174 BGB. Er wird nicht Teil der Erbengemeinschaft[269]. Das ist eine konfliktvermeidende Strategie, da der Vermächtnisnehmer nicht auf den Konsens innerhalb der Erbengemeinschaft angewiesen ist[270].

Hinsichtlich des Gegenstands besteht weiter Gestaltungsspielraum. Neben Sachen können auch Rechte oder Geldbeträge Gegenstand eines Vermächtnisses sein[271]. Möglich ist auch die Zuwendung eines nur der Gattung nach

---

264 MüKo/*Lieder*, § 2100 Rn. 5; *Leipold*, § 19 Rn. 673.

265 *Spiegelberger*, § 2 Rn. 31.

266 Siehe dazu *Lange*, Kap. 6, § 28 Rn. 60 ff.

267 MüKo/*Rudy*, § 2174 Rn. 5; Hau/Poseck/*Müller-Christmann*, BeckOK BGB, § 2147 Rn. 1; *Crezelius*, § 2 Rn. 58.

268 MüKo/*Rudy*, § 2174 Rn. 1.

269 Vgl. MüKo/*Gergen*, § 2032 Rn. 2; *Leipold*, § 19 Rn. 768.

270 *Crezelius*, § 2 Rn. 58.

271 *Leipold*, § 19 Rn. 769.

bestimmten Gegenstandes, § 2155 BGB. Sogar ein Gegenstand, der nicht zum Nachlass gehört, kann vermacht werden, § 2169 BGB. Der Beschwerte muss dann diesen Gegenstand beschaffen oder Wertersatz leisten, § 2170 BGB.

Entgegen dem Prinzip der Höchstpersönlichkeit letztwilliger Verfügungen, welches in § 2065 Abs. 2 BGB verankert ist, besteht nach § 2151 BGB die Möglichkeit, dass die Bestimmung des Vermächtnisnehmers einem anderen als dem Erblasser überlassen bleibt. So kann der Erblasser mehrere Vermächtnisnehmer bestimmen, aber dem Beschwerten oder einem Dritten die Wahl überlassen, wer von ihm das Vermächtnis erhalten soll[272]. Er kann auch den Beschwerten oder einen Dritten bestimmen lassen, was jeder Vermächtnisnehmer von dem vermachten Gegenstand erhalten soll, § 2153 BGB. Schließlich kann das Vermächtnis so gestaltet werden, dass der Bedachte von mehreren Gegenständen nur einen erhalten soll, § 2154 BGB. Damit kann das Vermächtnis als Gestaltungsmittel zur nachträglichen Bestimmung eines Unternehmensnachfolgers genutzt werden.[273] Wie zu zeigen sein wird, findet die Gestaltungsfreiheit allerdings auch insoweit ihre Grenzen im Pflichtteilsrecht, § 2306 BGB. Es kann nicht mithilfe eines Vermächtnisses unterlaufen werden.

Die Abgrenzung zwischen Erbeinsetzung und Vermächtnis kann schwierig sein. Falls der wirkliche Wille des Erblassers sich nicht im Wege der Auslegung ermitteln lässt, enthält § 2087 BGB die Regel, dass es sich bei der Abgrenzung von Vermächtnis und Erbeinsetzung nicht auf die Ausdrucksweise des Erblassers, sondern allein auf den Inhalt seiner letztwilligen Verfügung ankommt. Immer dann, wenn der Erblasser sein Vermögen oder einen Bruchteil seines Vermögens einer Person zugewendet hat, soll gemäß § 2087 Abs. 1 BGB eine Erbeinsetzung vorliegen, auch wenn der Bedachte nicht als Erbe bezeichnet wird[274]. Wurden dem Bedachten hingegen nur einzelne Gegenstände zugewendet, ist dies im Zweifel gemäß § 2087 Abs. 2 BGB trotz gegenteiliger Bezeichnung nicht als Erbeinsetzung, sondern als die Anordnung eines Vermächtnisses anzusehen[275]. Möglich ist auch, dass man auch einem Erben ein Vermächtnis zuwendet, sog. Vorausvermächtnis, § 2150 BGB. Dieses kann ihm entweder zusätzlich zum Erbteil zugewendet werden oder aber mit der Bestimmung, dass es auf dem Erbteil anzurechnen ist[276].

---

272 MüKo/*Rudy*, § 2151 Rn. 3; *Lange*, Kap. 6, § 28 Rn. 72 ff.

273 *Hannes/Kuhn/Brückmann*, § 6 Rn. 79.

274 MüKo/*Rudy*, § 2087 Rn. 2; zu den Abgrenzungsfragen siehe auch *Lange*, Kap. 6, § 28 Rn. 63 ff.

275 MüKo/*Rudy*, § 2087 Rn. 7 ff.

276 Vgl. hierzu MüKo/*Rudy*, § 2150 Rn. 6 ff.; *Leipold*, § 19 Rn. 768.

Dem Vermächtnis kommt gerade bei der Unternehmensnachfolge eine erhebliche Bedeutung zu, da es weitaus flexiblere Gestaltungsmöglichkeiten als eine Erbeinsetzung bietet, die im unternehmerischen Bereich ungeeignete Organisationsformen der Erbengemeinschaft vermeiden hilft[277].

d) Auflagen / *Koşullar*

Durch eine Auflage kann der Erblasser in einer Verfügung von Todes wegen den Erben oder Vermächtnisnehmer zu einer Leistung verpflichten, ohne dass dem Berechtigten ein Leistungsanspruch zusteht, §§ 1940, 2192 ff. BGB[278]. Die Auflage begründet also eine Verpflichtung des Erben oder Vermächtnisnehmers[279]. Selbst wenn durch diese Verpflichtung eine andere Person begünstigt wird, entsteht aus der Auflage kein Erfüllungsanspruch[280]. Hierin liegt die Unterscheidung zum Vermächtnis. Weil gerade kein Recht auf die Leistung zugewendet wird, entstehen bei Nichterfüllung der Auflage auch keine Schadensersatzansprüche gegen den Beschwerten oder gegen den Testamentsvollstrecker[281].

Inhalt der Auflage kann jedes Tun oder Unterlassen im Sinne von § 241 BGB sein[282]. Im Bereich der Unternehmensnachfolge kann mittels einer Auflage etwa die Fortführung des Unternehmens geregelt werden[283]. Ferner kann der Erblasser über seinen Tod hinaus durch Anordnung von Auflagen die Art und Weise bestimmen, wie die Rechtsnachfolger mit der unternehmerischen Beteiligung verfahren sollen[284]. Der Erblasser kann durch Auflage anordnen, dass bestimmte, besonders risikoreiche Arten von Geschäften unterlassen werden. Er kann durch Auflage die Erben auch verpflichten, durch Umwandlung eine andere Rechtsform für die unternehmerische Tätigkeit zu wählen. Der Erblasser kann weiter durch letztwillige Verfügung die Auflage anordnen, dass eine Gesellschaft für eine von ihm zu bestimmende Zeit nicht gekündigt werde, es sei denn aus wichtigem Grund. Weiter kann er auf diese Weise anordnen, dass bestimmte Beteiligungen an anderen Unternehmen nicht veräußert werden. Da der Begünstigte

277 MüKo/*Rudy*, Vor § 2147 Rn. 8; *Lorz/Kirchdörfer*, Kap. 5 Rn. 63.

278 Vgl. hierzu MüKo/*Leipold*, § 1940 Rn. 1ff.; grundlegend *Lange*, Kap. 7, § 31 Rn. 20 ff.; *Schmoeckel*; § 22 III; *Michalski/Schmidt*, § 20 II; *Gursky/Lettmaier*, S. 190 f.

279 MüKo/*Leipold*, § 1940 Rn. 2.

280 MüKo/*Leipold*, § 1940 Rn. 2; zur Erzwingungsfrage *Lange*, Kap. 4, § 31 Rn. 36 ff.

281 MüKo/*Leipold*, § 1940 Rn. 2.

282 Zum Inhalt der Auflage siehe *Röthel*, Kap. 6, § 37 III.

283 Riedel/*Roglmeier*, § 4 Rn. 104.

284 MüKo/*Leipold*, § 1940 Rn. 6; Sudhoff/*Stracke*, Familienunternehmen, § 34 Rn. 101.

der Auflage keinen Anspruch hat, bestimmt das Gesetz in § 2194 BGB, dass der Erbe, der Miterbe und derjenige, dem der Wegfall des Beschwerten unmittelbar zukommen würde, die Vollziehung durchsetzen können[285]. Der Erblasser kann auch eine Zuwendung unter die Bedingung der Auflagenerfüllung stellen, § 2075 BGB. Durch die Möglichkeit, über die Auflage bestimmte Zwecke verfolgen zu können, ohne eine bestimmte Person begünstigen zu müssen, kann der Erblasser auf das Verhalten der von ihm mit Zuwendungen bedachten Personen über den Erbfall hinaus mit zeitlich unbegrenzter Wirksamkeit Einfluss nehmen und ihnen Pflichten auferlegen[286].

Besondere Bedeutung kommt der Auflage im Zusammenhang mit der Testamentsvollstreckung an unternehmerischen Vermögenswerten zu, bei der begleitende, durch Auflage zu erzwingende Vollmachten der Erben häufig unverzichtbar sind[287].

e) Teilungsanordnung / *Mirasın Taksimine ilişkin Düzenleme*

Der Erblasser kann durch letztwillige Verfügung Anordnungen für die Auseinandersetzung treffen, § 2048 BGB. Grund dieser weitgehenden Regelungsvollmacht ist die Testierfreiheit des Erblassers: Wer die Erbfolge bestimmen kann, muss auch vorgeben können, wie sein Vermögen unter verschiedenen Miterben aufgeteilt werden soll[288]. Wenn der Erblasser keine konkreten Vorgaben machen möchte, kann er die Teilung der Erbschaft auch in das Ermessen eines Dritten stellen, § 2048 S. 2 BGB. Die Teilungsanordnung begründet keine Sondernachfolge in den zugewiesenen Gegenstand und führt nicht zu einer Vergrößerung der Quote des Begünstigten[289]. Vielmehr hat die Teilungsanordnung zur Folge, dass dem bedachten Miterben ein schuldrechtlicher Anspruch gegen die übrigen Miterben auf Übereignung des zugewiesenen Gegenstands, unter Anrechnung auf den Miterbenteil, zusteht[290]. Ist der Wert der ihnen nach Teilungsanordnung zukommenden Nachlassgegenstände höher als die Erbquote, ist der betreffende Miterbe zum Ausgleich des seine Erbquote übersteigenden Wertes des Nachlassgegenstandes an die übrigen Miterben verpflichtet[291].

---

285 *Leipold*, § 19 Rn. 781.

286 *Lorz/Kirchdörfer*, Kap. 5 Rn. 71.

287 Vgl. hierzu MüKo/*Leipold*, § 1940 Rn. 7.

288 Vgl. nur MüKo/*Ann*, § 2048 Rn. 1 m.w.N.; *Lange*, Kap. 7, § 31 Rn. 6 ff.

289 So etwa MüKo/*Ann*, § 2048 Rn. 9; *Mutter*, S. 164; Sudhoff/*Stracke*, Familienunternehmen, § 34 Rn. 104.

290 MüKo/*Ann*, § 2048 Rn. 9.

291 Sudhoff/*Stracke*, Familienunternehmen, § 34 Rn. 104.

Die Abgrenzung zwischen Teilungsanordnung vom Vorausvermächtnis kann Schwierigkeiten bereiten, wenn der Erblasser einem Erben Gegenstände zuweist, die wertmäßig das Erbteil übersteigen. Darin kann eine Teilungsanordnung nur dann gesehen werden, wenn vorgesehen ist, dass der Bedachte den seine Erbquote übersteigenden Wert ausgleicht[292]. Ist es nicht eindeutig, so ist durch Auslegung zu ermitteln, was der Erblasser gewollt hat. In Zweifelsfällen ist von einer Teilungsanordnung auszugehen[293]. Wiederum begrenzt das Pflichtteilsrecht die Gestaltungsfreiheit des Erblassers, § 2306 BGB[294]. Sind sich die Erben einig, dann kann der Erblasserwille überspielt werden.

f) Testamentsvollstreckung / *Vasiyetin Yerine Getirilmesi*

Um sicherzustellen, dass sein letzter Wille ausgeführt und respektiert wird, kann der Erblasser Testamentsvollstreckung anordnen, §§ 2197 ff. BGB. Die Person des Testamentsvollstreckers muss der Erblasser nicht selbst bezeichnen, §§ 2198-2200 BGB, erforderlich ist aber, dass er einen Dritten oder das Nachlassgericht zur Bestimmung einer bestimmten Person ermächtigt, andernfalls ist die Bestimmung unwirksam. Zu berücksichtigen sind der Umfang des Nachlasses oder seine Besonderheiten und die sich daraus ergebenden Anforderungen an die Eignung des Testamentsvollstreckers[295]. Es kann sich auch um mehrere natürliche Personen oder um eine juristische Person handeln, die dann durch ihre Organe handelt, §§ 2210-2163 BGB. Der Testamentsvollstrecker ist durch den Erblasser legitimiert. Dies wirkt sich unmittelbar auf seine rechtliche Stellung aus: Alle Rechte und Pflichten des Erblassers sind zwar kraft Universalsukzession auf den Erben übergegangen, sodass der Testamentsvollstrecker nur Verwalter des Nachlasses ist. Er ist aber nicht den Weisungen des Erben unterworfen, sondern übt seine Befugnisse innerhalb des durch den Erblasser zugewiesenen Handlungsspielraums aus[296]. Infolgedessen ist er der Vertreter des Nachlasses, nicht des Erben, und handelt im eigenen Namen und aus eigenem Recht. Das Gesetz bezeichnet seine Rechtsstellung wie beim Nachlass- und beim Insolvenzverwalter als „Amt", § 2202 BGB[297].

---

292 *Brox/Walker*, § 31 Rn. 525.

293 MüKo/*Ann*, § 2048 Rn. 17; zu den Abgrenzungsproblemen siehe auch *Lange*, Kap. 7, § 31 Rn. 12 ff.

294 MüKo/*Lange*, § 2306 Rn. 13 f.

295 Vgl. nur MüKo/*Zimmermann*, § 2197 Rn. 8 ff., 13; Erman/*M. Schmidt*, vor § 2197 Rn.1 ff.

296 MüKo/*Zimmermann*, § 2203 Rn. 14.

297 Vgl. nur Erman/*M. Schmidt*, vor § 2197 Rn. 2.

Regelmäßig besteht die Aufgabe des Testamentsvollstreckers in der Abwicklungsvollstreckung, also der Auseinandersetzung des Nachlasses. Dabei hat er die letztwilligen Verfügungen des Erblassers, insbesondere Vermächtnisse und Auflagen, zur Ausführung zu bringen, § 2203 BGB, den Nachlass zunächst zu verwalten, § 2205 BGB[298], und den Nachlass zwischen den Miterben im Sinne des Erblassers zu verteilen[299].

Allerdings kann der Erblasser auch eine sog. Dauervollstreckung anordnen, d. h. dem Testamentsvollstrecker die Verwaltung des Nachlasses über einen längeren Zeitraum übertragen, ohne ihm andere Aufgaben als die Verwaltung zuzuweisen, § 2209 BGB. Dies führt faktisch zu einem Teilungsverbot, § 2044 BGB, der Nachlass bleibt in der Hand des Testamentsvollstreckers gebunden[300]. Er ist im Zweifel ermächtigt, unbeschränkt Verbindlichkeiten einzugehen, § 2209 S. 2 BGB. Der Erbe selbst kann nicht über die Nachlassgegenstände verfügen, § 2211 BGB. Daher sind diese auch dem Zugriff der persönlichen Gläubiger des Erben entzogen, § 2214 BGB[301]. Die Dauervollstreckung ist grundsätzlich auf 30 Jahre beschränkt, § 2210 BGB, kann aber durch bestimmte Konstruktionen faktisch noch verlängert werden.[302]

Obwohl die Testamentsvollstreckung ein starkes Instrument ist, den Nachlass über lange Zeit im Sinne des Erblassers als Einheit zu erhalten, ist sie zur unternehmerischen Nachfolgeplanung bzw. zur Sicherung der Fortführung des Unternehmens als Familienunternehmens nur sehr begrenzt geeignet.[303] Zunächst ist die Testamentsvollstreckung nicht pflichtteilsfest, § 2306 BGB. Wenn also einer der pflichtteilsberechtigten Erben mit der Testamentsvollstreckung nicht einverstanden ist, kann er letztlich die ganze Nachfolgekonstruktion zum Scheitern bringen. Ohne Einverständnis aller pflichtteilsberechtigten Erben scheidet damit die Testamentsvollstreckung als Instrument der Nachfolgeplanung von vornherein aus. Jenseits dieser praktischen Erwägung bestehen aber schon an der Zulässigkeit der Testamentsvollstreckung an Unternehmen ganz grundsätzlich Zweifel. Seit der Entscheidung des Reichsgerichts vom 26.03.1931[304] lehnen die

298 MüKo/*Zimmermann*, § 2205 Rn. 1 ff.

299 Vgl. dazu im Einzelnen nur MüKo/*Zimmermann*, § 2204 Rn. 1 ff.

300 Vgl. nur MüKo/*Zimmermann*, § 2209 Rn. 3; Erman/*M. Schmidt*, § 2209 Rn. 2.

301 Vgl. nur MüKo/*Zimmermann*, § 2203 Rn. 1; Erman/*M. Schmidt*, § 2209 Rn. 2 f.

302 Vgl. nur Erman/*M. Schmidt*, § 2210 Rn. 2 f.

303 Dazu ausführlich und im Einzelnen *Dauner-Lieb*, Unternehmen in Sondervermögen, S. 225 ff.; *Muscheler*, die Haftungsanordnung der Testamentsvollstreckung, 1994; aus neuerer Zeit siehe nur Erman/*M. Schmidt*, § 2205 Rn. 20 ff.

304 RGZ 132,138.

Rechtsprechung und das Schrifttum eine Dauervollstreckung an Unternehmen ab. Das Reichsgericht meinte, die Fortführung eines Handelsgeschäfts durch einen Testamentsvollstrecker sei materiell unzulässig, weil es einen Konflikt zwischen erbrechtlichen Regelungen und handelsrechtlichen Prinzipien gebe. Der Testamentsvollstrecker könne Verbindlichkeiten immer nur mit Wirkung für den Nachlass eingehen, nicht aber den Erben persönlich verpflichten. Dies könne auf die Führung eines Handelsgeschäftes mit beschränkter Haftung hinauslaufen, was aber völlig unvereinbar mit den Bedürfnissen eines geordneten und sicheren Handelsverkehrs sei und auch im Widerspruch zu den §§ 22, 27 HGB stehe[305]. Die Entscheidung RGZ 132,138 gilt bis heute als richtungsweisend. Die wenigen gewichtigen Gegenstimmen haben sich nicht durchgesetzt[306]. Dies gilt auch für Ersatzkonstruktionen wie die Treuhandlösung oder die Vollmachtlösung[307].

Darüber hinaus sieht sich die Testamentsvollstreckung an Unternehmen auch gewichtigen erbrechtlichen Bedenken ausgesetzt, weil der Gesetzgeber zwar die Möglichkeit einer Dauervollstreckung im Gesetz angelegt hat, gleichzeitig aber das Institut der Dauervollstreckung nicht konsistent mit dem System der beschränkten Erbenhaftung verzahnt hat[308]. Im Übrigen steht die Testamentsvollstreckung unter dem Leitbild der Bestandssicherung; dagegen müsste der Testamentsvollstrecker als Unternehmen ganz unvermeidlich Risiken eingehen, die nur begrenzt beherrschbar sind[309].

II. Die gewillkürte Erbfolge nach türkischem Recht / *Türk Hukukuna Göre İradi Mirasçılık*

Die bisherigen Darstellungen zeigen, dass die gesetzliche Erbfolge sich nachteilig auf den Fortbestand des Unternehmens in der Familie auswirken kann. Probleme ergeben sich insbesondere dann, wenn der Unternehmer mehrere Erben hinterlässt. Um die Probleme der gesetzlichen Erbfolge zu vermeiden, bedarf es vielmehr einer vorsorgenden Gestaltung. Wenn der Unternehmer eine Verfügung von Todes wegen (*ölüme bağlı tasarruf*) getroffen hat, dann kommt die gewillkürte Erbfolge nach Art. 502 ff. ZGB zum Zuge. Die gewillkürte Erbfolge

305 Siehe dazu im Einzelnen *Dauner-Lieb*, Unternehmen in Sondervermögen, S. 270 ff.

306 Siehe etwa *Canaris*, Handelsrecht, § 9 II, S. 153 ff; *Muscheler*, S.389 ff.

307 Vgl. dazu den Überblick Erman/*M. Schmidt*, § 2205 Rn. 22 ff.; zu den dogmatischen Einzelheiten *Dauner-Lieb*, Unternehmen in Sondervermögen, S. 274 ff.

308 *Muscheler*, S. 392 ff.

309 Zu diesem Problemkreis insbesondere *Dauner-Lieb*, Unternehmen in Sondervermögen, S. 298 ff.

verdrängt das gesetzliche Erbrecht, d.h. eine vom Erblasser errichtete Verfügung von Todes wegen geht der gesetzlichen Erbfolge grundsätzlich vor. Das gewillkürte Erbrecht eröffnet somit dem Erblasser ein Instrumentarium, mit welchem er seinen Nachlass privatautonom regeln und die gesetzliche teilweise oder gänzlich außer Kraft setzen kann, vgl. § 514 Abs. 1 türkZGB. Dies gilt auch für die Vererbung von Unternehmen und Unternehmensbeteiligungen.

1. Grundsatz der Testierfreiheit / *Ölüme Bağlı Tasarruf Serbestisi İlkesi*

Grundlage der gewillkürten Erbfolge ist auch im türkischen Recht das Prinzip der Testierfreiheit, auch Verfügungsfreiheit genannt (*ölüme bağlı tasarruf serbestliği*). Die Testierfreiheit ist in Art. 35 der türkischen Verfassung verankert, nach dessen Wortlaut genießt jedermann das Recht auf Eigentum und Erbe. Die Testierfreiheit ist eine Erweiterung des individuellen Privateigentums und seines integralen Bestandteils der Willensautonomie (Vertragsfreiheit)[310]. Sie ist die Machtausübung des Erblassers über den Tod hinaus[311]. Zum einen gibt die Testierfreiheit dem Erblasser das Recht, nach eigenem Gutdünken Verfügungen von Todes wegen zu errichten[312]. Zum anderen kann der Erblasser darüber frei bestimmen, wer nach seinem Ableben was von seinem Vermögen erhalten soll. Schließlich räumt die Testierfreiheit dem Erblasser die Befugnis ein, die Form seiner letztwilligen Verfügung (Testament oder Erbvertrag) frei zu bestimmen.

Im Erbrecht ist die Verfügungsfreiheit in Art. 514 Abs. 1 türkZGB geregelt. Danach kann der Erblasser in den Schranken der Testierfreiheit über sein Vermögen mit letztwilliger Verfügung ganz oder teilweise verfügen. Solcherlei Schranken können das Pflichtteilsrecht nach Art. 505 f. türkZGB und die erbvertragliche Bindungswirkung nach Art. 527 Abs. 2 türkZGB sein[313]. Weitere Einschränkungen der Testierfreiheit stellen die Gesetzes- und Sittenwidrigkeit (*hukuka ve ahlaka aykırılık*), die Nacherbeneinsetzung (*art mirasçı atama*) und das Prinzip des erbrechtlichen Typenzwangs (*tip sınırlılığı ilkesi*) dar[314]. Vor allem das Pflichtteilsrecht hat im türkischen Erbrecht eine ganz besondere Bedeutung, es erlaubt dem Erblasser nur, in der „frei verfügbaren Quote" zu testieren, vgl. Art. 507, 514 türkZGB. Überschreitet er diese, kann er sich der sog.

---

310 *Serozan*/Engin, § 4 Rn. 2; *Imre/Erman*, § 10 I.
311 *Imre/Erman*, § 10 I.
312 Ausführlich hierzu *Serozan*/Engin, § 4 Rn. 3.
313 *Naumann*, RNotZ 2003 2003, 343, 363.
314 *Imre/Erman*, § 10 II; *Serozan*/Engin, § 4 Rn. 6.

Herabsetzungsklage (*tenkis davası*) der Erben, die ihren Pflichtteil nicht erhalten haben, ausgesetzt sehen, Art. 560 ff. türkZGB. Bei jeder Verfügung von Todes wegen ist somit besonderes Augenmerk auf die Berücksichtigung der Pflichtteilsberechtigten zu legen[315].

2. Formen letztwilliger Verfügungen / *Ölüme Bağlı Tasarruf Şekilleri*

Das Prinzip des Typenzwangs besagt, dass der Erblasser sich nur den gesetzlich bereitgestellten Formen von Verfügungen von Todes wegen bedienen darf[316]. Unter dem Typenzwang im formellen Sinn werden die Verfügungsformen nach Art. 531 ff. türkZGB verstanden. Die mit dem Numerus-clausus-Prinzip verbundenen Verfügungsformen (*tasarruf şekilleri*)[317] sind die öffentliche Verfügung (*resmi vasiyetname*), die eigenhändige Verfügung (*el yazılı vasiyetname*), die mündliche Verfügung (*sözlü vasiyet*) und der Erbvertrag (*miras sözleşmesi*). Die im Gesetz genannten Verfügungsarten sind mithin abschließend. Ist die Verfügung des Erblassers im Gesetz nicht vorgesehen und ist auch eine entsprechende Auslegung nicht möglich, ist die Verfügung nicht bindend[318]. So sieht das türkische Recht im Gegensatz zum deutschen Recht ein gemeinschaftliches Testament von Ehegatten (*eşler arasında ortak vasiyetname*) nicht vor, auf welches im weiteren Verlauf der Arbeit näher eingegangen wird. In materieller Hinsicht unterscheidet das Gesetz als mögliche inhaltliche Anordnungen des Erblassers Verfügungsarten (*tasarruf çeşitleri*) nach Art. 514 ff. türkZGB, wie etwa Auflagen und Bedingungen (*koşullar ve yüklemeler*), Erbeinsetzung (*mirasçı atama*) und Vermächtnis (*belirli mal bırakma*)[319].

Für alle Verfügungen von Todes wegen muss der Erblasser seine Verfügung von Todes wegen höchstpersönlich errichten (*bizzat ve şahsen kullanma zorunluluğu*) und auch den Inhalt selbst festlegen. Die sog. Höchstpersönlichkeit ist zwar gesetzlich nicht festgeschrieben, ergibt sich aber aus den Bestimmungen der Art. 531 ff. türkZGB und Art. 538 ff. türkZGB[320]. Bei dem Recht, Verfügungen von Todes wegen zu treffen, handelt es sich um ein streng gebundenes Recht an die Person. Daher ist Stellvertretung bei Verfügungen von Todes wegen

---

315 Vgl. hierzu *Naumann*, RNotZ 2003 2003, 343, 363; *Imre/Erman*, § 10 II.

316 Vgl. hierzu *Serozan*/Engin, § 4 Rn. 6 f.

317 *Imre/Erman*, § 9 II.

318 *Dural/Öz*, § 15 Rn. 649.

319 *Serozan*/Engin, § 4 Rn. 12.

320 *Imre/Erman*, § 10 III.

ausgeschlossen (*temsil yasağı*)[321]. Auch darf der Erblasser die Bestimmung desjenigen, der eine Zuwendung erhalten soll, nicht einem Dritten überlassen[322].

a) Testament / *Vasiyetname*

In der Türkei ist die gängigste Form der gewillkürten Erbfolge das Testament[323]. Für die Errichtung eines Testamentes ist zunächst die Testier- bzw. Verfügungsfähigkeit (*ölüme bağlı tasarruf ehliyeti*) des Erblassers erforderlich. Testierfähig ist, wer urteilsfähig ist und sein 15. Lebensjahr vollendet hat, Art. 502 türkZGB. Als urteilsfähig gilt wiederum, wer nicht wegen seiner Minderjährigkeit, Geisteskrankheit, Geistesschwäche, Trunkenheit oder ähnlicher Gründe außerstande ist, vernunftmäßig zu handeln, Art. 13 türkZGB. Das ZGB unterscheidet die hier verlangte Urteilsfähigkeit von der Geschäftsfähigkeit (*fiil ehliyeti*), die in Art. 14 türkZGB geregelt ist. Nicht geschäftsfähig ist danach, wer nicht urteilsfähig, minderjährig oder entmündigt ist, sodass neben den mindestens fünfzehn Jahre alten Minderjährigen grundsätzlich auch entmündigte Personen (*kısıtlılar*) testieren können[324]. Der Urteilsfähigkeit kommt somit eine entscheidende Rolle zu. Da Verfügungen von entmündigten, aber urteilsfähigen Personen wirksam sind, ist die Zustimmung des gesetzlichen Vertreters in diesem Fall nicht notwendig[325].

Nach türkischem Recht ist die Entmündigung (*kısıtlama*) gemäß Art. 405 türkZGB ein Vormundschaftsgrund (*vesayeti gerektirir*)[326]. Bei der Entmündigung handelt es sich um eine gerichtliche Anordnung, durch die die Geschäftsfähigkeit einer Person eingeschränkt wird. Die Entmündigung hat den Zweck, die betroffene Person vor sich selbst und vor anderen zu schützen. Die Entmündigung kann nur dann vorgenommen werden, wenn die Person volljährig ist und einer der Gründe in Art. 405 ff. türkZGB aufgezählten Fälle vorliegt. Diese sind etwa nach Art. 405 türkZGB Geisteskrankheit oder Geistesschwäche. Weitere Fälle sind nach Art. 406 türkZGB Verschwendungssucht, Alkohol- oder Rauschgiftabhängigkeit, schlechte Lebensweise, schlechte Vermögensverwaltung. Darüber hinaus kann eine Person, welche infolge Alters, Behinderung, Unerfahrenheit oder schwerer Krankheit ihre Geschäfte nicht mehr ordnungsgemäß

---

321 *Serozan*/Engin, § 4 Rn. 22 ff.
322 *Imre/Erman*, § 10 III.
323 *Serozan*/Engin, § 4 Rn. 8 f.
324 *Naumann*, RNotZ 2003, 343, 363; *Imre/Erman*, § 11 I 1 b).
325 *Imre/Erman*, § 11 I 1 b).
326 Vgl. hierzu *Hatemi*, Aile Hukuku, § 23 Rn. 880 ff.

besorgen kann, entmündigt werden, Art. 408 türkZGB. Entmündigte Personen können sich ohne Zustimmung ihrer gesetzlichen Vertreter durch ihre Handlungen grundsätzlich nicht verpflichten, Art. 16 türkZGB. Allerdings sind Entmündigte nach Art. 16 Abs. 2 türkZGB deliktsfähig und wie oben bereits festgestellt grundsätzlich testierfähig. Demgegenüber gibt es in Deutschland keine generelle Entmündigung mehr, der Erwachsenenschutz erfolgt differenziert. Das Institut der Entmündigung wurde mit dem Betreuungsgesetz abgeschafft und durch die rechtliche Betreuung ersetzt.

Ein Testament kann nach Art. 531 türkZGB in drei verschiedenen Formen errichtet werden, und zwar durch öffentliche Urkunde, handschriftlich oder mündlich.

Das öffentliche Testament (*resmi vasiyetname*) kann gemäß Art. 532 türkZGB unter Mitwirkung von zwei Zeugen vor einer Amtsperson erfolgen, wobei Amtsperson ein Richter vor dem Friedensgericht, ein Notar oder eine andere gesetzlich zuständige Person sein kann[327]. Für den Fall, dass der Erblasser die Urkunde selbst nicht lesen oder unterschreiben kann, ist nach Art. 535 türkZGB ein vereinfachtes Verfahren vorgesehen. Demnach liest die Amtsperson in Gegenwart der beiden Zeugen die Urkunde vor und der Erblasser erklärt daraufhin, die Urkunde enthalte seine Verfügung.

Beim eigenhändigen Testament (*el yazılı vasiyetname*)[328] nach Art. 538 türkZGB ist zwingende Voraussetzung, dass der Erblasser die letztwillige Verfügung von Anfang bis zu Ende mit Einschluss der Angabe von Jahr, Monat und Tag der Errichtung von Hand niederschreibt sowie mit seiner Unterschrift versieht. Die eigenhändige Verfügung kann zur Aufbewahrung offen oder verschlossen einem Notar, einem Richter beim Friedensgericht oder einer anderen zuständigen Amtsperson übergeben werden.

Ein mündliches Testament (*sözlü vasiyet*)[329] ist nur im Notfall zulässig, Art. 539 türkZGB. Das Gesetz gibt folgende mögliche Notstände an: nahe Todesgefahr, Verkehrssperre, Krankheit, Krieg oder andere Notstände. Das mündliche Testament kann nur vor mindestens zwei Zeugen wirksam errichtet werden. Sie ist unverzüglich von einem der Zeugen in Schrift zu fassen, von beiden Zeugen

---

327 Vgl. dazu ausführlich *Imre/Erman*, § 14; *Serozan*/Engin, § 4 Rn. 76 ff; *Dural/Öz*, § 10 Rn. 308 ff; *Öztan*, S. 196 ff.

328 Dazu näher *Serozan*/Engin, § 4 Rn. 83 ff.; *Öztan*, S. 189 ff.; *Dural/Öz*, § 10 Rn. 369 ff; *Imre/Erman*, § 13.

329 Vgl. dazu ausführlich *Imre/Erman*, § 15; *Dural/Öz*, § 10 Rn. 433ff.; *Öztan*, S. 205; *Serozan*/Engin, § 4 Rn. 93 f.

zu unterschreiben und beim Friedensgericht zu hinterlegen. Die Zeugen haben ferner dem Richter gegenüber eine Erklärung zur Urteilsfähigkeit des Testierenden und zur Notwendigkeit der Abgabe einer mündlichen letztwilligen Verfügung abzugeben, Art. 540 türkZGB. Das mündlich zu errichtende Testament ist allerdings nur eingeschränkt gültig. Besteht für den Erblasser nach dem Entfallen der Notsituation die Möglichkeit, ein eigenhändiges oder öffentliches Testament zu errichten, wird das mündliche Testament einen Monat nach Entstehen dieser Möglichkeit unwirksam, Art. 541 türkZGB.

Der Erblasser kann das Testament jederzeit in einer der vom Gesetz vorgesehenen widerrufen (*vasiyetten dönme*), Art. 542 ff. türkZGB. Hierzu stehen ihm drei Möglichkeiten zur Verfügung[330]. Zum einen kann der Erblasser ein neues Testament errichten, in welchem er das frühere ausdrücklich widerruft. Dazu hat er sich der vorgenannten Formen für die Errichtung des Testaments nach Art. 542 türkZGB zu bedienen. Des Weiteren kann der Erblasser das Testament nach Art. 543 Abs. 1 türkZGB vernichten (*yok etme*). Wird die Urkunde durch Zufall oder aus Verschulden anderer vernichtet, so verliert die Verfügung gemäß Art. 543 Abs. 2 türkZGB unter Vorbehalt der Ansprüche auf Schadensersatz gleichfalls ihre Gültigkeit, insofern ihr Inhalt nicht genau und vollständig festgelegt werden kann. Schließlich kann der Erblasser ein Testament durch eine spätere Verfügung (*sonraki tasarruflar*) nach Art. 544 türkZGB widerrufen. Er braucht die früher errichtete Verfügung nicht ausdrücklich aufzuheben. Dies gilt dann nicht, wenn das zweite Testament das erste zweifelsfrei nur ergänzen sollte. Ist der Wille des Erblassers zweifelhaft, dann wird vermutet, dass der Erblasser durch das später errichtete Testament sein früheres Testament widerrufen wollte[331]. Anders als im deutschen Recht wird somit durch die Errichtung eines zweiten Testaments das erste Testament auch aufgehoben, wenn es nicht im Widerspruch zu dem ersten steht und der Ergänzungszweck der zweiten Verfügung nicht „zweifelfrei“ feststeht[332].

b) Erbvertrag / *Miras Sözleşmesi*

Als weitere Möglichkeit der Verfügung von Todes wegen kommt der Erbvertrag in Betracht. Bei dem Erbvertrag handelt es sich um ein zweiseitiges Rechtsgeschäft von Todes wegen, in welchem mindestens eine Partei in bindender Weise Anordnungen für ihren Todesfall trifft, vgl. Art. 527 türkZGB[333]. Da es

---

330 Siehe *Naumann*, RNotZ 2003, 343, 364.

331 *Imre/Erman*, § 16 III, 1; *Serozan*/Engin, § 4 Rn. 110.

332 *Naumann*, RNotZ 2003, 343, 364; *Imre/Erman*, § 16 III, 1.

333 *Öztan*, S. 241; *Serozan*/Engin, § 4 Rn. 9a.

sich bei dem Erbvertrag im Gegensatz zum Testament um einen gegenseitigen Vertrag handelt, ist eine übereinstimmende Willenserklärung beider Parteien erforderlich[334]. Je nachdem, ob eine Partei von Todes wegen verfügt oder nicht, sind unterschiedliche Voraussetzungen zu erfüllen[335]. Für den wirksamen Abschluss eines Erbvertrages muss aufseiten der von Todes wegen verfügenden Partei, d.h. der Erblasser gemäß Art. 503 türkZGB urteilsfähig und volljährig sowie unbeschränkt geschäftsfähig sein. Treffen beide Vertragsteile erbvertragliche Verfügungen, gilt dies somit für beide Erblasser[336]. Volljährig ist, wer das 18. Lebensjahr vollendet hat, Art. 11 türkZGB. Trifft die Gegenpartei des Erblassers dagegen ihrerseits im Erbvertrag keine Verfügungen von Todes wegen, sondern erlangt sie dadurch nur unentgeltliche Vorteile, so genügt die Urteilsfähigkeit nach Art. 13 türkZGB und einer Zustimmung des gesetzlichen Vertreters bedarf es bei Minderjährigen und entmündigte Personen in diesem Fall nicht, vgl. Art. 16 türkZGB. Auch kann sich die Vertragspartei, welche nicht von Todes wegen verfügt, vertreten lassen[337]. Wie bereits festgestellt, verbietet der Grundsatz der Höchstpersönlichkeit jedoch eine Stellvertretung aufseiten des Erblassers.

Der Erbvertrag bedarf zu seiner der Form des öffentlichen Testaments, Art. 545 türkZGB. Das Gesetz verweist damit auf die Bestimmungen der Art. 532 ff. ZGB. Demnach haben die Vertragsparteien ihren Willen zur gleichen Zeit gegenüber der zur Errichtung bestimmten Amtsperson zu erklären und den Erbvertrag in Gegenwart der Amtsperson im Beisein zweier Zeugen zu unterschreiben, Art. 545 Abs. 2 i.V.m. 532 ff. türkZGB. Ein Erbvertrag kann nur in der Form der Beurkundung durch eine Amtsperson errichtet werden[338]. Ist die durch das Gesetz bestimmte Form nicht eingehalten, kann der Formfehler mit der Anfechtungsklage (*iptal davası*) nach Art. 557 Ziffer 4 türkZGB geltend gemacht werden[339].

Nach türkischem Recht ist zwischen dem „positiven" Erbvertrag (*olumlu / tasarrufi miras sözleşmesi*) nach Art. 527 ZGB und dem „negativen" Erbvertrag (*olumsuz miras sözleşmesi*), mit anderen Worten dem Erbverzichtsvertrag (*mirastan feragat sözleşmesi*) nach Art. 528 türkZGB zu unterscheiden[340].

334 *Çabri*, § 34 Rn. 750.
335 Vgl. hierzu *Imre/Erman*, § 23 V.
336 *Naumann*, RNotZ 2003, 343, 363.
337 *Çabri*, § 52 Rn. 1077; *Dural/Öz*, § 13 Rn. 515.
338 *Serozan*/Engin, § 4 Rn. 95 f.
339 *Öztan*, S. 272.
340 *Imre/Erman*, § 23 I 1,2; *Çabri*, § 34 Rn. 754 ff.

Durch positiven Erbvertrag kann der Erblasser sich verpflichten, die Erbschaft oder ein Vermächtnis der anderen Vertragspartei oder einem Dritten zuzuwenden, Art. 527 Abs. 1 türkZGB. Die Vorschrift zählt damit beispielhaft einige Arten des positiven Erbvertrages, nämlich den Erbeinsetzungsvertrag (*mirasçı atama sözleşmesi*) und den Vermächtnisvertrag (*mal vasiyeti sözleşmesi*)[341]. Entgegen dem Wortlaut des Art. 527 türkZGB begründet der Erbeinsetzungs- bzw. der Vermächtnisvertrag jedoch keine Verpflichtung des Erblassers zur Hinterlassung der Erbschaft oder eines Vermächtnisses, vielmehr geht es bei der Verfügung von Todes wegen um eine Zuwendung des Nachlasses oder eines bestimmten Gutes nach dem Tode. Aus diesem Grunde handelt es sich bei dem Erbvertrag nicht um einen Vertrag, der eine Verpflichtung begründet, vielmehr bewirkt er das Erbrecht des Eingesetzten[342]. Der Erblasser wird durch den Erbvertrag in seiner Verfügungsfreiheit nicht eingeschränkt und kann über sein Vermögen frei verfügen. Die andere Partei kann aber Verfügungen von Todes wegen und Schenkungen des Erblassers, die im Widerspruch zu den Verpflichtungen aus dem Erbvertrag stehen, anfechten, Art. 527 Abs. 2 türkZGB.

Da der Erbvertrag im Unterschied zum Testament eine zweiseitige Verfügung von Todes wegen mit Bindungswirkung für den Erblasser ist, kann er ohne Mitwirkung des anderen Teils nicht einseitig zu Fall gebracht werden[343].

Der Erblasser und sein gesetzlicher Erbe können durch einen Erbverzichtsvertrag vereinbaren, dass der Erbe mit oder ohne Gegenleistung auf das Erbe verzichtet, Art. 528 Abs. 1 türkZGB. Der Verzichtende verzichtet damit beim Tod des Erblassers auf seine erbrechtlichen Ansprüche und scheidet somit aus der Erbfolge nach Art. 528 Abs. 1, 2 türkZGB aus[344]. Insofern liegt ein negativer Erbvertrag vor. Falls nichts anderes vereinbart wird, erstreckt sich der Verzicht mit Gegenleistung auch auf das Erbrecht seiner Abkömmlinge aus, Art. 528 Abs. 3 türkZGB. Beim Erbverzichtsvertrag ohne Gegenleistung hat dies dagegen keine Auswirkungen auf die Abkömmlinge des Verzichtenden. Ein wirksamer Verzicht kann nur durch einen Erbvertrag erfolgen. Eine zu Lebzeiten des Erblassers vom Erben abgegebene einseitige Verzichtserklärung ist unwirksam[345].

„Pflichtteilsverzichtsverträge" sind nach türkischem Recht möglich[346]. Daher werden typischerweise Erbverzichtsverträge mit pflichtteilsberechtigten Erben

341 Vgl. hierzu *Imre/Erman*, § 23 III 1, 2.
342 *Imre/Erman*, § 23 IV.
343 Vgl. *Naumann*, RNotZ 2003, 343, 364.
344 Siehe hierzu *Çabri*, § 35 Rn. 802.
345 *Çabri*, § 35 Rn. 795.
346 Siehe *Naumann*, RNotZ 2003, 343, 364.

abgeschlossen, um diese von der Erbfolge auszuschließen und somit die Verfügungsfreiheit des Erblassers zu erweitern[347]. Nähere Ausführungen hierzu erfolgen im weiteren Verlauf der Arbeit.

Der negative Erbvertrag wird in zwei Fällen unwirksam. Wurde er zugunsten einer bestimmten Person abgeschlossen, die nicht Erbe ist, entfällt auch der Erbverzichtsvertrag, Art. 529 Abs. 1 türkZGB. Wurde zugunsten unbestimmter Erben verzichtet, so wird fingiert, dass die Abkömmlinge vom nächsten gemeinsamen Vorfahren durch den Erbverzicht begünstigt sind. Werden diese nicht Erbe, wird der Verzichtsvertrag ebenfalls unwirksam, Art. 529 türkZGB.

Der Erbvertrag kann von beiden Parteien einvernehmlich jederzeit aufgehoben (*ortadan kaldırılması*) werden. Voraussetzung hierzu ist, dass sich die Beteiligten schriftlich einigen, Art. 546 Abs. 1 türkZGB. Da es sich bei dem Erbvertrag um ein zweiseitiges Rechtsgeschäft handelt, kann es wie bei dem Testament mit einer einseitigen Willenserklärung ohne Angabe von Gründen nicht aufgehoben werden[348]. Ein einseitiger Rücktritt vom Vertrag durch den Erblasser ist daher grundsätzlich nicht zulässig[349]. Ein Rücktritt ist nur dann möglich, wenn einer der gesetzlichen Gründe für den Ausschluss aus der Erbfolge nach Art. 510 Ziffer 1, 2 türkZGB wie etwa Begehen einer Straftat gegenüber dem Erblasser vorliegen, Ar. 546 Abs. 2 türkZGB. Die einseitige Aufhebung hat gemäß Art. 546 Abs. 3 türkZGB in einer der Formen zu erfolgen, die für die Errichtung der letztwilligen Verfügungen vorgeschrieben sind.

c) Gemeinschaftliches Testament / *Ortak Vasiyetname*

Bei einem gemeinschaftlichen Testament handelt es sich um eine letztwillige Verfügung, bei der zwei oder mehrere Personen zwar gemeinschaftlich, aber jeder einseitig über ihren Nachlass verfügen[350]. Das gemeinschaftliche Testament kann in drei verschiedenen Formen errichtet werden[351].

Beim gemeinschaftlichen Testament bzw. testamentum simultaneum (*birlikte vasiyetname*) verfügen zwei oder mehrere Erblasser letztwillig zur gleichen Zeit in derselben Urkunde. Die Gemeinschaftlichkeit liegt nur in der Urkunde, inhaltlich stehen die Verfügungen zusammenhanglos nebeneinander. Beim gegenseitigen Testament bzw. testamentum reciprocum (*karşılıklı vasiyetname*)

347 *Çabri*, § 35 Rn. 793.

348 *Çabri*, § 53 Rn. 1096.

349 *Imre/Erman*, § 23 VII 2.

350 *Dural/Öz*, § 7 Rn. 259; *Çabri*, § 38 Rn. 858.

351 Ausführlich hierzu *Dural/Öz*, § 7 Rn. 260 ff.; *Çabri*, § 38 Rn. 859 ff.

treffen die Erblasser zugunsten des anderen eine Verfügung von Todes wegen, sodass ein gewisser inhaltlicher Zusammenhang besteht. Demgegenüber liegt ein wechselbezügliches gemeinschaftliches Testament bzw. testamentum correspectivum (*birbirine bağlı vasiyetnameler*) dann vor, wenn die letztwillige Verfügung des einen Erblassers in ihrer Wirksamkeit von der Verfügung des anderen abhängt, sie also inhaltlich derart miteinander verknüpft sind, sodass die Verfügung des einen mit der des anderen „steht und fällt".

Die Errichtung eines gemeinschaftlichen Testaments ist nach türkischem Recht insofern möglich, als jeder Ehegattenteil eigenständige Erklärungen für die Erbfolgeregelung abgibt und die gesetzlichen Formvorschriften für jede einzelne Verfügung eingehalten sind[352].

Das türkische ZGB sieht jedoch im Gegensatz zum deutschen Recht das gemeinschaftliche Testament mit wechselbezüglichen Verfügungen der Ehegatten nicht vor. Wie bereits erwähnt, verbietet der Grundsatz der Formstrenge bei letztwilligen Verfügungen die Annahme der Wirksamkeit eines gemeinschaftlichen Testaments. Diese „hybride" Verfügungsform zwischen Testament und Erbvertrag fällt als atypisches Rechtsgeschäft aus dem Rahmen der gesetzlich bereitgestellten Formen von Verfügungen von Todes wegen[353]. Ein gemeinschaftliches Testament mit wechselbezüglichen Verfügungen der Ehegatten ist daher als solches unwirksam[354]. Demzufolge können gemeinschaftliche Verfügungen von Todes wegen nicht mit einem Testament, einem einseitigen Rechtsgeschäft, getroffen werden. Für solche Verfügungen kommt vielmehr der Erbvertrag als zweiseitiges Rechtsgeschäft in Betracht[355].

Streitig ist, ob ein gemeinschaftliches Testament bereits nichtig oder nur anfechtbar ist, sodass dessen Unwirksamkeit fristgemäß geltend gemacht werden muss. Die herrschende Lehre und die Rechtsprechung gehen von der Anfechtbarkeit des gemeinschaftlichen Testaments aus[356]. Dessen Unwirksamkeit muss mit der Ungültigkeitsklage (*iptal davası*) nach. Art. 557 türkZGB geltend gemacht werden. Nach Art. 559 türkZGB verjährt die Ungültigkeitsklage mit Ablauf eines Jahres gerechnet von dem Tage an, an dem der Kläger vom Ungültigkeitsgrund Kenntnis erhalten hat, jedenfalls aber mit dem Ablauf von zehn

---

352 *Çabri*, § 38 Rn. 862.

353 *Serozan/Engin*, § 4 Rn. 6.

354 *Imre/Erman*, § 25 III 7; *Serozan*/Engin, § 1 Rn. 48.

355 *Imre/Erman*, § 25 III 7; *Serozan*/Engin, § 1 Rn. 48.

356 Mit weiteren Nachweisen *Serozan*/Engin, § 1 Rn. 48; *Imre/Erman* § 25 III 7; *Dural/Öz* § 7 Rn. 268.

Jahren. Das Gestaltungsurteil, welches die Verfügung für ungültig erklärt, wirkt nur zwischen den beteiligten Prozessparteien (*inter partes*)[357]. Hiermit wird „eine Bresche in die klassische Gestaltungswirkung *erga omnes* geschlagen[358]".

Ist das gemeinschaftliche Testament als solches unwirksam, kommt allenfalls eine Umdeutung (*çevirme*) in ein Einzeltestament oder einen Erbvertrag in Betracht, sofern die Formvorschriften eingehalten worden sind[359]. So kann bei einem handschriftlichen gemeinschaftlichen Testament die Verfügung des Erblassers, der die Urkunde eigenhändig aufgesetzt hat, in ein Einzeltestament umgedeutet werden[360]. Es sei denn, das Testament enthält wechselbezügliche Verfügungen, die allein nicht bestehen bleiben sollen[361]. Ist das gemeinschaftliche Testament vor einem Notar *uno actu* (durch einen einzigen Rechtsakt) errichtet worden, kann dieses als Erbvertrag aufrechterhalten werden[362]. Insofern unterscheidet sich die türkische Rechtslage also deutlich von der deutschen Konzeption.

3. Erbrechtliches Instrumentarium (Anordnungen des Erblassers) / *Miras Hukukuna İlişkin Araçlar (Miras Bırakanın Ölüme Bağlı Tasarrufları)*

Der Erblasser kann sich verschiedener Gestaltungsmittel bei der Errichtung einer Verfügung von Todes wegen bedienen, d.h. der Verfügungen, die den Inhalt sowohl eines Testaments als auch eines Erbvertrages bilden können.

a) Erbeinsetzung und *Ersatzerben / Mirasçı Atanması ve Yedek Mirasçı Atama*

Eine Erbeinsetzung liegt vor, wenn der Bedachte die Erbschaft insgesamt oder zu einem Bruchteil erhalten soll, Art 516 Abs. 2 türkZGB. Der Erblasser kann für die ganze Erbschaft oder für einen Bruchteil einen oder mehrere Erben einsetzen, Art. 516 Abs. 1 türkZGB. Bestimmt eine letztwillige Verfügung, dass ein Bedachter die Erbschaft insgesamt oder zu einem Bruchteile erhalten soll, so spricht die Zweifelsregelung des Art. 516 Abs. 2 türkZGB für eine Erbeinsetzung[363]. Der

357 *Imre/Erman*, § 25 III 6.
358 *Serozan*, ZEV 1997, 473, 478.
359 *Dural/Öz* § 7 Rn. 269.
360 *Serozan*/Engin, § 1 Rn. 48
361 *Dural/Öz* § 7 Rn. 269.
362 *Dural/Öz* § 7 Rn. 268.
363 *Çabri*, § 23 Rn. 567.

Erbe wird stets Gesamtrechtsnachfolger des Erblassers[364]. Die als Erben eingesetzten Personen erwerben mit dem Tode des Erblassers unmittelbar und ipso iure den Nachlass mit dinglicher Wirkung[365].

Für den Fall des Vorversterbens (*önce ölümü*) oder der Ausschlagung (*mirasın reddi*) des oder der Erben kann der Erblasser nach Art. 520 Abs. 1 türkZGB einen oder mehrere Ersatzerben bestimmen. Der Ersatzerbe soll erben, wenn der Erbe aus irgendeinem Grund von der Erbschaft ausgeschlossen ist[366]. Der Ersatzerbe ist daher außer in den beiden im Gesetz erwähnten Fällen auch bei Erbunwürdigkeit (*mirastan yoksunluk*) des Erben im Sinne des Art. 578 türkZGB sowie dem Vorliegen von Enterbungsgründen (*mirasçılıktan çıkarma sebepleri*) nach Art. 510 türkZGB in dessen Person berufen[367]. Ferner kommt die Ersatzerbeneinsetzung bei der Ungültigkeit der den Erben einsetzenden Verfügung von Todes wegen, einer Scheidung oder Nichtigerklärung einer Ehe sowie bei einem Erbverzicht zur Anwendung[368].

b) Vor- und Nacherbschaft / *Ön ve Art Mirasçılık*

Mit der Vor- und Nacherbeneinsetzung hat der Erblasser die Möglichkeit, seine Erbschaft zwei sukzessiven, zeitlich aufeinanderfolgenden Erben als Gesamtrechtsnachfolgern (*ard arda külli halef*) zuzuwenden[369]. Die Wirkungen einer Vor- und Nacherbschaft erreicht der Erblasser, indem er eine als Vorerbe eingesetzte Person verpflichtet, das Erbe an einen Nacherben zu überlassen, Art. 521 Abs. 1 türkZGB. Der Übergang der Erbschaft erfolgt sowohl auf den Vorerben als auch auf den Nacherben „von selbst“[370].

Der Vorerbe erwirbt die Erbschaft zwar wie ein eingesetzter Erbe, hat also die Rechtsstellung eines Erbschaftseigentümers, jedoch ist er mit der Last beschwert, diese an den Nacherben herauszugeben, Art. 524 türkZGB[371]. Insofern unterscheidet sich sein Erbrecht von demjenigen eines gewöhnlichen Erben. Denn der Erwerb der Erbschaft durch den Vorerben ist nicht unbedingt, sondern nur zeitweilig[372]. Hinsichtlich der Rechte des Vorerben schweigt allerdings das

---

364 *Naumann*, RNotZ 2003 343, 366; *Imre/Erman*, § 18 I 1.
365 *Imre/Erman*, § 18 I 2.
366 *Çabri*, § 27 Rn. 654; *Imre/Erman*, § 20 I 1.
367 Vgl. *Imre/Erman*, § 20 I 1.
368 *Çabri*, § 27 Rn. 663.
369 *Dural/Öz*, § 16 Rn. 791, 802; *Çabri*, § 2 Rn. 668.
370 *Çabri*, § 31 Rn. 712.
371 *Naumann*, RNotZ 2003 343, 366 f.
372 Vgl ausführlich hierzu *Imre/Erman*, § 20 I 6a).

Gesetz. Daher werden entsprechende Vorschriften des türkZGB und türkOGB analog herangezogen. So sind Verfügungen, die vor Eintritt der Bedingung getroffen wurden, insoweit unwirksam, als sie deren Wirkung beeinträchtigen, Art. 171 Abs. 3 türkOGB analog. Demnach darf der Vorerbe keine Verfügungen treffen, die die Rechte des Nacherben beeinträchtigen, oder die den Eintritt des Nacherbfalls gefährden. Nach dem *nemo plus iuris* – Grundsatz kann der Vorerbe an Dritte nicht mehr Rechte übertragen, als er selbst hat[373]. Der Vorerbe ist allerdings bis zum Eintritt der Nacherbschaft befugt, die „Früchte“ (*semere*) für sich zu beanspruchen[374].

Tritt der Nacherbfall ein, so ist die Erbschaft dem Nacherben zu überlassen. Die Auslieferungspflicht ist grundsätzlich in natura zu erfüllen[375]. Befindet sich aber ein Gegenstand nicht mehr im Nachlass, so sind die Ersatzwerte (*kaim değer*) dem Nacherben herauszugeben.

Auch der Nacherbe ist Erbe des Erblassers und nicht des Vorerben, Art. 525, 524 türkZGB. Somit ist der Nacherbe ebenfalls Gesamtrechtsnachfolger des Erblassers im Sinne des Art. 599 türkZGB und nicht des Vorerben[376]. Dies hat zur Folge, dass die Pflichtteile im Zeitpunkt des Todes des Erblassers zu bemessen sind, Art. 507 Abs. 1 türkZGB. Der Pflichtteil darf nicht mit einer Nacherbschaft belastet werden[377]. Andernfalls kann der Pflichtteilserbe eine Herabsetzungsklage gemäß Art. 560 ff. türkZGB erheben. Die Nacherbeneinsetzung gegenüber einem pflichtteilsberechtigten Erben ist somit nicht ungültig, sondern auf das zulässige Maß herabsetzbar, Art. 569 türkZGB.

Der Nacherbe verfügt bis zum Eintritt des Nacherbfalls über eine bloße Anwartschaft (*beklenen hak*)[378]. Er kann während der Dauer der Vorerbschaft nicht gegen den Vorerben vorgehen. Zu seinem Schutz sieht Art. 523 ZGB daher einige Sicherungsmittel vor. So hat das Friedensgericht zur Sicherung der Ansprüche des Nacherben von Amts wegen (*re'sen*) ein Inventar über den Anfall des Nachlasses an den Vorerben zu erstellen, Art. 523 Abs. 1 türkZGB[379]. Des Weiteren sieht die Vorschrift des Art. 523 Abs. 2 türkZGB grundsätzlich die Leistung einer Sicherstellung vor, es sei denn, der Erblasser hat den Vorerben

---

373 *Dural/Öz*, § 16 Rn. 810.

374 *Çabri*, § 31 Rn. 719.

375 Hierzu siehe *Çabri*, § 31 Rn. 715; *Dural/Öz*, § 16 Rn. 811; *Imre/Erman*, § 20 II 1, 6b) dd).

376 *Imre/Erman*, § 20 II 1, 6a) dd).

377 Vgl. hierzu *Imre/Erman*, § 20 II 2; *Çabri*, § 28 Rn. 672.

378 *Dural/Öz*, § 16 Rn. 815.

379 *Imre/Erman*, § 20 II 6a) aa).

ausdrücklich von dieser Verpflichtung befreit. Ist der Vorerbe nicht in der Lage eine Sicherheit zu leisten oder gefährdet er die Anwartschaftsrechte des Nacherben, ist Nachlassverwaltung anzuordnen, Art. 523 Abs. 3 türkZGB. Das Nacherbenanwartschaftsrecht ist anders als im BGB nach türkischem ZGB nicht vererblich[380].

Ein weiterer Unterschied zum deutschen Erbrecht besteht darin, dass Art. 521 Abs. 2 türkZGB die Anordnung mehrfacher Vor- und Nacherbschaft verbietet, was bei einem Verstoß mit der Ungültigkeitsklage geltend gemacht werden kann[381]. Die Vorschrift bezweckt die Verhinderung einer Perpetuierung der Vermögensnachfolge[382]. Eine vergleichbare Überlegung liegt auch Art. 372 Abs. 1 türkZGB zugrunde, nach der die Errichtung von Familienfideikommissen nicht mehr gestattet ist[383].

Den Zeitpunkt des Eintritts des Nacherbfalls kann der Erblasser selbst festlegen. Hat er nichts weiter geregelt, geht das Erbe im Zeitpunkt des Todes des Vorerben auf den Nacherben über, Art. 522 Abs. 1 türkZGB. Ist ein anderer Übergangszeitpunkt geregelt, der über den Todeszeitpunkt des Vorerben hinausgeht, so wird die Erbschaft auf die Erben des Vorerben gegen Sicherheitsleistung (*güvence*) übertragen, Art. 522 Abs. 2 türkZGB. Die Erben des Vorerben haben dieselben Rechte und Pflichten wie der Vorerbe selbst[384]. Hat der Erblasser zwar einen Nacherben, aber keinen Vorerben benannt, sind die gesetzlichen Erben des Erblassers kraft Fiktion in Art. 583 Abs. 2 türkZGB Vorerben. Im Falle des Vorversterbens des Nacherben vor dem Übergangszeitpunkt verbleibt die Erbschaft bei dem Vorerben, soweit der Erblasser nicht anders verfügt hat, Art 525 Abs. 2 türkZGB.

c) Vermächtnis / *Muayyen Mal Vasiyeti*

Der Erblasser kann durch Vermächtnis einem Bedachten (Vermächtnisnehmer) einen bestimmten Gegenstand zuwenden, ohne ihn als Erben einzusetzen, Art. 517 Abs. 1 türkZGB. Begründet wird das Vermächtnis in einer Verfügung von Todes wegen des Erblassers. Der Vermächtnisnehmer (*musaleh*) ist aber nicht Gesamtrechtsnachfolger des Erblassers[385]. Die Erbschaft geht vielmehr mit

380 *Naumann*, RNotZ 2003, 343, 366.
381 *Naumann*, RNotZ 2003, 343, 366.
382 Vgl. *Serozan/Engin*, § 4 Rn. 171; *Dural/Öz*, § 16 Rn. 797.
383 Nähere Ausführungen zu Familienfideikommissen siehe Kap. 8 III 3b).
384 *Çabri*, § 29 Rn. 686.
385 *Serozan*/Engin, § 4 Rn. 133; *Dural/Öz*, § 16 Rn. 673.

ihren Rechten und Pflichten durch Universalsukzession und von Gesetzes wegen auf die Erben über, Art. 599 Abs. 1 türkZGB. Wie im deutschen Recht hat der Vermächtnisnehmer nur einen schuldrechtlichen Anspruch gegen den mit dem Vermächtnis Beschwerten (Vermächtnisschuldner) auf Verschaffung des Vermächtnisobjektes, Art. 600 Abs. 1 türkZGB[386]. Vermächtnisschuldner sind in der Regel der oder die Erben[387].

Die Abgrenzung zur Erbeinsetzung kann im Einzelfall schwierig sein. Ob Erbeinsetzung oder Vermächtnis vorliegt, richtet sich nach dem Willen des Erblassers, der mittels Auslegung zu ermitteln ist[388]. Dabei kommt es in der Regel darauf an, ob der Erblasser eine Person zur Nachfolgerin in sein gesamtes Vermögen und damit auch seiner Schulden machen oder ihr nur einzelne Objekte zukommen lassen wollte. Im Unterschied zur Erbenstellung bezieht sich das Vermächtnis nicht auf die Erbschaft, sondern begründet eine Forderung auf ein bestimmtes Objekt aus der Erbschaft[389]. Der Vermächtnisnehmer erwirbt keine unmittelbar dinglich-absolut wirkende Rechtsposition an den zugewendeten Vermögenswerten, er gehört nicht der Erbengemeinschaft an, nimmt nicht an der Nachlassverwaltung und an der Erbteilung teil, und er haftet auch nicht für die Erbschaftsschulden[390]. Dem Vermächtnisnehmer kommt somit die Stellung eines Gläubigers zu[391]. Der Erblasser kann auch einen Erben ein Vermächtnis zuwenden, sog. Vorausvermächtnis (*ön vasiyet/mirasçı lehine mal vasiyeti*)[392]. Dieser kann das Vermächtnis annehmen, aber die Erbschaft ausschlagen, Art. 519 Abs. 3 türkZGB.

Inhalt eines Vermächtnisses kann alles sein, was auch Inhalt einer Schuldverpflichtung sein kann[393]. Nach Art. 517 Abs. 2 türkZGB kann der Erblasser dem Vermächtnisnehmer eine einzelne Erbschaftssache oder die Nutznießung an der Erbschaft im Ganzen oder zu einem Teil vermachen oder die Erben oder Vermächtnisnehmer beauftragen, ihm Leistungen aus dem Werte der Erbschaft zu machen oder ihn von Verbindlichkeiten zu befreien. Mithin können sämtliche Vermögensobjekte Vermächtnisgegenstände sein.

---

386 *Imre/Erman*, § 18 II.

387 *Serozan/Engin*, § 4 Rn. 144; *Çabri*, § 24 Rn. 585; *Imre/Erman*, § 18 II.

388 Vgl. hierzu *Imre/Erman*, § 18 I 4, *Serozan*/Engin, § 4 Rn. 136.

389 *Çabri*, § 24 Rn. 585.

390 *Serozan*/Engin, § 4 Rn. 133; *Imre/Erman*, § 18 I 1ff.; *Çabri*, § 24 Rn. 587.

391 *Dural/Öz*, § 16 Rn. 671; *Imre/Erman*, § 18 II.

392 *Imre/Erman*, § 18 IV 5.

393 *Serozan*/Engin, § 4 Rn. 138; *Imre/Erman*, § 18 IV.

Der Erblasser kann auch Ersatz- oder Nachvermächtnisnehmer bestimmen, Art. 520 Abs. 2, 521 Abs. 3 türkZGB.

Der Anfall des Vermächtnisses erfolgt mit dem Erbfall. Der Vermächtnisnehmer muss den Erblasser überleben und erbwürdig sein, Art. 578, 581 Abs. 1 türkZGB. Dem Prinzip der Höchstpersönlichkeit entsprechend hat der Erblasser den oder die Vermächtnisnehmer genügend zu bestimmen[394]. Wenn aus der Verfügung nichts anderes hervorgeht, so wird der Anspruch fällig, sobald der Beschwerte die Erbschaft angenommen hat oder sie nicht mehr ausschlagen kann, At. 600 Abs. 2 türkZGB.

Seinen schuldrechtlichen Anspruch auf Verschaffung des Vermächtnisses kann der Vermächtnisnehmer mit der Leistungsklage (*edim davası*) durchsetzen[395]. Macht der Vermächtnisnehmer seine Rechte nicht innerhalb von zehn Jahren nach Anfall des Vermächtnisses geltend, so verjährt die Forderung aus dem Vermächtnis gemäß Art. 602 türkZGB.

Übersteigen die Vermächtnisse den Betrag der Erbschaft oder der Zuwendung an den Beschwerten oder den verfügbaren Teil, so kann ihre verhältnismäßige Herabsetzung verlangt werden, Art. 519 Abs. 1 türkZGB. Diese Bestimmung schützt vor allem den Pflichtteilsberechtigten hinsichtlich seiner Pflichtteilsansprüche[396].

d) Bedingungen und Auflagen / *Murisin Koşulları ve Yüklemeleri*

Nach Art. 515 Abs. 1 türkZGB kann der Erblasser zur Sicherung und Realisierung seines Willens seine Verfügungen mit Auflagen und Bedingungen verknüpfen[397]. Die Wirksamkeit der Verfügung hängt von dem Eintritt der Bedingung bzw. der Erfüllung der Auflage ab.

Die Bedingung unterscheidet sich von der Auflage dadurch, dass sie die Wirksamkeit der Verfügung von Todes wegen vom Eintritt oder Nichteintritt eines ungewissen zukünftigen Ereignisses beeinflusst[398]. Möglich sind sowohl nach Art 170 türkOGB aufschiebende (*geciktirici/taliki koşul*) als auch nach Art. 173 türkOGB auflösende (*bozucu/infisahi koşul*) Bedingungen[399]. Mit der

394 *Öztan*, S. 293; *Imre/Erman*, § 18 III.
395 Vgl. *Serozan/Engin*, § 4 Rn. 147; *Öztan*, S. 298.
396 *Imre/Erman*, § 18 V.
397 *Çabri*, § 22 Rn. 531.
398 *Dural/Öz*, § 15 Rn. 724f.; *Öztan*, S. 282.
399 *Imre/Erman*, § 19 II 2; *Dural/Öz*, § 15 Rn. 724.

Auflage wird hingegen der Beschwerte zu einem bestimmten Tun oder Unterlassen verpflichtet[400]. Ob im Einzelfall eine Bedingung oder Auflage vorliegt, ist durch Auslegung der letztwilligen Verfügung zu ermitteln[401]. Als Auflage sind in der Praxis Verpflichtungen zur Errichtung einer Stiftung und Bestimmungen hinsichtlich einer Unternehmensfortführung anerkannt[402].

Zur Durchsetzung der Auflage steht dem Auflagebedachten kein subjektives Forderungsrecht zu[403]. Stattdessen kann jeder, der ein Interesse an der Auflage hat, mittels Klage deren Vollziehung (*tenfiz davası*) verlangen, sobald die letztwillige Verfügung wirksam ist und ihre Folgen ausgelöst worden sind, Art. 515 Abs. 1 S. 2 türkZGB[404]. Die Vollziehung der Auflage kann jederzeit verlangt werden. Eine Frist ist nach Art. 515 türkZGB nicht vorgesehen. Die Vollziehung kann solange der Verpflichtete oder dessen unmittelbare Erben leben, verlangt werden[405].

Gegenstand einer Auflage und Bedingung können alle rechtlich und sittlich zulässigen Handlungen, Duldungen und Unterlassungen sein, vgl. Art. 515 Abs. 2 türkZGB. Auflagen und Bedingungen, die rechts- oder sittenwidrig sind, führen demnach zur Unwirksamkeit der gesamten Verfügung von Todes wegen. Sinnlose oder der Belästigung anderer dienende Auflagen und Bedingungen werden nach Art. 515 Abs. 3 türkZGB als nicht vorhanden betrachtet, sodass die Verfügung wirksam bleibt[406].

e) Teilungsanordnung / *Mirasın Paylaşılması*

Durch Verfügung von Todes wegen kann der Erblasser eine Teilungsanordnung festlegen, die die Erbauseinandersetzung bzw. -aufteilung auf die Erben vorschreibt, Art. 647 Abs. 1 türkZGB. Damit übt der Erblasser seine Willensfreiheit im Rahmen der Erbteilung aus[407]. Die Teilungsanordnung wird ferner vom Gleichheitsgrundsatz beherrscht, welche aus Art. 649 Abs. 1 und Art. 646 Abs. 1 türkZGB hergeleitet wird[408]. Gemeint ist damit nicht die Gleichheit bei der

---

400 *Öztan*, S. 277; Çabri, § 22 Rn. 531.
401 Siehe *Dural/Öz*, § 15 Rn. 724; *Öztan*, S. 283.
402 *Öztan*, S. 278.
403 *Serozan*/Engin, § 4 Rn. 151a, 154a; *Öztan*, S. 279.
404 Vgl. hierzu *Serozan*/Engin, § 4 Rn. 154a; *Dural/Öz*, § 15 Rn. 761 ff.
405 *Dural/Öz*, § 15 Rn. 766.
406 *Dural/Öz*, § 15 Rn. 746; *Imre/Erman*, § 19 II 3c).
407 *Dural/Öz*, § 38 Rn. 1946ff.; *Imre/Erman*, § 48 II 1.
408 Siehe hierzu *Imre/Erman*, § 48 III; *Serozan*/Engin, § 7 Rn. 43.

Erbteilhöhe, sondern dass alle Erben die gleichen Rechte haben. So können sie nach Art. 646 Abs. 2 türkZGB die Teilung frei vereinbaren, sofern nichts anderes angeordnet ist. Auch kann jeder Erbe bei Unstimmigkeiten die Teilungsanordnung verlangen und sie einklagen[409].

Inhalt einer Teilungsvorschrift kann die Festsetzung des bei der Erbteilung einzuhaltenden Verfahrens sowie die Zuweisung bestimmter Erbschaftsgegenstände an einen Erben unter Anrechnung an seinem Erbteil sein. Nach Art. 647 Abs. 2 türkZGB sind diese für die Erben bindend, soweit die Anteile laut Teilungsanordnung ausgeglichen werden können. Führt die Teilungsanordnung des Erblassers jedoch zu einer Gefährdung der Pflichtteilsrechte, so können die Pflichtteilsberechtigten in diesem Fall eine Herabsetzungsklage erheben[410].

Im Gegensatz zur Erbeinsetzung, welche die Berufung zur Erbschaft und damit eine dingliche Rechtsposition des Erben als Gesamtrechtsnachfolger begründet sowie regelmäßig auch die Erbquote festlegt, hat die Teilungsanordnung nur eine schuldrechtliche Wirkung zwischen den einzelnen Miterben[411].

Die Teilungsanordnung ist vom Vorausvermächtnis abzugrenzen. Ob eine Teilungsanordnung oder ein Vorausvermächtnis vorliegt, richtet sich nach dem in der Verfügung von Todes wegen ausgedrückten Willen des Erblassers[412]. Bei Zweifel wird von Gesetzes wegen vermutet, dass die Zuweisung eines Nachlassgegensandes an einen Erben nicht ein Vermächtnis, sondern eine bloße Teilungsanordnung im Rahmen der vom Erblasser gewünschten und bestimmten Anordnung ist, Art. 647 Abs. 3 türkZGB.

f) Testamentsvollstreckung / *Vasiyetin Yerine Getirilmesi*

Durch letztwillige Verfügung kann der Erblasser schließlich einen oder mehrere Testamentsvollstrecker *(vasiyeti yerine getirme görevlisi)*, auch Willensvollstrecker genannt, beauftragen, Art. 550 ff. türkZGB[413]. Sind mehrere ernannt worden, erfüllen diese die Aufgaben gemäß Art. 551 Abs. 1 türkZGB gemeinschaftlich, sofern der Erblasser nichts anderes angeordnet hat. Testamentsvollstrecker kann eine geschäftsfähige natürliche Person oder auch eine juristische Person sein, Art. 550 Abs. 2 türkZGB. Nicht möglich ist es, die Bestimmung

---

409 *Imre/Erman*, § 48 III.

410 *Dural/Öz*, § 38 Rn. 1949.

411 *Serozan*/Engin, § 7 Rn. 43.

412 *Imre/Erman*, § 48 II 2.

413 Grundlegend zum Testamentsvollstrecker siehe *Akbıyık*, Vasiyeti Yerine Getirme Görevlisi.

des Testamentsvollstreckers einem Dritten, etwa dem Nachlassgericht, zu überlassen[414].

Der Testamentsvollstrecker setzt in erster Linie – unabhängig vom Willen der Erben – den in der Verfügung von Todes wegen erklärten, letzten Willen des Erblassers um[415]. Er ist Verteidiger des Erblasserwillens[416]. Mit der Einsetzung eines Testamentsvollstreckers kann der Erblasser die Abwicklung seines Nachlasses durch eine Person seines Vertrauens sichern[417].

In Betracht kommt die Anordnung einer Testamentsvollstreckung, wenn der Erblasser erwarten muss, dass den Erben die erforderlichen Kenntnisse und Fähigkeiten für die Erledigung der Erbschaft fehlen[418]. Weiterhin ist die Einsetzung eines Testamentsvollstreckers in Fällen einer Erbengemeinschaft in Erwägung zu ziehen, um Streitigkeiten unter den Miterben zu vermeiden[419].

Die Testamentsvollstreckung wird als privatrechtliches Institut *sui generis* bezeichnet[420]. Der Testamentsvollstrecker ist nicht Beauftragter der Erben, vielmehr verfügt er ihnen gegenüber über eine unabhängige und selbstständige Stellung[421]. Das Verhältnis zwischen Erben und Testamentsvollstrecker ist entsprechend der Regelungen des Auftrags nach Art. 502 ff. türkOGB zu beurteilen[422]. Er ist zur sorgfältigen Amtsausübung verpflichtet und haftet wie ein Beauftragter, Art. 556 türkZGB.

Mit dem Tode des Erblassers erwerben die Erben die Erbschaft als Ganzes von Gesetzes wegen, d.h. das Eigentum, die beschränkten dinglichen Rechte und der Besitz des Erblassers gehen ohne Weiteres auf sie über, Art. 599 Abs. 1, 2 türkZGB. Diese Rechtsstellung der Erben als Gesamtrechtsnachfolger des Erblassers wird zwar durch die Einsetzung eines Testamentsvollstreckers nicht berührt, jedoch haben sie über den Nachlass keine Verfügungsbefugnis und können die Entscheidungen des Testamentsvollstreckers nicht ablehnen[423]. Der

414 *Naumann*, RNotZ 2003, 343, 367; *Öztan*, S. 321; anderer Ansicht *Dural/Öz*, § 16 Rn. 838.

415 *Dural/Öz*, § 16 Rn. 834; *Öztan*, S. 324.

416 *Imre/Erman*, § 22 I; *Kocaağa*, GÜHFD 2002, 55, 57.

417 *Öztan*, S. 320.

418 Vgl. *Dural/Öz*, § 16 Rn. 834; *Imre/Erman*, § 22 I; *Kocaağa*, GÜHFD 2002, 55, 56.

419 *Çabri*, § 57 Rn. 1185.

420 Zur Rechtsnatur des Testamentsvollstreckers ausführlich *Kocaağa*, GÜHFD 2002, 55, 68 ff., 81; *Öztan*, S. 322;
Imre/Erman, § 22 II; *Çabri*, § 57 Rn. 1198.

421 *Dural/Öz*, § 16 Rn. 864.

422 *Imre/Erman*, § 22 VIII; *Öztan*, S. 322; *Çabri*, § 57 Rn. 1198.

423 *Öztan*, S. 323.

Testamentsvollstrecker erwirbt zwar kein Eigentum an den Erbschaftsgegenständen[424]. Jedoch hat er zur Erfüllung seiner Aufgaben einen Anspruch auf unselbstständigen Besitz (*fer'i-dolaysız zilyet*) und dingliche Verfügungsbefugnis (*ayni tasarruf yetkisi*) am Nachlass, den er nötigenfalls klageweise durchsetzen kann[425]. Seine Verfügungsbefugnis beschränkt sich allerdings auf die Nachlassgegenstände und Rechte, die in seinen Aufgabenbereich fallen[426].

Die Aufgaben des Testamentsvollstreckers sind in Art. 552 ff. türkZGB geregelt[427]. Die Hauptaufgabe des Testamentsvollstreckers ist es, den Willen des Erblassers zu vertreten, vgl. Art. 552 Abs. 2 türkZGB. Die Erben können dem Testamentsvollstrecker keine Weisungen erteilen[428]. Im Einzelnen handelt es sich bei den Aufgaben etwa um die Verwaltung des Nachlasses und die Vorbereitung der Teilung. Ferner ist der Testamentsvollstrecker verpflichtet, unverzüglich ein Inventar aufzunehmen sowie den Nachlass in Besitz zu nehmen und zu verwalten. Des Weiteren ist er verpflichtet, die Nachlassforderungen einzutreiben und die Nachlassverbindlichkeiten zu bezahlen. Er vollzieht den letzten Willen des Erblassers und bereitet einen Plan zur Auseinandersetzung des Nachlasses vor. Der Testamentsvollstrecker vertritt die Erbengemeinschaft im Nachlassverfahren[429].

Das türkische Recht sieht keine Dauer für die Testamentsvollstreckung vor, eine „Dauervoll-streckung" wie im deutschen Recht ist mithin gesetzlich nicht explizit geregelt. Da es sich bei der Vorschrift des Art. 552 türkZGB, der die Aufgaben des Testamentsvollstreckers regelt, nicht um eine zwingende (*emredici nitelikte olmayan*), sondern um eine ergänzende Vorschrift (*tamamlayıcı hüküm niteliğinde*) handelt, ist eine Erweiterung der gesetzlich aufgezählten Aufgaben im Rahmen der dem Erblasser gewährten Testierfreiheit möglich[430]. In diesem Sinne darf eine langfristige Anordnung erfolgen, allerdings nur anteilig an der Quote des Nachlasses, die nicht dem Pflichtteilsrecht der Erben unterliegt, also an der sog. Verfügbaren, freien Quote (*serbest kısım*). Demzufolge ist die Anordnung einer „langfristigen Vollstreckung" am gesamten Nachlass nicht erlaubt. Verstößt der Testamentsvollstrecker dagegen, so steht dem

424 Vgl. *Imre/Erman*, § 22 II.
425 Vgl. *Öztan*, S. 323, 326 f.; *Çabri*, § 59 Rn. 1223.
426 *Çabri*, § 59 Rn. 1216 ff.
427 Ausführlich hierzu *Çabri*, § 59 Rn. 1216 ff.
428 *Çabri*, § 59 Rn. 1217.
429 *Imre/Erman*, § 22 V 4; *Öztan*, S. 326; *Çabri*, § 59 Rn. 1234.
430 Hierzu nur *Akbıyık*, S. 152 f.

Pflichtteilsberechtigten das Recht zu, eine Herabsetzungsklage (*tenkis davası*) zu erheben. Hat der Erblasser die Dauer der Testamentsvollstreckung in seiner Verfügung von Todes wegen nicht bestimmt, so kommt die Vorschrift des Art. 522 Abs. 1 türkZGB über die Vor- und Nacherbschaft entsprechend zur Anwendung. Mit dem Tode des Testamentsvollstreckers endet demnach auch die Testamentsvollstreckung. Darüber hinaus dürfte die Dauer der Testamentsvollstreckung entsprechend Art 521 Abs. 2 türkZGB auf Lebzeit der unmittelbaren Erben bzw. Vermächtnisnehmer begrenzt sein.

Im Übrigen endet das Amt des Testamentsvollstreckers mit der Auseinandersetzung des Nachlasses[431]. Nach Art. 554 türkZGB endet es ferner bei Vorliegen eines Unwirksamkeitsgrundes für die Ernennung oder der entsprechenden Erklärung des Testamentsvollstreckers gegenüber dem Friedensgericht. Die Niederlegung des Amtes darf hierbei nicht zur Unzeit erfolgen, Art, 554 Abs. 2 türkZGB.

Die Amtsführung des Testamentsvollstreckers steht gemäß Art. 555 Abs. 1 türkZGB unter der Aufsicht des Gerichts, das insbesondere der Verfügung über Nachlassgegenstände nach Art. 553 türkZGB zustimmen muss.

Auch nach türkischem Recht eignet sich die Testamentsvollstreckung nicht zur unternehmerischen Nachfolgeplanung bzw. zur Sicherung der Fortführung des Unternehmens als Familienunternehmens. Zwar kann der Nachlass mittels Testamentsvollstreckung über lange Zeit im Sinne des Erblassers als Einheit erhalten bleiben, jedoch ist dies nur an der freien Quote und nicht am gesamten Nachlass möglich. Von daher scheidet die Testamentsvollstreckung als Instrument der Nachfolgeplanung von vornherein aus.

g) Stiftung / *Vakıf*[432]

Der Erblasser kann durch eine letztwillige Verfügung eine Stiftung errichten und dieser zugleich den verfügbaren Teil seines Vermögens aus seinem Nachlass ganz oder teilweise widmen, Art. 526 Abs. 1 türkZGB. Die Vorschriften des Zivilgesetzbuches über die Stiftung nach Art. 101 ff. türkZGB finden Anwendung[433].

Die Voraussetzungen für die Errichtung einer Stiftung werden aus Art. 526 Abs. 1 türkZGB i.V.m. Art. 102 Abs. 1 ZGB abgeleitet. Insofern ist der Stifterwille, der Stiftungszweck, Stiftungsvermögen und Vermögenswidmung erforderlich[434].

---

431 *Dural/Öz*, § 16 Rn. 874.

432 Siehe hierzu im Einzelnen Kapitel 8.

433 *Dural/Öz*, § 16 Rn. 768.

434 Vgl. *Öztan*, S. 317.

Keine Errichtung einer Erbstiftung im Sinne von Art. 526 türkZGB liegt vor, wenn die erblasserische Zuwendung zugunsten einer bereits bestehenden Stiftung erfolgt[435].

Seinen Willen zur Stiftungserrichtung kann der Erblasser durch Testament oder im Rahmen eines Erbvertrages zum Ausdruck bringen[436]. Da es sich bei der Errichtung einer Stiftung um ein einseitiges Rechtsgeschäft, mithin um eine nicht bindende Verfügung von Todes wegen handelt, kann der Erblasser sich jederzeit von ihr lösen[437]. Die Vermögenswidmung an die Stiftung kann auf verschiedene Arten erfolgen[438]. Möglich ist eine Erbeinsetzung der Stiftung, ein Vermächtnis oder eine Auflage. Wurde die Stiftung als Erbin eingesetzt, so erwirbt sie das Vermögen des Erblassers als Gesamtrechtsnachfolgerin (*külli halef*)[439]. Allerdings hängt der Erwerb der Erbenstellung der Stiftung von der aufschiebenden Bedingung (*geciktirici koşul*) der Erlangung der Rechtspersönlichkeit ab. Mit der Erlangung der Rechtsfähigkeit erwirbt die Stiftung die Erbenstellung rückwirkend auf den Zeitpunkt des Erbfalls[440]. Als Vermächtnisnehmer hat die Stiftung einen Anspruch gegen den mit dem Vermächtnis Beschwerten auf Erfüllung des Vermächtnisses, Art. 600 Abs. 1 türkZGB. Das Entstehen des Anspruches hängt allerdings wieder von der aufschiebenden Bedingung der Erlangung der Rechtspersönlichkeit ab[441].

Für die Erlangung der Rechtspersönlichkeit (*tüzel kişilik*) der Stiftung ist erforderlich, dass die gesetzlichen Vorschriften der Stiftung eingehalten sind, Art. 526 Absatz 2 türkZGB. Die Erlangung der Rechtspersönlichkeit der Stiftung ist in Art. 102 Abs. 1 S. 2 türkZGB geregelt. Demnach erlangt die Stiftung ihre Rechtspersönlichkeit mit der Eintragung in das Stiftungsregister (*sicile tescil*), welches beim Gericht des Wohnsitzes geführt wird. Dies kann durch Anzeige durch das die Eröffnung des Testaments vornehmende Friedensgericht oder von Amts wegen (*re`sen*) durch die Generaldirektion für das Stiftungswesen *(vakıflar genel müdürlüğü)* erfolgen, Art. 102 Abs. 3 türkZGB. Ferner können die gesetzlichen Erben und der Testamentsvollstrecker die Eintragung der Stiftung verlangen[442]. Bis zur Eintragung in das Stiftungsregister verwalten die gesetzlichen

---

435 *Çabri*, § 33 Rn. 736; *Dural/Öz*, Rn. 771; *Imre/Erman*, § 21.

436 *Imre/Erman*, § 21; *Çabri*, § 33 Rn. 737.

437 *Dural/Öz*, § 16 Rn. 768, *Serozan*/Engin, § 4 Rn. 180.

438 *Serozan*/Engin, § 4 Rn. 180.

439 Siehe hierzu *Çabri*, § 33 Rn. 744.

440 *Öztan*, S. 317.

441 *Çabri*, § 33 Rn. 747.

442 *Öztan*, S. 318.

Erben das der Stiftung gewidmete Vermögen im Auftrag (*vekaleten idare*), erlangte Vermögensvorteile gehen auf die Stiftung über[443].

Für Nachlassverbindlichkeiten haftet die Stiftung bis zur Höhe der gestifteten Vermögenswerte, Art. 105 Abs. 1 türkZGB. Erben können auch das Stiftungsvermögen mit einer Herabsetzungs- und Herausgabeklage angreifen, Art. 108 türkZGB. So können bei einer Pflichtteilsverletzung die pflichtteilsberechtigten Erben mit der Herabsetzungsklage ihre Rechte geltend machen[444].

Die Frage, ob die Stiftung nach türkischem Recht sich als geeignetes Instrument erweist, Familienvermögen auch nach dem Tod des Unternehmers zu erhalten, wird im letzten Kapitel der Arbeit eingehend erörtert.

III. Vergleichender Teil: Unterschiede und Gemeinsamkeiten / *Alman ve Türk Hukukundaki Farklı ve Ortak Niteliklerin Karşılaştırılması*

Eine Gegenüberstellung der beiden Rechtsordnungen zeigt viele Gemeinsamkeiten im Rahmen der gewillkürten Erbfolge, zum Teil aber auch erhebliche Unterschiede.

Zunächst ist festzuhalten, dass sowohl nach deutschem als auch nach dem türkischen Erbrecht Grundlage der gewillkürten Erbfolge das Prinzip der Testierfreiheit ist. Die wichtigste Grenze der Testierfreiheit ist das Pflichtteilsrecht, welches den Pflichtteilsberechtigten nach beiden Rechtsordnungen eine Mindestteilhabe am Nachlass sichert. Unter den Verfügungsformen kennen beide Rechtsordnungen das Testament und den Erbvertrag. Das türkische Recht enthält – anders als das deutsche Recht – keine Regelung über das gemeinschaftliche wechselbezügliche Ehegattentestament. Der Grund dafür ist, dass der Grundsatz der Formstrenge bei letztwilligen Verfügungen die Annahme der Wirksamkeit eines gemeinschaftlichen Testaments verbietet.

In der Türkei können grundsätzlich auch entmündigte Personen testieren. Demgegenüber wurde in Deutschland das Rechtsinstitut der Entmündigung mit dem Betreuungsgesetz abgeschafft und durch die rechtliche Betreuung ersetzt. Beide Rechtsordnungen behandeln mithin das Problem des Erwachsenenschutzes technisch unterschiedlich.

Nach beiden Rechtsordnungen kann der Erblasser ein Testament durch eine spätere Verfügung widerrufen. Ist der Wille des Erblassers bei einem „Widerruf

443 *Öztan*, S. 317.
444 *Çabri*, § 33 Rn. 738.

des Testaments durch eine spätere Verfügung" zweifelhaft, so gilt im türkischen Recht gemäß Art. 544 türkZGB die gesetzliche Vermutung, dass der Erblasser durch ein später errichtetes Testament sein früheres Testament widerrufen will, auch wenn es nicht im Widerspruch zu dem Ersten steht. Anders ist es im deutschen Recht nach § 2258 Abs. 1 BGB, der auf die Widersprüchlichkeit, d.h. auf die inhaltliche Unvereinbarkeit der Verfügungen abstellt[445]. Die Aufhebungswirkung greift nur insoweit ein, als das spätere Testament mit dem früheren in Widerspruch steht.

Zur Durchsetzung der erblasserischen Anordnungen bietet sich nach beiden Rechtsordnungen wegen der Bindungswirkung des Erblassers der Abschluss eines Erbvertrages an. Allerdings ist der Schutz in beiden Ländern nicht vollkommen, da trotz der bindenden Erbeinsetzung der Erblasser zu Lebzeiten frei über sein Vermögen verfügen kann. Die inhaltliche Ausgestaltung und die einzuhaltenden Formalien des Erbvertrages sind weitgehend vergleichbar. Im Rahmen eines „negativen Erbvertrages" kann der Erbe nach türkischem Recht auf seine voraussichtlichen erbrechtlichen Ansprüche verzichten und der Erblasser sie annehmen. Nach deutschem Recht ist der Erbverzicht systematisch in einem eigenen Abschnitt geregelt und kann mit der erbvertraglichen Regelung verbunden werden. Über den Weg eines Erbvertrags kann somit der Erblasser nach beiden Rechtsordnungen verhindern, dass die am Vertrag beteiligten Erben Pflichtteilsansprüche in Bezug auf den zu vererbenden Gesellschaftsanteil geltend machen. Damit kann auch eine Drohung des Liquiditätsabflusses vermieden werden.

In beiden Rechtssystemen sind die Verfügungsarten, d.h. die Verfügungen, die den Inhalt sowohl eines Testaments als auch eines Erbvertrages bilden können, weitgehend ähnlich geregelt. Diese sind Erbeinsetzung, Vor- und Nacherbschaft, Vermächtnis, Bedingungen und Auflagen, Teilungsanordnung und Testamentsvollstreckung. Im Gegensatz zum deutschen Recht ist die Stiftungserrichtung von Todes wegen im türkischen Erbrecht als Verfügungsart gesondert geregelt.

Unterschiede zwischen beiden Rechtsordnungen bestehen auch bei der Vor- und Nacherbschaft. Das türkische Recht verbietet im Vergleich zum deutschen Recht die Anordnung mehrfacher Vor- und Nacherbschaft. Das türkische Recht begrenzt die Vorerbenstellung nicht wie das deutsche Recht in zeitlicher Hinsicht mit einer Höchstfrist von 30 Jahren, § 2109 Abs. 1 BGB, sondern verbietet eine mehrfache Nacherbeneinsetzung, Art. 521 Abs. 2 türkZGB. Der Erblasser kann somit nur einmal einen Nacherben einsetzen. Beide Rechtsordnungen

445 Siehe *Leipold*, § 11 Rn. 334.

bezwecken mit ihren Schranken, wenn rechtstechnisch auch unterschiedlich, die Verhinderung einer Perpetuierung der Vermögensnachfolge und mithin einen Schutz vor Verewigung. Allerdings kann die Schranke nach türkischem Recht dadurch umgangen werden, dass der Erblasser den Zeitpunkt des Eintritts des Nacherbfalls sehr weit hinausschiebt oder Ersatzerben für die Nacherben festlegt[446]. Der Erblasser kann auf diese Weise eine längere Bindung des Nachlasses herbeiführen.

Der Nacherbe verfügt sowohl nach deutschem als auch nach türkischem Recht bis zum Eintritt des Nacherbfalls über eine bloße Anwartschaft. Im Gegensatz zum deutschen Recht ist die Anwartschaft gemäß Art. 525 Abs. 2 türkZGB nicht vererblich, es sei denn, der Erblasser hat anderes verfügt. Erlebt der Nacherbe den Bedingungseintritt nicht, so verbleibt die Erbschaft endgültig beim Vorerben. Im deutschen Recht ist die Vererblichkeit des Nacherbrechts gemäß § 2108 Abs. 2 BGB vorgesehen. Demnach geht auch beim Tod des Nacherben im Augenblick des Nacherbfalls das Anwartschaftsrecht auf die Erben des Nacherben über[447]. Folglich räumt das Institut der Vor- und Nacherbschaft nach deutschem Recht im Vergleich zum türkischen Recht dem Erblasser weitreichenderen Spielraum ein. Der Erblasser kann das weitere Schicksal des vererbten Vermögens festlegen, über Generationen weiteragieren und die Freiheit der später Lebenden erheblich einengen.

Durch die Möglichkeit der „Dauervollstreckung“ gelingt es dem Erblasser nach deutschem Recht, seinen gesamten Nachlass für den Zeitraum von 30 Jahren, somit faktisch auf Dauer den Erben vollständig zu enthalten. Als Instrument der Nachlassplanung ist die Testamentsvollstreckung nur sehr begrenzt geeignet. Eine Dauervollstreckung ist im türkischen Recht gesetzlich zwar nicht explizit geregelt, jedoch kann eine langfristige Anordnung entsprechend der Vorschriften der Vor- und Nacherbschaft erfolgen. Dabei ist eine Anordnung einer „langfristigen Vollstreckung“ am gesamten Nachlass nicht erlaubt, sondern nur an der verfügbaren Quote. Verstößt der Testamentsvollstrecker dagegen, so steht dem Pflichtteilsberechtigten das Recht zu, eine Herabsetzungsklage zu erheben. Auch nach deutschem Recht können pflichtteilsberechtigte Erben die ganze Nachfolgekonstruktion „Dauervollstreckung“ zum Scheitern bringen. Da die Testamentsvollstreckung nach beiden Rechtsordnungen nicht pflichtteilsfest ist, eignet sie sich nicht als Instrument zur unternehmerischen Nachfolgeplanung.

446 Vgl. *Serozan/Engin*, § 4 Rn. 172.
447 Vgl. MüKo/*Grunsky*, § 2108, Rn. 4.

5. Kapitel: Ausschluss von der Erbschaft: Pflichtteilsrecht / *Miras Hakkının İhlali: Saklı Pay Hakkı*

I. Pflichtteilsrecht nach deutschem Recht / *Alman Hukukuna Göre Saklı Pay*

Aufgrund der Testierfreiheit gibt das deutsche Erbrecht dem Unternehmer nicht nur die Möglichkeit, beliebige Dritte als Erben einzusetzen, sondern auch seine Familienangehörigen zu enterben oder sie auf eine Erbquote zu setzen, die hinter der der gesetzlichen Erbquote liegt. Um ihren völligen Ausschluss von der Teilhabe am Vermögen des Erblassers zu vermeiden, setzt das Gesetz dieser Verfügungsfreiheit mit dem Pflichtteilsrecht nach §§ 2303 ff. BGB allerdings eine Grenze[448]. Das Pflichtteilsrecht, welches sehr begrenzt beeinflussbar ist, vermittelt zwischen den Grundsätzen der gewillkürten und der gesetzlichen Familienerbfolge, indem es zugunsten der von der Erbfolge ausgeschlossenen nahen Angehörigen eine gewisse Mindestbeteiligung am Wert des Nachlasses vorsieht und diese vor beeinträchtigenden Verfügungen schützt[449].

Der Pflichtteil besteht in der Hälfte des Wertes des gesetzlichen Erbteils, § 2303 Abs. 1 S. 2 BGB. Daher unterliegt ein Unternehmer Pflichtteilsverpflichtungen bis zu 50% seines Vermögens, wenn er abweichend von der gesetzlichen Erbfolge letztwillig verfügt[450]. Besondere Belastungen für den Nachfolger ergeben sich, wenn einerseits das unternehmerische Vermögen den überwiegenden Anteil am Nachlass darstellt, andererseits aber das unternehmerische Vermögen nur auf ihn übergeleitet werden soll und die anderen Mitglieder der Familie nicht anteilig und gleichwertig mit Privatvermögen bedacht werden können. Privatvermögen ist zwar vielfach vorhanden, jedoch nicht in einer Größenordnung, die den Wert des Unternehmens auch nur annähernd erreicht. Dies bedeutet für eine Vielzahl von Betroffenen ein ganz Dilemma, weil eine rechnerische Gleichbehandlung aller Abkömmlinge ausgeschlossen erscheint[451]. Hier

---

448 MüKo/*Lange*, § 2203 Rn. 1 ff.; grundlegend *Lange*, Kap. 20, § 84 Rn. 6 ff.; siehe auch *Schmoeckel*, § 18 Rn. 1 ff.

449 *Dauner-Lieb*, DNotZ 2001, 460, 460; *Haas*, ZNotP 2001, 370, 370.

450 *Spiegelberger*, § 2 Rn. 20; vgl. auch *Haas*, ZNotP 2001, 370, 370.

451 Riedel/*Riedel*, § 11 Rn. 3.

kommen Pflichtteilsansprüche der weichenden Erben in Betracht, also derjenigen, die nicht in das unternehmerische Vermögen einrücken und keine ihrem gesetzlichen Erbteil entsprechenden anderen Vermögenswerte erhalten[452]. Die weichenden Erben haben dann im Zeitpunkt des Erbfalls Zahlungsansprüche in bar gegen den Nachfolger unter Einbeziehung des Unternehmenswertes, vgl. 2303 Abs. 1 BGB.

In vielen Unternehmen führt die Erfüllung der Pflichtteilsansprüche durch den Unternehmensnachfolger zu einem enormen Liquiditätsabfluss, infolgedessen der Betrieb schlimmstenfalls zerschlagen wird oder veräußert werden muss[453]. Denn unternehmerisches Vermögen ist in der Regel gebundenes und nur sehr schwer liquidierbares und auch keineswegs einfach finanzierbares Vermögen[454]. Die Gefahr der Liquiditätsbelastungen und des erhöhten Streitpotenzials[455] verdeutlichen daher, dass das Pflichtteilsrecht für die Gestaltung der Nachfolge in unternehmerisches Vermögen die zentrale Rahmenbedingung ist[456].

1. Warum Pflichtteilsrecht? / *Saklı Payın Kanunen Korunmasının Gerekçesi*

Bereits bei den Vorarbeiten zum BGB stellte sich die Frage, ob es überhaupt ein Pflichtteilsrecht naher Angehöriger geben soll, und die Art der Beteiligung von Pflichtteilsberechtigten am Nachlass lebhaft umstritten[457]. Zur Diskussion stand auf der einen Seite das Noterbrecht nach dem Vorbild des französischen *code civil* bzw. sächsischen BGB und auf der anderen Seite der bloße Geldanspruch des österreichischen ABGB bzw. des preußischen ALR[458]. Die Mehrheit entschied sich gegen das Noterbrecht mit der Bestrebung, die Beeinträchtigungen der Testierfreiheit möglichst gering zu halten sowie mit der Erkenntnis, dass der Pflichtteilsberechtigte als Erbe bei der Auseinandersetzung grundsätzlich störe und Streitereien im Rahmen der Erbauseinandersetzung der Zersplitterung von Vermögenseinheiten Vorschub leiste[459]. So ging der historische Gesetzgeber bei

452 *Crezelius*, § 2 Rn. 88.
453 vgl. *Lorz/Kirchdörfer*, Kap. 4 Rn. 1.
454 *Haas*, ZNotP 2001, 370, 370.
455 *Dauner-Lieb*, FF 2000, 110, 110; Hannes/*Hannes*, A. 5.00 Rn. 2.
456 *Kalss/Dauner-Lieb*, GesRZ 2018, 261, 261; *Lorz/Kirchdörfer*, Kap. 4 Rn. 2.
457 *Gerken*, Rpfleger 1989, 45, 48; *Haas*, ZNotP 2001, 370, 379; *Hollmann*, S. 40 ff.
458 Instruktiv: BVerfG NJW 2005, 1561,1563.
459 MüKo/*Lange*, § 2303 Rn. 1.

der Schaffung des Pflichtteilsrechts des BGB von der Überlegung aus, dass durch die sofortige Barabfindung des Pflichtteilberechtigten sich die Probleme für die eigentlichen Erben reduzieren würden[460]. Gerade bei einer dinglichen Beteiligung am Nachlass anstelle der Barabfindung sah man die Gefahr, dass Fabriken, größere Geschäfte und Ähnliches nicht in ihrer Einheit erhalten werden können und daher deren Zersplitterung drohe[461].

Basierend auf diesen Überlegungen garantiert das geltende Pflichtteilsrecht den von der Erbfolge ausgeschlossenen nächsten Angehörigen, beschränkt auf die Nachkommen in direkter Linie und die Ehepartner[462], zumindest einen schuldrechtlichen Anspruch auf einen Teil des Nachlasswertes[463]. Das Pflichtteilsrecht vermittelt den Pflichtteilsberechtigten kein echtes Noterbrecht[464]. Damit steht den Berechtigten keine dingliche Beteiligung am Nachlass zu, sodass sie auch nicht zur Erbengemeinschaft gehören[465]. Sie haben lediglich einen Anspruch auf Barabfindung gegen den oder die Erben. Dieser Anspruch ist allerdings unabhängig von einem konkreten Versorgungsbedarf, von der konkreten Vermögenssituation des Berechtigten und von der konkreten Beitragsleistung der begünstigten Angehörigen[466]. Damit ist das Pflichtteilsrecht in erster Linie ein Kompromiss zwischen dem gesetzlichen Familienerbrecht einerseits („das Gut rinnt wie das Blut“) und der schrankenlosen Testierfreiheit andererseits[467].

Dieses Spannungsverhältnis und deren verfassungsrechtliche Dimension hatten unter Einfluss des gesellschaftlichen Wertewandels[468] und der schwindenden Bedeutung von Familienverbund und -tradition in jüngerer Vergangenheit für rege Diskussion gesorgt[469]. Der erste Senat des BVerfG hat mit Beschluss vom 19. April 2005 dann aber die Frage nach der inhaltlichen Berechtigung und Vereinbarkeit des Pflichtteilsrechts mit dem Grundrecht der Erbfreiheit klargestellt, dass die grundsätzlich unentziehbare und bedarfsunabhängige wirtschaftliche Mindestbeteiligung der Kinder des Erblassers an

---

460 *Mayer,* Die Verträge der Familienunternehmer, S. 71, 74.

461 Mot. V, S. 387.

462 MüKo/*Lange,* § 2303 Rn. 12 f.

463 MüKo/*Lange,* § 2303 Rn. 17.

464 MüKo/*Lange,* § 2303, Rn. 1; *Dauner-Lieb,* FF 2000, 110, 111.

465 *Crezelius,* § 6 Rn. 88.

466 *Kalss/Dauner-Lieb,* GesRZ 2018, 261, 263.

467 MüKo/*Lange,* § 2303 Rn. 1; *Dauner-Lieb,* DNotZ 2001, 460, 460; *Dauner-Lieb,* FF 2001, 78, 79; *Kalss/Dauner-Lieb,* GesRZ 2018, 261, 263; *Lorz/Kirchdörfer,* Kap. 4 Rn. 3.

468 *Schulz,* FamRZ 2013, 1782, 1787.

469 MüKo/Lange, § 2303 Rn. 8 ff.; *Dauner-Lieb,* FF 2000, 110, 117; *Haas,* ZEV 2000, 249 ff.

dessen Nachlass verfassungsrechtlich gewährleistet wird[470]. *Lange* führt hierzu aus: „Diese wirtschaftliche Mindestbeteiligung ist als tragendes Strukturprinzip durch die Erbrechtsgarantie des Art. 14 Abs. 1 S. 1 GG geschützt, gehört zu dem verfassungsrechtlich verbürgten Kerngehalt des deutschen Erbrechts und kann auf eine lange Tradition im deutschen Recht verweisen"[471]. Zur rechtsethischen Begründung des Pflichtteilsrechts wird traditionell und herrschend vorgetragen, der Pflichtteil sei Bestandteil der „Familienbindung" des Vermögens bzw. Ausdruck familiärer Solidarität (Familiengebundenheit des Vermögens) und diene dem Schutz der Familie[472].

In diesem Kontext werden standardmäßig die Versorgungsfunktion, die Abgeltungsfunktion für materielle und ideelle Beiträge von Angehörigen beim Vermögensaufbau und beim Vermögenserhalt, die familienschützende Funktion, die vermögensverteilende Funktion, die Ausgleichsfunktion bei innerfamiliärer Ungleichbehandlung und schließlich die Rechtsfriedensfunktion genannt[473]. Die Familie stellt nach wie vor überwiegend eine Gemeinschaft dar, in der sich die Mitglieder gegenseitig Hilfe und Rücksichtnahme schulden. Der Begriff des Familienvermögens kann deutlich machen, dass materielle und emotionale Unterstützung, etwa in Form gemeinsamer Haushalts- und Lebensführung, maßgeblich zur Vermögensbildung des Erblassers beitragen. Nach diesem Verständnis sichert das Pflichtteilsrecht den Familienmitgliedern über den Tod des Erblassers hinaus einen Teil desjenigen Vermögens, an dessen Aufbau sie mittelbar in einem gewissen Umfang beteiligt waren. Aufgrund dieser vermuteten persönlichen Beziehung zwischen den Familienmitgliedern geht das Gesetz von einer typisierten Solidargemeinschaft aus[474]. Das Pflichtteilsrecht ist

---

470 BVerfGE 112, 332 ff. = NJW 2005, 1561 ff.; kritisch hierzu MüKo/Lange, § 2303 Rn. 4 f.; *Inkmann*, S. 23 f.

471 MüKo/*Lange*, § 2303 Rn. 4.

472 MüKo/*Lange*, § 2303, Rn. 10.

473 MüKo/Lange, § 2303 Rn. 10 f.; *Kalss/Dauner-Lieb*, GesRZ 2018, 261, 263.

474 BVerfG NJW 2005, 1561, 1564: „Die strukturprägenden Merkmale der Nachlassteilhabe von Kindern sind Ausdruck einer Familiensolidarität, die in grundsätzlich unauflösbarer Weise zwischen dem Erblasser und seinen Kindern besteht. Art 6 Abs. 1 GG schützt dieses Verhältnis zwischen dem Erblasser und seinen Kindern als lebenslange Gemeinschaft, innerhalb derer Eltern die Kinder nicht nur berechtigt, sondern auch verpflichtet sind, füreinander sowohl materiell als auch persönlich Verantwortung zu übernehmen. Das Pflichtteilsrecht knüpft – wie das Unterhaltsrecht – an die familienrechtlichen Beziehungen zwischen dem Erblasser und seinen Kindern an und überträgt diese regelmäßig durch Abstammung begründete und zumeist durch familiäres Zusammenleben untermauerte Solidarität zwischen den Generationen in

als ein Ausdruck eines generalisierten Solidargedankens zu verstehen, der sich typischerweise darin zeigt, dass die einzelnen Familienmitglieder sich einander verbunden fühlen, füreinander sorgen und einander beistehen[475].

Allerdings darf diese Argumentationslinie zur Rechtfertigung des Pflichtteilsrechts nicht den Anschein erwecken, dass es dem Pflichtteilsrecht um die Familie und das Familienvermögen als Ganzes geht[476]. Das Pflichtteilsrecht führt zur Teilung des Vermögens auf die Pflichtteilsberechtigten und beabsichtigt gerade nicht auf Erhaltung des Familienvermögens in der Familie in seinem dinglichen Bestand ab[477]. Zugunsten einzelner Familienangehöriger wird das Familienvermögen vielmehr liquidiert. Dieser Vorrang des Pflichtteilsanspruchs des einzelnen Familienmitglieds gilt auch für Familienunternehmen, sie genießen keinen Sonderstatus[478].

2. Pflichtteilsberechtigter Personenkreis / *Saklı Pay Hakkı Kişiler Çevresi*

Pflichtteilsberechtigt sind gemäß § 2303 Abs. 1 S. 1 BGB die Abkömmlinge des Erblassers[479]. Hinterlässt der Erblasser keine Abkömmlinge, haben die Eltern des Erblassers gemäß §§ 2303 Abs. 2, 2309 BGB einen Anspruch auf den Pflichtteil. Der Ehegatte ist bei gültiger Ehe ebenfalls nach § 2303 Abs. 2 BGB pflichtteilsberechtigt, sofern das Recht nicht gemäß 1933 BGB ausgeschlossen ist. Weitere Vorfahren und Geschwister sind nicht anspruchsberechtigt. Schuldner des schuldrechtlichen Anspruchs auf Zahlung eines Geldbetrages ist der Erbe bzw. die Erbengemeinschaft, § 2303 Abs. 1 S. 1 BGB. Mehrere Erben werden als Gesamtschuldner verpflichtet[480].

---

den Bereich des Erbrechts. Die Testierfreiheit des Erblassers unterliegt damit von Verfassungs wegen grundsätzlich auch den durch die Abstammung begründeten familienrechtlichen Bindungen“; *Leipold*, § 3 Rn. 72.

475 MüKo/*Lange*, § 2303, Rn. 10.

476 MüKo/*Lange*, § 2303 Rn. 3 ff.

477 Einzelheiten bei *Kalss/Dauner-Lieb*, GesRZ 2018, 261, 264.

478 Vertiefend *Kalss/Dauner-Lieb*, GesRZ, 261, 264.

479 MüKo/*Lange*, § 2303 Rn. 12 f.

480 MüKo/*Lange*, § 2303 Rn. 24.

3. Voraussetzungen des Pflichtteilanspruchs / *Saklı Pay Hakkının Şartları*

Das Entstehen des Pflichtteilsanspruchs setzt gemäß § 2303 Abs. 1 S. 1 BGB voraus, dass der Berechtigte durch eine letztwillige Verfügung des Erblassers ausgeschlossen wurde, ihm also an sich im konkreten Fall ein gesetzliches Erbrecht zugestanden hätte[481]. Dabei kann die Enterbung ausdrücklich oder stillschweigend geschehen[482]. Nach der Auslegungsregel des § 2304 BGB ist derjenige, dem ein Pflichtteil zugewandt worden ist, im Zweifel nicht als Erbe zu qualifizieren[483].

Für den Ehegatten sind das gesetzliche Erbrecht und folglich auch das Pflichtteilsrecht nach § 1933 S. 1 BGB ausgeschlossen, wenn zur Zeit des Erbfalls die Voraussetzungen der Scheidung der Ehe gegeben waren und der Erblasser die Scheidung beantragt oder ihr zugestimmt hatte.

Keinen Pflichtteilsanspruch hat grundsätzlich, wer als Erbe eingesetzt ist, aber das ihm Hinterlassene ausschlägt[484]. Von diesem Grundsatz gibt es Ausnahmen[485]. Nach § 1371 Abs. 3 BGB i.V.m. § 2303 Abs. 2 S. 2 BGB kann der überlebende Ehegatte, der mit dem Erblasser, im gesetzlichen Güterstand der Zugewinngemeinschaft gelebt hat, bei erfolgter Ausschlagung neben dem Ausgleich des tatsächlich erzielten Zugewinns auch den ihm nach den erbrechtlichen Vorschriften nicht zustehenden, „kleinen" Pflichtteil verlangen, berechnet ohne die Pflichtteilserhöhung nach § 1371 Abs. 1 BGB. Ferner hat ein Pflichtteilsberechtigter, der zwar Erbe wird, diese Erbschaft aber durch die in § 2306 BGB genannten Beschränkungen und Beschwerungen wie mit einem Vermächtnis oder einer Auflage „entwertet" ist, die Möglichkeit, die Erbschaft auszuschlagen und den Pflichtteil zu verlangen, § 2306 Abs. 1 BGB[486].

Dasselbe gilt, wenn der Pflichtteilsberechtigte als Nacherbe eingesetzt ist, § 2306 Abs. 2 BGB. Diese Vorschrift soll verhindern, dass die Mindestbeteiligung am Nachlass durch entsprechende Anordnungen des Erblassers umgangen wird[487]. Wurde dem Pflichtteilsberechtigten ein unbeschränkter und unbeschwerter Erbteil hinterlassen, der jedoch hinter der Hälfte des gesetzlichen Erbteils zurückbleibt, so kann er in Höhe des Differenzbetrages den

481 MüKo/*Lange*, § 2303 Rn. 19.
482 Palandt/*Weidlich*, § 2303 Rn. 2; *Jauernig/Stürner*, § 2303 Rn. 3.
483 Vgl. hierzu auch MüKo/*Lange*, § 2303 Rn. 19.
484 MüKo/*Lange*, § 2303 Rn. 18; Sudhoff/*Scherer*, Unternehmensnachfolge, § 17 Rn. 2.
485 MüKo/*Leipold*, § 1953 Rn. 7.
486 MüKo/*Lange*, § 2303 Rn. 1 ff.; siehe auch *Lange*, Kap. 20, § 87 Rn. 44 ff.
487 Vgl. MüKo/*Lange*, § 2306 Rn. 10 f.

Pflichtteilsrestanspruch des § 2305 BGB geltend machen, um auf diese Weise den zum Pflichtteil fehlenden Differenzbetrag zusätzlich zu erhalten. Der Pflichtteilsberechtigte kann aber nicht den hinter dem Pflichtteil zurückgebliebenen Erbteil ausschlagen, um so den vollen Pflichtteil zu erhalten[488]. Schlägt der Pflichtteilsberechtigte einen mit Beschränkungen und Beschwerungen belasteten Erbteil nicht aus, so steht ihm die Möglichkeit offen, gemäß § 2305 BGB den Zusatzpflichtteil zu verlangen, allerdings ohne, dass dieser Geldanspruch wegen der Belastungen oder Beschränkungen erhöht würde, § 2305 S. 2 BGB. Im Ergebnis erzwingt der Gesetzgeber in diesen Fällen also die Entscheidung des Pflichtteilsberechtigten, entweder das ihm Hinterlassene auszuschlagen oder die Wertminderungen infolge der angeordneten Belastungen zu akzeptieren[489].

4. Inhalt und Berechnung (Pflichtteilsquote) / *Saklı Payın İçeriği ve Hesaplanması (Oranı)*

Die Pflichtteilsquote beträgt gemäß § 2303 Abs. 1 S. 2 BGB die Hälfte des gesetzlichen Erbteils. Der gesetzliche Erbteil wird abstrakt bestimmt gemäß §§ 1924 ff. BGB, als wäre die gesetzliche Erbfolge tatsächlich eingetreten[490]. Die Höhe des Anspruchs der einzelnen Berechtigten ist also abhängig von der Höhe des jeweiligen gesetzlichen Erbrechts und damit auch vom Vorhandensein anderer Pflichtteilsberechtigter[491]. Gemäß § 2310 S. 1 BGB werden bei der Ermittlung dieses Erbteils diejenigen gesetzlichen Erben mitgezählt, die durch letztwillige Verfügung von der Erbfolge ausgeschlossen sind oder die Erbschaft ausgeschlagen haben oder für erbunwürdig erklärt sind. Der Erblasser bleibt zwar in der gegenständlichen Verteilung seines Nachlasses frei, nicht aber in der wertmäßigen Verteilung, d.h., dass er die Höhe der Pflichtteilsquote nicht beeinflussen darf[492]. Personen, die auf ihren Erbteil gemäß § 2346 Abs. 1 BGB verzichtet haben und damit von der gesetzlichen Erbfolge ausgeschlossen sind, werden gemäß § 2310 Abs. 1 S. 2 BGB nicht berücksichtigt[493]. Der Berechnung des Pflichtteils wird der Bestand und der Wert des Nachlasses zur Zeit des Erbfalls zugrunde gelegt, § 2311 Abs. 1 S. 1 BGB. Die Ermittlung des maßgeblichen Nachlasswertes

488 MüKo/*Lange*, § 2305 Rn. 3.

489 *Lorz/Kirchdörfer*, Kap. 4 Rn. 7.

490 MüKo/*Lange*, § 2310 Rn. 1; zur Pflichtteilsberechnung im Einzelnen *Lange*, Kap. 20, § 89 Rn. 85 ff.

491 Vgl. MüKo/*Lange*, § 2303 Rn. 14 f.

492 Hannes/*Hannes*, A. 5.00 Rn. 1.

493 MüKo/*Lange*, § 2310 Rn. 7 f.

ist in vielen Fällen rechtlich wie tatsächlich aufwendig. Die Bemessungsgrundlage für die Wertermittlung ist der tatsächliche Wert des Unternehmens[494]. Nach dem Stichtagsprinzip sind nachträgliche Wertsteigerungen oder Wertminderungen unbeachtlich[495]. Eine Wertbestimmung des Erblassers ist ebenfalls gemäß § 2311 Abs. 2 S. 2 BGB unerheblich, sofern sie zulasten des Pflichtteilsberechtigten vorgenommen wird[496]. Über den Verkehrswert gerade von Unternehmen oder Gesellschaftsbeteiligungen können aber zwischen Unternehmensnachfolgern und Pflichtteilsberechtigten extrem unterschiedliche Vorstellungen bestehen. Eine gerichtliche Klärung des Streits mit aufwendigen Gerichts- und Sachverständigenkosten ist in diesen Fällen nur selten vermeidbar. Für den Unternehmensnachfolger ist der Ausgang einer prozessualen Auseinandersetzung über die Bewertung von Unternehmen und Gesellschaftsbeteiligungen und damit die letztlich auf ihn zukommende Liquiditätsbelastung kaum prognostizierbar[497]. Offen ist bereits, welche Bewertungsmethode das Gericht der Bewertung zugrunde legt. Die Rechtsprechung bekräftigt fortwährend, dass es keine bestimmte rechtlich vorgegebene Bewertungsmethode gebe[498].

a) Geldanspruch / *Para İstemi*

Der Pflichtteilsanspruch ist ausnahmslos auf Barabfindung gerichtet[499]. Das Barabfindungsprinzip wird strikt durchgehalten und dem Pflichtteilsberechtigten wird grundsätzlich bei jeder denkbaren Gestaltung ein sofort fälliger Geldanspruch zugestanden[500]. Wie bereits ausgeführt, steht dem Pflichtteilsberechtigten kein Noterbrecht zu. Der Berechtigte hat keine unmittelbare, dingliche Beteiligung am Nachlass, sondern lediglich nur einen schuldrechtlichen Anspruch gegen den oder die Erben. Inhaltlich geht der Pflichtteilsanspruch auf die Zahlung einer Geldsumme, deren Höhe sich nach dem Wert der Hälfte

494 MüKo/*Lange*, § 2311, Rn. 44; Hau/Poseck/*Müller-Engels*, BeckOK BGB, § 2311 Rn. 30 ff.

495 MüKo/*Lange*, § 2311 Rn. 24; *Winkler*, ZEV 2005, 89, 89.

496 MüKo/*Lange*, § 2311, Rn. 30.

497 Hannes/*Hannes*, A. 5.00 Rn. 2.

498 Zur Bewertung einer Arztpraxis vgl. BGH v. 24.10.1990, XII ZR 101/89, NJW 1991, 1547, 1548; vgl. auch *Hannes/Kuhn/Brückmann*, § 6 Rn. 1; Soergel/*Dieckmann*, § 2311 Rn. 20 ff.

499 MüKo/*Lange*, § 2317 Rn. 5.

500 Deutlich flexibler ist das österreichische Recht, dazu ausführlich *Kalss/Dauner-Lieb*, GesRZ 2018, 261.

der gesetzlichen Erbquote bestimmt, die dem Pflichtteilsberechtigten zustehen würde[501]. Umgekehrt kann die Erfüllung durch die Erben auch nur durch Geldzahlung erfolgen, wenn nicht ein Konsens über eine andere Lösung gefunden wird. Eine Deckung des Pflichtteils durch Nachlassgegenstände ist nicht erzwingbar, wenn der Pflichtteilsberechtigte sich nicht darauf einlässt[502]. Nach geltendem Recht gibt es keinen tragfähigen Weg vorbei an der Barabfindung von Pflichtteilsberechtigten. Familiäre Rücksicht oder Verantwortung werden ihnen nicht abverlangt[503]. Da der Pflichtteilsberechtigte über seine Enterbung in der Regel enttäuscht ist, besteht die Gefahr, dass er den Pflichtteilsanspruch in „rücksichtloser Weise" geltend macht und dieses zur Zerschlagung von Wirtschaftseinheiten und zur Verschleuderung von Nachlassgegenständen führen kann, damit der oder die Erben den fälligen Anspruch erfüllen können[504]. Im Ergebnis nimmt das Barabfindungsprinzip zugunsten der nächsten Familienangehörigen als Individuen eine Liquidation des Familienvermögens in Kauf[505].

b) Hinzu- und Anrechnung / *Ekleme ve Mahsup*

Der Zweck der Hinzu- und Anrechnung im Pflichtteilsrecht liegt im Schutz der Pflichtteilsberechtigten und im Ausgleich unter den Pflichtteilsberechtigten einerseits sowie im Gedanken der Verfügungsfreiheit zugunsten des Erblassers andererseits[506]. Es geht zum einen um die Frage, ob und inwieweit der Pflichtteilsberechtigte vor unentgeltlichen Übertragungen von Vermögen an Dritte zu Lebzeiten des Erblassers geschützt wird, zum anderen um die Berücksichtigung von entsprechenden Zuwendungen an den Pflichtteilsberechtigten selbst.

Zu unterscheiden sind daher zwei unterschiedliche Konstellationen, nämlich zum einen die nachträgliche Zurechnung des „verschenkten" Vermögens an Dritte, das heißt die Erhöhung der Bemessungsgrundlage für die Ermittlung der Pflichtteilsansprüche[507], und die Anrechnung von Vermögen, die sich ein Pflichtteilsberechtigter gefallen lassen muss, wenn er tatsächlich bereits werthaltiges Vermögen vom Erblasser vorweg erhalten hat. Lebzeitige Zuwendungen

---

501 MüKo/*Lange*, § 2311 Rn. 30.

502 *Kalss/Dauner-Lieb*, GesRZ 2018, 261, 267.

503 *Kalss/Dauner-Lieb*, GesRZ 2018, 261, 264.

504 Sudhoff/*Stracke*, Familienunternehmen, § 34 Rn. 49.

505 *Kalss/Dauner-Lieb*, GesRZ 2018, 261 ff.

506 *Kalss/Dauner-Lieb*, GesRZ 2018, 261, 269; vgl. *Lange*, Kap. 20, § 91 Rn. 121 ff.

507 Ausführungen zu „Hinzurechnung von lebzeitigen Zuwendungen an Dritte" erfolgen im Teil „Ausschluss- und Reduktionsmöglichkeiten von Pflichtteilsansprüchen".

des Erblassers an den Pflichtteilsberechtigten können grundsätzlich den Pflichtteil weder schmälern noch erhöhen, da die Berechnung zum Zeitpunkt des Erbfalls erfolgt, § 2311 BGB. Eine Ausnahme von diesem Grundsatz bilden lediglich §§ 2315, 2316 BGB. Lebzeitige Zuwendungen des Unternehmers hat der Pflichtteilsberechtigte sich auf den Pflichtteil anrechnen zu lassen, wenn sie mit der Bestimmung zugewendet worden sind, dass sie auf den Pflichtteil angerechnet werden sollen, vgl. § 2315 Abs. 1 BGB[508]. Die Anrechnung muss im Zeitpunkt der Zuwendung erklärt werden, eine nachträgliche Bestimmung genügt nicht[509].

Die Anrechnung hat zur Folge, dass sie den Pflichtteil des Anrechnungspflichtigen um den enthaltenen Vorempfang schmälert. Die Anrechnung wirkt sich für den Erben als Pflichtteilsschuldner vorteilhaft aus[510]. Jede freiwillige Zuwendung vom Erblasser an den Pflichtteilsberechtigten kann auf den Pflichtteil angerechnet werden. Nicht erfasst werden Leistungen, zu denen der Erblasser rechtlich verpflichtet war, diese sind nicht freigiebig[511]. Dagegen sind Schenkungsversprechen oder bezahlte Schulden freigiebige Zuwendungen[512]. Es ist nicht erforderlich, dass die Zuwendung beim Erbfall noch im Vermögen des Empfängers ist[513]. Maßgeblich ist der Wert zum Zeitpunkt der Zuwendung, § 2315 Abs. 2 S. 2 BGB. Bei einem Auseinanderfallen von Verpflichtungs- und Verfügungsgeschäft ist der dingliche Erwerb maßgeblich, bei gestreckten Erwerbsvorgängen dessen Vollendung[514].

Von der Anrechnung nach § 2015 BGB ist die Ausgleichung nach § 2316 BGB zu unterscheiden[515]. Ausgleichungspflichten unter Abkömmlingen bei Zuwendungen des Erblassers oder umgekehrt bei besonderen Leistungen eines Abkömmlings können nach §§ 2050 ff. BGB zugunsten des Erblassers die Höhe des Pflichtteilsanspruchs beeinflussen[516]. Der wesentliche Unterschied zwischen der Anrechnung und der Ausgleichung ist, dass die Anrechnung nach § 2315 BGB nur den Pflichtteilsanspruch des Pflichtteilsberechtigten betrifft, dem etwas zugewendet wurde[517], während die Ausgleichung nach § 2316 BGB

---

508 MüKo/*Lange*, § 2315 Rn. 1.
509 *Sudhoff*, Unternehmensnachfolge, § 17 Rn. 42.
510 MüKo/*Lange*, § 2315 Rn. 1.
511 MüKo/*Lange*, § 2315 Rn. 8.
512 MüKo/*Lange*, § 2315 Rn. 8.
513 MüKo/*Lange*, § 2315 Rn. 10.
514 MüKo/*Lange*, § 2315 Rn. 28.
515 MüKo/*Lange*, § 2316 Rn. 1 ff.
516 *Leipold*, § 24 Rn. 836.
517 Palandt/*Weidlich*, § 2315 Rn. 1.

Auswirkungen auf alle pflichtteilsberechtigten Abkömmlinge hat[518]. Die gleiche Zuwendung kann dabei sowohl anzurechnen als auch auszugleichen sein, vgl. § 2316 Abs. 4 BGB. In diesem Fall wird nach Berechnung des unter Berücksichtigung der Ausgleichspflicht ermittelten Pflichtteils der anzurechnende Betrag nicht in voller Höhe, sondern nur zur Hälfte abgezogen[519].

5. Pflichtteilsstundung / *Saklı Payın Muacceliyetinin Ertelenmesi*

Als Geldanspruch ist der Pflichtteilsanspruch mit Eintritt des Erbfalls sofort fällig[520]. Der Pflichtteilsberechtigte braucht nicht die Erbauseinandersetzung abzuwarten. Diese sofortige Fälligkeit des Anspruchs kann eine Unternehmensfortführung durch den Erben schwer belasten. In Ausnahmefällen kann allerdings der Erbe der drohenden Zerschlagung von Wirtschaftseinheiten die durch das Gesetz zur Reform des Erb- und Verjährungsrechts neu gefasste und erweiterte Stundungsvorschrift des § 2331a BGB entgegensetzen. Demnach kann die Stundung des Pflichtteilsanspruchs verlangt werden, wenn die sofortige Erfüllung des gesamten Pflichtteilsanspruchs für den Erben wegen der Art der Nachlassgegenstände eine unbillige Härte darstellen würde[521]. Eine unbillige Härte liegt vor, wenn der Erbe zur Veräußerung eines Wirtschaftsgutes gezwungen wird, das für den Erben und seine Familie die wirtschaftliche Lebensgrundlage bildet[522]. Unter dem Begriff „Wirtschaftsgut" lassen sich Unternehmen, Mietshäuser, landwirtschaftliche Güter sowie Anteile an Handelsgesellschaften subsumieren[523]. Eine Gefährdung des Betriebes durch die sofortige Erfüllung der Pflichtteilsansprüche reicht nicht aus.

Eine Stundung ist nicht möglich, wenn der Erbe diese Ansprüche mithilfe seines privaten Vermögens oder durch die Aufnahme eines Kredits erfüllen kann[524]. Die Pflichtteilsansprüche können erst gestundet werden, wenn ihre Erfüllung von der Veräußerung des Betriebes abhängt[525]. Ferner kann der Pflichtteilsberechtigte vom Nachfolger nicht erwarten, dass er mit der Veräußerung von Aktien wartet, bis die Kurse wieder steigen[526]. Hingegen kann der

518 Palandt/*Weidlich*, § 2316 Rn. 1.
519 *Brox/Walker*, § 32 Rn. 20.
520 MüKo/*Lange*, § 2317 Rn. 3.
521 MüKo/*Lange*, § 2331a Rn. 1 f.; grundlegend *Lange*, Kap. 20, § 92 Rn. 85 ff.
522 MüKo/*Lange*, § 2331 Rn. 7.
523 MüKo/*Lange*, § 2331a Rn. 7; Dauner-Lieb/Grziwotz/*Gietl*, § 2331a Rn. 11.
524 MüKo/*Lange*, § 2331a Rn. 8.
525 MüKo/*Lange*, § 2331a Rn. 7.
526 MüKo/*Lange*, § 2331a Rn. 8.

Pflichtteilsberechtigte die Veräußerung von wertvollen Gegenständen fordern, solange diese nicht der Lebensgrundlage des Nachfolgers dienen.

Eine Stundung kommt ferner nur dann in Betracht, wenn die Interessen des Pflichtteilsberechtigten im Rahmen der zweiten Billigkeitsprüfung angemessen berücksichtigt werden können, § 2331a Abs. 1 S. 2 BGB. Nach den Umständen des Einzelfalls sind die Interessen des Pflichtteilsberechtigten angemessen beachtet, wenn der Nachfolger ihre Rechtsposition durch eine Sicherheitsleistung gemäß § 1382 Abs. 3 i.V.m. § 2331a Abs. 2 S. 2 BGB gewährleistet[527]. Der Erbe soll die Stundung der Pflichtteilsansprüche nicht dazu missbrauchen, den Nachlass zu entreichern. Die praktische Bedeutung der Pflichtteilsstundung im unternehmerischen Bereich dürfte jedoch auch nach der gesetzlichen Regelung zur Vermeidung unbilliger Härten beschränkt bleiben, zumal bei der vorzunehmenden Prüfung des Vorliegens einer unbilligen Härte auch Eigenvermögen des Erben anzusetzen ist, und die restriktive h.M. den Erben bislang ggfs. zur Aufnahme von Krediten zwingt, und sei es zu ungünstigen Konditionen[528]. Ferner steht dem Pflichtteilsberechtigten ein Anspruch zu, Sicherung und Verzinsung zu verlangen, § 2331a Abs. 2 S. 2 i.V.m. § 1382 Abs. 2, 3 BGB.

6. Verjährung / *Zamanaşımı*

Pflichtteilsansprüche verjähren in der regelmäßigen Verjährung nach § 195 BGB in drei Jahren. Nach dem Tode des Erblassers soll die Auseinandersetzung des Nachlasses nicht durch Ungewissheit über Pflichtteilsansprüche verzögert werden[529]. Die Verjährungsfrist beginnt nach § 199 Abs. 1 BGB mit dem Schluss des Jahres, indem der Anspruch entstanden ist und der Pflichtteilsberechtigten von den anspruchsbegründenden Tatsachen erlangt hat. Da der Pflichtteilsanspruch nach § 2317 Abs. 1 BGB mit dem Erbfall entsteht, beginnt also die dreijährige Verjährung mit dem Ende des Jahres, in dem sich der Erbfall ereignet hat, vorbehaltlich der Kenntnis oder grob fahrlässigen Unkenntnis von den Entstehungsvoraussetzungen[530].

527 *Lorz/Kirchdörfer*, Kap. 4 Rn. 11.
528 *Lorz/Kirchdörfer*, Kap. 4 Rn. 11.
529 *Brox/Walker*, § 32 Rn. 29.
530 *Leipold*, § 24 Rn. 851.

7. Vermeidung von Pflichtteilsansprüchen / *Saklı Pay İstemlerinden Kaçınma*

Die Frage, welche Möglichkeiten dem Unternehmer bleiben, seine Nachfolge „pflichtteilssicher" zu gestalten und den Bestand seines Lebenswerkes auch über den Tod hinaus zu sichern, stellt für die Praxis eine große Herausforderung dar. Da das Pflichtteilsrecht als gesetzliche Pflichtbeteiligung nicht zur einseitigen Disposition des Erblassers steht, sind die Möglichkeiten zu untersuchen, die das geltende Recht für eine Vermeidung von Pflichtteilsansprüchen bereithält.

a) Pflichtteilsverzicht und Sittenwidrigkeit / *Saklı Pay Hakkından Feragat ve Ahlaka Aykırılık*

Der Unternehmer kann das Unternehmen von Pflichtteilsansprüchen nach seinem Tod schützen, indem er mit den weichenden Erben einen Pflichtteilsverzichtsvertrag gemäß § 2346 Abs. 1 S. 2, Abs. 2 BGB schließt. Ein Pflichtteilsverzicht hat zur Folge, dass kein Pflichtteilsanspruch des Verzichtenden gegeben ist[531]. Dagegen wird die gesetzliche Erbfolge nicht tangiert, sodass der Verzichtende Erbe wird, wenn der Erblasser nicht anders verfügt[532]. Der Erbverzichtsvertrag muss notariell beurkundet werden, § 2348 BGB. Der Erblasser muss bei der Beurkundung persönlich anwesend sein und bedarf im Fall der beschränkten Geschäftsfähigkeit nicht der Zustimmung seines gesetzlichen Vertreters, § 2347 Abs. 2 BGB. Der Verzichtende kann sich beim Vertragsschluss vertreten lassen. Der Pflichtteilsverzicht kann gegenständlich auf das Unternehmen bzw. den Gesellschaftsanteil beschränkt werden[533]. Der Erblasser hat nur in den seltenen Fällen der §§ 2333 ff. BGB die Möglichkeit, den Pflichtteil einseitig zu entziehen.

Dem dinglichen Pflichtteilsverzicht muss ein schuldrechtliches Verpflichtungsgeschäft zugrunde liegen[534]. Das Verpflichtungsgeschäft ist in der Regel die Vereinbarung einer Abfindung, um den weichenden Pflichtteilsberechtigten zu einem Verzicht zu bewegen[535]. Die Zahlungsmodalitäten werden im Einzelfall an die wirtschaftliche Leistungsfähigkeit des Unternehmens angepasst. Lassen sich Leistungen nicht aus dem Privatvermögen des Erblassers erfüllen, so bietet sich die lebzeitige Einräumung von stillen Beteiligungen oder von

531 MüKo/*Wegerhoff*, § 2346 Rn. 21.
532 MüKo/*Wegerhoff*, § 2346 Rn. 21.
533 Vgl. MüKo/*Wegerhoff*, § 2346 Rn. 22.
534 Siehe etwa *Schulz*, FamRZ 2013, 1782, 1783.
535 MüKo/*Wegerhoff*, § 2346 Rn. 21 f.

Unterbeteiligungen an Gesellschaftsanteilen als denkbare Gegenleistung an[536]. Dass der Verzichtende eine Gegenleistung für seine Erklärung erhält, ist nach dem Gesetz keine Voraussetzung für deren Wirksamkeit, in der Praxis jedoch die Regel[537]. Die Parteien haben die Möglichkeit, den Pflichtteilsverzicht einvernehmlich bis zum Erbfall gemäß § 2351 BGB aufzuheben. Der Verzicht kann bis zum Tod des Erblassers von beiden Parteien nach den allgemeinen Vorschriften gemäß §§ 119 ff. BGB angefochten werden[538].

Für den Verzichtenden, dem der „Sperling in der Hand lieber als die Taube auf dem Dach ist", bleibt der Abschluss eines Verzichtsvertrages ein Risiko[539]. Die wirtschaftliche Lage des Unternehmers kann sich nämlich nach dem Verzicht erheblich verbessern, ohne dass der Verzichtende daran nachträglich beteiligt wird. Aber auch der Erblasser kann den Verzichtenden zu hoch abfinden, wenn er später in Vermögensverfall gerät. Während der Verzichtende nur seine Erbchance verliert, gibt der Erblasser mit der Abfindung schon zu seinen Lebzeiten reale Vermögenswerte auf. Eine Anfechtung wegen eines Motivirrtums oder eine Anpassung des Vertrages gemäß 313 BGB ist allerdings nicht zulässig, wenn sich die Vermögensverhältnisse des Unternehmers nach dem Vertragsschluss ändern[540].

Der Pflichtteilsverzicht kann gemäß § 138 BGB sittenwidrig sein.[541] Gerade familiäre Strukturen bieten einen besonders guten Nährboden für sittenwidrige Rechtsgeschäfte, auf der einen Seite wegen der größeren Vertrauensseligkeit der Beteiligten, auf der anderen Seite wegen bestehender Hierarchien und Vorrangstellungen einzelner Familienmitglieder, die dazu führen, dass gewisse gewünschte Vereinbarungen nicht kritisch hinterfragt werden[542]. Allerdings besteht in Literatur und Rechtsprechung keine einhellige Auffassung dazu, unter welchen Umständen eine Sittenwidrigkeit anzunehmen ist, da das Gesetz die Möglichkeit unentgeltliche Pflichtteilsverzichte vorzunehmen, gerade vorsieht[543]. Es wird eine Analyse im Einzelfall vorgenommen, wobei neben einer Überrumpelung, einer psychischen Druckausübung oder dem Ausnutzen von

536 *Lorz/Kirchdörfer*, Kap. 4 Rn. 12.

537 Vgl. etwa *Schulz*, FamRZ 2013, 1782, 1783.

538 Vgl. MüKo/*Wegerhoff*, § 2346 Rn. 26.

539 *Lange/Kuchinke*, § 7 I 4.

540 Siehe nur MüKo/*Wegerhoff*, § 2346 Rn. 27 m.w.N.

541 MüKo/*Wegerhoff*, § 2346 Rn. 6 f.; siehe dazu insbesondere auch *Röthel*, AcP 212 (2012), 157; *dies.* NJW 2012, 337.

542 Grundlegend *Inkmann*, S.108.

543 *Inkmann*, S. 108 f.

Vertrauen vor allem auch die Geschäftsgewandtheit des Erblassers und das Alter des Verzichtenden für die Bewertung eine Rolle spielen[544]. Dabei ist wegen der kasuistischen Analyse eine abschließende Bestimmung des § 138 BGB nicht möglich[545]. Wann ein Erbverzicht im Einzelfall als sittenwidrig qualifiziert oder noch für zulässig erachtet wird, lässt sich nicht mit letzter Sicherheit prognostizieren[546]. Dies stellt gerade für die Nachlassplanung im Familienunternehmen einen erheblichen Unsicherheitsfaktor dar.

Durch sog. Pflichtteils(straf-)klauseln in der letztwilligen Verfügung kann der Erblasser versuchen, den Pflichtteilsberechtigten von der Geltendmachung der Pflichtteilsansprüche abzuhalten. Gemeint sind Klauseln des Inhalts, ein Bedachter solle die Zuwendung nicht erhalten, wenn er sich nicht damit zufriedengebe und den Pflichtteilanspruch geltend mache[547]. Mit einer solchen Klausel kann aber die Geltendmachung von Pflichtteilsansprüchen nicht verhindert werden, sie wird lediglich wirtschaftlich unattraktiver gemacht[548].

Ein Erbverzicht ist zur Absicherung der Unternehmensnachfolge jedoch nicht geeignet, wenn nicht ausnahmslos alle infrage kommenden Pflichtteilsberechtigten auf ihr gesetzliches Erbrecht, zumindest auf ihren Pflichtteil, verzichtet haben. Denn der Erbverzicht eines gesetzlichen Erben hat gemäß § 2310 S. 2 BGB zur Folge, dass der Verzichtende bei der Berechnung des Erbteils der übrigen Pflichtteilsberechtigten nicht mitgezählt wird. Das heißt, verzichtet von mehreren Pflichtteilsberechtigten nur einer nicht, erhöht sich seine Erbquote und damit auch sein Pflichtteilsanspruch um die Quote derer, die verzichtet haben. Der Nachfolger hat also einen Pflichtteilsanspruch zu erfüllen, der genauso hoch ist, wie wenn es keine Erbverzichte gegeben hätte[549]. Im Ergebnis ist der Pflichtteilsverzichtsvertrag ein sicheres Mittel, Unternehmensnachfolger vor Pflichtteilsgefahren zu schützen und so den Bestand des Unternehmers zu sichern[550].

544 Ausführlich zu den Merkmalen im Umgang mit Pflichtteilsverzichten siehe *Inkmann*, S. 195 ff.

545 So etwa zu dem Merkmal der Vertrauensstellung siehe MüKo/*Armbrüster*, § 138 Rn. 95 m.w.N.

546 MüKo/*Wegerhoff*, § 2346 Rn. 7 m.w.N.

547 MüKo/*Leipold*, § 2074 Rn. 43.

548 *Hannes/Kuhn/Brückmann*, § 6 Rn. 10.

549 *Von Oppeln-Bronikowski*, Unternehmensnachfolge, S. 214.

550 Vgl. Hannes/*Hannes*, A.5.00 Rn. 1.

b) Pflichtteilsentziehung / *Mirasçılıktan Çıkarma (Iskat)*

Im Einzelfall kann es dann zu Unbilligkeiten kommen, wenn nahe Familienangehörige den Pflichtteil erhalten, obwohl Umstände vorliegen, die eine Familienbindung nicht rechtfertigen[551]. Das Gesetz räumt dem Erblasser unter bestimmten, sehr engen Voraussetzungen die Befugnis ein, die Pflichtteilsrechte der nahen Angehörigen durch Verfügung von Todes wegen ausschließen. Die Gründe für eine Entziehung sind in § 2333 Abs. 1 BGB abschließend aufgeführt.[552] Sie beschränken sich auf schwere Verfehlungen gegen den Erblasser oder eine ihm nahestehende Person und erhebliche Straftaten wie Tötungsversuch, Verbrechen oder schweres vorsätzliches Vergehen[553]. Alle Pflichtteilsentziehungsgründe setzen ein schuldhaftes Verhalten des Pflichtteilsberechtigten voraus.[554]

Dagegen bildet eine allgemeine Zerrüttung des Verhältnisses zwischen dem Erblasser und dem Pflichtteilsberechtigten für sich genommen noch keinen ausreichenden Grund für die Pflichtteilsentziehung. Nach Auffassung des Bundesverfassungsgerichtes wäre das mit dem verfassungsrechtlichen Schutz des Pflichtteilsrechts nach Art. 14 Abs. 1 S. 1, 6 Abs. 1 GG nicht vereinbar[555]. Auch geringfügige Vermögensdelikte gegen den Erblasser reichen für eine Pflichtteilsentziehung nicht aus[556]. Die Entziehungsgründe wurden bewusst eng ausgestaltet, um den inneren Bereich der Familie vor richterlichem Einfluss zu schützen, der unweigerlich mit weit gefassten Entziehungstatbeständen einhergegangen wäre[557]. Nach herrschender Auffassung handelt es sich um eine nicht analogiefähige, kasuistische Aufzählung der Entziehungsgründe (Numerus clausus der Entziehungsgründe)[558].

Der Entziehungsgrund muss bereits bei Errichtung der letztwilligen Verfügung bestehen und ausdrücklich in der Verfügung genannt werden, § 2336

551 *Haas*, ZEV 2000, 249, 258; siehe auch den Überblick bei Erman/*Röthel*, § 2333 Rn. 1
552 Erman/*Röthel*, § 2333 Rn. 6.
553 MüKo/*Lange*, § 2333 Rn. 12 ff.; *Brox/Walker*, § 32 Rn. 27; Erman/ *Röthel*, § 2333 Rn. 9 ff.
554 MüKo/*Lange*, § 2333 Rn. 1; Erman/ *Röthel*, § 2333 Rn. 7; siehe auch *Lange*, Kap. 20, § 94 Rn. 179 ff.
555 Vgl. BVerfG NJW 2005, 1561; vgl. hierzu auch MüKo/*Lange*, § 2333 Rn. 3 ff.
556 Zu den Voraussetzungen im Einzelnen siehe nur Erman/*Röthel*, § 2333 Rn. 10 ff.
557 *Haas*, ZEV 2000, 249, 258.
558 Siehe etwa MüKo/*Lange*, § 2333 Rn. 12; Erman/ *Röthel*, § 2333 Rn. 6; dazu krit. *Dauner-Lieb*, FF 2001, 78, 81.

Abs. 2 BGB. Das Recht zur Pflichtteilsentziehung erlischt durch Verzeihung, § 2337 BGB. Hat ein Pflichtteilsberechtigter eine Verfehlung begangen, die nach § 2339 BGB zur Erbunwürdigkeit führt, ist der Pflichtteilsanspruch nach § 2345 Abs. 2 BGB anfechtbar.

Von der Pflichtteilsentziehung ist die Pflichtteilsbeschränkung in guter Absicht nach § 2338 BGB zu unterscheiden. Durch sie kann der Erblasser einem Abkömmling, der in hohem Maße verschwenderisch lebt oder verschuldet ist, Beschränkungen auferlegen. Damit wird ein doppelter Zweck verfolgt. Einmal wird dem Abkömmling der Unterhalt gesichert, zum anderen wird der Pflichtteil vor Verschwendung und Verschuldung geschützt[559].

c) Pflichtteilsvermeidungsstrategie durch vorweggenommene Erbfolge[560] / *Beklenen Mirasçılık Vasıtasıyla Saklı Paydan Kaçınma Stratejisi*

Maßnahmen vorweggenommener Erbfolge können ein taugliches Instrument zur Vermeidung oder Minderung von Pflichtteilsansprüchen enterbter Abkömmlinge darstellen. So kann der Unternehmer sein Unternehmen im Wege der „vorweggenommenen Erbfolge" bereits zu Lebzeiten ganz oder teilweise auf einen Nachfolger übertragen. Jedoch können dann im Erbfall Pflichtteilsergänzungsansprüche von Pflichtteilsberechtigten gemäß § 2325 BGB entstehen[561]. Aufgrund der Unentziehbarkeit des Pflichtteilsrechts soll vermieden werden, dass der Erblasser, der einem Pflichtteilsberechtigten möglichst wenig zukommen lassen möchte, größere Teile seines Vermögens vor dem Tod verschenkt[562]. Um eine solche Aushöhlung des Pflichtteilsrechts zu verhindern, bestimmt § 2325 BGB, dass der Pflichtteilsberechtigte bei Schenkungen, die in den letzten 10 Jahren vor dem Tod gemacht wurden, eine Pflichtteilsergänzung verlangen kann.

Voraussetzung für die Entstehung eines Pflichtteilsergänzungsanspruchs ist die unentgeltliche Übertragung von Vermögenswerten im Wege der Schenkung[563]. Subsidiär zum Erben haftet der Beschenkte gemäß § 2329 Abs. 1 S. 1 BGB. Der Pflichtteilsergänzungsanspruch berechnet sich aus der Differenz

559 *Brox/Walker*, § 32 Rn. 28; Erman/ *Röthel*, § 2338 Rn. 1.

560 Ausführlich zur vorweggenommenen Erbfolge siehe Kap. 7.

561 MüKo/*Lange*, § 2325 Rn. 1 ff.

562 Vgl. MüKo/*Lange*, § 2325 Rn. 1; Erman/*Röthel*, Vor § 2325 Rn. 1; *Leipold*, § 24 Rn. 839; *Brox/Walker*, § 32 Rn. 21.

563 Vgl. hierzu MüKo/*Lange*, § 2325 Rn. 16 ff.

zwischen dem Pflichtteil unter Berücksichtigung der Schenkung und dem Pflichtteil ohne Schenkung[564]. Die Schenkung wird gemäß § 2325 Abs. 3 BGB nur in voller Höhe berücksichtigt, wenn sie innerhalb eines Jahres vor dem Erbfall vollzogen wurde und es sich nicht um eine Pflicht- und Anstandsschenkung handelt[565]. Danach kann der Verpflichtete vom Wert des Vermögensgegenstandes jedoch für jedes Jahr, das der Erblasser nach der Übertragung gelebt hat, gemäß § 2325 Abs. 3 S. 1 BGB 10% in Abzug bringen, sodass der Gegenstand der Schenkung nach zehn Jahren aus der Pflichtteilsergänzung vollständig ausscheidet (sog. Abschmelzungsmodell)[566]. Je weiter die Schenkung des Erblassers zeitlich vor dem Erbfall liegt, umso zweifelhafter erscheint es, ob sich der verschenkte Vermögensgegenstand ohne die Schenkung zum Zeitpunkt des Erbfalls überhaupt noch im Vermögen des Erblassers befunden hätte. Zugleich wird der Verdacht schwächer, die Schenkung könnte in der Absicht erfolgt sein, den Pflichtteil zu schmälern[567].

Der Lauf der Zehnjahresfrist beginnt nach der Rechtsprechung nicht bereits dann, wenn der Erblasser alles getan hat, was von seiner Seite für den Erwerb durch den Beschenkten erforderlich ist. Vielmehr ist nach der Rechtsprechung Voraussetzung, dass „der Erblasser einen Zustand geschaffen hat, dessen Folgen er selbst noch zehn Jahre lang zu tragen hat und der ihn schon im Hinblick auf diese Folgen von einer ‚böslichen' Schenkung abhalten kann"[568]. Bei Schenkungen an den Ehegatten beginnt der Lauf der Zehn-Jahres-Frist aber nicht vor Auflösung der Ehe, § 2325 Abs. 3 S. 3 BGB[569]. Bestand die Ehe des Erblassers bis zu dessen Tod, werden daher für die Pflichtteilsergänzung auch Schenkungen berücksichtigt, die länger als zehn Jahre zurückliegen[570]. Diese Regelung basiert auf der Erwägung, dass bei Schenkungen unter Ehegatten der geschenkte Gegenstand während der Dauer der Ehe im Allgemeinen beiden Ehegatten zugutekommt und damit faktisch nicht endgültig aus dem Vermögen des Erblassers ausscheidet.[571]. Gegen diese Ungleichbehandlung zwischen Geschenken an den

---

564 MüKo/*Lange*, § 2325 Rn. 45.

565 Siehe Überblick bei *Lange*, Kap. 20, § 91 Rn. 138 mit Nachweisen zur Rechtsprechung.

566 Vgl. MüKo/*Lange*, § 2325 Rn. 69.

567 *Leipold*, § 24 Rn. 844. Erman/*Röthel*, § 2338 Rn. 1.

568 Zum Beginn der Zehnjahresfrist beim Pflichtteilsergänzungsanspruch wegen Schenkungen siehe BGHZ 98, 226; dazu siehe auch MüKo/*Lange*, § 2325 Rn. 66; Erman/*Röthel*, § 2325 Rn. 15.

569 Vgl. hierzu MüKo/*Lange*, § 2325 Rn. 77.

570 *Brox/Walker*, § 32 Rn. 21; Erman/*Röthel*, § 2325 Rn. 14.

571 MüKo/*Lange*, § 2325 Rn. 77 f.

Ehegatten und Geschenken an Dritten werden verfassungsrechtliche Bedenken erhoben[572]. Das Bundesverfassungsgericht beurteilt die Vorschrift allerdings als verfassungskonform[573].

Demnach kann der Liquiditätsabfluss infolge der Erfüllung von Pflichtteilsergänzungsansprüchen ebenso die Erfüllung von Pflichtteilsansprüchen den Bestand des Unternehmens gefährden, wenn die Übertragung des Unternehmens auf den Nachfolger nicht schon zehn Jahre vor dem Tod erfolgt. Die Regelungen zur Ergänzung des Pflichtteils wegen Schenkungen des Erblassers an Dritte haben einschneidende Konsequenzen für die Nachfolgeplanung, insbesondere im Hinblick auf unternehmerisches Vermögen. Der als Konsequenz von Pflichtteilsansprüchen übergangener gesetzlicher Erben drohende Liquiditätsabfluss kann nicht dadurch vermieden werden, dass das unternehmerische Vermögen schon zu Lebzeiten übertragen wird. Erfolgt die Übertragung auf den Nachfolger nicht mindestens zehn Jahre vor dem Tod des Erblassers, sieht sich der Nachfolger Ansprüchen der Pflichtteilsberechtigten ausgesetzt.

Umstritten ist, ob Abfindungsleistungen, die der Erblasser lebzeitig gegenüber einem potenziellen Erben für einen Erbverzicht erbringt, ebenfalls der Pflichtteilsergänzung zugunsten der übrigen Erben unterliegen[574]. Richtigerweise ist davon auszugehen, dass der Erbverzicht als Gegenleistung den Schenkungscharakter der Abfindung aufhebt. Die Rechtsprechung ordnet Abfindungen für einen Erbverzicht zwar in die Kategorie der unentgeltlichen Zuwendungen ein. Mit Blick auf die infolge des Verzichts auf das gesetzliche Erbrecht eintretende Erhöhung des Pflichtteils nach § 2310 S. 2 BGB legt sie § 2325 BGB aber insoweit einschränkend aus, dass eine Pflichtteilsergänzung dann nicht in Betracht kommt, wenn die Abfindung der Höhe nach im Rahmen der Erberwartung des Verzichtenden bleibt[575]. Bei einem isolierten Pflichtteilsverzicht durfte demnach auf den Umfang des Pflichtteils abzustellen sein, um die Angemessenheit der Abfindung zu beurteilen. Erbeinsetzungen an gemeinnützige Einrichtungen sind ebenso wie Schenkungen unter Lebenden nicht pflichtteilsfest[576].

---

572 Vgl. MüKo/*Lange*, § 2325 Rn. 78 m.w.N.; *Leipold*, § 24 Rn. 845; *Brox/Walker*, § 32 Rn. 21.

573 BVerfG NJW 1991, 217 zu § 2325 Abs. 3 a.F.; siehe dazu auch Erman/*Röthel*, § 2325 Rn. 17 m.w.N.

574 MüKo/*Lange*, § 2325 Rn. 39 ff.

575 So BGH ZEV 2009, 77, 78 f.

576 *Kalss/Dauner-Lieb*, GesRZ 2018, 261, 268; differenzierend dagegen das österreichische Recht.

Nach geltendem Recht werden Zuwendungen im Allgemeininteresse in keiner Weise gegenüber den allgemeinen erbrechtlichen Prinzipien zugunsten des Pflichtteilsberechtigten privilegiert. Insbesondere sind unentgeltliche Zuwendungen an Stiftungen pflichtteilsergänzungspflichtige Schenkungen im Sinne von §§ 2325 ff. BGB.

Im Ergebnis stellen Maßnahmen vorweggenommener Erbfolge kein taugliches Instrument zur Vermeidung oder Minderung von Pflichtteilsansprüchen enterbter Abkömmlinge dar. „Wer es sich leisten kann, das Damoklesschwert des Pflichtteilergänzungsanspruchs zehn Jahre über sich zu sehen, sollte frühzeitig mit Maßnahmen vorweggenommener Erbfolge beginnen“[577]. Eine gewisse Rechtssicherheit gewährt nur der Pflichtteilsverzicht.

d) Güterstandsvereinbarung / *Mal Rejimi Sözleşmesi*

Die Erfüllung des Ehegattenpflichtteils kann für das Unternehmen und alle daran Beteiligten erhebliche wirtschaftliche Beeinträchtigungen mit sich bringen, wenn dafür dem Unternehmen Liquidität entzogen werden muss. Daher kommt unter Liquiditätsgesichtspunkten der Wahl des ehelichen Güterstandes des Unternehmers große Bedeutung zu. Wie bereits dargestellt hat der Gesetzgeber für Ehegatten ein eigenständiges gesetzliches Erbrecht nach § 1931 BGB geschaffen. Die Größe des Erbteils des Ehegatten hängt dabei davon ab, in welchem Güterstand die Ehegatten leben und ob neben dem überlebenden Ehegatten des Erblassers noch gesetzliche Erben des Erblassers vorhanden sind[578].

Der Güterstand der Gütertrennung gemäß 1414 BGB war früher bei Unternehmen häufig anzutreffen[579]. Dadurch sollte das Unternehmen von Eherisiken freigehalten werden. Umgekehrt sollte bei einem überschuldeten Unternehmer dem Ehepartner die Gütertrennung mit einer dem Ehevertrag beigefügten Liste der im Alleineigentum des solventen Ehegatten stehenden Hausrats empfohlen werden, um Letzteren vor der Pfändung des Hausrats zu schützen.

Mit dem Güterstand der Gütertrennung werden zwar alle güterrechtlichen Bindungen, seien es die Verfügungsverbote der §§ 1365, 1369 BGB, sei es der Ausgleich des in der Ehe erwirtschafteten Zugewinns, ausgeschlossen[580]. Unter Liquiditätsgesichtspunkten ist allerdings der Güterstand der Gütertrennung insofern nachteilig, dass die mit der Gütertrennung verbundene Minderung des

---

577 *Hannes/Kuhn/Brückmann*, § 6 Rn. 10.

578 Sudhoff/*Hübner*, § 82 Rn. 11.

579 Hierzu *Spiegelberger*, § 3 Rn. 21.

580 Riedel/*Grüßenmeyer*, § 15 Rn. 72.

Ehegattenerbteils zur unerwünschten Aufstockung der Pflichtteilsansprüche enterbter Abkömmlinge führt der erbschaftssteuerliche Freibetrag des § 5 Abs. 1 ErbStG verschenkt wird[581].

Statt der Gütertrennung kann der gesetzliche Güterstand der Zugewinngemeinschaft zu einer beachtlichen Liquiditätsschonung im Erbfall führen[582]. Empfohlen wird eine ehevertragliche Modifizierung des Güterstands dahin gehend, dass bestimmte Vermögensgegenstände nicht der Ausgleichung unterliegen oder Vereinbarungen über deren Bewertung getroffen werden[583]. Auf diese Weise kann der Unternehmer zumindest das Betriebsvermögen von dem zusätzlichen Ausgleichsanspruch des enterbten Ehegatten nach § 1371 Abs. 2 BGB freistellen. Der Pflichtteil des überlebenden Ehegatten bestimmt sich in diesem Fall nur nach dem sonstigen Vermögen des verstorbenen Ehegatten.

Ist die Minderung von Pflichtteilsansprüchen von Abkömmlingen und Eltern gewollt, so kann ein Wechsel des Güterstandes der Gütertrennung zum gesetzlichen Ehestand der Zugewinngemeinschaft in Betracht kommen[584]. Folge eines solchen Wechsels ist, dass die Erbquote des Ehegatten sich erhöht, §§ 1931 Abs. 3, 1371 Abs. 1 BGB. Die gesetzliche Erbquote des Pflichtteilberechtigten und damit auch der Pflichtteilsanspruch selbst verringern sich dadurch.

e) Pflichtteilsvermeidungsstrategie durch Anordnung der Vor- und Nacherbschaft / *Ön ve Artmirasçı Tasarrufu Aracılığıyla Saklı Paydan Kaçınma Stratejisi*

Da bei der Anordnung einer Vor- und Nacherbschaft zwei getrennte Vermögensmassen mit unterschiedlichem rechtlichem Schicksal entstehen, kann sie ein taugliches Mittel sein, um Pflichtteilsansprüche zu vermeiden[585]. Als Gestaltungsmittel kommt es etwa dann in Betracht, wenn ein Erblasser Vermögenswerte seinem Kind vererben und er weiterhin sicher sein möchte, dass das Vermögen nach dem Tod seines Kindes ausschließlich an seine Enkel und nicht an seine Schwiegerkinder fällt[586].

---

581 Vgl. *Lorz/Kirchdörfer*, Kap. 4 Rn. 66; Riedel/*Grüßenmeyer*, § 15 Rn. 74.

582 Vgl. hierzu *Lorz/Kirchdörfer*, Kap. 4 Rn. 67.

583 Sudhoff/*Hübner*, § 82 Rn. 13.

584 Hierzu Scherer/*Scherer*, § 16 Rn. 1.

585 *Scherer*/Blanc/Kormann/Groth/Wimmer, Kap. 4 Rn. 146.

586 Siehe Scherer/*Scherer*, § 16 Rn. 25.

Allerdings ist bei der Anordnung der Vor- und Nacherbschaft die durch die Erbschaftsreform[587] neu geregelte Vorschrift des § 2306 Abs. 1 BGB zu beachten[588]. Die Vorschrift schützt den pflichtteilsberechtigten Erben, der zwar einen Erbteil erhalten hat, der aber mit Beschränkungen und Beschwerungen belastet ist, was die Mindestbeteiligung am Nachlass gefährdet[589]. Einen Pflichtteilsanspruch hat grundsätzlich nur, wer durch Verfügung von Todes wegen von der Erbfolge ausgeschlossen ist, § 2303 Abs. 1 BGB. In solchen Fällen gewährt § 2306 Abs. 1 BGB dem Erben das Recht, den Erbteil auszuschlagen und stattdessen den Pflichtteil zu verlangen[590]. Die Einsetzung des Pflichtteilsberechtigten als Nacherbe wird in der Vorschrift des § 2306 Abs. 2 BGB ausdrücklich der Erbeinsetzung unter einer Beschränkung gleichgestellt[591].

f) Pflichtteilsvermeidungsstrategie durch gesellschaftsrechtliche Regelungen[592] / *Şirketler Hukuku Alanında Düzenlemeler ile Saklı Paydan Kaçınma Stratejisi*

Auch mit gesellschaftsrechtlichen Gestaltungen können Pflichtteilsansprüche vermieden werden, indem im Gesellschaftsvertrag für den Fall des Ausscheidens eines Gesellschafters durch Tod ein Abfindungsausschluss vereinbart wird[593]. Die bisher herrschende Meinung ging davon aus, dass eine gesellschaftsrechtliche Regelung, nach der eine Gesellschaft beim Tod eines Gesellschafters unter den verbleibenden Mitgesellschaftern fortgesetzt wird und gleichzeitig Abfindungsansprüche ausgeschlossen würden, grundsätzlich keine ergänzungspflichtige Schenkung im Sinne des § 2325 BGB darstellt. Dies gelte jedenfalls dann, wenn der Gesellschaftsvertrag den Ausschluss bei Ausscheiden durch Tod für alle Gesellschafter vorsieht. „Wegen dieses Wagnischarakters liege ein entgeltliches Rechtsgeschäft vor“[594]. In diesem Fall würden alle Gesellschafter das Risiko eingehen, den eigenen Anteil ohne Abfindung zu verlieren. Der Gesellschaftsanteil

587 Gesetz zur Änderung des Erb- und Verjährungsrechts v. 24.09.2009, BGBl. I S. 3142, am 01.01.2010 in Kraft getreten.
588 Vgl. hierzu MüKo/*Lange*, § 2306 Rn. 1.
589 MüKo/*Lange*, § 2306 Rn. 1.
590 *Leipold*, § 24 En. 824b).
591 Siehe hierzu *Scherer*/Blanc/Kormann/Groth/Wimmer, Kap. 4 Rn. 146.
592 Ausführlich zu gesellschaftsrechtlichen Regelungen siehe Kap. 6.
593 MüKo/*Lange*, § 2325 Rn. 39.
594 BGH NJW 1957, 180, 181; BGH DNotZ 1966, 620, 622; BGH WM 1971, 1338, 1340 f.; NJW 1981, 1956, 1957; MüKo/*Lange*, § 2325 Rn. 39.

des Ausscheidenden wachse bei den überlebenden Gesellschaftern an, ohne dass darin eine ergänzungspflichtige Schenkung zu sehen ist[595]. Allerdings hat diese sogenannte Wagnisrechtsprechung des Bundesgerichtshofs im Schrifttum erhebliche Kritik erfahren[596]. So wurde eingewandt, dass die Qualifizierung des allseitigen Abfindungsausschlusses als entgeltliches Geschäft dem wirtschaftlichen Sinn der Vereinbarung nicht gerecht wird und mit dem Grundgedanken des Pflichtteilsrechts kollidiere[597].

Der BGH hat jedoch in seiner aktuellen Entscheidung vom 03.06.2020 erneut bestätigt, dass der allseitige Abfindungsausschluss für den Fall des Ausscheidens eines Gesellschafters durch Tod grundsätzlich nicht als Schenkung im Sinne des § 2325 BGB gewertet wird[598]. Hintergrund ist, dass die gesellschaftsrechtlich seit der Rechtsprechung des Reichsgerichts anerkannten und dem Unternehmenserhalt dienenden Abfindungsausschüsse nicht durch das Pflichtteilsrecht erschwert werden sollen. Nach Ansicht des BGH kann im Einzelfall aber die Annahme einer im Abfindungsausschluss liegenden Schenkung gerechtfertigt sein. Dies ist dann der Fall, wenn der Zweck der jeweiligen Regelung nicht dem Fortbestand des Unternehmens dient. Demzufolge ist immer im Einzelfall zu prüfen, welchen Zweck die jeweiligen gesellschaftsrechtlichen Vereinbarungen bezwecken. Gelangt man im Wege der Einzelfallprüfung zum Ergebnis, dass keine ergänzungspflichtige Schenkung vorliegt, so kann verhindert werden, dass dem Unternehmen durch die Erben eines Gesellschafters Liquidität entzogen wird. Freilich hat dies auch zur Folge, dass der Wert des Gesellschaftsanteils der Familie des verstorbenen Gesellschafters vollständig und endgültig entzogen wird. Da vorher nicht abzusehen ist, welcher Gesellschafter zuerst sterben wird, ist diese Option für eine konsistente Familienvermögensplanung nur begrenzt brauchbar.

II. Pflichtteilsrecht nach türkischem Recht / *Türk Hukukuna Göre Saklı Pay*

Das türkische Pflichtteilsrecht basiert auf dem römisch-germanischen Rechtssystem[599]. Dieser geht von einem Kompromiss zwischen dem Prinzip der

595 Siehe hierzu Baumbach/Hopt/*Roth*, § 131 Rn. 62 ff. mit Rechtsprechungsnachweisen.

596 Vgl. hierzu MüKo/*Lange*, § 2325 Rn. 40 m.w.N.

597 Soergel/*Dieckmann*, § 2325 Rn. 27.

598 BGH ZEV 2020, 420ff.

599 Ausführlich hierzu *Imre/Erman*, § 26 I; *Ayan*, SÜHFD 2002, S. 7, 8.

Verfangenheit, nach der die Nachfolge von Todes wegen ausschließlich der gesetzlichen Erbfolge entsprechend vollzogen wird und dem Prinzip der Verfügungsfreiheit des Erblassers aus. Demnach bleibt ein Teil des Nachlasses gebunden, und steht den nächsten Angehörigen als Mindestteilhabe am Nachlass zu und über den anderen Teil des Vermögens kann der Erblasser frei verfügen. Dieser Gedanke findet sich im türkischen ZGB in Art. 514 wieder, nach dem der Erblasser über sein Vermögen nur in den Schranken der Verfügungsfreiheit verfügen darf. Damit setzt das Pflichtteilsrecht der aufgrund Art. 35 der türkischen Verfassung garantierten Testierfreiheit des Unternehmers, über sein Vermögen mit letztwilliger Verfügung oder mit Erbvertrag ganz oder teilweise zu verfügen, Grenzen[600].

Gemäß Art. 505 Abs. 1 türkZGB kann der Erblasser, der pflichtteilsgeschützte Erben hinterlässt, nur bis zu deren Pflichtteil über sein Vermögen von Todes wegen verfügen, sog. verfügbare Quote (*tasarruf oranı*)[601], die sich aus dem Abzug der Pflichtteile vom Gesamtnachlass ergibt[602]. Über sein ganzes Vermögen von Todes wegen verfügen kann der Erblasser nur, wenn er keine pflichtteilsberechtigten Erben hinterlässt, Art. 505 Abs. 2 türkZGB. Dabei ist Pflichtteil diejenige Quote des gesetzlichen Erbteils, welcher dem pflichtteilsberechtigten Erben gegen dessen Willen durch den Erblasser nicht entzogen werden kann, sog. gebundene Quote (*saklı pay*)[603]. Er sichert den pflichtteilsgeschützten Erben nach Art. 505 Abs. 1 türkZGB einen Mindestanteil am Nachlass. Bei Vorhandensein von Pflichtteilsberechtigten (*saklı paylı mirasçılar*) setzt sich der Nachlass des Erblassers somit aus zwei Teilen zusammen, nämlich aus „frei verfügbaren Teilen“ und aus „gebundenen Pflichtteilen“[604].

Die Höhe des jeweiligen Pflichtteils richtet sich nach dem gesetzlichen Erbrecht und variiert je nachdem, welcher Parentel der Pflichtteilsberechtigte zuzuordnen ist[605]. Dabei kann ein Erblasser Pflichtteilsverpflichtungen bis zu 3/4 seines Vermögens unterliegen, wenn er abweichend von der gesetzlichen Erbfolge letztwillig verfügt[606].

---

600 Vgl. *Serozan/Engin*, § 1 Rn. 25.

601 *Serozan/Engin*, § 3 Rn. 5; *Imre/Erman*, § 26 I; *Dural/Öz*, § 19 Rn. 1040.

602 *Imre/Erman*, § 26 I.

603 *Serozan/Engin*, § 3 Rn. 3, 5; *Öztan*, S. 75; *Imre/Erman*, § 26 I; *Dural/Öz*, § 19 Rn. 1039.

604 *Imre/Erman*, § 26 I.

605 *Çabri*, § 12 Rn. 321; *Imre/Erman*, § 26 II 1.

606 Siehe zur rechnerischen Darstellung *Öztan*, S. 76; *Serozan/Engin*, § 3 Rn. 11; *Imre/Erman*, § 26 II 2f); *Çabri*, § 67 Rn. 1387.

Der Erblasser hat den Berechtigten den Pflichtteil ungemindert, unbelastet und unbedingt zu Eigentum zukommen zu lassen, so darf er den Pflichtteil nicht an Bedingungen knüpfen, mit einer Nacherbeneinsetzung belasten oder mit einer Auflage versehen[607]. Bei Vorhandensein von Pflichtteilsberechtigten kann der Erblasser damit nicht frei über sein gesamtes Erbe verfügen[608]. Der Pflichtteil schränkt dessen Verfügungsfreiheit von vornherein ein. Verfügt der Erblasser dennoch über seinen Nachlass in Abweichung von der gesetzlichen Erbfolge, liegt eine Verletzung des Pflichtteilsrechtes (*saklı payın ihlali*) vor[609]. Weil es sich um ein vom Gesetz zwingend angeordnetes Erbrecht handelt, wird das türkische Pflichtteilsrecht auch als Noterbrecht (*zorunlu miras hakkı*) und der Pflichtteilserbe als Noterbe (*saklı paylı mirasçı*) bezeichnet[610]. Demnach steht den Pflichtteilsberechtigten eine entsprechende dingliche Beteiligung an dem Nachlass zu, d.h. die Berechtigten haben grundsätzlich einen Anspruch auf die Einsetzung als Erben und nicht nur wie im deutschen Recht lediglich einen auf Geldzahlung gerichteten schuldrechtlichen Anspruch (*alacak hakkı*)[611].

Der Pflichtteilsschutz ist jedoch nicht automatisch gewährleistet[612]. Mit anderen Worten ist eine Verfügung des Erblassers zulasten des Pflichtteilsberechtigten nicht *ipso iure* vollständig oder zum Teil unwirksam[613]. Der Pflichtteilsberechtigte wird grundsätzlich nur dann Miterbe, wenn er das Noterbrecht gerichtlich geltend gemacht hat. Die formale Durchsetzung der Pflichtteilsansprüche erfolgt mit der sog. Herabsetzungsklage (*tenkis davası*) Art. 560 ff. türkZGB. Mit dieser Klage kann die Herabsetzung der Verfügungen des Erblassers verlangt werden, die den frei verfügbaren Teil des Erblassers übersteigen. Erst ab Entscheidung über die Klage entsteht das Noterbrecht, d.h. mit einem positiven Herabsetzungsurteil erlangt der Kläger *ex tunc* die Stellung eines Erben und tritt in die Erbengemeinschaft in Höhe seiner Erbquote ein, mit der Folge, dass er wie die anderen Erben Gesamtrechtsnachfolger (*külli halef*) wird und der Nachlass somit allen Erben zur gesamten Hand (*elbirliğiyle*) gehört[614]. Als Miterbe trägt er schließlich alle aus der Miterbschaft resultierenden Rechte und Pflichten wie die durch letztwillige Verfügung eingesetzte Erben. Bis zum positiven

607 *Öztan*, S. 76; *Imre/Erman*, § 26 I; *Çabri*, § 12 Rn. 332 ff.
608 *Çabri*, § 12 Rn. 321.
609 *Imre/Erman*, § 29 I.
610 Vgl. *Imre/Erman*, § 26 II 1.
611 Serozan/*Engin*, § 3 Rn. 6.
612 *Dural/Öz*, § 19 Rn. 1041.
613 Serozan/*Engin*, § 3 Rn. 6; *Çabri*, § 67 Rn. 1389; *Ayan*, SÜHFD 2002, S. 7, 8.
614 Vgl. Serozan/*Engin*, § 3 Rn. 6 f.

Herabsetzungsurteil haben allerdings die eingesetzten Erben die Erbenstellung inne[615].

Aufgrund der Ausgestaltung des Pflichtteilsrechts als Noterbrecht haben Pflichtteilsberechtigte in der Türkei im Rahmen der Erbengemeinschaft eine Teilhabe am Gesellschaftsanteil. Gerade bei einer dinglichen Beteiligung am Nachlass anstelle der Barabfindung ist allerdings die Gefahr gegeben, dass ein erhöhtes Streitpotenzial unter den Erben gegeben ist und damit ein Unternehmen nicht in seiner Einheit erhalten werden kann. Dies kann dazu führen, dass eine Zerschlagung des Unternehmens unabwendbar ist.

Schon diese wenigen Bemerkungen zeigen, dass das türkische Pflichtteilsrecht erhebliche dogmatische Unterschiede gegenüber dem deutschen Erbrecht aufweist. Dennoch ist auch in der Türkei das Pflichtteilsrecht für die Gestaltung der Nachfolge in unternehmerisches Vermögen die zentrale Rahmenbedingung.

1. Warum Pflichtteilsrecht? / *Saklı Payın Kanunen Korunmasının Gerekçesi*

Zum verfassungsrechtlich garantierten Kern des türkischen Erbrechts gehört neben der Anerkennung der Privaterbfolge auch der Schutz der Familie und des Familienvermögens sowie die Verpflichtung, für die Zukunft der nächsten Angehörigen zu sorgen[616]. Der Schutz der Familie wird damit begründet, dass sozial und wirtschaftlich schwächere Personen nur dann in der Lage sind, ihre Grundbedürfnisse zu befriedigen, wenn Familiensolidarität vorhanden ist. Dies gilt insbesondere für Länder wie die Türkei, in denen das Sozialsystem schwach ausgestaltet ist[617]. Das Erbrecht hat über die Versorgung hinaus auch die Funktion, familiäre Bindungen zu stärken[618]. Denn die Familie ist eine Gemeinschaft, die auf Blutsverwandtschaft beruht, die wiederum emotionale Bindungen begründet. So wie auch die Praxis zeigt, führen Verfügungen des Erblassers, die zulasten des Familienangehörigen sind, zu einer Auflösung der emotionalen Bindungen. Dagegen führen Verfügungen, die zugunsten von Familienangehörigen sind, zu einer Stärkung der emotionalen Bindung.

Gewährleistet wird der Schutz der von der Erbfolge ausgeschlossenen nächsten Angehörigen durch den unantastbaren Pflichtteilskern, welche als Noterbfolge

---

615 Serozan/*Engin*, § 3 Rn. 6.

616 Siehe hierzu *Çabri*, § 12 Rn. 320.

617 *Dural*/*Öz*, § 19 Rn. 1038.

618 Vgl. *Çabri*, § 12 Rn. 320.

ausgestaltet ist[619]. Bei der Noterbfolge handelt es sich um ein echtes materielles Erbrecht, das heißt, ein Pflichtteilsberechtigter hat nicht nur einen schuldrechtlichen Anspruch gegen den Erben, der lediglich auf eine Geldzahlung gerichtet ist, sondern einen echten erbrechtlichen Anspruch auf Gesamtrechtsnachfolge, mithin ein Recht auf Beteiligung am Nachlass (Noterbrecht)[620]. Der Pflichtteilsberechtigte ist gesetzlicher Zwangserbe, der an der Erbengemeinschaft teilnimmt, nicht bloß ein außenstehender Gläubiger einer Geldforderung, wie nach deutschem Recht[621]. Das Pflichtteilsrecht stellt somit einen Kompromiss im Widerstreit zwischen der gesetzlich zwingenden Familienerbfolge und der privatautonomen Verfügungsfreiheit dar[622], und bringt den in den kontinentaleuropäischen Rechten verankerten Gedanken des Familienerbrechts zum Ausdruck[623]. Im Ergebnis ist es nicht möglich, das Pflichtteilsrecht im Rahmen des geltenden türkischen Rechtes abzuschaffen. Denn das Pflichtteilsrecht ist sowohl in der türkischen Verfassung als auch im türkischen Zivilgesetzbuch verankert.

Der türkische Gesetzgeber hat mit der Reform des ZGB im Jahre 2002 die Höhe des Pflichtteils zulasten der Blutsverwandten und zugunsten des Ehegatten neu geregelt[624]. Nunmehr beträgt der Pflichtteil für die Nachkommen die Hälfte und für die Eltern ein Viertel des gesetzlichen Erbanspruchs. Zuvor waren im alten ZGB die Pflichtteile für die Nachkommen drei viertel und für jedes der Eltern die Hälfte des gesetzlichen Erbanteils[625]. Der Pflichtteil des überlebenden Ehegatten beträgt den ganzen Erbteil, wenn neben ihm gesetzliche Erben der ersten oder der zweiten Parentel vorhanden sind. Ansonsten beträgt der Pflichtteil des Ehegatten ¾ des gesetzlichen Erbteils[626]. Nach dem alten ZGB variierte der Pflichtteil des überlebenden Ehegatten nach der Konkurrenz mit dem jeweiligen Blutsverwandten[627]. Konkurrierte der Ehegatte mit den Nachkommen, so deckte sich sein Pflichtteil mit seinem Erbteil ¼. Konkurrierte der Ehegatte hingegen mit entfernteren Verwandten, wodurch er eine größere Portion vom Erbteil erhielt, nämlich jeweils ½ oder 3/4, so verringerte sich der Pflichtteil auf die Hälfte dieses größeren Erbteils. Festzuhalten ist, dass nach türkischem Recht

---

619 *Serozan/Engin*, § 1 Rn. 8.
620 *Engin*, Beiträge zum türkischen Recht, S. 29, 38; *Naumann*, RNotZ 2003, 343, 367.
621 *Serozan*, ZEV 1997, 473, 479.
622 *Imre/Erman*, § 26 I; *Serozan/Engin*, § 1 Rn. 60.
623 *Dural/Öz*, § 19 Rn. 1038.
624 *Serozan*/Engin, § 1 Rn. 37.
625 *Ayan*, SÜHFD 2002, S. 7, 9 ff.
626 *Ayan*, SÜHFD 2002, S. 7, 15 f.
627 Hierzu *Serozan*, ZEV 1997, 473, 479.

keine stets gleichbleibende Pflichtteilsquote wie im deutschen Recht gilt. Anzumerken ist noch, dass das die Geschwister des Erblassers nicht mehr pflichtteilsberechtigt sind. Der Pflichtteil von Geschwistern wurde mit der Änderung des ZGB im Jahre 2017 vollständig aufgehoben[628].

Grund für die Neuregelung sind die wirtschaftlichen, sozialen und politischen Änderungen in der türkischen Gesellschaft gewesen[629]. Mit der Zeit hat sich die Familie von einer Großfamilie zu einer kleinen Kernfamilie umgewandelt. Die Lebensformen und die Familienstrukturen haben sich verändert[630]. Bedingt durch die gesteigerte Lebenserwartung bedürfen des Weiteren immer weniger Angehörige zum Zeitpunkt des späteren Ablebens des Erblassers der finanziellen Absicherung. Der Erbfall tritt nämlich in der Regel in einer Lebensphase des Berechtigten ein, in welcher dieser seine wirtschaftliche Existenz bereits selbst aufgebaut hat und daher einer Beteiligung am Nachlass gar nicht mehr bedarf. Andererseits büßt die Familie die althergebrachten wirtschaftlichen und sozialen Funktionen ein. Der Sozialstaat übernimmt die traditionellen Aufgaben der Familie und sorgt mit seinen Sozialleistungen für die nötigsten Bedürfnisse der Hinterbliebenen[631]. Der Pflichtteilsschutz der Familienangehörigen büßt somit seine Rechtfertigung ein.

Die Neuregelungen zur Pflichtteilshöhe wurden von der Literatur begrüßt und mit der historischen Entwicklung des Erbrechts für passend erklärt[632]. Der türkische Gesetzgeber habe die demografischen, ökonomischen und sozialen Änderungen in der Gesellschaft realistisch eingeschätzt und den Pflichtteilsschutz drastisch heruntergeschraubt. Insgesamt werden im Hinblick auf den „Bedeutungsschwund der gesetzlichen Erbfolge“ die Einbußen des Pflichtteilsschutzes der Blutsverwandten im Widerstreit zwischen der gesetzlich zwingenden Familienerbfolge und der privatautonomen Verfügungsfreiheit als gerechtfertigt angesehen[633]. Von der früheren Sichtweise „Blutsverwandtennähe begründet Gutsnähe“ wird zugunsten der „Seelenverwandtschaft“ mehr und mehr Abstand genommen[634]. Kritisiert wurde lediglich, dass dem Ehegatten

628 Gesetzesänderung v. 10.05.2007 (Gesetz Nr. 5650), verkündet im Amtsblatt Nr. 26518.

629 Siehe ausführlich hierzu *Serozan/Engin*, § 1 Rn. 24, 24a, 37, *Serozan*, Successio 2014, 4, 5 ff.

630 Serozan/Engin, § 7a.

631 *Serozan*, 100 Jahre Schweizerisches ZGB, 80 Jahre Türkisches ZGB, S. 175, 176.

632 Siehe *Serozan*, Beiträge zum türkischen Recht, S. 9, 14.

633 *Serozan/Engin*, § 1 Rn. 178.

634 *Serozan/Engin*, § 1 Rn. 189.

nicht das Privileg der Nutznießung wie nach Art. 473 des schweizerischen ZGB eingeräumt wurde[635].

Obwohl die Neuregelungen dem gesellschaftlichen Wandel in der Türkei entsprechen, wird mit Blick auf Europa weiterhin gefordert, dass der türkische Gesetzgeber die Pflichtteile pro Testierfreiheit noch weiter reduzieren und sowie mittels Formlockerungen den Erblasserwillen gegenüber den gesetzlichen Erben durchsetzen soll[636].

2. Pflichtteilsberechtigter Personenkreis und Pflichtteilsquote / *Saklı Pay İsteme Hakkına Sahip Kişiler ve Saklı Pay Oranları*

Pflichtteilsberechtigt sind die Nachkommen des Erblassers, seine Eltern und der überlebende Ehegatte, Art. 506 türkZGB. Das Pflichtteilsrecht der Geschwister des Erblassers wurde – wie bereits dargestellt – vollständig aufgehoben. Pflichtteilsberechtigt ist im Einzelfall aber nur derjenige, der auch gesetzlicher Erbe wäre[637]. Kommt jemand als gesetzlicher Erbe nicht infrage, etwa weil er von einer dem Erblasser näherstehenden Ordnung verdrängt wird, hat dieser auch kein Pflichtteilsrecht.

Die Höhe des jeweiligen Pflichtteils richtet sich nach dem gesetzlichen Erbrecht und ist mit der Reform des türkischen ZGB vollständig neu geregelt worden. Die Pflichtteilsquote ist nicht wie im deutschen Recht stets gleichbleibend und variiert je nachdem, welcher Parentel der Berechtigte zuzuordnen ist[638]. Wie bereits angerissen, wurde der Pflichtteil der Blutsverwandten herabgesetzt. Nunmehr haben Nachkommen gemäß Art. 506 Ziff. 1 türkZGB einen Anspruch auf die Hälfte des gesetzlichen Erbteils, nach dem alten ZGB waren es drei Viertel. Die Eltern haben gemäß Art. 506 Ziff. 2 türkZGB einen Anspruch auf ein Viertel des gesetzlichen Erbrechts, zuvor war es die Hälfte. Nach dem neuen türkischen ZGB wurde der Pflichtteil des überlebenden Ehegatten erhöht. Der Pflichtteil des überlebenden Ehegatten variiert nach der Konkurrenz mit den jeweiligen Blutsverwandten. Konkurriert der Ehegatte mit den gesetzlichen Erben der ersten oder zweiten Parentel, so erhält er gemäß Art. 506 Ziff. 4 türkZGB als Pflichtteil den ganzen gesetzlichen Erbteil. Trifft er mit anderen Erben zusammen, beträgt

635 *Serozan/Engin*, § 1 Rn. 37.

636 *Serozan*, 100 Jahre Schweizerisches ZGB, 80 Jahre Türkisches ZGB, S. 175 ff.; *Serozan*, Successio 2014, 4, 7 f.

637 Vgl. *Naumann*, RNotZ 2003, 343, 367; *Imre/Erman*, § 29 II.

638 *Imre/Erman*, § 26 II 1.

der Pflichtteil drei Viertel des gesetzlichen Erbteils. Zuvor war es nach dem alten ZGB die Hälfte.

Zum gesetzlichen Erbteil eine kurze Erinnerung: Die Nachkommen als erste Parentele erben nach Art. 495 Abs. 2 türkZGB zu gleichen Teilen. Der elterliche Parentel erbt, soweit er zum Zuge kommt, jeweils zur Hälfte, Art. 496 Abs. 1 S. 2 türkZGB. Die Erbquote des überlebenden Ehegatten hängt gemäß Art. 499 türkZGB davon ab, mit welcher Parentel zu teilen hat. Konkurriert er mit Nachkommen des Erblassers, so erhält er ein Viertel der Erbschaft. Er erhält die Hälfte, konkurriert er mit den Erben des elterlichen Stammes und drei Viertel, wenn er mit den Kindern der Großeltern des Erblassers zu teilen hat. Die ganze Erbschaft erhält der überlebende Ehegatte, wenn keine Erben des elterlichen Stammes vorhanden sind. Für den Pflichtteil des überlebenden Ehegatten hat dies zur Folge, dass der Pflichtteil sogar ¾ des Nachlasses beträgt, wenn beispielsweise keine weiteren Erben vorhanden sind[639]. In diesem Fall kann der Erblasser nur bis zu ¼ über sein Vermögen von Todes wegen verfügen.

3. Voraussetzungen und Geltendmachung des Pflichtteilanspruchs / *Saklı Pay Talebinin Şartları ve İleri Sürülmesi*

Die Voraussetzungen des Pflichtteilsanspruchs ergeben sich aus der Ausgestaltung des Pflichtteilsrechts. Dabei differenziert das türkische ZGB zwischen dem Inhalt des Pflichtteilsrechts, Art. 505 -513 türkZGB, und der formellen Durchsetzung mit der Herabsetzungsklage, Art. 560 – 571 türkZGB.

Voraussetzung des Anspruchs auf Mindesteilhabe ist, dass der Anspruchsteller zum Kreis der pflichtteilsberechtigten Erben gehört, der Erblasser durch Verfügungen von Todes wegen oder lebzeitige Vermögensübertragungen seine Verfügungsquote überschritten und das Pflichtteilsrecht des Berechtigten verletzt hat[640]. Nicht zum Kreis der pflichtteilsberechtigten Erben gehört der geschiedene Ehegatte nach Art. 181 Abs. 1 türkZGB, da mit dem Wegfallen des gesetzlichen Erbrechts auch das Pflichtteilsrecht ausgeschlossen ist[641]. Ferner kann derjenige, der auf sein Erbe verzichtet oder die Erbschaft ausschlägt, den Anspruch auf Mindestteilhabe nicht geltend machen[642]. Denn der Pflichtteil ist

639 Siehe Rechendarstellung *Öztan*, S. 76; Serozan/*Engin*, § 3 Rn. 11; *Imre/Erman*, § 26 II 2f); *Çabri*, § 67 Rn. 1387.

640 *Imre/Erman*, § 29 II, Serozan/*Engin*, § 3 Rn. 102.

641 Siehe unter C I 2 d).

642 Hierzu *Çabri*, § 12 Rn. 323; § 67 Rn. 1401.

eine innerhalb des gesetzlichen Erbteils geschützte Summe (*korunan miktar*) und die Stellung des Pflichtteilsberechtigten entsteht mit der Stellung als Erbe.

Eine Pflichtteilsverletzung liegt dann vor, wenn ein Pflichtteilsberechtigter vollständig enterbt wird, weniger als seinen Pflichtteil erhält oder wenn der Pflichtteil an Bedingungen geknüpft, mit einer Nacherbeneinsetzung belastet oder mit einer Auflage versehen ist[643].

Keinen Pflichtteilsanspruch hat, wer „dem Wert nach" seinen Pflichtteil (*saklı payların karşılığı*) erhalten hat, vgl. Art. 560 türkZGB. Hat der Berechtigte wertmäßig bereits den ihm zustehenden Pflichtteil etwa durch Vermächtnis erhalten, kann er seinen Anspruch nicht geltend machen[644]. Die Regelung des Art. 560 türkZGB ermöglicht dem Erblasser, nicht gewünschte Pflichtteilsberechtigte von der Erbschaft fernzuhalten. Dies kann der Erblasser dadurch erreichen, dass er den weichenden Erben den Pflichtteil dem Wert nach durch Verfügungen durch Todes wegen (*vasiyetler*) oder durch Zuwendungen unter Lebenden (*sağlararası kazandırmalar*) zukommen lässt[645].

Für den Unternehmenserblasser bedeutet das, dass er einen nicht gewünschten Pflichtteilsberechtigten von seiner Erbschaft ausschließen kann, wenn er ausreichend liquide Mittel hat. Da in der Regel die Gesellschaftsbeteiligung den Großteil des Nachlasses ausmachen wird, werden liquide Mittel im ausreichenden Maße nicht vorhanden sein, um die weichenden Pflichtteilsberechtigten abzufinden. Das Pflichtteilsrecht stellt somit auch in der Türkei die größte Schwierigkeit für die Unternehmensnachfolgeplanung dar.

4. Inhalt und Berechnung des Pflichtteils / *Saklı Payın İçeriği ve Hesaplanması*

Das türkische Pflichtteilsrecht ist – wie bereits ausgeführt – als materielles Noterbrecht ausgestaltet, das heißt, das Pflichtteilsrecht gibt einen Anspruch auf Erbenstellung in Höhe der Pflichtteilsquote und nicht nur einen schuldrechtlichen Anspruch auf Ausgleichszahlungen gegen die Erben[646]. Die pflichtteilsberechtigten Erben haben als sog. Noterben Teilhabe am Nachlass. Mit der Herabsetzungsklage können die Berechtigten ihre Pflichtteilsverletzung geltend machen. Zu beachten ist dabei die Vorschrift des Art. 560 Abs. 1 türkZGB. Danach kann der pflichtteilsberechtigte Erbe nur dann im Rahmen der Herabsetzungsklage

643 *Öztan*, S. 76; *Imre/Erman*, § 26 I; *Çabri*, § 12 Rn. 332 ff.

644 Serozan/*Engin*, § 3 Rn. 105

645 Serozan/*Engin* § 3 Rn. 105; *Imre/Erman*, § 29 II; *Öztan*, S. 114.

646 Zu der Ausgestaltung des Pflichtteilsrechts siehe unter Kap. 5 II.

die Einsetzung als Erbe verlangen, wenn er dem Wert nach seinen Pflichtteil nicht erhalten hat. Andernfalls entfällt das Klagerecht[647]. Hat der Pflichtteilberechtigte „dem Wert nach" nicht das erhalten, was ihm zusteht, greift der als Noterbrecht ausgestaltete Pflichtteil ein, der im Klageweg durchgesetzt werden kann. Der Erblasser hat damit den Pflichtteil ungemindert, unbelastet und unbedingt dem Pflichtteilsberechtigten zukommen zu lassen[648]. Erst durch das positive Herabsetzungsurteil treten die Pflichtteilsberechtigten in die Erbenstellung in Höhe des ihnen zustehenden Pflichtteils ein, werden Mitglied der Erbengemeinschaft und haben als Erbe mit dinglicher Berechtigung am Nachlass Anteil. Wie bereits dargelegt, sind die Pflichtteilsberechtigten nicht *ipso iure* Gesamtrechtsnachfolger, sodass die eingesetzten Erben bis zum positiven Herabsetzungsurteil die Erbenstellung innehaben[649].

Das Pflichtteilsrecht geht, da es sich um ein echtes materielles Erbrecht handelt, von den verfügbaren Quoten aus. Gesetzliche Grundlage für die Berechnung des verfügbaren Teils des Nachlassvermögens und damit mittelbar auch des Pflichtteils sind die Art. 507-509 türkZGB. Zur Berechnung des verfügbaren Teils wird auf den Todestag des Erblassers abgestellt, Art. 507 Abs. 1 türkZGB.

Um die Quote zu ermitteln, über die der Erblasser frei verfügen kann, ohne eine Herabsetzung befürchten zu müssen, sind die infrage kommenden Pflichtteile zu addieren (dies ergibt den Teil des Nachlasses, der nicht frei verfügbar ist)[650]. Die Summe der Pflichtteile ist sodann von der Gesamtheit des Nachlasses abzuziehen, woraus sich die verfügbare Quote (*serbest kısım*) ergibt. Diese variiert je nachdem, welche Pflichtteilsberechtigten vorhanden sind. Bei der Berechnung sind von der Erbschaft die Schulden des Erblassers, die Bestattungskosten und Nachlassverwaltungskosten sowie die Lebenshaltungskosten der im Haushalt des Erblassers lebenden und versorgten Personen für einen Zeitraum von drei Monaten abgezogen werden, Art. 507 Abs. 2 türkZGB[651].

5. Hinzu- und Anrechnung / *Eklenme ve Mahsup*

Der Erblasser kann zwar zu Lebzeiten grundsätzlich frei über sein Vermögen verfügen[652]. Nach Art. 508 türkZGB sind aber unentgeltliche Zuwendungen (*ivazsız*

647 Serozan/*Engin*, § 3 Rn. 105.
648 Siehe unter Kap. 5 II.
649 Siehe unter Kap. 5 II.
650 Siehe *Naumann*, RNotZ 2003, 343, 368; *Dural/Öz*, § 21 I, Rn. 1097.
651 *Imre/Erman*, § 27 II.
652 *Dural/Öz*, § 21 Rn. 1121.

kazandırmalar) des Erblassers unter Lebenden dem Nachlassvermögen hinzuzurechnen (*kazandırmaların eklenmesi*) und zwar nach Art in dem Maße, wie sie der Herabsetzungsklage unterliegen[653]. Welche Zuwendungen unter Lebenden der Herabsetzung unterworfen sind, regelt Art. 565 türkZGB[654]. Hierunter fallen vor allem Zuwendungen, die der Erblasser offensichtlich zur Umgehung von Pflichtteilsansprüchen gemacht hat, Art. 565 Ziff. 4 türkZGB. Bei Zuwendungen, die in den Geltungsbereich dieser Vorschrift fallen, ist auf die Absicht des Erblassers, und nicht auf das getätigte Geschäft abzustellen[655]. Derartige Zuwendungen obliegen nicht einer zeitlichen Beschränkung[656]. Die Beweislast für eine Umgehungsabsicht obliegt dem die Herabsetzung begehrenden Pflichtteilsberechtigten[657]. Bei Scheingeschäften dieser Art (*muvazaalı bağışlamalar*) kann auch deren Unwirksamkeit (*işlemin geçersizliği*) geltend gemacht werden[658]. Dies ist für den übergangenen Pflichtteilsberechtigten günstiger, wenn sich hierdurch der Wert des Nachlasses und damit sein gesetzlicher Erbteil erhöht. Die Herabsetzungsklage sichert dagegen nur den Pflichtteil. Nach der Rechtsprechung kann der Pflichtteilsberechtigte gleichzeitig sowohl die Unwirksamkeit als auch die Herabsetzung geltend machen[659].

Weiterhin sind frei widerrufliche Schenkungen (*serbestçe dönme hakkını saklı tutarak yapılan bağışlamalar*) oder Schenkungen während des letzten Lebensjahres des Erblassers, die über das Gewöhnliche hinausgehen (*adet üzere verilen hediyeler dışında yapılan bağışlamalar*), Art. 565 Ziff. 3 türkZGB oder auch Zuwendungen an Abkömmlinge unter Verzicht auf den Rückzahlungs- oder Erstattungsanspruch (*geri verilmemek kaydıyla yapılan kazandırmalar*) bzw. die Zuwendung einer über das Gewöhnliche hinausgehenden Aussteuer oder eines über das Gewöhnliche hinausgehenden Startkapitals (*alışılmışın dışında verilen çeyiz ve kuruluş sermayesi*), Art. 565 Ziff. 1 türkZGB und schließlich

---

653 Ausführlich hierzu Serozan/*Engin*, § 3 Rn. 29 ff.; *Dural/Öz*, § 21 Rn. 1121 ff.

654 Siehe *Çabri*, § 15 Rn. 407.

655 *Çabri*, § 72 Rn. 1525.

656 *Çabri*, § 72 Rn. 1526.

657 Vgl. Kassationshof 1. ZS, 04.04.2017, E. 2017/1267, K. 2017/1685; *Nar*, S. 191 f.; *Çabri*, § 72 Rn. 1532.

658 Ausführlich zu den Kriterien der Umgehungsabsicht siehe Plenarentscheidung des Kassationshofs (*Yargıtay İçtihadı Birleştirme Kararı – YİBK, İBK*) v. 01.04.1974, E. 1974/1 K. 1974/2; *Topuz*, İKÜHFD, 15 (2) 2016, 709, 721; *Uyar Hatipoğlu*, DÜHFD, Cilt: 22, Sayı: 36, 2017, 109, 132 f.; *Çabri*, § 72 Rn. 1533.

659 Plenarentscheidung des Kassationshofs v. 22.05.1987, E. 1986/4, K. 1987/5; Kassationshof 1. ZS, 18.10.2016, E. 2014/14294, K. 2016/9521; *Çabri*, § 72 Fn. 2857.

Erbabfindungen (*miras haklarının ölümden önce tavsiyesi amacıyla yapılan kazandırmalar*), Art. 565 Ziff. 2 türkZGB der Herabsetzung unterworfen[660]. Daneben sind auch Ansprüche aus Lebensversicherungen mit ihrem Rückkaufswert zum Zeitpunkt des Todes dem Nachlassvermögen zuzurechnen, Art. 509 türkZGB.

Von der Herabsetzung zu unterscheiden ist die Ausgleichung (*mirasta denkleştirme*) von lebzeitigen unentgeltlichen Zuwendungen des Erblassers[661]. Sie haben einen unterschiedlichen Zweck. Die Herabsetzung dient der Sicherstellung der Pflichtteilsansprüche. Zweck der Ausgleichung ist dagegen eine Gleichbehandlung der gesetzlichen Erben unabhängig von der Überschreitung des verfügbaren Teils[662]. Die gesetzlichen Erben sind gemäß Art. 669 Abs. 1 türkZGB grundsätzlich verpflichtet, unentgeltliche Zuwendungen des Erblassers, die dieser unter Anrechnung auf deren Erbteil zugewandt hat, zum Ausgleich an den Nachlass in natura (*aynen geri verme*) zurückzuführen oder sich auf ihrem Erbteil dem Werte nach anrechnen zu lassen (*mahsup ettirmek*), Art. 671 Abs. 1 türkZGB. Das Gesetz nennt beispielhaft auf, was unter der Ausgleichungspflicht steht. Sofern der Erblasser nichts anderes verfügt hat, steht unter der Ausgleichspflicht Mitgift, Startkapital, Übertragung von Vermögen und die Befreiung von Schulden, Art. 669 Abs. 2 türkZGB.

Im Falle der Rückführung (*geri verme*) erhält der betroffene Erbe, der die lebzeitige Zuwendung erhalten hat, sein Erbteil an dem entsprechend erhöhten Nachlass[663]. Ansonsten wird die Zuwendung auf sein Erbe angerechnet. Übersteigt die Zuwendung sein Erbteil, kann er geltend machen, dass der Erblasser ihm über den Erbteil hinausgehende Erlangte hinterlassen wollte. Wenn er dies nicht beweisen kann, erfolgt eine Ausgleichung. Das Recht der anderen Erben, die Herabsetzung zu verlangen, bleibt unberührt, Art. 672 türkZGB. Ansonsten ist er verpflichtet, den übersteigenden Wert des Erlangten an die anderen Erben zu bezahlen. Hat das Erlangte einen geringeren Wert als es seinem Erbteil entspricht, hat er einen entsprechenden Anspruch gegen den Nachlass.

Nach Art. 673 Abs. 1 türkZGB ist für die Ausgleichung der Wert des Erlangten zum Zeitpunkt der Ausgleichung maßgeblich. Nutzungen und Schäden sowie Einnahmen und Ausgaben sind zwischen den Erben nach den Regeln der ungerechtfertigten Bereicherung (*sebepsiz zenginleşme hükümleri*) auszugleichen,

---

660 Serozan/*Engin*, § 3 Rn. 33 ff.

661 Vgl. *Dural/Öz*, § 24 Rn. 1351 ff.

662 *Dural/Öz*, § 24 Rn. 1349; *Öztan*, S. 97.

663 Vgl. Serozan/*Engin*, § 3 Rn. 27a.

Art. 673 Abs. 2 türkZGB. Fällt ein Erbe vor oder nach dem Erbfall weg, geht seine Rückführungspflicht auf seine Erben im Verhältnis der Erhöhung ihres Erbteils über, Art. 670 türkZGB.

6. Formale Durchsetzung des Pflichtteilsanspruchs mit der Herabsetzungsklage / *Saklı Pay İsteminin Tenkis Davası ile Şekli Gerçekleştirilmesi*

Wer den ihm zugedachten Pflichtteil vom Erblasser nicht erhält, muss diesen mit der Herabsetzungsklage (*tenkis davası*) weiterverfolgen, Art. 560 ff. türkZGB. Diese bezweckt, die pflichtteilsverletzenden Verfügungen von Todes wegen oder lebzeitige Rechtsgeschäfte des Erblassers soweit herabzusetzen, bis der Berechtigte seinen Pflichtteil in Höhe der ihm zustehenden Quote erhalten kann[664]. Herabsetzung (*indirim*) bedeutet die Herstellung des Pflichtteils eines pflichtteilsgeschützten Erben[665]. Pflichtteilsverletzende Verfügungen von Todes wegen oder lebzeitige Rechtsgeschäfte des Erblassers sind somit *per se* nicht nichtig und auch nicht ungültig, sondern erst nach erfolgreicher Herabsetzungsklage auf das zulässige Maß herabsetzbar, vgl. Art. 560 Abs. 1 türkZGB[666].

Die Herabsetzungsklage wird als Sanktion für Pflichtteilsverletzungen angesehen[667]. Demnach werden Pflichtteilsverletzungen (*saklı payın ihlali*) durch die Herabsetzung der pflichtteilsverletzenden letztwilligen Verfügung und Einweisung des Berechtigten in Höhe seiner Pflichtteilsquote als Erbe geahndet. Von ihrer Rechtsnatur her handelt es sich bei der Herabsetzungsklage um eine Gestaltungsklage (*yenilik doğurucu dava*)[668]. Das Recht zur Herabsetzung steht dem Pflichtteilsberechtigten nur nach dem Tode des Erblassers zu[669]. Die erfolgreiche Herabsetzungsklage führt zur Einweisung des pflichtteilsberechtigten Erben in Höhe seiner Pflichtteilsquote als Erbe in seine Erbenposition[670]. Die angegriffene Verfügung wird insoweit reduziert und für ungültig erklärt, bis

---

664 Hierzu *Çabri*, § 67 Rn 1388; *Naumann*, RNotZ 2003, 343, 368; *Dural/Öz*, § 23 II 1 Rn. 1195.

665 Vgl. *Öztan*, S. 114; *Hatemi*, Miras Hukuku, § 3 Rn. 1 ff.

666 *Çabri*, § 67 Rn. 1389; *Serozan/Engin*, § 3 Rn. 94.

667 Hierzu siehe *Imre/Erman*, § 29 I; *Çabri*, § 67 Rn. 1388; Serozan/*Engin*, § 3 Rn. 6; *Öztan*, S 113.

668 *Imre/Erman*, § 29 V 2; *Serozan/Engin*, § 3 Rn. 96; *Öztan*, S. 113; *Dural/Öz*, § 23 Rn. 1196.

669 *Çabri*, § 78 Rn. 1604; *Öztan*, S. 114.

670 Hierzu siehe Serozan/*Engin*, § 3 Rn. 97; *Naumann*, RNotZ 2003, 343, 368.

der Pflichtteilsberechtigte in Höhe der ihm zustehenden Quote in seinen Pflichtteil eingewiesen werden kann. Der übergangene Erbe erwirbt die Erbenstellung somit erst durch die Gestaltungskraft des Herabsetzungsurteils. Mit anderen Worten gestaltet das Herabsetzungsurteil die erbrechtliche Rechtslage um, indem es die pflichtteilsverletzende Verfügung insoweit beseitigt, bis der Pflichtteil hergestellt ist. Verletzt die beeinträchtigende Verfügung nur einen Teil des Pflichtteils, so wird nur dieser Teil für ungültig erklärt. Verletzt die beeinträchtigende Verfügung den Pflichtteil im Ganzen, so kann sogar die ganze Verfügung durch Urteil beseitigt werden[671]. Die Wirkungen der Herabsetzungsklage treten *ex tunc* auf den Zeitpunkt des Erbgangs ein[672]. Mit dem Gestaltungsurteil hat der Pflichtteilsberechtigte die Erbenstellung somit inne und hat, wenn weitere Erben vorhanden sind, Miteigentum am Nachlass[673]. Vorher hat der Pflichtteilsberechtigte keine dingliche Berechtigung am Nachlass, er haftet nicht für die Nachlassschulden, und er kann nur die Herabsetzungsklage erheben[674]. Er gilt als fiktiver Erbe (*farazi mirasçı*)[675].

Klagebefugt ist jeder, der seinen Pflichtteil wertmäßig nicht ungeschmälert, unbelastet und unbedingt erhalten hat, vgl. Art. 560 Abs. 1 türkZGB. Sind mehrere Pflichtteilserben in ihrem Anspruch verletzt, können sie unabhängig voneinander gegen den Begünstigten vorgehen. Sie bilden keine notwendige Streitgenossenschaft (*zorunlu dava arkadaşlığı*)[676]. Beklagter ist der Begünstigte, das heißt, im Falle der Erbeinsetzung ist die Klage gegen den Erben und bei einem Vermächtnis gegen den Vermächtnisnehmer (*vasiyet alacaklısı*) zu richten[677]. Auch ein durch Vor- und Nacherbschaft beschwerter Pflichtteilsberechtigter kann die Herabsetzungsklage erheben, Art. 569 türkZGB. Hat der pflichtteilsberechtigte Erbe demgegenüber wertmäßig den Pflichtteil nach Art. 560 türkZGB erhalten, sei es durch Erbeinsetzung, sei es durch Vermächtnis, erhalten, kann er nicht mehr klagen[678]. Ausnahmsweise können neben den Pflichtteilsberechtigten weitere Personen die Herabsetzungsklage erheben[679]. Nach Art. 562 Abs. 1 türkZGB

671 *Imre/Erman*, § 29 V 1; *Serozan/Engin*, § 3 Rn. 97.

672 *Çabri*, § 67 Rn. 1392; *Serozan/Engin*, § 3 Rn. 97; *Dural/Öz*, § 23 Rn. 1196; *Öztan*, S. 113.

673 *Serozan/Engin*, § 3 Rn. 6a.

674 Vgl. *Serozan/Engin*, § 3 Rn. 6.; *Kocayusufpaşaoğlu*, S. 358.

675 *Öztan*, S. 114.

676 *Imre/Erman*, § 29 III 1a); *Çabri*, § 67 Rn. 1403; *Öztan*, S. 115.

677 *Çabri*, § 67 Rn. 1409; *Serozan/Engin*, § 3 Rn. 108f; *Imre/Erman*, § 29 III, 3; *Dural/Öz*, § 23 II, 2b).

678 *Naumann*, RNotZ 2003, 343 368; *Imre/Erman*, § 29 II; *Serozan/Engin*, § 3 Rn. 105.

679 *Öztan*, S. 115 f.; *Imre/Erman*, § 29 III 1b); *Dural/Öz*, § 23 II, 2a) bb).

können die Konkursverwaltung (*iflas dairesi*) eines Erben oder dessen Gläubiger, die zur Zeit des Erbfalles eine Bescheinigung über die Zahlungsunfähigkeit (*aciz belgesi*) besitzen, unter den im Gesetz aufgeführten Voraussetzungen, die Herabsetzung verlangen. Der Pflichtteilsberechtigte muss zuvor erfolglos zur Klageerhebung durch das Insolvenzgericht oder den Gläubiger aufgefordert worden sein. Die gleiche Befugnis besteht auch gegenüber einer Enterbung, die der Enterbte nicht anficht, Art. 562 Abs. 2 türkZGB. Stirbt der Pflichtteilsberechtigte vor Klageerhebung, können dessen Erben als dessen Rechtsnachfolger seinen Pflichtteil mit der Herabsetzungsklage geltend machen[680].

Hat der Pflichtteilsberechtigte keinen Besitz an der Erbschaft, so ist streitig, ob er hinsichtlich der Rückerstattung des Nachlasses gleichzeitig auch eine Erbschaftsklage (*istihkak davası*) gegen den bzw. die Besitzer gemäß Art. 637 türkZGB erheben muss. Nach der Lehre umfasst die Herabsetzungsklage die Leistungsklage (*eda davası*) nicht, daher habe der Pflichtteilsberechtigte zusammen mit der Herabsetzungsklage oder getrennt später eine Klage auf Rückerstattung (*iade*) zu erheben[681]. Die Mindermeinung ist allerdings der Ansicht, dass die Rückerstattungsklage stillschweigend (*zımnen*) das Leistungsbegehren beinhalte und daher die Erhebung einer gesonderten Leistungsklage nicht erforderlich sei[682]. Die Praxis des Kassationshofes[683] entspricht der Mindermeinung, sodass die Erhebung einer gesonderten Leistungsklage nicht gefordert wird. Gibt das Gericht dem Klagebegehren des Pflichtteilsberechtigten statt, so wird sowohl über die Herabsetzung der pflichtteilsverletzenden Verfügung als auch über die Rückerstattung der beeinträchtigenden Zuwendung entschieden. Die Erfahrung zeigt, dass pflichtteilsberechtigte Erben nicht nur wegen der Herabsetzung von pflichtteilsverletzenden Verfügungen eine Klage erheben, sondern damit auch die Rückerstattung von beeinträchtigenden Zuwendungen bezwecken. Aus praktischen Gesichtspunkten führt die Erhebung einer gesonderten Klage zu einem längeren Verfahren und höheren Verfahrenskosten. Daher ist dem Kassationshof und der Mindermeinung zu folgen[684]. Sind weitere Erben vorhanden und ist eine einvernehmliche Teilung unter den Miterben nicht möglich, so hat

680 Serozan/*Engin*, § 3 Rn. 103; *Öztan*, S. 115; *Kılıçoğlu*, § 15 VII A 1 S. 261; *Imre/Erman*, § 29 III 1a).

681 *Imre/Erman* § 29 V 2.; *Serozan/Engin*, § 3 Rn. 99.

682 *Çabri*, § 67 Rn. 1395.

683 Vgl. Großer Zivilsenat des Kassationshofs (*Yargıtay Hukuk Genel Kurulu*), 07.07.2010, E. 2010/360, K. 2010/372, Kassationshof 2. ZS, 22.04.1996, E. 1996/3603, K.1996/4428.

684 *Çabri*, § 67 Rn. 1395; *Dural/Öz*, 23 Rn. 1197.

der Pflichtteilsberechtigte nach der erfolgreichen Herabsetzungsklage wegen der gesamthänderischen Verbundenheit der Erben bis zur Aufteilung des Nachlasses die Erbteilungsklage (*taksim davası*) gemäß Art. 642 Abs. 1 türkZGB zu erheben[685].

Im Wege der Herabsetzung werden in erster Linie die Verfügungen von Todes wegen gekürzt. Wie bereits angerissen, unterliegen der Herabsetzung neben Verfügungen von Todes wegen aber auch Verfügungen unter Lebenden wie Schenkungen[686]. Führt die Herabsetzung der letztwilligen Verfügung nicht zur vollständigen Wiederherstellung des Pflichtteils, so sind die unentgeltlichen Zuwendungen unter Lebenden zu kürzen, und zwar diese in der Weise, dass die Letzteren vor den Ersteren herabgesetzt werden, bis der Pflichtteil hergestellt ist, Art. 570 türkZGB. Bei beeinträchtigenden lebzeitigen Zuwendungen des Erblassers ist demnach die zeitliche Reihenfolge maßgeblich[687]. Der übergangene Pflichtteilsberechtigte ist verpflichtet, sich zunächst an den letzten Begünstigten zu wenden. Darüber hinaus ist auch das Recht, die Nachlassgegenstände *in natura* zu erhalten, nicht immer gewährleistet[688]. Immerhin ist der gutgläubige Beklagte zu Rückleistungen nur insoweit verpflichtet, als er zur Zeit des Erbgangs noch bereichert ist.

Handelt es sich um ein Vermächtnis einer nicht teilbaren einzelnen Sache nach Art. 564 türkZGB und wird die Zuwendung dieser unteilbaren Sache teilweise herabgesetzt, so gibt das Gesetz dem beklagten Begünstigten ein Wahlrecht[689]. Er kann entweder die zugewendete Sache behalten und den Noterben in der Höhe der Verletzung des Pflichtteils in Geld entschädigen oder unter Rückgabe des zugewendeten Gegenstandes den verfügbaren Betrag verlangen, Art. 564 türkZGB. Im Zweifel wird vermutet, dass der Begünstigte den Gegenstand behält und den Wertanteil des Pflichtteilsberechtigten bezahlt[690]. Für die Berechnung der Zahlung bzw. des Wertanteils ist der Zeitpunkt des Urteils maßgebend, Art. 564 türkZGB. „In der Türkei, wo lange prozessiert wird und die Inflationsrate galoppiert, hat der Beklagte sich stets für die erste Alternative entschieden. Dies in der Hoffnung, er könne auf den niedrigeren Nennwert des Gegenstandes am weit zurückliegenden Todestag zurückgreifen“[691]. Das

685 Vgl. *Imre/Erman*, § 47 I 1.
686 Einzelheiten dazu unter Kapitel 7.
687 *Serozan/Engin*, § 3 Rn 55 ff.
688 Siehe *Serozan*, ZEV 1997, 473, 479.
689 *Serozan*, ZEV 1997, 473, 479.
690 Zum Vermächtnis einer einzelnen Sache siehe *Kılıçoğlu*, § 15 VI, S. 254 ff.
691 Hierzu *Serozan*, ZEV 1997, 473, 479.

türkische Revisionsgericht hat jedoch dem Beklagten zur Quoten- bzw. Wertschuld eine klare Absage erteilt[692]. Auch wenn der Bedachte sich für die erste Alternative entscheiden sollte, muss er nunmehr die Verletzung des Pflichtteils als im Wert gleichbleibende Quotenschuld begleichen.

Erhebt der Pflichtteilsberechtigte die Herabsetzungsklage gemäß Art. 571 ZGB nicht binnen eines Jahres ab dem Zeitpunkt der Kenntnisnahme von der Verletzung seiner Rechte, erhält er nicht die materielle Erbenstellung. Das Herabsetzungsurteil hat nur *inter partes* Wirkung, also nur zwischen Kläger und Beklagtem und nicht für die am Verfahren nicht beteiligten Parteien[693].

7. Pflichtteilsstundung / *Saklı Payın Muacceliyetinin Ertelenmesi*

Wie an mehreren Stellen bereits ausgeführt, ist das türkische Pflichtteilsrecht als materielles Noterbrecht ausgestaltet, damit gibt das Pflichtteilsrecht keinen schuldrechtlichen Anspruch auf Geldzahlung gegen die Erben. Der Erblasser kann nicht verhindern, dass der Pflichtteilsberechtigte wie die anderen Erben Gesamtrechtsnachfolger über den Nachlass wird und der Nachlass somit allen Erben zur gesamten Hand (*elbirliğiyle*) gehört[694]. Von einer Fälligkeit der Hinausschiebung des Pflichtteilsanspruchs kann daher nicht die Rede sein. Demzufolge gibt es im türkischen Recht auch keine Stundungsvorschrift wie des § 2331a BGB, der den Erben in Ausnahmefällen vor der drohenden Zerschlagung von Wirtschaftseinheiten schützt.

8. Ausschlussfrist / *Hak Düşürücü Süre*

Gemäß Art. 571 Abs. 1 türkZGB muss die Herabsetzungsklage innerhalb eines Jahres erhoben werden. Die Frist beginnt mit der Kenntnis des Pflichtteilsberechtigten von der Verletzung seines Pflichtteils. Bei der Frist handelt es sich um eine Ausschlussfrist und seit der Änderung des ZGB nicht mehr um eine Verjährungsfrist, vgl. Art. 513 türkZGB a.F.[695]. Die Frist ist von Amts (*re´sen*) wegen zu beachten[696]. Der Grund der Ausgestaltung als Ausschlussfrist liegt darin, dass es sich bei der Herabsetzungsklage um eine Gestaltungsklage handelt. Dagegen

---

692 Entscheidung zur Quoten- und Wertschuld siehe Amtsblatt (*Resmî Gazete)* v. 02.01.1995, Nr. 22159, https://www.resmigazete.gov.tr/arsiv/22159.pdf, zuletzt abgerufen am 17.07.2021.

693 *Çabri*, § 67 Rn. 1399.

694 *Serozan/Engin*, § 3 Rn. 6b).

695 *Serozan*/Engin, § 3 Fn. 73.

696 Hierzu *Çabri*, § 78 Rn. 1606.

beginnt der Ablauf der Zehn-Jahres-Frist ab Testamentseröffnung, wenn der Pflichtteil durch letztwillige Verfügungen des Erblassers, z.B. durch Testament oder Erbvertrag, verletzt worden ist. Bei den anderen Zuwendungen wird vom Tode des Erblassers angerechnet. Einredeweise (*def'i yoluyla*) kann der Herabsetzungsanspruch jederzeit geltend gemacht werden, Art. 571 Abs. 3 türkZGB.

9. Vermeidung von Pflichtteilsansprüchen / *Saklı Pay İstemlerinden Kaçınma*

Die Frage, welche Möglichkeiten dem Unternehmer bleiben, seine Nachfolge „pflichtteilssicher" zu gestalten, um den Bestand seines Lebenswerkes auch über den Tod hinaus zu sichern, stellt auch in der Türkei eine große Herausforderung dar. Das Pflichtteilsrecht als gesetzliche Pflichtbeteiligung steht nicht zur einseitigen Disposition des Erblassers. Daher sind die Möglichkeiten für eine Vermeidung von Pflichtteilsansprüchen von vornherein eingeschränkt.

a) Pflichtteilsverzicht und Sittenwidrigkeit / *Saklı Pay Hakkından Vazgeçme ve Ahlaka Aykırılık*

Der Unternehmenserblasser kann das Unternehmen von Pflichtteilsansprüchen nach seinem Tod schützen, indem er mit den weichenden Erben einen Pflichtteilsverzichtsvertrag (*saklı pay hakkından feragat sözleşmesi*) schließt[697]. Ein solcher Verzichtsvertrag bezweckt den Ausschluss der Pflichtteilsberechtigten[698]. Zugleich erweitert er die Verfügungsfreiheit des Erblassers[699]. Wie bereits dargestellt, kann der Erblasser mit oder ohne Gegenleistung (entgeltlich oder unentgeltlich) mit einem gesetzlichen Erben einen notariell zu beurkundenden Erbverzichtsvertrag (negativer Erbvertrag) schließen, Art. 528 Abs. 1 türkZGB. Der Verzichtende scheidet somit gemäß Art. 528 Abs. 2 türkZGB aus der Erbfolge aus. Dies hat zur Folge, dass die verfügbare Quote erweitert wird. Der Verzichtsvertrag ist im Gegensatz zum deutschen Recht nur in Form eines Erbvertrages möglich[700].

---

697 Grundlegend zum Verzicht siehe *Kocayusufpaşaoğlu*, S. 410 f.; *Öztan*, S. 253 ff.; *Kılıçoğlu*, § 11 V; *Eren/Yücer Aktürk*, § 7 III, D 1c) bb) Rn 774 f.

698 *Serozan/Engin*, § 4 Rn. 194, 196.

699 *Çabri* § 35 Rn. 793.

700 Kassationshof 2. ZS, 12.10.1992, E. 1992/8409, K. 1992/9487, https://www.lexpera.com.tr/ictihat/yargitay/2-hukuk-dairesi-e-1992-8409-k-1992-9487-t-12-10-1992, zuletzt abgerufen am 17.07.2021; *Imre/Erman*, § 24 I 1; *Çabri* § 35 Rn 795.

Die gleichen Ausführungen gelten, wenn der Verzicht bezüglich des Pflichtteilsrechts erklärt wird. Da das Pflichtteilsrecht nach Art. 506 ff. türkZGB als Noterbrecht ausgestaltet ist und mithin einen Bruchteil des Erbteils darstellt, ist somit auch ein Noterbverzicht zu Lebzeiten des Erblassers nach Art. 528 türkZGB, der den Verzicht auf den Pflichtteil einschließt, möglich[701]. Auch wenn der Erbverzichtsvertrag mit jedem Erben geschlossen werden kann, so wird im Hinblick auf den Zweck des Verzichtsvertrages, nämlich die Erweiterung der Verfügungsfreiheit des Erblassers, der Erbverzichtsvertrag in der Regel nur mit den pflichtteilsberechtigten Erben abgeschlossen[702]. Denn der Erblasser kann einen gesetzlichen Erben, der nicht pflichtteilsberechtigt ist, ohne Weiteres mittels letztwilliger Verfügung von der Erbfolge ausschließen.

Der pflichtteilsberechtigte Erbe, der lediglich eine Anwartschaft (*muhtemel ve müstakbel mirasçı*) auf seinen Pflichtteil hat, kann auf den gesamten Teil davon oder nur auf einen Teil davon verzichten[703]. Nur bei einem vollständigen Verzicht verliert der Pflichtteilsberechtigte seine Anwartschaft auf seine Erbenstellung, bei einem Teilverzicht nicht[704]. Die Verzichtserklärung ist bindend, Veränderungen der wirtschaftlichen Verhältnisse des Erblassers geben dem Verzichtenden keine Rechte hieraus[705].

Der Verzicht mit Gegenleistung erstreckt sich auch auf die Abkömmlinge, jedenfalls soweit im Erbvertrag nichts anderes bestimmt worden ist, Art. 528 Abs. 3 türkZGB. Beim Erbverzichtsvertrag ohne Gegenleistung hat dies dagegen keine Auswirkungen auf die Abkömmlinge des Verzichtenden. Zu beachten ist beim entgeltlichen Verzichtsvertrag, dass die Abfindung, die den Pflichtteil des Verzichtenden übersteigt, gegebenenfalls der Herabsetzung Art. 573, 565 Ziff. 2, 561 türkZGB untersteht.

Darüber hinaus kann der Pflichtteilsberechtigte auch auf die ihm zustehenden Rechtsmittel der Herabsetzungsklage und der Herabsetzungseinrede (*tenkis talebinden ve tenkis def'i hakkından feragat*) verzichten. Ein solcher Verzicht kann allerdings erst nach dem Tode des Erblassers erklärt werden, da der Pflichtteilsanspruch vor dem Erbfall nicht entsteht[706]. Der Verzicht auf die

701 Vgl. *Naumann*, RNotZ 2003, 343, 364.

702 Hierzu *Dural/Öz*, § 16 Rn. 888; ebenso *Çabri*, § 35 Rn. 793.

703 Siehe dazu *Dural/Öz*, § 16 Rn. 885; *Çabri*, § 35 Rn. 803.; *Öztan*, S. 253; *Imre/Erman*, § 24 II 1.

704 *Öztan*, S. 255.

705 *Öztan*, S. 255.

706 *Imre/Erman*, § 29 I; *Öztan*, S. 114; *Çabri*, § 67 Rn. 1397.

Geltendmachung der Herabsetzungsklage und auf die Herabsetzungseinrede kann sowohl ausdrücklich als auch konkludent erklärt werden, ohne dass es hierzu einer besonderen Form bedarf[707].

Nach dem Tod des Erblassers kann der Pflichtteilsberechtigte nach Art. 605 ZGB die Ausschlagung der Erbschaft (*mirasın reddi*) erklären oder einseitig auf seinen Pflichtteil verzichten. Der Pflichtteilsverzicht kann gemäß Art. 557 Abs. 1 Ziff. 3 türkZGB sittenwidrig sein. Der Begriff der Sittenwidrigkeit nach dieser Vorschrift ist eine besondere Ausprägung des Art. 27 türkOGB[708]. Demnach liegt Sittenwidrigkeit vor, wenn der Inhalt einer Verfügung von Todes wegen oder eine ihr angefügte Bedingung oder Auflage gegen das Anstandsgefühl eines jeden Menschen verstößt, der vernünftig und gerecht denkt[709]. Unter welchen Umständen eine Sittenwidrigkeit anzunehmen ist, kann aufgrund der weiten Auslegung Schwierigkeiten bereiten[710]. Daher wird bei Ungültigkeit letztwilliger Verfügungen ein Verstoß der Sittenwidrigkeit „als letzter Rettungsanker" geltend gemacht. Ob ein Erbverzicht im Einzelfall als sittenwidrig qualifiziert wird, lässt sich nicht immer mit letzter Sicherheit prognostizieren. Dies stellt gerade für die Nachlassplanung im Familienunternehmen einen erheblichen Unsicherheitsfaktor dar.

Ferner ist ein Verzicht zur Absicherung der Unternehmensnachfolge nicht geeignet, wenn nicht sämtliche infrage kommenden Pflichtteilsberechtigten auf ihr gesetzliches Erbrecht, zumindest auf ihren Pflichtteil, verzichtet haben. Denn nur so hat der Erblasser eine uneingeschränkte gestalterische Freiheit bei der Nachfolgeplanung. Gegebenenfalls ist es sinnvoll, dass die Pflichtteilsberechtigten auf die Erhebung der Herabsetzungsklage und Herabsetzungseinrede verzichten.

Im Ergebnis ist der Abschluss eines Pflichtteilsverzichtsvertrages mit allen Beteiligten ein sicheres Mittel, Unternehmensnachfolger vor Pflichtteilsgefahren zu schützen und so den Bestand des Unternehmers zu sichern.

b) Pflichtteilsentziehung / *Mirasçılıktan Çıkarma (Iskat)*

Liegen Umstände vor, die eine Familienbindung nicht rechtfertigen, so kann es dann zu Unbilligkeiten kommen, wenn nahe Familienangehörige den Pflichtteil erhalten. Der Erblasser kann in diesen Fällen unter engen Voraussetzungen

707 Vgl. *Çabri*, § 67 Rn. 1397.

708 *Imre Erman*, § 25 II 1.

709 *Çabri*, § 64 Rn. 1397.

710 Siehe *Serozan*/Engin, § 4 Rn. 69.

durch Enterbung einem pflichtteilsberechtigten Erben sein Noterbrecht ganz oder teilweise nach Art. 510 ff. türkZGB entziehen[711]. Dabei ist nach türkischem Recht zwischen der Strafenterbung (*cezai mirasçılıktan çıkarma*), Art. 510-512 türkZGB und der Präventiventerbung (*koruyucu mirasçılıktan çıkarma*), Art. 513 türkZGB, zu unterscheiden[712]. Strafenterbungsgründe sind nach Art. 510 Ziff. 1, 2 türkZGB zum einen, wenn der Pflichtteilsberechtigte gegenüber dem Erblasser oder einem seiner nächsten Verwandten eine schwere Straftat begangen hat. Zum anderen, wenn er gegenüber dem Erblasser oder Mitgliedern seiner Familie familienrechtliche Verpflichtungen in schwerer Weise verletzt hat. In Anbetracht dessen, dass die Erbfolge auf Blutsverwandtschaft beruht und die Pflichtteilsberechtigten dem Erblasser am nächsten stehen, ist es nur folgerichtig, dass eine Verletzung dieser Verpflichtungen zu einer Auflösung der familiären Bindungen führt[713].

Die Enterbung kann nur durch eine einseitige Verfügung von Todes wegen erfolgen[714] und der jeweilige Grund ist nach Art. 512 Abs. 1 türkZGB in der letztwilligen Verfügung ausdrücklich anzugeben.

Folge der sog. Strafenterbung ist, dass der betroffene Pflichtteilsberechtigte von der Erbfolge ausgeschlossen ist und keine Herabsetzung verlangen kann, Art. 511 Abs. 1 türkZGB. Falls der Erblasser nichts anderes verfügt hat, wird der ausgeschlossene Erbe nach Art. 511 Abs. 2 türkZGB so behandelt, als sei er vorverstorben. Sein Erbteil fällt an dessen Nachkommen. Sind keine Nachkommen vorhanden, fällt dessen Erbteil gemäß Art. 511 Abs. 2 türkZGB an die gesetzlichen Erben des Erblassers. Die Abkömmlinge ihrerseits können so den Pflichtteil verlangen, als ob der Ausgeschlossene vorverstorben wäre, Art. 511 Abs. 3 türkZGB.

Der von der Erbfolge Ausgeschlossene kann gegen die Enterbung Widerspruch einlegen, Art. 512 Abs. 2 türkZGB, was im Erfolgsfalle jedoch nur bewirkt, dass er lediglich den Pflichtteil, nicht aber den vollen gesetzlichen Erbteil erhält, Art. 512 Abs. 3 türkZGB. Will er mehr erreichen, muss er eine Unwirksamkeitsklage erheben[715].

---

711 Grundlegend zur Enterbung siehe *Kocayusufpaşaoğlu*, S. 305 ff; *Serozan/Engin*, § 4 Rn. 183 ff.; *Kılıçoğlu*, § 11 VII; *Hatemi*, § 9 Rn. 29 ff.; *Öztan*, S. 142 ff.; *Eren/Yücer Aktürk*, § 7 III D 1c) cc) Rn. 776.

712 *Dural/Öz*, § 16 Rn. 916 ff.; *Öztan*, S. 142.

713 *Çabri*, § 17 Rn. 449; Öztan, S. 143; *Imre/Erman* § 28 I.

714 *Çabri*, § 17 Rn. 435; *Öztan*, S. 142, 147.

715 *Naumann*, RNotZ 2003, 343, 368.

Die sog. Präventiventerbung nach Art. 513 türkZGB gewährt dem Erblasser die Möglichkeit der Enterbung in „guter Absicht", wonach er die Hälfte des Pflichtteils seinen zahlungsunfähigen Nachkommen entziehen und diese Hälfte den vorhandenen Nachkommen desselben zuwenden kann. Dies dient dem Schutze eines Teiles des Pflichtteils vor Gläubigern des Noterben[716].

Sowohl durch Enterbung als auch durch besondere Erbunwürdigkeitsgründe (*mirastan yoksunluk sebepleri*) nach Art. 578 türkZGB können pflichtteilsberechtigte Erben von ihrem Pflichtteil ausgeschlossen werden. Der Unterschied zwischen beiden Instituten liegt darin, dass die Enterbung aufgrund des Willens des Erblassers durch eine Verfügung von Todes wegen erfolgt und eine Erbunwürdigkeit vom Willen des Gesetzgebers abhängt[717]. Sofern einer der Enterbungstatbestände wie Tötung des Erblassers, Herbeiführen der Testierunfähigkeit vorliegt, erlischt das Erbrecht der betroffenen Person von Gesetzes wegen, Art. 578 Abs. 1 S. 1, 579 Abs. 1 türkZGB. Daher bedarf es weder einer Anfechtung noch einer Ungültigkeitsklage[718]. An die Stelle des Erbunwürdigen treten dessen Abkömmlinge, Art. 579 Abs. 2 türkZGB. Die Verzeihung (*af*) durch den Erblasser schließt die Erbunwürdigkeit aus, Art. 578 Abs. 2 ZGB. Im Gegensatz zur Erbunwürdigkeit ist eine Verzeihung im Falle einer Enterbung gesetzlich nicht vorgesehen[719].

c) Pflichtteilsvermeidungsstrategie durch vorweggenommene Erbfolge[720] / *‚Öne Alınmış Mirasçılık' (Sağlararası Kazandırmalar) ile Saklı Paydan Kaçınma Stratejisi*

Maßnahmen vorweggenommener Erbfolge können auch nach türkischem Recht ein taugliches Instrument zur Vermeidung oder Minderung von Pflichtteilsansprüchen enterbter Abkömmlinge darstellen. So kann der Unternehmer sein Unternehmen im Wege der vorweggenommenen Erbfolge bereits zu Lebzeiten ganz oder teilweise auf einen Nachfolger übertragen. Wie bereits angerissen, kann dies aber dazu führen, dass im Erbfall Pflichtteilsberechtigte, die ihren Pflichtteil „dem Wert nach" nicht erhalten haben, nach Art. 560 türkZGB die Herabsetzung, mithin die Herstellung ihres Pflichtteils, verlangen können.

716 Vgl. *Dural/Öz*, § 16 Rn. 963.

717 *Serozan*/Engin, § 4 Rn. 185; *Öztan*, S. 142; *Imre/Erman*, § 28 I.

718 Siehe *Naumann*, RNotZ 2003, 343, 368.

719 Hierzu ausführlich *Dural/Öz*, § 16 Rn. 961 ff.

720 Einzelheiten zur vorweggenommenen Erbfolge siehe Kap. 7.

Aufgrund der Verfügungsfreiheit kann der Erblasser zwar lebzeitig grundsätzlich frei über sein Vermögen verfügen und ist nicht verpflichtet, den Erben genügend Vermögenswerte zu hinterlassen. Allerdings sieht der Gesetzgeber in Art. 508 türkZGB vor, dass Zuwendungen des Erblassers unter Lebenden insoweit zum Vermögen hinzugerechnet werden, als sie der Herabsetzungsklage der Pflichtteilsberechtigten unterliegen[721]. Zum Schutz des Pflichtteilsberechtigten soll insofern eine Beeinträchtigung des „unentziehbaren Pflichtteilsrechts" vermieden werden, dass der Erblasser, der einem Pflichtteilsberechtigten möglichst wenig zukommen lassen möchte, größere Teile seines Vermögens vor dem Tod verschenkt[722].

Die Bestimmung des Art. 560 türkZGB räumt dem Erblasser allerdings dann die Möglichkeit ein, einen unerwünschten Pflichtteilsberechtigten von der Erbschaft fernzuhalten, wenn ihm weitere liquide Mittel zur Verfügung stehen. So kann er unerwünschten Pflichtteilsberechtigten den Pflichtteil dem Wert nach durch Zuwendungen unter Lebenden zukommen lassen, ohne die Erhebung der Herabsetzungsklage befürchten zu müssen. Wie bereits an einigen Stellen der Arbeit erwähnt, kann der Erblasser allerdings nicht verhindern, dass der Pflichtteilsberechtigte wie die anderen Erben Gesamtrechtsnachfolger über den Nachlass wird und der Nachlass somit allen Erben zur gesamten Hand (*elbirliğiyle*) gehört. Später bei der Auseinandersetzung müsste der pflichtteilsberechtigte Erbe der Übertragung des Eigentums auf die anderen Erben dann zustimmen, wenn er seinen Pflichtteil „dem Wert nach" durch Geldleistung erhält[723]. Da jedoch in der Regel die Beteiligung an der Gesellschaft den Hauptteil des Nachlasses bildet, werden in den meisten Fällen nicht ausreichende liquide Mittel zur Verfügung stehen, um die weichenden Pflichtteilsberechtigten abzufinden. Eine Herabsetzungsklage der übergangenen Pflichtteilsberechtigten wird in diesen Fällen nicht zu vermeiden sein.

Die Herabsetzung von lebzeitigen Schenkungen ist in Art. 565 Ziff. 3 türkZGB geregelt. Demnach sind Schenkungen (*bağışlamalar*), die der Erblasser frei widerrufen konnte (*iradi dönme hakkı*), zu jeder Zeit herabsetzbar und somit nach Art. 508 türkZGB dem Nachlass hinzuzurechnen[724]. Die übrigen Schenkungen unterliegen nur dann der Herabsetzung, wenn der Erblasser sie innerhalb des letzten Jahres vor seinem Tode ausgerichtet hat. Ausgenommen sind davon die

721 *Çabri*, § 72 Rn. 1491; *Öztan*, S. 97.
722 Vgl. *Imre/Erman* § 29 IV 2c); Serozan/*Engin*, § 3 Rn. 29.
723 Serozan/*Engin*, § 3 Rn. 6b).
724 Serozan/*Engin*, § 3 Rn. 40; *Imre/Erman*, § 29 IV 2 c) bb); *Öztan*, S. 106.

üblichen Gelegenheitsgeschenke (*adet üzere verilen hediyeler*)[725]. Dabei bezieht sich der Beginn der Jahresfrist auf den Zeitpunkt der Schenkungserfüllung[726].

Ein Unternehmenserblasser, der Pflichtteilsansprüche von unerwünschten Pflichtteilsberechtigten meiden möchte, wird zugunsten seines Nachfolgers keine frei widerrufliche Schenkung ausrichten. Mit der kurzen Jahresfrist ist der eingeschränkte Anwendungsbereich von Art. 565 Ziff. 3 türkZGB somit zum Nachteil der pflichtteilsberechtigten Erben und zum Vorteil des Unternehmenserblassers ausgestaltet[727]. Von daher hat die Bedeutung der Umgehungsgeschäfte nach Art. 565 Ziff. 4 türkZGB in der Praxis zugenommen[728]. Bei dieser Vorschrift handelt es sich um einen Auffangtatbestand, der jegliche Übertragungen der Herabsetzung unterstellt, die der Erblasser offenbar zum Zwecke der Umgehung der Verfügungsbeschränkung vorgenommen hat[729]. Eine Frist ist zwar im Falle eines Umgehungsgeschäftes nicht einzuhalten, jedoch dürfte das Vorliegen der erforderlichen Umgehungsabsicht des Erblassers, für deren Beurteilung auf den Zeitpunkt der Zuwendung abgestellt wird[730], in der Praxis schwer nachweisbar sein, zumal die Beweislast dafür beim Kläger liegt[731].

Voraussetzung für die Herabsetzung nach Art. 565 Ziff. 3 türkZGB ist die unentgeltliche Übertragung von Vermögenswerten im Wege der Schenkung. Nach der Legaldefinition des Art. 285 türkOGB ist die Schenkung ein Vertrag, durch den sich der Schenker verpflichtet, mit Wirkung unter Lebenden aus seinem Vermögen den Beschenkten unentgeltlich zu bereichern. Die Schenkung ist grundsätzlich als Vertrag zu qualifizieren, der zwei synallagmatische Willenserklärungen, Angebot und Annahme, voraussetzt und zu Lebzeiten geschlossen werden muss[732]. Das objektive Element der Unentgeltlichkeit verlangt, dass die Zuwendung des Erblassers ohne entsprechende Gegenleistung vorgenommen worden ist. Erfolgte die Verfügung unter Lebenden jedoch gegen ein entsprechendes Entgelt, so kann sie grundsätzlich nicht herabgesetzt werden[733]. Bei der Schenkung müssen sich die Parteien über die Unentgeltlichkeit einig sein. Als unentgeltlich gelten lediglich Zuwendungen (*ivazsız kazandırma*), die mit

---

725 Hierzu *Öztan*, S. 102.
726 *Imre/Erman*, § 29 IV 2 c) aa); *Çabri*, § 72 Rn. 1513.
727 Vgl. *Serozan/Engin*, § 3 Fn 38.
728 *Imre/Erman*, § 29 Fn. 25.
729 *Imre/Erman*, § 29 IV 2 d); *Çabri*, § 72 Rn. 1527.
730 *Çabri*, § 72 Rn. 1528.
731 Vgl. *Çabri*, § 72 Rn. 1532.
732 *Yavuz*, S. 241; *Tandoğan*, S. 342, 350.
733 *Serozan/Engin*, § 3 Fn. 27.

dem Bewusstsein und dem Willen vorgenommen werden, eine Drittperson zu begünstigen, ohne hierzu rechtlich verpflichtet zu sein[734].

Bei einer gemischten Schenkung (*karma bağışlama*) ist das objektive Element der Unentgeltlichkeit teilweise gegeben, sodass der unentgeltliche Teil (*ivazsız kısmı*) nach Art. 565 Ziff. 3 türkZGB der Herabsetzung unterliegt[735]. Voraussetzung für das Vorliegen der Unentgeltlichkeit ist ferner, dass neben dem objektiven Element ein subjektives Element, das Vorliegen einer Zuwendungsabsicht des Erblassers gegeben ist. Somit ist ein Rechtsgeschäft unter Lebenden, das zum Zeitpunkt des Vertragsschlusses ein objektives Missverhältnis zwischen Leistung und Gegenleistung (*edimler arasında aşırı bir nispetsizlik*) begründet, herabsetzbar, wenn die Parteien eine unentgeltliche Zuwendung beabsichtigt haben[736].

Die Regelungen zur Herabsetzung wegen Schenkungen des Erblassers an Dritte haben auch nach türkischem Recht einschneidende Konsequenzen für die Nachfolgeplanung, insbesondere im Hinblick auf unternehmerisches Vermögen. Der als Konsequenz von Pflichtteilsansprüchen übergangener gesetzlicher Erben drohende Liquiditätsabfluss kann nicht dadurch vermieden werden, dass das unternehmerische Vermögen schon zu Lebzeiten übertragen wird. Allerdings ist die Konsequenz nach türkischem Recht nicht so einschneidend wie im deutschen Recht. Denn die Übertragung auf den Nachfolger braucht lediglich nur ein Jahr und nicht wie im deutschen Recht mindestens zehn Jahre vor dem Tod des Erblassers erfolgt zu sein, damit der Nachfolger Ansprüchen der Pflichtteilsberechtigten nicht ausgesetzt ist. Im Ergebnis stellen Maßnahmen vorweggenommener Erbfolge ein taugliches Instrument zur Vermeidung oder Minderung von Pflichtteilsansprüchen enterbter Abkömmlinge dar, sofern die Nachfolgeplanung rechtzeitig vollzogen wird.

d) Güterstandsvereinbarung / *Mal Rejimi Sözleşmesi*

Auch in der Türkei kommt der Wahl des ehelichen Güterstandes des Unternehmers große Bedeutung zu. Aufgrund des Liquiditätsabflusses kann die Erfüllung des Ehegattenpflichtteils für das Unternehmen und alle daran Beteiligten erhebliche wirtschaftliche Beeinträchtigungen mit sich bringen[737].

Bei dem Güterstand der Gütertrennung nach Art. 242 türkZGB nehmen die Eheleute in vermögensrechtlicher Hinsicht am wirtschaftlichen Erfolg des

734 Hierzu *Yavuz*, S. 241.

735 Hierzu vgl. *Dural/Öz*, § 21 Rn. 1140; *Öztan*, S. 103; *Serozan/Engin*, § 3 Rn. 46.

736 *Öztan*, S. 103.

737 Zur Güterstandsvereinbarung siehe *Zeytin*, S. 50 f.

anderen nicht teil. Von daher hat das Ehegüterrecht keinen Einfluss auf die Erbschaft, sodass das Unternehmen von Eherisiken freigehalten werden kann. Unter Liquiditätsgesichtspunkten ist allerdings der Güterstand der Gütertrennung insofern nachteilig, dass die mit der Gütertrennung verbundene Minderung des Ehegattenerbteils zur unerwünschten Aufstockung der Pflichtteilsansprüche enterbter Abkömmlinge führt. Im Übrigen ist anzumerken, dass Eheverträge in der Türkei unüblich sind[738]. Türkische Eheleute leben traditionell im gesetzlichen Güterstand und machen von der Ehevertragsfreiheit in der Regel fast keinen Gebrauch[739].

Anstelle der Gütertrennung kann der gesetzliche Güterstand der Errungenschaftsbeteiligung nach Art. 218ff. türkZGB zu einer Liquiditätsschonung im Erbfall führen. Im Rahmen der güterrechtlichen Auseinandersetzung steht dem überlebenden Ehegatten oder seinen Erben von Gesetzes wegen die Hälfte des Wertzuwachses (*artık değerinin yarısı*) des anderen zu, vgl. Art. 236 Abs. 1 türkZGB[740]. Die gesetzlich vorgesehene hälftige Beteiligung am Wertzuwachs ist aber nicht zwingend (*emredici değil*). Nach der Vorschrift des Art. 237 Abs. 1 türkZGB kann durch Ehevertrag eine andere Beteiligung am Wertzuwachs vereinbart werden. Zum Schutz der pflichtteilsberechtigten Erben sieht Art. 237 Abs. 2 türkZGB vor, dass solche Vereinbarungen die Pflichtteilsansprüche der nichtgemeinsamen Kinder und deren Nachkommen nicht beeinträchtigen dürfen. Eine entsprechende Pflichtteilsverletzung kann mit der Herabsetzungsklage geltend gemacht werden[741].

e) Pflichtteilsvermeidungsstrategie durch Anordnung der Vor- und Nacherbschaft / *Ön ve Artmiras Tasarrufu ile Saklı Paydan Kaçınma Stratejisi*

Einer Pflichtteilsvermeidung durch Anordnung der Vor- und Nacherbschaft steht die Vorschrift des Art. 569 türkZGB entgegen. Diese Vorschrift bestimmt, dass der Erbe, dessen Pflichtteil durch die Verpflichtung, das Erbe an den Nacherben zu überlassen, verletzt wird, die Herabsetzung des überschrittenen Pflichtteils verlangen kann. Eine Belastung des Pflichtteils mit Vor- und Nacherbschaft wird mithin nach türkischem Recht untersagt[742]. Ein durch Vor- und Nacherbschaft

738 *Saltaş-Özcan*, S. 35, ebenso *Krüger/Ansay*, StAZ 1983, 49, 52, Fn. 37; *ders.*, IPRax 1982, 252, 255, Fn. 38; *Yarayan*, NZFam 2016, 1147, 1148.

739 *Naumann*, RNotZ 2003, 343, 347.

740 Hierzu *Serozan/Engin*, § 3 Rn. 24; *Şıpka*, S. 264; Acabey, S. 173, *Zeytin*, S. 316, Rn. 698.

741 *Şıpka*, S. 277 ff.; *Acabey*, S. 174, *Zeytin*, S. 321, Rn. 710.

742 *Dural/Öz*, § 23 Rn. 1334.

beschwerter Pflichtteilsberechtigter hat zur Beseitigung der pflichtteilsverletzenden Verfügung die Herabsetzungsklage nach Art. 560 ff. türkZGB zu erheben[743].

f) Pflichtteilsvermeidungsstrategie durch gesellschaftsrechtliche Regelungen[744] / *Şirketler Hukuku Alanında Düzenlemeler ile Saklı Paydan Kaçınma Stratejisi*

In der Türkei räumt das Gesetz Kapitalgesellschaften Möglichkeiten für eine Steuerung der Unternehmensnachfolge ein. Für eine Vermeidung von Pflichtteilsansprüchen kommen daher primär gesetzliche Regelungen in Betracht. Beim Erwerb von Kapitalgesellschaftsanteilen durch Erbfolge besteht kraft Gesetzes die Möglichkeit, den nicht gewünschten Erben durch ein entsprechendes Erwerbsangebot „zwangsweise" von der Familiengesellschaft fernzuhalten. So kann die Gesellschaft mit beschränkter Haftung gemäß Art. 596 Abs. 2 türkHGB und die Aktiengesellschaft gemäß Art. 493 Abs. 4 türkHGB den Erben nur dann ablehnen, wenn sie ihm die Übernahme der Gesellschaftsanteile zum wirklichen Wert anbietet. Durch diese sog. Ankaufsklausel, ein vom Gesetz vorgesehener Ablehnungsgrund, kann eine Kapitalgesellschaft das Gesuch um Zustimmung zum Anteilsübergang (*devre onay istemi*) ohne Angabe von Gründen verweigern, wenn sie dem Erben die Übernahme der Anteile zum wirklichen Wert anbietet[745]. Damit schafft das Gesetz bei gesetzlichen Übertragungen wie beim Erbgang einen Ausweg für die Gesellschaft, einen unerwünschten Erben fernzuhalten sowie eine Überfremdung der Gesellschaft verhindern[746].

Dadurch werden zwar keine Pflichtteilsansprüche der weichenden Erben tangiert, jedoch gefährdet der Abfluss liquider Mittel die Unternehmenskontinuität. Denn die Übernahme der Anteile zum wirklichen Wert kann für die betroffene Gesellschaft einen existenzbedrohlichen Liquiditätsabfluss zur Folge haben. Eine Beschränkung oder gar ein Ausschluss des Entgeltes zum Schutz der Familiengesellschaft ist dem türkischen Recht fremd. Im Ergebnis stellen gesellschaftsrechtliche Regelungen nach türkischem Recht keine Möglichkeit zur Vermeidung oder Minderung von Pflichtteilsansprüchen von nicht gewünschten Erben dar.

---

743 Serozan/*Engin*, § 3 Rn. 93; *Çabri*, § 76 Rn. 1579; *Imre/Erman*, § 20 II 2; *Öztan*, S.139.

744 Ausführlich zu gesellschaftsrechtlichen Regelungen siehe Kap. 6.

745 Vgl. für die türkAG *Yüksel*, Galatasaray Üniversitesi Hukuk Fakültesi Dergisi 2013, S. 159, 165; *Bozkurt*, S. 215; *Akın*, S. 75.

746 *Yüksel*, Galatasaray Üniversitesi Hukuk Fakültesi Dergisi 2013, S. 159, 161, 164; *Çakır*, Sosyal Bilimler Dergisi 2018, S. 391, 401; *Uçar*, S. 80 f., 87.

g) Gründung gemeinnütziger Stiftungen / *Kamuya Yararlı Vakıf Kurulması*

In der Türkei wurden Stiftungen aus besonderen geschichtlichen Gründen erbrechtlich und steuerlich stets privilegiert[747]. Zuwendungen, die dem öffentlichen Interesse dienen, werden gutgeheißen. Die „unverdiente" Erbschaft soll, wenn nicht dem Gemeinwesen, so zumindest dem Gemeinwohl (dem öffentlichen Interesse) zukommen[748]. Es sollen gemeinnützige Organisationen als Erben eingesetzt werden. Dafür sollen eine Stiftungskultur verbreitet und besondere steuerlich und für pflichtteilsreduzierte Anreize ermöglicht werden[749].

Als Erstes wurde im Jahr 1960 zur Umgehung des Pflichtteilschutzes der Noterben der sog. „reduzierte Pflichtteil" bzw. die sog. „erweiterte Verfügungsquote" eingeführt[750]. Danach sollten gemeinnützig gegründete Stiftungen nicht am Pflichtteilsrecht gesetzlicher Erben scheitern. Dabei ist unter Gemeinnützigkeit die Förderung der Allgemeinheit oder eines bestimmten Personenkreises auf geistigem, kulturellem, sittlichem, sportlichem oder materiellem Gebiet zu verstehen[751].

Das neue ZGB von 2002 hat dieses Privileg abgeschafft. Die Berechnung der erweiterten Verfügungsquote war anscheinend so kompliziert, dass man im Zuge der Entlastung des Gesetzes von Ballasten wie die kompliziert gesetzliche Nutznießung und die gesamthänderische Härte der Erbengemeinschaft auch diese spezielle Beschränkung des Pflichtteils als Ballast abgeschüttelt hat[752]. Stattdessen wurde aber ein anderes Privileg eingeführt. Schonungswürdige gemeinnützige Zuwendungen werden nunmehr gemäß Art. 570 Abs. 2 türkZGB in der Reihenfolge der Herabsetzungen an letzter Stelle eingestuft, d.h. zuerst werden die Verfügungen von Todes wegen, danach die Zuwendungen unter Lebenden und an aller letzter Stelle werden die Zuwendungen an gemeinnützige Stiftungen herabgesetzt. Erst wenn Zuwendungen, die nicht von gemeinnütziger Art sind, bei der Herabsetzungsreihenfolge nicht zum Zuge kommen, werden gemeinnützige Zuwendungen herabgesetzt[753].

747 Hierzu *Serozan*, 100 Jahre Schweizerisches ZGB 80 Jahre Türkisches ZGB, 9, 15.
748 Ausführungen hierzu siehe *Serozan*, Successio 2014, 4, 23.
749 Serozan/*Engin*, § 3 Rn. 3.
750 *Serozan*, Beiträge zum türkischen Recht, 9. 15.
751 Vgl. *Akünal*, 100 Jahre Schweizerisches ZGB 80 Jahre Türkisches ZGB, 143, 152.
752 *Serozan*, Successio 2014, 4, 23.
753 Serozan/*Engin*, § 3 Rn. 72.

III. Vergleichender Teil: Unterschiede und Gemeinsamkeiten / *Mukayeseli Bölüm: Farklılıklar ve Benzerlikler*

Gemeinsam ist dem deutschen und dem türkischen Pflichtteilsrecht, dass es einen Kompromiss im Widerstreit zwischen der gesetzlich zwingenden Familienerbfolge und der privatautonomen Verfügungsfreiheit darstellt und den in den kontinentaleuropäischen Rechten verankerten Gedanken des Familienerbrechts zum Ausdruck bringt.

Die dogmatischen Unterschiede zwischen beiden Rechtssystemen sind hinsichtlich der inhaltlichen Ausgestaltung des Pflichtteilsrechts allerdings gewaltig. Sowohl die deutsche als auch die türkische Rechtsordnung sprechen vom „Pflichtteil" der nächsten Angehörigen, die damit verbundenen Rechte sind inhaltlichen insofern verschieden, dass die Mindestteilhabe im türkischen Recht als materielles Noterbrecht und im deutschen Recht als reiner schuldrechtlicher Zahlungsanspruch ausgestaltet ist. In der Türkei hat der Pflichtteilsberechtigte grundsätzlich einen Anspruch auf Einsetzung als Erbe.

Seinen materiellen Anspruch kann der Pflichtteilsberechtigte prozessual im Wege der Herabsetzungsklage dann geltend machen, wenn er seinen Pflichtteil „dem Wert" nach nicht erhalten hat. Dies ermöglicht zwar dem Erblasser, nicht gewünschte Pflichtteilsberechtigte von der Erbschaft fernzuhalten. Jedoch wird es im Regelfall an den liquiden Mitteln im ausreichenden Maße fehlen, um die weichenden Pflichtteilsberechtigten abzufinden.

Aufgrund der Ausgestaltung des türkischen Pflichtteilsrechts als materielles Noterbrecht kann der Erblasser somit nicht verhindern, dass der Pflichtteilsberechtigte wie die anderen Erben Gesamtrechtsnachfolger über den Nachlass wird und der Nachlass somit allen Erben zur gesamten Hand gehört. Erst bei der Auseinandersetzung hat der pflichtteilsberechtigte Erbe der Übertragung des Eigentums auf die anderen Erben zustimmen, wenn er seinen Pflichtteil „dem Wert nach" durch Geldleistung erhält. Demzufolge haben Pflichtteilsberechtigte in der Türkei eine stärkere Rechtsstellung als in Deutschland, wo sie keine unmittelbare, dingliche Beteiligung am Nachlass haben, sondern ihnen lediglich nur ein schuldrechtlicher Anspruch gegen den oder die Erben zusteht.

Im Gegensatz zum deutschen Recht variiert nach türkischem Recht die Höhe des jeweiligen Pflichtteils, je nachdem, welcher Parentel der Pflichtteilsberechtigte zuzuordnen ist. Nach deutschem Recht besteht der Pflichtteil in der Hälfte des Wertes des gesetzlichen Erbteils. In Deutschland unterliegt ein Unternehmer Pflichtteilsverpflichtungen bis zu 50% seines Vermögens, wenn er abweichend von der gesetzlichen Erbfolge letztwillig verfügt, in der Türkei sogar bis zu 3/4 seines Vermögens.

Die Durchsetzung der Rechte der nächsten Angehörigen aufgrund von Pflichtteilsverletzungen durch letztwillige Verfügungen des Erblassers erfolgt in Deutschland und in der Türkei unterschiedlich. In der Türkei kann der Pflichtteilsschutz nur durch Erhebung der Herabsetzungsklage hergestellt werden. Mit der erfolgreichen Herabsetzungsklage erreicht der Pflichtteilsberechtigte seine Einsetzung als Erbe in Höhe seiner Pflichtteilsquote, wird Mitglied der Erbengemeinschaft und hat als Erbe mit dinglicher Berechtigung Anteil am Nachlass. In Deutschland hat der Pflichtteilsberechtigte keinerlei dingliche Berechtigung am Nachlass. Er hat lediglich einen vollstreckbaren Zahlungstitel in Höhe seines Pflichtteilsanspruchs.

Da das türkische Pflichtteilsrecht als materielles Noterbrecht ausgestaltet ist, gibt das Pflichtteilsrecht keinen schuldrechtlichen Anspruch auf Geldzahlung gegen die Erben. Von einer Fälligkeit der Hinausschiebung des Pflichtteilsanspruchs kann daher nicht die Rede sein. Demzufolge gibt es im türkischen Recht auch keine Stundungsvorschrift wie des § 2331a BGB, der den Erben in Ausnahmefällen vor der drohenden Zerschlagung von Wirtschaftseinheiten schützt.

Nach beiden Rechtsordnungen steht das Pflichtteilsrecht als gesetzliche Pflichtbeteiligung nicht zur einseitigen Disposition des Erblassers. Daher sind die Möglichkeiten für eine Vermeidung von Pflichtteilsansprüchen in beiden Ländern eingeschränkt.

Zum Schutz des Unternehmensnachfolgers vor Pflichtteilsgefahren und zur Sicherung des Bestandes des Unternehmers ist der Abschluss eines Pflichtteilsverzichtsvertrages in beiden Ländern nur dann ein sicheres Mittel, wenn er mit allen Beteiligten abgeschlossen wird. Der Pflichtteilsberechtigte kann in der Türkei auf das Recht zur Erhebung der Herabsetzungsklage und der Herabsetzungseinrede vor dem Erbfall nur in erbvertraglicher Form verzichten. Einen solchen Verzicht sieht das deutsche Recht aufgrund der Wesensverschiedenheit des Pflichtteilsrechtes zum türkischen Recht nicht vor. Nach beiden Rechtsordnungen kann der Erblasser den Pflichtteilsberechtigten allerdings nicht durch einseitige letztwillige Verfügungen zwingen, einen belastenden Erbteil anzunehmen und auf die Geltendmachung des Pflichtteils zu verzichten bzw. Einschränkungen der gesetzlichen Mindestteilhabe hinzunehmen.

Maßnahmen vorweggenommener Erbfolge können in beiden Ländern ein taugliches Instrument zur Vermeidung oder Minderung von Pflichtteilsansprüchen enterbter Abkömmlinge darstellen, sofern die Nachfolgeplanung rechtzeitig vollzogen wird. Dies hat einschneidende Konsequenzen für die Nachfolgeplanung, insbesondere im Hinblick auf unternehmerisches Vermögen.

Allerdings ist die Konsequenz nach türkischem Recht nicht so einschneidend wie im deutschen Recht. Denn die pflichtteilsbeeinträchtigenden Schenkungen an den Nachfolger brauchen lediglich nur ein Jahr und nicht wie im deutschen Recht mindestens zehn Jahre wie im deutschen Recht vor dem Tod des Erblassers erfolgt zu sein, damit der Nachfolger Ansprüche der Pflichtteilsberechtigten nicht ausgesetzt ist.

Die Anordnung durch Vor- und Nacherbschaft ist nach beiden Rechtsordnungen kein taugliches Gestaltungsmittel zur Pflichtteilsvermeidung. In beiden Ländern gibt es nämlich explizite gesetzliche Regelungen zum Schutz des Pflichtteilsberechtigten, die eine Belastung des Pflichtteils mit Vor- und Nacherbschaft untersagen.

Nach deutschem Recht kann eine Pflichtteilsvermeidung gesellschaftsvertraglich durch eine allseitige Abfindungsbeschränkung/-ausschluss auf den Todesfall erreicht werden. Da vorher jedoch nicht absehbar ist, welcher Gesellschafter zuerst sterben wird, ist diese Lösung für eine Familienvermögensplanung nicht empfehlenswert. Eine Pflichtteilsvermeidung durch gesellschaftsrechtliche Regelungen ist nach türkischem Recht nicht möglich. Denn im türkischen Recht ist eine Beschränkung oder gar ein Ausschluss des Entgeltes zum Schutz der Familiengesellschaft nicht anerkannt.

Die Gründung von gemeinnützigen Stiftungen wird im türkischen Pflichtteilsrecht ausdrücklich privilegiert. Bei der Herabsetzungsreihenfolge werden Zuwendungen an gemeinnützige Stiftungen an aller letzten Stelle eingestuft. Eine entsprechende Privilegierung gibt es im deutschen Pflichtteilsrecht nicht.

Im Ergebnis stellt das Pflichtteilsrecht sowohl in Deutschland als auch in der Türkei ein extrem scharfes Schwert und somit die größte Schwierigkeit für die Unternehmensnachfolgeplanung dar.

6. Kapitel: Gesellschaftsrechtliche Rahmenbedingungen der Unternehmensnachfolge / *Şirketler Hukuku Açısından Şirket Halefiyetinin Koşulları*

I. Ineinandergreifen von Erbrecht und Gesellschaftsrecht / *Miras Hukuku ile Şirketler Hukukunun İç İçe Geçmiş Olması*

Selbst wenn die Rechtsnachfolge nach dem Erbfall nach erbrechtlichen Grundsätzen geklärt ist, gilt dies nicht zwangsläufig für die Rechtsnachfolge in eine unternehmerische Beteiligung des Erblassers[754]. Die Frage, ob und inwieweit ein Unternehmen bzw. eine Unternehmensbeteiligung überhaupt vererblich ist, ist nach handels- und gesellschaftsrechtlichen Grundsätzen zu beurteilen[755]. Die Rechtsnachfolge nach Erbrecht kann insbesondere im Widerspruch zu gesellschaftsvertraglichen Regelungen stehen, weil Gesellschaftsrecht und Erbrecht unterschiedliche Interessen im Blick haben. Während aus gesellschaftsrechtlicher Sicht der Bestand des Unternehmens und die Kontinuität der Unternehmensleitung im Vordergrund stehen, geht es im Erbrecht um den Anspruch der Erben auf ihren Anteil am Vermögen des Erblassers[756], und zwar grundsätzlich in Form von liquiden Mitteln[757]. Das Erbrecht hat Verteilungsfunktion, während das Gesellschaftsrecht auf Bestands- und Interessenausgleich abzielt. Die beiden Ebenen sind gesetzlich nicht aufeinander abgestimmt. Das Erbrecht des BGB ist nicht auf die Besonderheiten des dynamischen Unternehmens zugeschnitten, sondern hat statische Gegenstände wie Grundstücke oder Schmuck oder auch Geld im Blick, welche leicht zwischen den Erben aufzuteilen sind. Aufgrund der fehlenden Harmonisierung kommt daher dem Verhältnis von Gesellschaftsrecht und Erbrecht in der Praxis eine besondere Bedeutung zu[758]. Im Konfliktfall setzt sich das Handelsrecht durch, womit die gesellschaftsrechtlichen Vorschriften

---

754 Sudhoff/*Stracke*, Familienunternehmen, § 33 Rn. 114.
755 Vgl. Riedel/*Riedel*, § 4 Rn. 220; *Gesmann-Nuissl*, BB 2006, S. 2, 5.
756 Vgl. *Kalss/Dauner-Lieb*, GesRZ 2018, 261, 261.
757 Dazu insbesondere *Kalss/Dauner-Lieb*, GesRZ 2018, 261.
758 *Dauner-Lieb*, Unternehmen in Sondervermögen, S. 5; *Schmidt*, § 1 II 2c).

durch[759]. Der Vorrang der Vorschriften des Gesellschaftsrechts ergibt sich dabei aus Art. 2 EGHGB, wonach die Vorschriften des Bürgerlichen Gesetzbuches in kaufmännischen Angelegenheiten nur insoweit anwendbar sind, als das Handelsgesetzbuch oder das EGHBG selbst nichts anderes bestimmen. Dies kann im schlimmsten Fall dazu führen, dass die Erben – entgegen dem Willen des Gesellschaftererblassers – weder dessen Geschäftsanteil noch ein Entgelt bzw. eine Abfindung hierfür erhalten[760].

Auch in der Türkei besteht zwischen dem Zivil- und dem Obligationengesetzbuch (türkZGB und türkOGB) einerseits und dem Handelsgesetzbuch (türkHGB) anderseits das Verhältnis zwischen allgemeiner und spezieller Norm[761]. Das türkHGB ist aufgrund seines Art. 1 „ein untrennbarer Bestandteil (*ayrılmaz bir parçasıdır*) des Zivilrechts (türkZGB und türkOGB)". Soweit es um Handelsgeschäfte geht, gelten primär die Normen des türkHGB, die durch das Handelsgewohnheitsrecht und zivilrechtliche Normen ergänzt werden.

Im Interesse der Erben wie im Interesse des Gesellschaftererblassers ist es daher unerlässlich, Gesellschaftsvertrag und letztwillige Verfügung aufeinander abzustimmen. Ob die zu vererbenden Anteile als vererblich angesehen werden, hängt von der Rechtsform des Unternehmens und der Beteiligung des Erblassers ab[762]. Die Vererbung von Unternehmensbeteiligungen folgt ganz unterschiedlichen Regeln, je nachdem, ob es um die Beteiligung an einer Personen- oder an einer Kapitalgesellschaft geht. Im Folgenden sind daher die einzelnen Gesellschaftsformen und deren volkswirtschaftliche Bedeutung zu untersuchen, bevor auf die Vererblichkeit von Gesellschaftsanteilen und deren Einschränkungsmöglichkeiten eingegangen wird.

---

759 Vgl. Riedel/*Riedel*, § 8 Rn. 22.

760 *Perzborn*, RNotZ 2017, 405, 423; *Ivo*, ZEV 2006, 252, 255.

761 *Krüger*, Entwicklung und gegenwärtiger Stand des türkischen Privatrechts, S. 23.

762 Vgl. *Leipold*, § 17 Rn. 583a.

II. Vererblichkeit von Kapitalgesellschaftsanteilen und Nachfolgeregelungen nach deutschem Recht / *Alman Hukukuna Göre Sermaye Şirketi Hisselerinin Miras Yoluyla Geçişi ve Halefiyet Düzenlemeleri*

1. Rechtsformen von Unternehmen und Vermögenszuordnung / *Hukuki Şirket Şekilleri ve Malvarlığın Tahsisi*

Das deutsche Handels- und Gesellschaftsrecht unterliegt dem sog. Typenzwang (Numerus clausus der Gesellschaftsformen). Nach diesem Grundsatz sind die vom Gesetzgeber vorgegebenen Rechtsformen abschließend[763]. Es ist klar zu unterscheiden zwischen dem Einzelunternehmen und den Personengesellschaften einerseits, bei denen mindestens eine Person persönlich haftet und Kapitalgesellschaften andererseits. Bei einem Einzelunternehmen wird die unternehmerische Tätigkeit – wie der Name schon sagt – ohne weitere Teilhaber nur von einer einzelnen Person ausgeübt.

Zu den klassischen Personengesellschaften gehören die Gesellschaft bürgerlichen Rechts (GbR) gemäß §§ 705 ff. BGB, die offene Handelsgesellschaft (OHG) gemäß §§ 105 ff. HGB und die Kommanditgesellschaft (KG) gemäß §§ 161 ff. HGB.

Gängige Formen von Kapitalgesellschaften sind die Gesellschaft mit beschränkter Haftung (GmbH) nach dem GmbHG und die Aktiengesellschaft (AG) nach dem AktG.

Sowohl für das Einzelunternehmen als auch für die Personengesellschaft und die Kapitalgesellschaft ist zu klären, wem das Vermögen, welches unternehmerisch eingesetzt wird, rechtlich zuzuordnen ist[764]. Dabei ist der Unternehmensträger das Zuordnungssubjekt aller Rechte und Pflichten des Unternehmens, nicht der „Unternehmer". Der Begriff des Unternehmensträgers im privaten Außenrecht des Unternehmens dient der verlässlichen Rechtsordnung. Da das Unternehmen als Sachinbegriff in rechtsdogmatischer Sicht nicht als Rechtssubjekt angesehen werden kann, ist er an der Rechtsperson orientiert, nicht unbedingt an der betrieblichen Realität. Das Unternehmen ist mit anderen Worten die wirtschaftliche Einheit, der Unternehmensträger hingegen das rechtliche Zuordnungssubjekt. Dementsprechend wird der Unternehmensträger aus unternehmensbezogenen Geschäften berechtigt und verpflichtet.

---

763 *Saenger*, § 2 Rn. 36; *Windbichler*, § 1 Rn. 5.
764 Siehe hierzu *Crezelius*, § 3 Rn. 120; *Schmidt*, Handelsrecht, § 4 IV 1, 2a).

Beim Einzelunternehmer ist Unternehmensträger eine natürliche Person[765]. Personengesellschaften sind Gesamthandsgemeinschaften, deren Rechtsnatur seit Inkrafttreten des BGB umstritten ist[766]. Seit der Entscheidung des Bundesgerichtshofs vom 29. Januar 2001 (ARGE Weißes Ross)[767] billigen BGH und überwiegende Literatur der gesamthänderisch verbundenen Personengesellschaft mit einer Mittelstellung zwischen natürlicher und juristischer Person eine eigenständige Wirkungseinheit zu[768]. Dies ist auch die Linie des kürzlich vorgelegten Reformvorschlags[769]. Die Gesellschaft selbst (und nicht die Gesellschafter in ihrer gesamthänderischen Verbundenheit) ist Zurechnungsendpunkt aller Rechte und Pflichten. Die GbR ist damit „teilrechtsfähig“[770]. Die Gesellschafter haften für Verbindlichkeiten der Gesellschaft grundsätzlich unbeschränkt. Für OHG und KG ergibt sich dies im Ergebnis bereits aus den gesetzlichen Regeln der §§ 124, 128 HGB. Für die kautelarjuristische Praxis bedeutet das, dass die Personengesellschaften gegenüber ihren Mitgliedern jedenfalls dergestalt verselbstständigt sind, dass die Personengesellschaft als solches Zuordnungssubjekt des Gesellschaftsvermögens und damit auch Trägerin der gesamthänderischen Aktiva und Passiva ist[771].

Bei Kapitalgesellschaften stellt die Zurechnung des Vermögens aufgrund der Existenz der juristischen Person keine Besonderheit dar[772]. Die juristische Person des Privatrechts ist eine Gesellschaft im weiteren Sinne, welcher durch die Zivilrechtsordnung Rechtsfähigkeit verliehen wird. Die Rechtsfähigkeit der Organisationen der juristischen Person führt dazu, dass sie ohne Rücksicht auf die hinter ihr stehenden Rechtssubjekte eigenständiger Träger von Rechten und Pflichten sein kann, also Rechtssubjekt ist, das als eigenes Zuordnungssubjekt für Rechte und Pflichten dient[773]. Infolgedessen bestehen bei den Kapitalgesellschaften in

---

765 *Crezelius*, § 3 Rn. 120.

766 Siehe dazu umfassend aus neuester Zeit *Dieckmann*, Gesamthand und juristische Person.

767 BGHZ 146, 341 ff.; vgl. auch BGH NJW 2002, 1207; MüKo/*Schäfer*, § 705 Rn. 309 m.w.N.

768 BGHZ 116, 86; 146, 341; *Huber*, FS für Lutter, 2000, S. 107, 122ff.; *Windbichler*, § 5 Rn. 6 ff.

769 Vgl. zum sog. Mauracher Entwurf für ein Gesetz zur Modernisierung des Personengesellschaftsrechts (MoPeG) Henssler/Strohn/*Servatius*, § 705 BGB Rn. 1a; *Heinze*, DStR 2020, 2107.

770 Henssler/Strohn/*Servatius*, § 705 BGB Rn. 67.

771 *Crezelius*, § 3 Rn. 125.

772 *Crezelius*, § 3 Rn. 125.

773 *Schmidt*, Handelsrecht, § 5 I 2); *Crezelius*, § 3 Rn. 122.

der Regel keine Probleme hinsichtlich der Vererblichkeit der Beteiligung[774]. Zur Vererblichkeit von Kapitalgesellschaften wird im weiteren Verlauf der Arbeit näher eingegangen[775].

2. Volkswirtschaftliche Bedeutung der Kapitalgesellschaften / *Sermaye Şirketlerinin İktisadi Önemi*

Familienunternehmen nehmen in der Volkswirtschaft eine wesentliche Stellung ein[776]. Dies wird im Folgenden durch Zahlen und Daten zu den einzelnen Rechtsformen verdeutlicht.

Das Einzelunternehmen ist die in Deutschland am häufigsten anzutreffende Rechtsform. Im Jahre 2016 wurden 62,1 % aller umsatzsteuerpflichtigen Unternehmen in der Rechtsform eines Einzelunternehmens betrieben[777]. Diese 62,1 %-Einzelunternehmen erwirtschaften im Jahre 2016 aber lediglich 7,3 % des Gesamtumsatzes[778]. Der Anteil der sozialversicherungspflichtig Beschäftigten in Einzelunternehmen betrug im selben Jahr nur 11,7 % der Gesamtbeschäftigten[779]. In der Rechtsform der Personengesellschaften wurden im Jahre 2016 lediglich 11,3 % der umsatzsteuerpflichtigen Unternehmen betrieben. Auf diese Gesellschaftsform entfielen im gleichen Jahr 20,3 % des Gesamtumsatzes. Der Anteil der sozialversicherungspflichtig Beschäftigten betrug ebenfalls im gleichen Jahr 17,7 % der Gesamtbeschäftigten. Das Zugpferd der gesamten deutschen Wirtschaft sind die Kapitalgesellschaften. 20,3 % aller Gesellschaften, die umsatzsteuerpflichtige Tätigkeiten ausführen, wurden im Jahre 2016 in der Rechtsform der Kapitalgesellschaften betrieben. Dies erscheint wenig, insbesondere im Vergleich zu 62,1 % Einzelunternehmen. Betrachtet man jedoch den Umsatz, so wird die enorme volkswirtschaftliche Bedeutung der Kapitalgesellschaften

---

774 *Scherer*, § 1 Rn 37.

775 Ausführlich zur Vererblichkeit von Kapitalgesellschaftsanteilen siehe II 3) dieses Kapitels.

776 Vgl. Kap. 1 I.

777 Quelle: Statistisches Bundesamt, Sonderauswertung des Unternehmensregisters im Auftrag des IfM Bonn, https://www.ifm-bonn.org/fileadmin/data/redaktion/statistik/mittelstand_im_einzelnen/dokumente/Unt_2012-2016_D_RF.pdf

778 Quelle: Statistisches Bundesamt, Sonderauswertung des Unternehmensregisters im Auftrag des IfM Bonn, https://www.ifm-bonn.org/fileadmin/data/redaktion/statistik/mittelstand_im_einzelnen/dokumente/Ums_2012-2016_D_RF.pdf

779 Quelle: Statistisches Bundesamt, Sonderauswertung des Unternehmensregisters im Auftrag des IfM Bonn, https://www.ifm-bonn.org/fileadmin/data/redaktion/statistik/mittelstand_im_einzelnen/dokumente/SVB_2016_D_RF-STR.pdf

deutlich klar. Denn 69,4 % aller Umsätze wurden von den Kapitalgesellschaften getätigt. Der Anteil der sozialversicherungspflichtig Beschäftigten lag im selben Jahr bei 57,3 % der Gesamtbeschäftigten. Damit ist die Kapitalgesellschaft die umsatz- und beschäftigungsstärkste Rechtsform in Deutschland. Da der Anteilsvererbung bzw. -übertragung von Kapitalgesellschaften volkswirtschaftlich eine erhebliche Bedeutung zukommt, beschränkt sich die nachfolgende Darstellung auf die Anteilsvererbung bzw. -übertragung von Kapitalgesellschaften[780].

3. Gesetzliche Ausgangslage: Vererblichkeit von Kapitalgesellschaftsanteilen und Unterschiede zwischen den Rechtsformen / *Yasal Durum: Sermaye Şirket Hisselerinin Miras Yoluyla Geçmesi ve Hukuki Şirket Şekilleri Açısından Farklar*

Stirbt der Inhaber eines Kapitalgesellschaftsanteils, dann folgt aus der Existenz der juristischen Person, dass die Kapitalgesellschaft als solche vom Erbfall des Anteilseigners unberührt bleibt. Sie ist vom Vermögen der Gesellschafter und vom Wechsel im Mitgliederbestand prinzipiell unabhängig. Die daraus resultierende Abstrahierung zwischen Kapitalgesellschaftsebene einerseits und der Gesellschafterebene andererseits führt insbesondere zur Fungibilität der Mitgliedschaftsrechte[781]. Dies gilt im Ausgangspunkt für die GmbH und die AG gleichermaßen.

Der wichtigste Unterschied zwischen den beiden Typen ist das Prinzip der formellen Satzungsstrenge bei der AG. Während die Verfassung der GmbH von einer weitgehenden privatautonomen Gestaltungsfreiheit der Gesellschafter im Innenverhältnis ausgeht, soweit nicht zwingende Regeln des GmbHG entgegenstehen, darf nach § 23 Abs. 5 AktG die Satzung der AG von den Vorschriften des AktG nur abweichen, wenn das Gesetz eine derartige Abweichung ausdrücklich zulässt [782]. Obwohl damit vor allem zum Schutz der Gläubiger und der Aktionäre die Satzungsautonomie der AG stark eingeschränkt ist, bestehen bezüglich der Vererblichkeit des Mitgliedschaftsrechtes im Vergleich zum GmbH-Geschäftsanteil keine gravierenden Unterschiede. Der historische Gesetzgeber von 1882 hatte das Ziel verfolgt, der GmbH eine „Mittelstellung

---

780 Zu dem Problem der Vererbung von einzelkaufmännischen Unternehmen und Anteilen an Personengesellschaften vgl. etwa *Dauner-Lieb*, Unternehmen in Sondervermögen.

781 *Crezelius*, § 10, Rn. 380.

782 Siehe nur *Hüffer/Koch*, § 23 Rn. 34 ff. m.w.N.

zwischen den strengen individualistischen Gesellschaftsformen und der Aktiengesellschaft zuzuweisen“[783]. Diesem Leitbild eines in der Mitte zwischen kapital- und personengesellschaftsrechtlichen Strukturen angesiedelten Verbandes entspricht auch heute noch das gesetzgeberische Regelungskonzept zur Übertragung von Geschäftsanteilen.

Nach dem deutschen GmbH- und Aktienrecht sind Geschäftsanteile an einer GmbH bzw. Anteile an einer AG, die Aktien, nicht nur frei übertragbar, sondern auch vererblich[784]. Verstirbt ein Gesellschafter einer Kapitalgesellschaft, geht sein Geschäftsanteil im Wege der Gesamtrechtsnachfolge gemäß § 1922 Abs. 1 BGB zwingend auf den gesetzlichen oder testamentarischen Erben über[785]. Die Erben rücken in die Rechtsposition des Erblassers ein[786]. Für den Übergang bedarf es keiner Mitwirkung der übrigen Gesellschafter[787]. Dieser automatische Übergang kann durch den Gesellschaftsvertrag nicht ausgeschlossen werden[788].

Die zwingende Vererblichkeit der Beteiligung an einer Kapitalgesellschaft ist der wesentliche Unterschied zur Rechtslage bei Personengesellschaften[789]. Die gesetzlichen Regelungen für den Tod eines Gesellschafters (§ 727 Abs. 1 BGB, §§ 131 Abs. 3 1 Nr. 1, 161 Abs. 2, 177 HGB) sind bei Personengesellschaften dispositiv. Bei Personengesellschaften kann daher der Gesellschaftsvertrag den Rechtsübergang der Beteiligung auf den Erben in weitem Umfang durch Klauseln steuern[790]. Das Statut einer Kapitalgesellschaft kann dagegen nur das „Behalten dürfen“ durch die Erben regeln[791]. Mithin bestimmt sich die Vererblichkeit von Kapitalgesellschaftsanteilen – anders als im Personengesellschaftsrecht – ausschließlich nach dem Erbrecht. Ferner ist für die Rechtsstellung mehrerer Miterben ein wesentlicher Gegensatz zur Rechtslage bei den Personengesellschaften

---

783 Hierzu Scholz/ *Seibt*, § 15 Rn. 1.

784 Vgl. Baumbach/Hueck/*Fastrich*, § 15 Rn. 1; Scherer/*Ploß*, § 5 Rn. 142, 143; Scherer/*Scherer*, § 1 Rn. 37.

785 MüKo/*Leipold*, § 1922 Rn. 103 ff.; Palandt/*Weidlich*, § 1922 Rn. 23, 34, § 2032 Rn. 9, 10.

786 *Lorz/Kirchdörfer*, Kap. 7 Rn. 63.

787 *Sommer*, Unternehmensnachfolge, S. 253, 253.

788 MüKo/*Leipold*, § 1922 Rn. 103; Scholz/Winter/*Seibt*, GmbHG, § 15 Rn. 28; *Ivo*, ZEV 2006, 252, 252.

789 So löst sich gemäß § 727 Abs. 1 BGB die GbR mit dem Tod eines Gesellschafters auf und die OHG und KG werden mit den übrigen Gesellschaftern fortgesetzt, §§ 131 Abs. 3 1 Nr. 1, 161 Abs. 2 HGB. Der Anteil ist kraft Gesetzes nicht vererblich. Dies gilt nicht für den Kommanditanteil, der gemäß § 177 HGB stets vererblich ist.

790 Vgl. *Ivo*, ZEV 2006, 252, 253.

791 *Lorz/Kirchdörfer*, Kap. 7 Rn. 65.

gegeben. Es tritt keine Sondererbfolge jedes einzelnen Erben ein[792]. Mehrere Erben erwerben gemäß § 2032 Abs. 1 BGB einen Kapitalgesellschaftsanteil gesamthänderisch gebunden in Erbengemeinschaft[793]. Sie rücken zwingend als Erbengemeinschaft in die Gesellschafterstellung ein. Ein zwischen ihnen etwa bestehender Streit wird daher unmittelbar in die Gesellschaft hineingetragen und kann die Gesellschaft in ihrer Handlungsfähigkeit beeinträchtigen[794]. Auch steht jedem Miterben grundsätzlich ein Recht auf jederzeitige Auseinandersetzung zu, § 2042 BGB.

Die Unabhängigkeit vom Bestand der Mitglieder und die Vererblichkeit der Mitgliedschaft bei Kapitalgesellschaften führt im Falle des Todes eines Gesellschafters dazu, dass die verbliebenen Gesellschafter einer Kapitalgesellschaft einem völlig neuen Gesellschafterkreis ausgesetzt sein können. Dieses Szenario birgt die Gefahr der Überfremdung und Zersplitterung der Gesellschafterstruktur[795], die im Folgenden aufgrund der spezialgesetzlichen Regelungen für die GmbH und die AG gesondert näher betrachtet wird.

a) GmbH-Anteile / *Limited Şirket Hisseleri*

Die zwingende Vererblichkeit der Geschäftsanteile an der Gesellschaft mit beschränkter Haftung folgert die ganz herrschende Meinung aus der Vorschrift des § 15 Abs. 1, 2. Alt. GmbHG[796]. Die Vererblichkeit des Geschäftsanteils bedeutet, dass sich das Schicksal des Geschäftsanteils beim Tod des Gesellschafters nach den erbrechtlichen Regeln richtet[797]. Der Anteil geht gemäß §§ 1922 Abs. 1, 1967 BGB auf den oder die Erben über, und zwar mit allen damit verbundenen Rechten und Pflichten einschließlich etwaiger Sonderrechte und -pflichten, sofern diese nicht als höchstpersönlich ausgestaltet worden sind. Die Vererblichkeit der Geschäftsanteile ist zwingend, d.h. sie kann weder durch einen Beschluss der Gesellschafterversammlung noch durch die Satzung

---

792 Zur Vererblichkeit von OHG-Anteilen siehe BGHZ 22, 186, 192; Sudhoff/*Stracke*, Familienunternehmen, § 33 Rn. 136; *Döbereiner*, Unternehmenserbrecht in Europa, S. 1, 21; *Pauli*, S. 26 Rn. 57.

793 MüKo/*Leipold*, § 1922 Rn. 103; MüKo/*Leipold*, § 2032 Rn. 12 ff.; *Schmidt*, § 35 II 3, S. 1050.

794 *Ivens*, ZEV 2011, 177, 178.

795 Vgl. *Perzborn*, RNotZ 2017, 405, 405.

796 MüKo/*Leipold*, § 1922 Rn. 104; MüKo/*Reichert/Weller*, GmbHG, § 15 Rn. 438 f., m.w.N.

797 Siehe Henssler/Strohn/*Verse*, § 15, Rn. 25; Baumbach/Hueck/*Fastrich*, § 15 Rn. 10.

ausgeschlossen werden[798]. Es kann damit nicht verhindert werden, dass die Erben des Gesellschafters in die Gesellschaft eintreten[799]. Die Geschäftsanteile fallen - zumindest vorerst - in den Nachlass[800]. Allerdings gilt der Einzelerbe, obwohl Rechtsinhaber und im Außenverhältnis uneingeschränkt Gesellschafter, im Verhältnis zur Gesellschaft, also insbesondere in Bezug auf seine Gesellschafterrechte, gemäß §§ 16 Abs. 1 S. 1, 40 GmbHG erst mit der Eintragung in die Gesellschafterliste als Inhaber[801]. Die Gesellschafterliste gilt im Innenverhältnis als Legitimationsgrundlage der Gesellschafter gegenüber der Gesellschaft[802].

Bei Nachfolge einer Mehrzahl von Erben fallen automatisch die GmbH-Geschäftsanteile gemäß § 1922 Abs. 1 BGB der Erbengemeinschaft zur gesamten Hand, §§ 2032 ff. BGB an. Der Geschäftsanteil geht unmittelbar und „ungeteilt" auf die Erbengemeinschaft über, sodass die Erbengemeinschaft Gesellschafter einer Kapitalgesellschaft werden kann[803]. Die Miterben können ihre Rechte aus dieser Beteiligung gemäß § 18 Abs. 1 GmbHG nur gemeinschaftlich ausüben, d.h. sie können nur einstimmig gemäß § 2040 Abs. 1 BGB über den Anteil verfügen und müssen Maßnahmen der ordnungsgemäßen Verwaltung gemäß §§ 2038 Abs. 2, 745 Abs. 1 BGB mehrheitlich beschließen[804]. Der Mehrheitsbeschluss der Erbengemeinschaft gilt gemäß § 18 Abs. 1 GmbHG auf der Gesellschafterversammlung als einheitliche Stimmabgabe[805]. Anlass für die Regelung des § 18 Abs. 1 GmbHG ist die Überlegung des GmbH-Gesetzgebers, dass durch die Mitberechtigung mehrerer Subjekte an einem GmbH-Geschäftsanteil die Stellung der GmbH nicht verschlechtert oder erschwert werden soll[806]. Allerdings führt das Erfordernis der gemeinschaftlichen Ausübung der Rechte zu einer gewissen Schwerfälligkeit, sodass es im Falle der GmbH im Interesse der Gesellschaft zweckmäßig ist, im Gesellschaftsvertrag zu regeln, dass die Miterben

---

798 Siehe auch Henssler/Strohn/*Verse*, GmbHG, § 15 Rn. 26; MüKo/*Reichert/Weller*, GmbHG, § 15 Rn. 441; Soergel/*Wolf*, § 2032, Rn. 35; Baumbach/Hueck/*Fastrich*, § 15 Rn. 12.

799 *Hannes/Kuhn/Brückmann*, § 1 Rn. 180; *Mutter*, S. 190.

800 Baumbach/Hueck/*Fastrich*, § 15 Rn. 9.

801 Scholz/*Seibt*, § 15 Rn. 24; *Crezelius*, § 8 Rn. 321.

802 Baumbach/Hueck/*Fastrich*, § 16 Rn. 1.

803 Siehe *Pauli*, S. 64 Rn. 148; *Ivo*, ZEV 2006, 252, 253; Scholz/*Seibt*, § 15 Rn. 24.

804 *Crezelius*, § 8, Rn. 322.

805 OLG Karlsruhe GmbHR 1995, 824 ff.; MüKo/*Gergen*, § 2032 Rn. 88; Soergel/*Wolf*, BGB, § 2032 Rn. 35.

806 Vgl. Henssler/Strohn/*Verse*, § 18 GmbHG Rn. 1; Baumbach/Hueck/*Fastrich*, § 18 Rn. 1; *Crezelius*, § 8, Rn. 322.

entsprechend der aktienrechtlichen Regelung in § 69 Abs. 1 AktG zu Bestellung eines gemeinsamen Vertreters verpflichtet sind[807].

Die Geschäftsanteile gelangen erst dann an die einzelnen Erben, wenn die Miterbengemeinschaft sich auseinandersetzt, d.h., der ungeteilte Nachlass auf die Erben verteilt wird[808]. Will sich die Erbengemeinschaft auseinandersetzen und soll eine Person den gesamten Geschäftsanteil erhalten, muss die Erbengemeinschaft in der Form des § 15 Abs. 3 GmbHG, also in notarieller Form den Geschäftsanteil an den Übernehmer abtreten[809]. Die Teilung eines Geschäftsanteils im Zuge der Erbauseinandersetzung bedarf nach der neuen Rechtslage nicht mehr der Genehmigung der Gesellschaft[810]. Die Teilung ist nunmehr grundsätzlich frei möglich, sodass es zu ungewollten Zersplitterungseffekten kommen kann[811]. Diese können aber durch Satzungsregelungen vermieden werden, welche die Teilung eines Geschäftsanteils von der Zustimmung/Genehmigung abhängig machen und sie somit erschweren[812].

b) Aktien / *Anonim Şirket Hisseleri*

Da sich im Aktiengesetz keine spezialgesetzliche Regelung findet, folgt die Vererblichkeit von Aktien aus der allgemeinen Vorschrift des § 1922 BGB[813]. Einer besonderen Bestimmung in der Satzung, die die Aktie vererblich stellen würde, bedarf es daher nicht. Gesellschaftsvertragliche Nachfolgeklauseln haben deshalb lediglich deklaratorischen Charakter[814]. Der Grundsatz der freien Vererblichkeit gilt für Inhaber- sowie für Namensaktien[815]. Der Inhaber einer Namensaktie kann zwar grundsätzlich seine Mitgliedschaftsrechte nur dann ausüben, wenn er nach § 67 Abs. 2 AktG in das Aktienregister eingetragen ist.

---

807 MüKo/*Leipold*, § 1922 Rn. 107 m.w.N.

808 *Scherer*/Blanc/Kormann/Groth/Wimmer, Kap. 4 Rn. 17.

809 *Döbereiner*, Unternehmenserbrecht in Europa, S. 1, 21; Baumbach/Hueck/*Fastrich*, § 15 Rn. 11, 25.

810 Nach der früheren Rechtslage war die Teilung eines Geschäftsanteils von der Genehmigung der Gesellschaft abhängig, § 17 I GmbHG a.F., welcher durch MoMiG am 01.11.2008 aufgehoben wurde.

811 Vgl. *Crezelius*, § 8 Rn. 323.

812 *Heckschen*, ZErb 2008, 246, 249 f.; *Crezelius*, § 8 Rn. 323.

813 Riedel/*Riedel*, § 4 Fn. 416; Palandt/*Weidlich*, § 1922 Rn. 23f.; MüKo/*Leipold*, BGB, § 1922 Rn. 78; Staudinger/*Herzog*, BGB, § 2311 Rn. 154; Sudhoff/*Froning*, Unternehmensnachfolge, § 46 Rn. 73; § 48 Rn. 1.

814 *Mutter*, S. 189.

815 Soergel/Wolf, BGB, § 2032, Rn. 34; *Crezelius*, § 10, Rn. 380.

Jedoch gilt diese Vorschrift nur für einen rechtsgeschäftlichen Aktienerwerb und nicht für den Erwerb im Wege der Gesamtrechtsnachfolge nach § 1922 BGB[816]. Im Verhältnis zur AG gilt der Erbe jedoch erst mit der Eintragung ins Aktienregister als Aktionär[817].

Aktien sind zwingend vererblich, d.h. die Vererblichkeit der Aktien kann mithin weder durch die Satzung ausgeschlossen werden, noch ist eine Sondererbfolge möglich[818]. Insoweit besteht also die gleiche Rechtslage wie bei der GmbH. Wird der Aktionär von mehreren Personen beerbt, werden diese gesamthänderisch als Miterbengemeinschaft Inhaber der Gesellschaftsbeteiligung, § 2032 BGB bzw. § 69 AktG. Im Rahmen der Erbauseinandersetzung ist die Vorschrift des § 8 Abs. 5 AktG zu beachten. Danach sind Aktien – anders als Geschäftsanteile an einer GmbH – unteilbar, d.h. eine Realteilung der einzelnen Aktie ist ausgeschlossen. Gleichwohl möglich ist eine Teilung der Aktien im Rahmen der Neustückelung des Grundkapitals der AG durch satzungsändernden Gesellschafterbeschluss[819]. Die Miterben, die im Erbfall die Aktien des Erblassers erhalten, können ihre Rechte gemäß § 69 Abs. 1 AktG nur gemeinschaftlich durch einen gemeinsamen Vertreter ausüben, sodass ihre Mitverwaltungsrechte bis zur Bestellung eines gemeinsamen Vertreters ruhen[820].

4. Gestaltungsmöglichkeiten durch Nachfolgeregelungen im Gesellschaftsvertrag / *Şirket Sözleşmesiyle Halefiyet Düzenlemeleri*

Wie bereits dargestellt, kann die Vererblichkeit eines Anteils an einer Kapitalgesellschaft durch Satzung nicht ausgeschlossen werden und auch nicht durch die Festlegung eines Genehmigungserfordernisses beschränkt werden[821]. Angesichts der freien Vererblichkeit von Kapitalgesellschaftsanteilen ist jedoch die Satzungsgestaltung bei personalistisch strukturierten Kapitalgesellschaften, insbesondere also bei Familienunternehmen, von dem Bemühen geprägt, die freie Übertragbarkeit zumindest einzuschränken[822]. Gesellschaftsvertraglich besteht

816 *Crezelius*, § 10 Rn. 380.

817 *Perzborn*, RNotZ 2017, 405, 424.

818 MüKo/*Leipold*, § 1922 Rn. 103; Palandt/*Weidlich*, § 1922 Rn. 23; *Sommer*, Unternehmensnachfolge, S. 253, 266; *Crezelius*, § 8 Rn. 380, 382; Scherer/*Ploß*, § 24 Rn. 899.

819 Hüffer/*Koch*, § 8 Rn. 27; *Perzborn*, RNotZ 2017, 405, 424.

820 Soergel/*Wolf*, BGB, § 2032 Rn. 34, *Crezelius*, § 10 Rn. 382.

821 Siehe auch *Döbereiner*, Unternehmenserbrecht in Europa, S. 1, 22.

822 *Lorz/Kirchdörfer*, Kap. 7 Rn. 65; Riedel/*Riedel*, § 4 Rn. 344.

die Möglichkeit durch sog. „Nachfolgeklauseln“ zu regeln, unter welchen Voraussetzungen der auf die Erben des verstorbenen Gesellschafters übergegangene Geschäftsanteil bei den Gesellschaftererben verbleibt[823]. Die Erben haben diese Regelung zu akzeptieren, denn sie haben die Mitgliedschaft in der Gesellschaft in ihrer konkreten satzungsmäßigen Ausgestaltung erworben[824]. Damit sind auch die sich aus der Satzung ergebenden Pflichten nach § 1967 BGB auf sie übergegangen. Diese Klauseln sollen dem Überfremdungs- und Bestandschutz der Gesellschaft dienen und den Gründerwillen über Generationen hinweg sichern. Auch kommt dadurch insbesondere für Familienunternehmen die so wichtige Identifizierung der Familie mit „ihrem“ Unternehmen sowie die Sicherung des Familieneinflusses zum Ausdruck. Unabhängig von der Art der Nachfolgeklausel erhalten die Erben eine Entschädigung/Abfindung für die Abgabe der Anteile, deren Höhe beschränkt oder in Ausnahmefällen auch ganz ausgeschlossen werden kann[825]. Im Folgenden werden die einzelnen Nachfolgeklausen untersucht, bevor im Anschluss auf die Abfindungsansprüche der Erben eingegangen wird. Dabei wird insbesondere die Frage erörtert, wie Abfindungsbeschränkungen bzw. -ausschlüsse sich pflichtteilsrechtlich auswirken. Bei den einzelnen Nachfolgeklauseln werden aus Gründen der Übersichtlichkeit die GmbH und die Aktiengesellschaft gleichzeitig behandelt.

a) Einziehungsklauseln / *İtfa Klozu*[826]

Zu den häufigsten Formen, um eine Zersplitterung der Gesellschaft zu vermeiden und die Gesellschaft vor einer Überfremdung zu schützen, gehören die sog. Einziehungsklauseln. Diese sind Klauseln in Gesellschaftsverträgen, die es den verbleibenden Gesellschaftern erlauben, den Geschäftsanteil nach dem Tod des Gesellschafters nach § 34 GmbHG bzw. § 237 AktG einzuziehen[827]. Einziehungsklauseln führen zwar nicht zu einem unzulässigen Ausschluss der Vererblichkeit, doch kommen sie diesem Ergebnis wirtschaftlich nahe. Der Anteil des verstorbenen Gesellschafters wird letztlich vernichtet[828]. Sämtliche mit dem

823 Vgl. BGH, WM 1976, 204, 205; MüKo/*Leipold*, § 1922 Rn. 107; *Perzborn*, RNotZ 2017, 405, 413; *Pauli*, S. 68 Rn. 157.

824 Vgl. *Werner*, ErbR 2010, 381, 381.

825 Vgl. *Scherer*/Blanc/Kormann/Groth/Wimmer, Kap. 4, S. 234.

826 Die Einziehungsklausel ist vergleichbar mit der Fortsetzungsklausel im Gesellschaftsvertrag einer Personengesellschaft.

827 Zur Einziehungsklausel siehe BGH, BB 1977, 563 ff.; GmbHR 1977, 81 ff.; OLG München ZIP 1984, 1349 ff.; Sudhoff/*Froning*, Unternehmensnachfolge, § 48 Rn. 10, 34 ff.

828 *Crezelius*, § 8 Rn. 324.

eingezogenen Geschäftsanteil verbundenen Rechte und Pflichte erlöschen[829]. Mit dieser Regelung wird das Ziel verfolgt, die Gesellschaft allein mit den verbleibenden Gesellschaftern fortzusetzen[830].

Die Einziehung (Amortisation) erfolgt bei der **GmbH** durch einen entsprechenden Gesellschafterbeschluss nach § 46 Nr. 4 GmbHG, für den die einfache Mehrheit genügt[831] und der den Anteil unmittelbar vernichtet[832]. Die Einziehung von Geschäftsanteilen darf nur erfolgen, soweit sie im Gesellschaftsvertrag zugelassen ist, § 34 Abs. 1 GmbHG. Das Einziehungsrecht kann sich auf den ganzen Anteil des Erblassers beziehen und schließt dann sämtliche Erben von der Gesellschafterstellung aus. Es kann sich jedoch auch auf einen Teil eines Anteils beschränken und schließt in diesem Fall nur einzelne Erben von der Gesellschafterstellung aus[833]. Der Geschäftsanteil muss dann gemäß § 46 Nr. 4 GmbHG erst geteilt werden. Soweit dies in der Satzung einer GmbH vorgesehen ist, kann die Einziehung der Geschäftsanteile auch ohne Zustimmung des betroffenen Gesellschafters bzw. seiner Erben erfolgen, § 34 Abs. 2 GmbHG.

Voraussetzung für die Einziehung ist, dass die Einlage auf den vererbten Geschäftsanteil gemäß § 19 Abs. 2 GmbHG voll geleistet ist und eine etwaige Abfindung im Augenblick der Zahlung aus dem freien Vermögen der GmbH ohne Verstoß gegen den Kapitalerhaltungsgrundsatz geleistet werden kann, § 34 Abs. 3 GmbHG i.V.m. § 30 Abs. 1 GmbHG. Die Einziehung von Geschäftsanteilen hat zu unterbleiben, wenn bzw. soweit nicht sichergestellt ist, dass eine etwaige Abfindung an den oder die Erben aus dem Stammkapital übersteigenden Mitteln der Gesellschaft geleistet werden kann[834]. Die „automatische" Amortisation des Anteils, deren einzige Bedingung im Tod des Gesellschafters besteht, ist daher unzulässig[835].

Bei der Aktiengesellschaft kann die Satzung die Einziehung der Aktien beim Tode eines Aktionärs vorsehen. Anders als bei der GmbH ist die Einziehung von Aktien jedoch ein Fall der Kapitalherabsetzung nach §§ 237 ff. AktG. Das AktG sieht daher strengere Voraussetzungen für die Einziehung als das GmbHG vor. Schon wegen der daraus resultierenden relativen Schwerfälligkeit des Verfahrens

---

829 *Ivo,* ZEV 2006, 252, 254.

830 *Pauli,* S. 72, Rn. 166.

831 Esskandari/*Franck*/Künnemann, Kap. 3 Rn. 28.

832 Baumbach/Hueck/*Fastrich,* § 34 Rn. 19; Henssler/Strohn/*Fleischer,* GmbHG, § 34 Rn. 1.

833 *Mutter,* S. 198.

834 Riedel/*Riedel,* § 4 Rn. 338.

835 Baumbach/Hueck/*Fastrich,* § 34 Rn. 9.

wird die Einziehung allenfalls für kleine AG mit einem beschränkten Kreis von Aktionären als Regelung zum Schutze vor Überfremdung aufgrund des Übergangs von Todes wegen als nützlich angesehen[836].

b) Abtretungsklausel / *'Devir Klozu'*

Als Alternative oder Ergänzung zu einer Einziehungsklausel bietet sich eine Abtretungsklausel an. Die Satzung kann vorsehen, dass der im Wege der Universalsukzession auf den statuarisch nicht nachfolgeberechtigten Erben übergegangene Anteil an einer GmbH an einen vom Erblasser bestimmten Dritten oder eine von der Gesellschaft zu bestimmende Person oder auch die Gesellschaft selbst abzutreten ist[837]. Der Unterschied zur Einziehungsklausel besteht darin, dass der Anteil mit allen Rechten und Pflichten bestehen bleibt, hingegen ist er nach der Einziehung – wie bereits erläutert – nicht mehr existent[838]. Anknüpfungspunkt für diese gesellschaftsvertragliche Nebenleistungspflicht ist § 3 Abs. 2 GmbHG[839]. Im Einzelfall ist zu ermitteln, ob der begünstigte Dritte ein Forderungsrecht erhalten soll oder, ob die Gesellschaft ein Benennungsrecht hat[840].

In der Praxis wird oft zu einer kombinierten Einziehungs- und Abtretungsklausel als „Königsweg" gegriffen, um eventuell nachteilige Folgen für die verbleibenden Gesellschafter zu vermeiden[841]. Denn der Vollzug einer Abtretungsklausel wird oft gegenüber der Einziehung vorzugswürdig sein, was gegen eine isolierte Einziehungsklausel spricht. So lässt die Einziehung eine Nachfolgesteuerung nur in beschränktem Maße zu, da sich durch sie (nur) die Rechte und Pflichten der Mitgesellschafter erhöhen, während die Einbeziehung Dritter nicht möglich ist. Unter diesem Gesichtspunkt ist die Abtretungsverpflichtung flexibler. Sie ermöglicht eine unmittelbare Übertragung des Anteils auf

---

836 *Perzborn*, RNotZ 2017, 405, 425; *Lorz/Kirchdörfer*, Kap. 7 Rn. 66.

837 RGZ 121, 294, 299; BGHZ 92, 386 f.; *Henssler/Strohn/Verse*, GmbHG, § 15 Rn. 27; MüKo/*Leipold*, BGB, § 1922 Rn. 81; *Ivo*, ZEV 2006, 252, 254.

838 Siehe auch *Mutter*, S. 199; *Perzborn*, RNotZ 2017, 405, 418.

839 Siehe Sudhoff/*Froning*, Unternehmensnachfolge, § 48 Rn. 17; Scherer/*Krause*, § 14 Rn. 63.

840 BGH, DB 1977, 2318 ff.; Baumbach/Hueck/*Fastrich*, § 15 Rn. 13; MüKo/*Reichert/Weller*, GmbHG, § 15 Rn. 452; Sudhoff/*Froning*, Unternehmensnachfolge, § 48 Rn. 17; Scholz/*Seibt*, 15 Rn. 32.

841 Hierzu RGZ 121, 294, 299; *Crezelius*, § 8 Rn. 351; *Perzborn*, RNotZ 2017, 405, 418; *Ivo*, ZEV 2006, 252, 255,

einen vorgesehenen Nachfolger. Auch aus steuerlicher Sicht ist eine Regelung zu bevorzugen, die den ausscheidenden Gesellschafter dazu verpflichtet, seinen Geschäftsanteil an einen Mitgesellschafter abzutreten[842]. Um den Gesellschaftern aber – und sei es nur als Druckmittel – die Einziehungsmöglichkeit nicht vorzuenthalten, bietet es sich an, die Einziehungs- mit einer Abtretungsklausel zu kombinieren. Denn kommen die Gesellschaftserben ihrer etwaigen Pflicht zur Abtretung der Geschäftsanteile des verstorbenen Gesellschafters nicht nach, droht deren Zwangseinziehung.

Bei der AG ist die Begründung einer Abtretungspflicht jedoch unzulässig[843]. Dies resultiert daraus, dass § 54 AktG ein grundsätzliches Verbot der Begründung außerhalb von § 55 AktG liegenden Nebenpflichten – um solche handelt es sich bei einer statutarischen Abtretungspflicht – begründet. Auch in Kombination mit einer statutarischen Einziehungsklausel ist eine Abtretungsklausel nicht zulässig[844].

c) Vinkulierungsklauseln / *Bağlam Klozları*

Die freie Übertragbarkeit des Anteils kann durch statutarische Vinkulierungsklauseln eingeschränkt werden. Die Gesellschafter können durch solche Klauseln die Abtretung der Geschäftsanteile gemäß § 15 Abs. 5 GmbHG bzw. § 68 Abs. 2 S. 1 AktG von der Zustimmung der Gesellschaft abhängig machen[845]. Der Zweck einer Anteilsvinkulierung besteht in dem Zusammenhalt der Beteiligung innerhalb der Familie bzw. sich später bildenden Familienstämmen[846].

Die Anteilsvinkulierung stellt zwar eine Ausnahme vom Grundsatz der freien Übertragbarkeit dar. Jedoch ist problematisch, wie sich eine Vinkulierungsklausel im Erbfall auswirkt. Dabei ist zunächst sicher, dass eine Vinkulierungsklausel nicht die freie Vererblichkeit von Kapitalgesellschaftsanteilen beeinträchtigt. Nach überwiegender Auffassung greifen Vinkulierungen dann nicht, wenn der Geschäftsanteil nicht durch Rechtsgeschäft übertragen wird, sondern im Wege der Erbfolge auf Dritte übergeht[847]. Dies ergibt sich aus dem Wortlaut der

---

842 Ausführungen hierzu *Lorz/Kirchdörfer*, Kap. 7 Rn. 74.

843 Siehe Sudhoff/*Froning*, Unternehmensnachfolge, § 48 Rn. 33; *Scherer*/Blanc/Kormann/Groth/Wimmer, Kap. 4 Rn. 18; *Crezelius*, § 10 Rn. 384.

844 Scherer/*Krause*, § 14 Rn. 69; *Perzborn*, RNotZ 2017, 405, 424.

845 BGHZ 65, 22, 24 f.; Baumbach/Hueck/*Fastrich*, § 15 Rn. 37, 38; *Crezelius*, § 8 Rn. 331; Henssler/Strohn/*Verse*, GmbHG, § 15 Rn. 82, 89.

846 Scherer/*Krause*, § 14 Rn. 121.

847 Hierzu Scholz/Winter/*Seibt*, § 15 Rn. 26; *Crezelius*, § 8 Rn. 331; *Binz/Mayer*, NZG 2012, 201, 211; *Blasche*, RNotZ 2013, 515, 519.

§ 15 Abs. 5 GmbHG und § 68 Abs. 2 S. 1 AktG, die eine Abtretung bzw. Übertragung der Geschäftsanteile voraussetzen, also eine rechtsgeschäftliche Verfügungshandlung[848]. Ein derartiger rechtsgeschäftlicher Übergang liegt bei der Erbfolge jedoch nicht vor, da bei dieser die Geschäftsanteile im Wege der Universalsukzession nach § 1922 Abs. 1 BGB unmittelbar und von Gesetzes wegen auf die Erben übergehen.

Eine andere Frage ist, ob Vinkulierungsklauseln im Einzelfall auch im Rahmen der Erbauseinandersetzung anwendbar sind. Nach überwiegender Auffassung erfasst eine Vinkulierungsklausel – soweit sich nicht andere Auslegungsmöglichkeiten ergeben – grundsätzlich nicht die aufgrund einer Teilungsanordnung des Erblassers erfolgende Übertragung des Gesellschaftsanteils aus dem Gesamthandsvermögen der Erbengemeinschaft auf den durch die Teilungsanordnung begünstigten Miterben[849]. Eine Vinkulierungsklausel bezieht sich expressis verbis auf den Veräußerungsfall, d.h., wenn die Erbengemeinschaft den Anteil veräußern möchte, greift die Vinkulierungsklausel in diesem Fall ein. Ohne satzungsmäßige Anhaltspunkte kann also eine Vinkulierungsklausel nicht auf den Fall der Erbauseinandersetzung ausgedehnt werden. Letztlich kann eine Vinkulierungsklausel keinen Schutz vor dem Eindringen familienfremder Dritter in die Mitgliedschaftsrechte Aktie und GmbH-Anteil im Rahmen von Verfügungen von Todes wegen bieten[850].

d) Kaduzierungsverfahren / *Iskat Yöntemi*

Als weitere Ausschlussmöglichkeit kann die sog. Kaduzierung infrage kommen. Danach kann ein GmbH-Gesellschafter zwangsweise aus der GmbH ausgeschlossen werden, wenn er nicht „nachfolgeberechtigt" ist[851]. Zwar betrifft das Kaduzierungsverfahren der §§ 21 ff. GmbHG ausdrücklich nur den Fall des zwangsweisen Ausschlusses eines Gesellschafters im Fall der verzögerten Einzahlung der Stammeinlage[852]. Nach herrschender Meinung steht es den Gesellschaftern jedoch frei, das Kaduzierungsverfahren durch Gesellschaftsvertrag auf weitere Sachverhalte zu erstrecken, wie etwa eine Übertragung der Regelung auf

---

848 Henssler/Strohn/*Paefgen*, AktG, § 68 Rn. 4 ff.; Henssler/Strohn/*Verse*, GmbHG, § 15 Rn. 82.

849 OLG Düsseldorf, GmbHR 1990, 504, 507 f.; *Crezelius*, § 8 Rn. 331; *Blasche*, RNotZ 2013, 515, 519.

850 Vgl. auch Scherer/*Krause*, § 14 Rn, 127.

851 *Crezelius*, § 8 Rn. 327.

852 Siehe Baumbach/Hueck/*Fastrich*, § 21 Rn. 1; Scholz/*Emmerich*, § 21 Rn. 1 ff.

den Tod eines Gesellschafters[853]. Verstirbt ein Gesellschafter, kann die GmbH, vertreten durch ihren Geschäftsführer, den Geschäftsanteil des verstorbenen Gesellschafters entsprechend § 21 Abs. 2 S. 1 GmbHG für verlustig erklären, wenn dies im Gesellschaftsvertrag vereinbart ist[854]. Dies muss durch Willenserklärung und durch einen eingeschriebenen Brief erfolgen, und erforderlich ist Zugang bei dem oder den Erben. Mit dem Zugang endet die gesellschaftsrechtliche Position des oder der Erben. Die Erben verlieren also – allerdings nur mit Wirkung für die Zukunft – sämtliche Rechte und Pflichten, die mit dem Geschäftsanteil des verstorbenen Gesellschafters verbunden sind. Bereits entstandene Rechte und Pflichten des Erblassers gehen hingegen auf dessen Erben über. Soweit an dem kaduzierten Geschäftsanteil Rechte Dritter bestehen, gehen diese unter. Die Kaduzierung führt somit zum Ausschluss der Gesellschaftserben, jedoch – anders als die Einziehung – nicht zur Vernichtung des Anteils[855]. Zum weiteren Schicksal des Geschäftsanteils sagt das Gesetz nichts. Der Streit, ob der Geschäftsanteil vorübergehend, bis zur Übertragung auf ein anderes Rechtssubjekt, ein subjektloses Recht[856] oder der kaduzierte Geschäftsanteil Sondervermögen der Gesellschaft darstellt,[857] kann für die Nachfolge in Familienunternehmen dahinstehen, da die Rechtsfolgen der Kaduzierung mit dem gewünschten Überfremdungs- und Bestandschutz der Gesellschaft nicht in Einklang stehen. Denn im Anschluss an die Kaduzierung stehen der GmbH Verwertungsbefugnisse gemäß § 23 GmbHG zu[858]. Die Gesellschaft kann demnach den Anteil im Wege der öffentlichen Versteigerung oder des Verkaufs mit Zustimmung des ausgeschlossenen Gesellschafters, insb. des freihändigen Verkaufs, veräußern[859]. Dies kann dazu führen, dass nicht gewünschte familienfremde Dritte in die Gesellschaft eindringen. Bei der AG kann eine Kaduzierung nicht vereinbart werden, da die Regelung des § 64 AktG, der die Kaduzierung regelt, wegen der aktienrechtlichen Satzungsstrenge nach § 23 Abs. 5 AktG nicht

853 RGZ 49, 78 f.; Baumbach/Hueck/*Fastrich*, § 21 GmbHG Rn. 2; *Kesselmeier*, S. 53, *Crezelius*, § 8 Rn. 327; *Perzborn*, RNotZ 2017, 405, 419; Sudhoff/*Froning*, § 48 Rn. 9; Scholz/*Seibt*, § 15 Rn. 29.

854 Hierzu siehe MüKo/Reichert/*Weller*, GmbHG, § 15 Rn. 457; Perzborn, RNotZ 2017, 405, 419; *Crezelius*, § 8 Rn. 327; MüKo/*Reichert/Weller*, GmbHG, § 15 Rn. 457.

855 Scholz/*Emmerich*, § 21 Rn. 4; Henssler/Strohn/*Verse*, GmbHG, § 21 Rn. 27, 30; *Sommer*, Unternehmensnachfolge, S. 253, 265; *Kesselmeier*, S. 53.

856 So BGHZ 42, 89, 92; *Crezelius*, § 8 Rn. 327.

857 So Baumbach/Hueck/*Fastrich*, § 21 Rn. 12; Scholz/*Emmerich*, § 21 Rn. 29.

858 Vgl. *Kesselmeier*, S. 56.

859 Baumbach/Hueck/*Fastrich*, § 23 Rn. 3 ff.

auf die Kaduzierung im Erbfall übertragen werden kann[860]. Die Möglichkeit der Kaduzierung ist mithin kein geeignetes Mittel für die erfolgreiche Nachfolge in Kapitalgesellschaftsanteile.

e) Die Abfindung und das Pflichtteilsrecht als Gestaltungsgrenze / *Tazminat ve Düzenleme Sınırı olarak Saklı Pay*

Sowohl im Falle der Einziehung als auch der Abtretung sind Abfindungen an die weichenden Erben zu zahlen[861]. Der Abfindungsanspruch ist zwar im GmbHG bzw. AktG nicht geregelt, er ist aber auch ohne gesetzliche oder gesellschaftsvertragliche Regelung als allgemeiner Rechtsgrundsatz und in Analogie zu § 738 Abs. 1 S. 2 BGB allgemein anerkannt[862]. Zahlungspflichtig ist die Gesellschaft im Falle der Einziehung, sonst der Begünstigte im Falle der Abtretung. Die Abfindung bemisst sich nach der Satzungsregelung, andernfalls nach dem Verkehrswert, also nach dem vollen wirtschaftlichen Wert, des einzuziehenden bzw. abzutretenden Geschäftsanteils[863]. Für die Gesellschaft hat eine Abfindungsverpflichtung auf der Basis des Verkehrswertes häufig einen plötzlichen und existenzbedrohlich hohen Liquiditätsabfluss zur Folge[864]. Zum Schutz der Gesellschaft enthalten Satzungen für den Fall des Todes eines Gesellschafters daher häufig eine Beschränkung oder einen Ausschluss der Abfindung. Die herrschende Meinung erachtet es für zulässig, dass Abfindungsansprüche der weichenden Erben im Gesellschaftsvertrag grundsätzlich beschränkt oder unter engen Voraussetzungen sogar ausgeschlossen werden können[865]. So soll nach dem BGH das Interesse an der Erhaltung einer Gesellschaft als Familienunternehmen im

---

860 BGH WM 2002, 555, 555; Esskandari/*Franck*/Künnemann, Kap. 3 Rn. 47.

861 Hierzu BGHZ 192, 236 ff.; Baumbach/Hueck/*Fastrich*, § 34 Rn. 22; *Crezelius*, § 8 Rn. 329; MüKo/*Strohn*, GmbHG, § 34 Rn. 205; MüKo/*Reichert*/*Weller*, GmbHG, § 15 Rn. 460; Sudhoff/*Froning*, Unternehmensnachfolge, § 48 Rn. 19, 22; Henssler/Strohn/*Fleischer*, GmbHG, § 34 Rn. 205 f.; *Hölscher*, ErbR 2016, 478, 479.

862 Henssler/Strohn/*Fleischer*, GmbHG, § 15 Rn. 17.

863 Vgl. Scholz/*H.P. Westermann*, § 34 Rn. 25; Baumbach/Hueck/*Fastrich*, § 34 Rn. 22ff.; *Henssler/Strohn/Verse*, GmbHG, § 15 Rn. 31; *Lorz/Kirchdörfer*, Kap. 7 68; *Perzborn*, RNotZ 2017, 405, 417; *Ivo*, ZEV 2006, 252, 254.

864 Vgl. BGH, NJW 1992, 892, 894; BGH FamRZ 1986, 1196 f.; *Dauner-Lieb*, ZHR 158 (1994), 271, 273; *Piltz*, BB 1994, 1021, 1021; *Hülsmann*, GmbHR 2001, 409, 410 f.; *Perzborn*, RNotZ 2017, 405, 417; *Muscheler*, Unternehmensnachfolge, S. 193, 194.

865 Siehe MüKo/*Reichert*/*Weller*, GmbHG, § 15 Rn. 461; Sudhoff/*Froning*, Unternehmensnachfolge, § 48 Rn. 22; Scholz/*Seibt*, GmbHG, § 15 Rn. 31; *Perzborn*, RNotZ 2017, 405, 417; Scherer/*Stenger*, § 22 Rn. 285; *Werner*, ErbR 2010, 381, 382.

Fall der Vererbung an den „familienfremde Erben“ die unentgeltliche Anteilseinziehung rechtfertigen[866]. Anders als bei der Ausschließung eines normalen Gesellschafters, die regelmäßig nur gegen Zahlung einer Abfindung zulässig ist, deren Höhe sich am Verkehrswert des Geschäftsanteils zu orientieren hat, geht es beim Ausschluss eines Erben nicht mehr um die Sicherung der freien Entfaltung des Gesellschafters in der Gesellschaft, sondern um eine im weitesten Sinne erbrechtliche Gestaltung.

Fraglich ist, ob und inwieweit wirksame Abfindungsbeschränkungen/-ausschlüsse sich auf die Berechnung von Pflichtteilsansprüchen auswirken können. Gemäß § 2311 Abs. 1 S. 1 BGB ist für die Berechnung der Höhe des Pflichtteilsanspruchs der Bestand und der Wert des Nachlasses zur Zeit des Erbfalls zugrunde zu legen. Für die vorzunehmende Wertermittlung muss zunächst unterschieden werden, ob es der gesellschaftsrechtliche Abfindungsanspruch ist, der in den Nachlass fällt oder, ob es auf den Wert des Gesellschaftsanteils als solchen ankommt[867]. Der Abfindungsfall ist nur dann eingetreten, wenn die Gesellschaft ohne die Erben fortgeführt wird. Wird die Gesellschaft nur durch die überlebenden Gesellschafter fortgeführt, sodass mit dem Erbfall zugleich auch der Abfindungsfall eintritt, fällt nicht der Gesellschaftsanteil, sondern der Abfindungsanspruch in das Nachlassvermögen. Hier wirkt sich eine gesellschaftsvertragliche Abfindungsbeschränkung unmittelbar auf den Wert der Erbschaft und damit ggf. auch auf einen etwaig zu gewährenden Pflichtteil aus, da bei einer wirksam vereinbarten Abfindungsbeschränkung der Abfindungsanspruch nur in der Höhe in den Nachlass gelangen kann, in der er entstanden ist[868].

Aufgrund der wertmindernden Wirkung von wirksam vereinbarten Abfindungsbeschränkungen stellt sich die weitere Frage, ob bzw. wann die durch die Abfindungsbeschränkung bedingte Wertminderung gegenüber Pflichtteilsberechtigten auszugleichen ist. Nach herrschender Meinung löst eine wirksame Abfindungsbeschränkung – ebenso ein Abfindungsausschluss – grundsätzlich nur insoweit Pflichtteilsergänzungsansprüche nach § 2325 BGB aus, als sich der Abfindungsbeschränkung als unentgeltliche Zuwendung zugunsten einzelner Gesellschafter darstellt[869]. Dies ist grundsätzlich nicht der Fall, wenn die/der

---

866 Siehe BGH v. 20.12.1976 – II ZR 115/75, GmbHR 1977, 81 f.; BGH DB 1977, 342, 343; vgl. hierzu auch *Lorz/Kirchdörfer*, Kap. 7 Rn. 68; Baumbach/Hueck/*Fastrich*, § 34 Rn. 34a; Scherer/*Stenger*, § 22 Rn. 285; *Werner*, ErbR 2010, 381, 382.

867 Hierzu *Muscheler*, Unternehmensnachfolge, S. 193, 199 f.

868 Vgl. Palandt/*Weidlich*, § 2311 Rn. 11 m.w.N.

869 *Muscheler*, Unternehmensnachfolge, S. 193, 209; Palandt/*Weidlich*, § 2325 Rn. 15.

Abfindungsbeschränkung/-ausschluss vertraglich für sämtliche Gesellschafter vereinbart wurde, da es sich dann in der Regel um ein entgeltliches aleatorisches (zufallsabhängigen) Geschäft handelt, bei dem der durch das Vorversterben eines Mitgesellschafters zu erlangende Vermögensvorteil durch das Risiko des Vermögensverlustes im eigenen Todesfall aufgewogen wird[870]. Vereinbarungen mit Wirkung für und gegen alle Gesellschafter gleichermaßen haben nämlich ihren Ursprung in dem Gesellschaftsverhältnis und werden in der Regel zivilrechtlich nicht als unentgeltliche Zuwendung angesehen[871]. Zudem spricht gegen die Unentgeltlichkeit regelmäßig auch der Umstand, dass der Abfindungsausschluss ein Geschäft mitgliedschaftlicher Natur darstellt. Im Übrigen bringen die Gesellschafter gerade durch eine auch auf den Todesfall ausgerichtete allseitig vereinbarte Abfindungsbeschränkung ihren Willen zum Ausdruck, das Unternehmen auch über den Tod hinaus vor schädlichem Liquiditätsabfluss zu schützen, und räumen damit dem wirtschaftlichen Erhalt der Unternehmung Vorrang gegenüber den Interessen Dritter ein. Hierin kann auch keine unzulässige Umgehung des Pflichtteilsrechts bzw. des Pflichtteilsergänzungsrechts gesehen werden, da diese Institute nicht dazu dienen, lebzeitige wirtschaftliche Betätigungen zu unterbinden oder zu beschränken.

In seiner neuen Entscheidung vom 03.06.2020 zum allseitigen Abfindungsausschluss hält der BGH an dieser Sichtweise fest, stellt jedoch klar, wann ausnahmsweise die gesellschaftsvertraglich auf den Todesfall vorgesehene Anwachsung eines Gesellschaftsanteils eine Schenkung darstellen kann und damit der Pflichtteilsergänzung nach § 2325 BGB unterliegt[872]. Hierzu seien die schutzwürdigen Belange der Pflichtteilsberechtigten zu berücksichtigen und eine Gesamtwürdigung im Einzelfall vorzunehmen. Geprüft werden müsse, welchen Zweck die jeweiligen gesellschaftsrechtlichen haben und ob besondere Umstände vorliegen, die die Annahme einer in dem Abfindungsausschluss liegenden Schenkung rechtfertigen könnten. Für eine Unentgeltlichkeit könne die subjektive Willensrichtung der Beteiligten sprechen, nach der die Fortführung des Unternehmens nicht im Vordergrund steht.

---

870 Vgl. hierzu Scholz/*Seibt*, GmbHG, § 15 Rn. 31, 33 m.w.N.; Staudinger/*Olshausen*, § 2325 Rn. 32; *Lorz/Kirchdörfer*, Kap. 7 Rn. 68; *Muscheler*, Unternehmensnachfolge, S. 193, 209; *Crezelius*, § 8 Rn. 326; Scherer/*Stenger*, § 22 Rn. 285; *Hölscher*, ErbR 2016, 478, 481.

871 Vgl. zu alldem MüKo/*Lange*, § 2325 Rn. 39 f. m.w.N.

872 BGH ZEV2020, 420ff.; siehe auch Ausführungen unter Kap. 5 I, 7f).

Demzufolge ist es zum Schutz vor dem Eindringen nicht gewünschter Gesellschafter in Familienunternehmen zweckmäßig, in der Satzung Regelungen vorzusehen, die eine allseitige Abfindungsbeschränkung/-ausschluss auf den Todesfall zum Gegenstand haben. Im Falle der GmbH bietet sich eine Kombination mit einer Einziehungs- oder Abtretungsklausel an. Bei personalistisch geprägten Aktiengesellschaften mit Einfluss der Familie auf das Unternehmen ist eine Begründung von Einziehungsrechten zweckmäßig. Allerdings sollten bei der Familienvermögensplanung die Aspekte der Annahme einer in dem Abfindungsausschluss liegenden Schenkung besonders berücksichtigt werden. Zudem sollte bedacht werden, dass vorher nicht absehbar ist, welcher Gesellschafter zuerst sterben wird. Von daher ist diese gesellschaftsvertragliche Lösung nur mit Vorsicht zu betrachten.

5. Schuldrechtliche Vereinbarungen / *Borçlar Hukukuna İlişkin Anlaşmalar*

Durch sog. Pool- oder Schutzgemeinschaftsverträge außerhalb der Satzung wird versucht, das Eindringen nicht erwünschter Gesellschafter in eine Familiengesellschaft und die häufig damit verbundene Zersplitterung des Gesellschafterkreises zu verhindern. Der Begriff des Poolvertrages, im Gesellschaftsrecht auch vielfach Gesellschaftervereinbarung genannt, ist gesetzlich nicht näher geregelt[873]. In der Literatur werden Poolverträge als Vereinbarungen der Gesellschafter, in welchem sich die Vertragspartner (Poolmitglieder) außerhalb des Gesellschaftsvertrages zu einem bestimmten Verhalten, wie etwa zur einheitlichen Stimmabgabe in den Gesellschafterversammlungen oder zur Übertragung der Gesellschaftsanteile nur an andere Poolmitglieder verpflichten oder in welchen sie weitere Rechte wie etwa Vorkaufsrechte vereinbaren[874]. Die Zulässigkeit von solchen Verträgen ist heute aber allgemein anerkannt. Grundlage ist u.a. die Vertrags- und Vereinigungsfreiheit. Eine Regelung im Gesellschaftsvertrag ist nicht erforderlich. Diese Vereinbarungen werden überwiegend von Gesellschaftern von Kapitalgesellschaften getroffen. Das Bedürfnis für eine vertraglich gesonderte Poolung bzw. Bindung ergibt sich daraus, dass bei Kapitalgesellschaften die Ebene der Gesellschaft von der Ebene der Gesellschafter strikt getrennt ist, sodass eine Bindung der Gesellschafter vertraglich gesondert vereinbart werden muss[875].

---

873 Hierzu siehe *Wachter*, ErbR 2016, 114, 115.
874 So etwa *Hennerkes/Kirchdörfer*, S. 144.
875 Vgl. *Wachter*, ErbR 2016, 114, 116.

Die Gründe für den Abschluss von Poolverträgen sind vielfältig. Häufig wird das Ziel verfolgt, eine einheitliche Ausübung der Stimmrechte herbeizuführen[876]. Dies erfolgt dadurch, dass sich die Gesellschafter verpflichten, ihr Stimmrecht in der Gesellschaft nicht frei, sondern nach Weisungen bestimmter Gesellschafter im Rahmen der inhaltlichen Festlegung eines Stimmbindungsvertrages, z.B. eines Poolvertrages mit den in dem Pool festgelegten Mehrheiten abzustimmen. Der gebundene Gesellschafter ist gehalten, in einem bestimmten Sinne abzustimmen. Poolvereinbarungen begründen ausschließlich schuldrechtliche Rechte und Pflichten, sie wirken hingegen nicht dinglich[877].

Solche Gesellschaftervereinbarungen sind zudem aufgrund des Verschonungssystems des ErbStG motiviert[878]. Beteiligungen an Kapitalgesellschaften sind steuerrechtlich grundsätzlich nur dann begünstigt, wenn der Erblasser bzw. Schenker zu mehr als 25% unmittelbar am Kapital der Gesellschaft beteiligt ist. Für das Erreichen dieser Mindestbeteiligungsquote werden Beteiligungen von mehreren Gesellschaftern zusammengerechnet, wenn diese über ihre Anteile nur einheitlich verfügen können und sich zu einer einheitlichen Ausübung des Stimmrechts verpflichtet haben, vgl. § 13 b Abs. 1 Nr. 2, 13b Abs. 2 Nr. 2 und § 13a Abs. 5 S. 1 Nr. 5 ErbStG.

Zivilrechtlich ist die Vereinbarung einer solchen Schutzgemeinschaft als Gründung einer BGB-Gesellschaft anzusehen und unterliegt keinen Formvorschriften[879]. Die Umsetzung der Schutzgemeinschaft können die Gesellschafter folgendermaßen erreichen: Zum einen können sie die von ihnen gehaltenen Aktien entweder in das Gesamthandsvermögen der BGB-Gesellschaft einbringen. Zum anderen können sie die Rechtswirkungen des Poolvertrages rein schuldrechtlich auf das Innenverhältnis untereinander beschränken.

Die gewünschte Vermeidung des Eindringens fremder Dritter im Todesfall kann dann durch die Festlegung von Vorkaufs-, Eintritts- oder Ankaufsrechten erreicht werden[880]. Im Fall der BGB-Gesellschaft mit Gesamthandsvermögen

---

876 Vgl. Sudhoff/*Wälzholz*, § 11 Rn. 97; Baumbach/Hueck/*Zöllner*; § 47 Rn. 113; Riedel/*Riedel*, § 19 Rn. 43; Scherer/*Stenger*, § 22 Rn. 245; *Lorz/Kirchdörfer*, Kap. 7 Rn. 66.

877 Riedel/*Riedel*, § 19 Rn. 43.

878 Hierzu siehe *Wachter*, ErbR 2016, 114 ff.; *Scherer*, BB 2010, 323,328; *Ivens*, ZEV 2011, 177, 180; *Scherer*/Blanc/Kormann/Groth/Wimmer, Kap. 4 Rn. 10 ff.; Riedel/*Riedel*, § 19 Rn. 9; *Spiegelberger*, § 8 Rn. 74.

879 Baumbach/Hueck/*Zöllner*, § 47 Rn. 113; vgl. auch *Lorz/Kirchdörfer*, Kap. 7 Rn. 66; Riedel/*Riedel*, § 19 Rn. 40 ff.; *Wachter*, ErbR 2016, 114, 117 f.

880 *Scherer*/Blanc/Kormann/Groth/Wimmer, Kap. 4 Rn. 13; *Lorz/Kirchdörfer*, Kap. 7 Rn. 66.

richtet sich die Vererblichkeit nach den gesellschaftsvertraglich im Poolvertrag getroffenen Regelungen. So kann der Poolvertrag vorsehen, dass ein Erbe, der nach der Poolvereinbarung nicht Gesellschafter werden soll, durch einen von der Poolversammlung zu fassenden Beschluss dazu verpflichtet werden kann, die von ihm gehaltenen Anteile an andere Poolmitglieder abzutreten[881]. Die Bindung des Erblassers durch den Poolvertrag geht gemäß § 1967 BGB unmittelbar auf den Erben über.

Auch bei einer Pool- bzw. Gesellschaftervereinbarung kann die Abfindungsfrage relevant werden, wenn der Erbe aus der Gesellschaft ausgeschlossen wird. Zwecks Erhaltung einer Gesellschaft als Familienunternehmen dürften die oben geschilderten Ausführungen zu der Abfindungsproblematik im Rahmen der gesellschaftsvertraglichen Gestaltung auch hier gelten.

Im Ergebnis kann festgehalten werden, dass Pool- oder Stimmrechtsbindungsvereinbarungen unter den Familiengesellschaftern einer Kapitalgesellschaft zur Sicherung des familiären Einflusses als zusätzlicher Schutzmechanismus in Erwägung gezogen werden können.

III. Vererblichkeit von Kapitalgesellschaftsanteilen und Nachfolgeregelungen nach türkischem Recht / *Türk Hukukuna Göre Sermaye Şirket Hisselerinin Miras Yoluyla Geçmesi ve Halefiyet Düzenlemeleri*

1. Rechtsformen von Unternehmen und Vermögenszuordnung / *Şirket Nevileri ve Malvarlığın Özgülenmesi*

Nach mehr als 50-jährigem Bestehen des türkischen HGB wurde das türkische Handelsrecht grundlegend reformiert[882]. Das neue Handelsgesetzbuch (*Yeni Türk Ticaret Kanunu*) ist am 01.07.2012 in Kraft getreten[883]. Das alte Handelsgesetzbuch stammte aus dem Jahre 1957 und galt als nicht mehr zeitgemäß. Das neue Gesetz verfolgt das Ziel durch Rechtsharmonisierung die an die Türkei gestellten Anforderungen der Europäischen Union im Rahmen der Beitrittsverhandlungen mit der EU zu erfüllen, und die international üblichen Standards

881 Siehe *Werner*, ErbR 2010, 381, 384.

882 Der geistige Vater des türkischen Handelsgesetzbuches von 1956 war der deutsche Professor Ernst E. Hirsch, der als Emigrant in der Türkei lange tätig war. Die Reform orientiert sich weitgehend am schweizerischen Vorbild, wie sich ohne Weiteres aus dem Gesetzestext und den Gesetzesmotiven ergibt.

883 Gesetz mit der Nr. 6102.

z.B. im Bereich der Corporate Governance zu erreichen. Die Reform soll darüber hinaus das Land attraktiv für ausländische Investoren machen und insbesondere die Wettbewerbsfähigkeit türkischer Unternehmen stärken[884]. Im Bereich der Gesellschaftsformen hat die Reform keine Änderung herbeigeführt. Eine der radikalsten Änderungen ist die Nichtaufnahme des sog. „Ultra-Vires-Grundsatzes" in das neue Handelsgesetzbuch. Nach diesem in Artikel 137 des alten türkHGB verankerten Grundsatz konnten die Handelsgesellschaften ausschließlich im Rahmen des im Gesellschaftsvertrag bestimmten Unternehmensgegenstands Rechte erwerben und Verbindlichkeiten eingehen[885]. Praktisch bedeutete dies die rechtliche Unwirksamkeit und daher Nichtigkeit aller diesen Rahmen überschreitenden Rechtsgeschäfte und Handlungen, was bezüglich der Vertretungsmacht der Organe und daher im Hinblick auf die Verkehrssicherheit erhebliche Probleme verursachte[886]. Der Ultra-Vires-Grundsatz wurde aus Vertrauensgesichtspunkten im Hinblick auf die Rechts- bzw. Verkehrssicherheit für Handlungen der Gesellschaftsorgane außerhalb des Gesellschaftsvertrages abgeschafft[887].

Das türkische Handels- und Gesellschaftsrecht unterliegt ebenso wie das deutsche Handels- und Gesellschaftsrecht dem sog. Typenzwang/Numerus clausus der Gesellschaftsformen. Das bedeutet, dass nur die vom Gesetzgeber zur Verfügung gestellten Gesellschaftsformen zur Verfügung stehen. Es können also nicht beliebig neue Gesellschaftsformen geschaffen werden[888]. Im Gegensatz zum deutschen Recht ist eine Typenvermischung (*karma tip*) wie etwa die GmbH & Co. KG nach türkischem Recht unzulässig[889]. Sämtliche Gesellschaftsformen sind – bis auf die einfache Gesellschaft – im türkischen Handelsgesetzbuch geregelt. Eine Trennung der Rechtsvorschriften nach der Rechtsform einer Gesellschaft in rechtsformspezifische Gesetze wie in Deutschland (z.B. AktG, GmbHG) kennt das türkische Recht nicht.

---

884 *Eminoğlu*, RIW Heft 2010, 557, 557.

885 *Erdem*, Yeni Türk Ticaret Kanunu'nun İş Dünyasına Etkileri, S. 25, 56 ff.

886 *Eminoğlu*, RIW Heft 2010, 557, 558.

887 Diese Änderung basiert auf der 1. Gesellschaftsrechtlichen EG-Richtlinie aus dem Jahre 1968, Richtlinie 68/151/EWG v. 09.03.1968.

888 *Poroy*/Tekinalp/Çamoğlu, Ortaklıklar Hukuku I, S. 15 Rn. 18.

889 Nach *Pulaşlı* ergibt sich die Unzulässigkeit aus den Vorschriften der Art. 124 türkHGB und Art. 304 Abs. 3 türkHGB, Kommentar Band I, § 6 Rn. 34 ff.; *Tekinalp*, Sermaye Ortaklıkların Yeni Hukuku, § 18 Rn. 16.

Unterschieden wird wie im deutschen Recht zwischen Personengesellschaften (*şahıs şirketleri*) und Kapitalgesellschaften (*sermaye şirketleri*)[890]. Eine weitere Unterscheidung erfolgt im türkischen Recht zwischen Gesellschaften, die als juristische Person (*tüzel kişi*) angesehen werden und solchen, denen dieses Kriterium fehlt. Diese Differenzierung hat im türkischen Gesellschaftsrecht – zumindest in Bezug auf die Handelsgesellschaften – eine relativ geringe Bedeutung. Denn im Gegensatz zum deutschen Recht besitzen alle Handelsgesellschaften, also alle Personengesellschaften – ausgenommen die einfache Gesellschaft nach Art. 620 ff türkOGB – und alle Kapitalgesellschaften eine eigene juristische Persönlichkeit, das durch die Eintragung in das Handelsregister erworben wird (*tüzel kişiliğin kazanılması*), Art. 125, 126, 355 türkHGB. Sie sind juristische Personen und damit rechtsfähig[891]. Infolge der Rechtsfähigkeit können sie selbst am Rechtsverkehr teilnehmen und Träger von Rechten und Verbindlichkeiten sein. Wie bereits angerissen ist lediglich die einfache Gesellschaft nach türkischem Recht keine juristische Person[892]. Die einfache Gesellschaft entsteht gemäß Art. 620 Abs. 1 türkOGB[893] durch Vertrag zwischen zwei oder mehreren Personen, mit dem sich die Gesellschafter verpflichten, ihre Arbeit und ihr Kapital zur Erreichung eines gemeinsamen Zwecks zu verbinden. Die Geschäfte der einfachen Gesellschaft werden im Namen aller Gesellschafter getätigt, sodass Inhaber von Rechten und Pflichten nicht die Gesellschaft, sondern die Gesellschafter sind[894]. Die Vorschrift des Art. 620 Abs. 2 türkOGB bestimmt, dass eine einfache Gesellschaft dann vorliegt, wenn nicht die Voraussetzungen einer anderen durch das Gesetz geordneten Gesellschaft zutreffen. Mithin kommt der einfachen Gesellschaft eine Auffangfunktion zu.

Im Gegensatz zu einer Kapitalgesellschaft steht bei einer Personengesellschaft die Person des Gesellschafters im Vordergrund, während bei Kapitalgesellschaften der Gesellschaftsanteil bestimmend ist. Die Gründe, warum bei Personengesellschaften die Person der Gesellschafter im Vordergrund ist, sind folgende[895]: Die Anzahl der Gesellschafter ist bei Personengesellschaften gering, bei diesen Gesellschaften sind Entscheidungen hinsichtlich der Änderung des

890 Zu der Unterscheidung der Rechtsformen siehe *Pulaşlı*, Kommentar Band I, § 1 Rn. 33 ff.

891 *Ayan*, Dokuz Eylül Üniversitesi Dergisi 2019, S. 1, 2, Fn. 1.

892 *Pulaşlı*, Einf. Rn. 16.

893 Die im Folgenden mit OR zitierten Artikel sind solche des türkischen Obligationsrechts.

894 *Pulaşlı*, Einf. Rn. 16.

895 Vgl. *Ayan*, Dokuz Eylül Üniversitesi Dergisi 2019, S. 1, 2; *Pulaşlı*, Einf. Rn. 21.

Gesellschaftsvertrages einstimmig und die anderen Entscheidungen – falls gesetzlich oder gesellschaftsvertraglich nicht anders geregelt – mehrheitlich zu treffen, Art. 226 Abs. 2, 308 türkHGB. Der Eintritt eines neuen Gesellschafters oder der Austritt eines Gesellschafters ist nur durch eine einstimmige Entscheidung der anderen Gesellschafter möglich, Art. 253 ff., 315 türkHGB. Ein weiterer Grund, warum die Person eines Gesellschafters für die Personengesellschaften wichtig ist, ist, dass die Gesellschafter sekundär mit ihrem gesamten Vermögen für die Schulden der Gesellschaft haften.

Hingegen wird bei Kapitalgesellschaften versucht, die Rechtspersönlichkeit der Gesellschaft von der Rechtspersönlichkeit der Gesellschafter so weit wie möglich getrennt zu halten[896]. Grund dafür ist, dass die Haftung der Gesellschafter sich auf das Kapital, zu deren Einlage sie sich verpflichtet haben, beschränkt ist. Hinsichtlich der Kapitalgesellschaften gibt es viele Vorschriften, die „die Wirkung der Rechtspersönlichkeit der Gesellschafter verringern oder sogar beseitigen". So ist der Eintritt neuer Gesellschafter und der Austritt bestehender Gesellschafter in bzw. aus Kapitalgesellschaften so einfach wie möglich gestaltet[897]. Bei der Übertragung der Gesellschaftsanteile gilt der Grundsatz der freien Übertragbarkeit (*serbest devir ilkesi*) bzw. der Möglichkeit der freien Übertragung (*serbest devir imkânı*)[898]. Die Gründe für die Nichterteilung der Zustimmung der Gesellschaft zur Anteilsübertragung sind sehr begrenzt ausgestaltet, vgl. Art. 489-495, 595 türkHGB.

Bei Personengesellschaften muss es sich in jedem Falle um eine Personenmehrheit handeln, bei den Kapitalgesellschaften ist seit dem Inkrafttreten des neuen Handelsgesetzbuches eine Einpersonengesellschaft rechtlich zulässig, Art. 338 Abs. 1, 573 Abs. 1 türkHGB.

Zu den Personengesellschaften gehören die einfache Gesellschaft (*adi şirket*) gemäß Art. 620 ff. türkOGB, Kollektivgesellschaft (*kollektif şirket*) gemäß Art. 211 ff. türkHGB und die Kommanditgesellschaft (*komandit şirket*) gemäß Art. 304 ff. türkHGB. Gängige Formen von Kapitalgesellschaften sind die Aktiengesellschaft (*anonim şirket*) gemäß Art. 329 ff. türkHGB und die Gesellschaft mit beschränkter Haftung (*limited şirket*) gemäß Art. 573 ff. türkHGB sowie die Kommanditgesellschaft auf Aktien (*sermayesi paylara bölünmüş komandit şirket*) gemäß Art. 564 ff. türkHGB.

---

896 Vgl. *Pulaşlı*, Einf. Rn. 21; *Ayan*, Dokuz Eylül Üniversitesi Dergisi 2019, S. 1, 9 f.
897 *Pulaşlı*, Einf. Rn. 22.
898 Weitere Einzelheiten hierzu folgen unter Kap. 7 III, 1).

Auch nach türkischem Recht stellt somit die Zurechnung des Vermögens bei Kapitalgesellschaften aufgrund der Existenz der juristischen Person keine Besonderheiten dar. Infolgedessen ist die Vererblichkeit der Beteiligung bei den Kapitalgesellschaften in der Regel unproblematisch. Im weiteren Verlauf der Arbeit wird hierzu näher eingegangen[899].

2. Volkswirtschaftliche Bedeutung der Kapitalgesellschaften / *Sermaye Şirketlerinin İktisadi Önemi*

Die am häufigsten vorkommenden Gesellschaften in der Türkei sind Kapitalgesellschaften. Rund 82% aller Gesellschaften sind Gesellschaften mit beschränkter Haftung und rund 13% aller Gesellschaften sind Aktiengesellschaften[900]. Sie sind mithin das Zugpferd der gesamten türkischen Wirtschaft.

Da auch nach türkischem Recht der Anteilsvererbung bzw. -übertragung von Familiengesellschaften in Form von Kapitalgesellschaften volkswirtschaftlich eine erhebliche Bedeutung zukommt, liegt der Fokus bei der nachfolgenden Darstellung auf diesen Gesellschaftsformen.

3. Gesetzliche Ausgangslage: Vererblichkeit von Kapitalgesellschaftsanteilen / *Yasal Durum: Sermaye Şirket Hisselerinin Miras Yoluyla Geçişi*

Obwohl den Personengesellschaften in der Türkei volkswirtschaftlich keine erhebliche Bedeutung zukommt, sei hier der Vollständigkeit halber die Vererblichkeit der Gesellschafterstellung bei Personengesellschaften kurz umrissen. Verstirbt der Gesellschafter einer Personengesellschaft, so wirkt sich dies auf den Bestand der Gesellschaft aus[901]. Ist im Gesellschaftsvertrag nicht bestimmt, dass im Falle des Todes des Gesellschafters die Gesellschaft mit dessen Erben fortgesetzt werden soll, so führt der Tod eines Gesellschafters einer einfachen Gesellschaft gemäß Art. 639 Abs. 2 türkOGB und der einer Kollektivgesellschaft gemäß Art. 253 türkHGB grundsätzlich zur Auflösung der Gesellschaft. Bei einer Kommanditgesellschaft ist zu unterscheiden, ob der verstorbene Gesellschafter Komplementär oder Kommanditist war. Beim Tod eines Kommanditisten

---

899 Ausführlich zur Vererblichkeit von Kapitalgesellschaftsanteilen siehe III 3) dieses Kapitels.

900 https://ticaret.gov.tr/data/5d3e935313b87607d8feeffc/rehber_Tr.pdf, zuletzt abgerufen am 18.07.2021.

901 Hierzu *Ayan*, Dokuz Eylül Üniversitesi Dergisi 2019, S. 1, 3.

(*komanditer*) wird die Gesellschaft mit den Erben fortgesetzt, sofern im Gesellschaftsvertrag nichts anderes bestimmt ist, Art. 328, 316 türkHGB. Beim Tod eines Komplementärs (*komandite*) werden dessen Erben nicht Gesellschafter, sofern der Gesellschaftsvertrag keine abweichende Regelung enthält.

Im Gegensatz zu Personengesellschaften ist bei Kapitalgesellschaften die Mitgliedschaft – wie bereits erwähnt – auf die reine Kapitalbeteiligung zugeschnitten[902]. Nur bei der Aktiengesellschaft handelt es sich um eine reine Kapitalgesellschaft. Hingegen hat die Gesellschaft mit beschränkter Haftung den Charakter einer Personen- und einer Kapitalgesellschaft. Der Persönlichkeit der Gesellschafter bei der Gesellschaft mit beschränkter Haftung wird im Vergleich zur Aktiengesellschaft eine höhere Bedeutung beigemessen[903]. So ist der Gesellschafterwechsel bei der türkGmbH strengeren Bedingungen ausgesetzt als bei der türkAG. Ferner haften bei der GmbH die Gesellschafter für unbezahlte öffentliche Schulden der Gesellschaft (*kamu borçlarından dolayı ortakların sorumluluğu*), und zwar jeweils im Verhältnis ihrer Anteile[904]. Bei der Aktiengesellschaft steht die Person der Gesellschafter hingegen nicht im Vordergrund. Die Anteile der Gesellschafter können grundsätzlich übertragen werden und vererbt werden. Ein Gesellschafterwechsel sowie der Tod oder Konkurs eines Gesellschafters haben keine Auswirkung auf den Bestand der Gesellschaft[905].

a) GmbH-Anteile / *Limited Şirket Hisseleri*

Für die Übertragung der GmbH-Anteile bedarf es in der Regel der schriftlichen Form des Übertragungsvertrages sowie der notariellen Beglaubigung der Unterschriften der Parteien, Art. 595 Abs. 1 türk HGB. Die Vorschrift des Art. 595 Abs. 2 türkHGB bestimmt ferner, dass, sofern im Gesellschaftsvertrag der türkGmbH nichts anderes vereinbart ist, es für die Wirksamkeit der Anteilsübertragung der Zustimmung der Gesellschafterversammlung (*genel kurul*) bedarf. Da es sich bei Art 595 Abs. 2 türkHGB nicht um eine zwingende Regelung handelt, kann daraus geschlussfolgert werden, dass der Gesellschaftsvertrag die Nichterforderlichkeit der Zustimmung der Gesellschafterversammlung

---

902 Grundlegend zur Unterscheidung von Personen- und Kapitalgesellschaften siehe *Pulaşlı*, Einf. Rn. 21 ff.

903 Hierzu *Ayan*, Dokuz Eylül Üniversitesi Dergisi 2019, S. 1, 18 f.

904 Im Einzelnen siehe *Pulaşlı*, Kommentar Band III, § 69 Rn. 247 ff.

905 *Arslan*, S. 19.

vorsehen kann und die Anteilsübertragung in der gesetzlich vorgeschriebenen Form erfolgen kann[906].

Die Vererblichkeit der Geschäftsanteile an der türkischen GmbH ergibt sich aus Art. 596 Abs. 1 türkHGB. Diese Vorschrift bestimmt, dass im Erbfall für den Übergang der GmbH-Anteile es nicht der Zustimmung der Gesellschafterversammlung (*genel kurul*) bedarf. Demnach entfällt im Erbfall die Voraussetzung der Zustimmung, sodass wie im deutschen Recht die Gesellschaftsanteile mit allen Rechten und Pflichten, die mit dem Erbgang verbunden sind, mit dem Tod des betroffenen Gesellschafters im Wege der Gesamtrechtsnachfolge *ipso iure* auf dessen Erben übergehen[907].

Mehrere Erben erwerben den Geschäftsanteil einer Kapitalgesellschaft als Erbengemeinschaft, also in ihrer gesamthänderischen Verbundenheit (*elbirliğiyle/iştirak halinde*)[908]. In der türkischen GmbH können die Miterben die Rechte aus dem Gesellschaftsanteil nur durch eine gemeinsam bezeichnete Person ausüben, die sie vertritt, Art. 599 Abs. 2 türkHGB. Das Gleiche gilt für die türkische Aktiengesellschaft. Steht eine Aktie in gemeinschaftlichem Eigentum, so können die Berechtigten die Rechte aus der Aktie gemäß Art. 432 Abs. 1 türkHGB nur durch einen gemeinsamen Vertreter ausüben.

Um den Eintritt von fremden Gesellschaftern in die Gesellschaft zu verhindern, räumt das Gesetz der türkGmbH aber die Möglichkeit ein, die Zustimmung hinsichtlich der Person (*kişiyi*), auf den der Gesellschaftsanteil übergegangen ist, innerhalb von drei Monaten ab dem Zeitpunkt der Kenntniserlangung über den Erwerb (*iktisabın öğrenilmesinden itibaren*) zu verweigern (*onaylamayı reddedebilir*), vgl. Art. 596 Abs. 2 türkHGB[909]. Bei der Dreimonatsfrist handelt es sich um eine Ausschlussfrist (*hak düşürücü süre*)[910]. Lehnt die Gesellschaft das Gesuch um Zustimmung innerhalb von drei Monaten nicht ausdrücklich und schriftlich ab, so gilt die Zustimmung als erteilt[911].

Spricht die Gesellschaft jedoch innerhalb der Dreimonatsfrist ihre Verweigerung zur Zustimmung hinsichtlich des Anteilsübergangs per Beschluss aus,

906 *Pulaşlı*, § 36 Rn. 22.

907 *Pulaşlı*, Kommentar Band III, § 69 Rn. 76 ff.

908 *Ayan*, Dokuz Eylül Üniversitesi Dergisi 2019, S. 1, 22; *Pulaşlı*, Kommentar Band III, § 69 Rn. 76 ff.;
Bozkurt, S. 214.

909 Poroy/Tekinalp/*Çamoğlu*, Ortaklıklar Hukuku II, S. 432 Rn. 1673.

910 Poroy/Tekinalp/*Çamoğlu*, Ortaklıklar Hukuku II, S. 432 Rn. 1673b); *Pulaşlı*, § 36 Rn. 55; *ders.*, Kommentar Band III, § 69 Rn. 86.

911 Vgl. hierzu *Ayan*, Dokuz Eylül Üniversitesi Dergisi 2019, S. 1, 20, *Pulaşlı*, § 36 Rn. 51 b.

so wirkt der Beschluss gemäß Art. 596 Abs. 3 türkHGB *ex tunc* (*geriye etkilidir*) auf den Zeitpunkt des Erwerbs. Die Wirksamkeit der Beschlüsse der Gesellschafterversammlung, die bis zum Zeitpunkt der Verweigerung gefasst wurden, bleibt demnach unberührt. Dies erscheint angesichts der *Ex-tunc*-Wirkung widersprüchlich. Der Gesetzgeber hat sich mit dieser Regelung nicht für das Spaltungssystem (*bölünme sistemi*), sondern für das Einheitssystem (*birlik sistemi*), das auf dem Prinzip der Unzertrennlichkeit der Anteile und der Rechte des Anteilseigners beruht, entschieden[912]. Mit anderen Worten können mit dem Anteilserwerb das Stimmrecht und die damit verbundenen Rechte ausgeübt werden.

Die Gesetzesbegründung hinsichtlich der Regelung des Art. 596 Abs. 3 türkHGB wird allerdings von der Literatur insgesamt kritisiert[913]. Die Ablehnungsentscheidung sei von der Rechtsnatur her eine auflösende Bedingung (*bozucu şart*) und dessen Wirkung könne daher nur ab Bedingungseintritt eintreten. Das Gesetz schreibe aber vor, dass im Falle der Ablehnung die Gesellschafterstellung rückwirkend entfalle, die abgegebenen Stimmen und die Beschlüsse der Gesellschafter jedoch wirksam seien und mithin keine rückwirkende Wirkung entfalten. Dies führe zu einem widersprüchlichen Ergebnis. Es könne demnach nicht sein, dass der Übergang des Gesellschaftsanteils sich im Schwebezustand (*geçisin askıda olması*) befinde. Rechtlich könne ein Schwebezustand nur dann bestehen, solange eine Bedingung nicht eintritt. Der Übergang des Gesellschaftsanteils im Wege der Erbfolge sei an eine auflösende Bedingung, nämlich an die Zustimmung der Gesellschaft, gebunden. Eine auflösende Bedingung könne daher nicht eine *ex tunc,* sondern allenfalls eine *ex nunc* Wirkung entfalten, vgl. Art. 173 Abs. 2 türkOGB. Plädiert wird dafür, dass diese Regelung dahin gehend korrigiert wird, dass das Stimmrecht und die damit verbundenen Rechte des Erben bis zur Entscheidung der Gesellschafterversammlung ruhen (*oy ve oya bağlı hakların dondurulması*). Der Ansicht der Literatur ist zuzustimmen, da durch die Unzertrennlichkeit der Anteile und der Stimmrechte die geltende Rechtslage sowohl für den Erben als auch für die Gesellschaft zu Rechtsunsicherheiten führt. Ferner ist dogmatisch fragwürdig, wie der Eintritt einer Bedingung eine rückwirkende Kraft hat, mithin eine *Ex-tunc*-Wirkung entfalten kann.

---

912 Vgl. *Pulaşlı*, Kommentar Band III, § 50 Rn. 82; *ders.* § 36 Rn. 52.

913 *Pulaşlı*, § 36 Rn. 53; *ders.*, Kommentar Band III, § 69 Rn. 82 ff.; *Ayan*, Dokuz Eylül Üniversitesi Dergisi 2019, S. 1, 21.

b) Aktien / *Anonim Şirket Hisseleri*

Bei der Übertragung von Aktien gilt der Grundsatz der freien Übertragbarkeit (*serbest devir ilkesi*)[914]. Die Übertragung von Inhaberaktien (*hamiline yazılı paylar*) wurde in jüngster Zeit neu geregelt[915]. Die brandneue Vorschrift des Art. 489 türkHGB bestimmt nunmehr, dass die Übertragung von Inhaberaktien gegenüber der Gesellschaft und Dritten unter der Voraussetzung der Besitzübergabe erst mit der der Mitteilung durch den Erwerber der Aktie an die Registerzentralstelle (*merkezi kayıt kurulusu*) wirksam wird[916]. Erfolgt keine Mitteilung an die Registerzentralstelle, so können die Inhaber von Inhaberaktien ihre Aktienrechte, die sich aus dem Gesetz ergeben, bis zur erforderlichen Mitteilung nicht ausüben.

Namensaktien (*nama yazılı paylar*) sind, sofern Gesetz und Gesellschaftsvertrag es nicht anders vorsehen, ohne Beschränkung übertragbar, Artikel 490 Abs. 1 türkHGB.

In der Regel hat die Gesellschaft jedoch das Bedürfnis, auf die Zusammensetzung des Aktionärskreises Einfluss zu nehmen. Meistens handelt es sich um Fälle, in denen zahlungsunfähige Personen unerwünscht sind oder die Kontrolle der Gesellschaft durch eine Familie gesichert werden soll[917]. Um die Interessen der Gesellschaft zu schützen, hat der Gesetzgeber in Art. 491 ff. türkHGB eine Beschränkung der Übertragbarkeit (*devrin sınırlandırılması*) vorgesehen. Eine Übertragungsbeschränkung wird auch Vinkulierung (*bağlam, v. lat. vinculum* = Fesselung) genannt. Für die Vinkulierung kommen lediglich Namensaktien (*nama yazılı paylar*) infrage, da ihre Ausgabe gemäß Art. 499 türkHGB zwingend mit der Führung eines Aktienbuches verbunden ist und somit eine Kontrolle über den Aktionärskreis gegeben ist. Eine Vinkulierung bei Inhaberaktien (*hamile yazılı pay*) ist unzulässig[918].

---

914 *Yüksel*, Galatasaray Üniversitesi Hukuk Fakültesi Dergisi 2013, S. 159, 159; *Uçar*, S. 17 f.;

915 Gesetz zur Prävention der Finanzierung der Verbreitung von Waffenzerstörungsmassen (*Kitle İmha Silahlarının Yayılmasının Finansmanının Önlenmesine İlişkin Kanun*), Gesetz Nr. 7262 v. 27.12.2020, RG Nr. 31351 v. 31.12.2020.

916 Ausführlich zur Neuregelung und der Übertragung von Inhaberaktien siehe *Pulaşlı*, § 26 Rn. 2e ff.

917 Ausführlich zum Zweck der Beschränkung *Pulaşlı*, Kommentar Band III, § 50 Rn. 18 ff.

918 *Pulaşlı*, Kommentar Band III, § 49 Rn. 41.

Das türkische Handelsgesetzbuch unterscheidet zwischen der gesetzlichen Vinkulierung (*kanuni sınırlama*) nach Art. 491 türkHGB und der statutarischen Vinkulierung (*esas sözleşmeyle sınırlama*) nach Art. 492 ff. türkHGB[919]. Bei der statuarischen Vinkulierung wird weiter zwischen nicht börsenkotierten[920] bzw. börsennotierten Namensaktien (*borsaya kote edilmemiş nama yazılı paylar*) nach Art. 493 f. türk HGB und börsenkotierten Namensaktien (*borsaya kote edilmiş nama yazılı paylar*) nach Art. 495 ff. türkHGB unterschieden. Unter einer gesetzlichen Vinkulierung ist die gesetzliche Beschränkung der Anteilsübertragung zu verstehen, d.h. die Gesellschaft kann auf Grundlage des Gesetzes die Übertragung von Namensaktien verweigern. Die Übertragung von Namensaktien ist gesetzlich eingeschränkt, wenn die Aktie nicht voll liberiert wurde (Leistung der Einlagen an die Gesellschaft). Bei voll liberierten Namensaktien kommt die gesetzliche Beschränkung dagegen nicht infrage[921]. Sinn und Zweck von Art. 491 türkHGB ist die Sicherstellung der vollständigen Einzahlung der Einlagen sowie der Schutz der Forderungen der Gesellschaft und der Gläubiger. Eine gesetzliche Beschränkung kommt ferner dann in Betracht, wenn die Zahlungsfähigkeit (*ödeme yeterliliği*) des Erwerbers zweifelhaft ist und die von der Gesellschaft geforderte Sicherheit nicht geleistet wird, vgl. Art. 491 Abs. 2 türkHGB. Mittels einer statutarischen Vinkulierung kann die Gesellschaft auf Grundlage einer statutarischen Bestimmung die Übertragung der Aktien einschränken und an ihre Zustimmung binden[922]. Die Verweigerungsgründe, die in den Statuten aufgeführt werden können, sind klar im Gesetz definiert.

Übertragungen im Wege der Gesamtrechtsnachfolge von Todes wegen werden dagegen weder von einer gesetzlichen noch statuarischen Vinkulierung erfasst[923]. Die freie Vererblichkeit der Namensaktien folgt aus Art. 491 Abs. 1 türkHGB.

Die gesetzliche Beschränkung der Übertragbarkeit, dass nicht voll liberierte Namensaktien nur mit Zustimmung der Gesellschaft übertragen werden, gilt nach Art. 491 Abs. 1 S. 2 türkHGB bei gesetzlichen Übertragungen wie Erbgang und Erbteilung nicht, d.h., mit dem Erbfall tritt die gesetzliche Vinkulierung

---

919 Poroy/*Tekinalp*/Çamoğlu, Ortaklıklar Hukuku II, S. 145 Rn. 1148 ff.; *Pulaşlı*, Kommentar Band III, § 50 Rn 30 ff.; *Tekinalp*, Anonim Ortaklıkta Yeni Bağlam Sisteminin Esasları, § 1 Rn. 3.

920 Bei der Übersetzung ins Deutsche wurde der deutsche Text des schweizerischen Obligationengesetzbuches zugrunde gelegt.

921 Hierzu *Pulaşlı*, Kommentar Band III, § 50 Rn 31.

922 Einzelheiten zur statuarischen Vinkulierung unter Kap. 6 III 4.

923 *Ayan*, Dokuz Eylül Üniversitesi Dergisi 2019, S. 1, 15 f.

außer Kraft. Auch nicht liberierte Aktien gehen demnach im Wege der Erbfolge automatisch (von selbst) auf den Erben über. Dabei spielt es keine Rolle, ob der Übergang auf gesetzlicher oder gewillkürter Erbfolge beruht[924]. Für den Übergang bedarf es keiner Mitwirkung der übrigen Gesellschafter. Die Gesellschaft darf von den Erben keine Sicherheiten fordern[925]. Auch kann die Gesellschaft sich nicht auf die Zahlungsunfähigkeit der Erben berufen und die Zustimmung verweigern[926].

Beim Erwerb von nicht börsenkotierten Namensaktien durch Erbfolge gehen das Eigentum und die Vermögensrechte sogleich, die Mitwirkungsrechte erst mit der Zustimmung der Gesellschaft auf den Erben über, Art. 494 Abs. 2 türkHGB. Lehnt die Gesellschaft das Gesuch um Zustimmung innerhalb von drei Monaten nach Erhalt nicht oder zu Unrecht ab, so gilt gemäß Art. 494 Abs. 3 türkHGB die Zustimmung als erteilt.

Sind börsenkotierte Namensaktien durch Erbfolge erworben worden, kann derjenige, dem „übertragen“ wird, gemäß Art. 495 Abs. 3 türkHGB nicht abgelehnt werden. Das Eigentum und die Vermögensrechte bei kotierten Namensaktien gehen im Erbfall auf den Erben über, sobald dieser bei der Gesellschaft gemäß Art. 497 Abs. 1 türkHGB ein Gesuch um Anerkennung als Aktionär eingereicht hat[927]. Anzumerken ist, dass der in Art. 495 Abs. 3 türkHGB verwendete Begriff der „Übernehmer“ (*devralan*) unzutreffend ist, da der Übergang der Anteile im Erbfall aufgrund des Gesetzes erfolgt und somit nicht von einer Übertragung die Rede sein kann[928]. Mit dem Tod des Unternehmenserblassers erwirbt der Erbe automatisch die Stellung des Aktionärs.

4. Gesellschaftsvertragliche Nachfolgeregelungen bei Aktiengesellschaften: Vinkulierungsklauseln / *Şirket Sözleşmesiyle Halefiyet Düzenlemeleri: Bağlam Klozları*

Wie bereits angerissen, kann vom Grundsatz der freien Übertragbarkeit bei Aktiengesellschaftsanteilen durch statutarische Beschränkungen abgewichen werden, Art. 492 ff. türkHGB. Statutarische Übertragungsbeschränkungen können

924 *Bozkurt*, S. 213.

925 *Taşdelen*, Dokuz Eylül Üniversitesi Hukuk Fakültesi Dergisi 2014, S. 3351, 3358.

926 *Taşdelen*, in Dokuz Eylül Üniversitesi Dergisi 2014, S. 3351, 3358; *Ayan*, Dokuz Eylül Üniversitesi Dergisi 2019, S. 1, 15.

927 *Pekdinçer*, Anonim Şirketler ve Sermaye Piyasası Hukukunda Güncel Gelişmeler 2011, S. 211; *Ayan*, Dokuz Eylül Üniversitesi Dergisi 2019, S. 1, 17.

928 *Pulaşlı*, Kommentar Band III, § 50 Rn. 159.

durch sog. Vinkulierungsklauseln im Gesellschaftsvertrag geregelt werden. Der Gesellschaftsvertrag kann bestimmen, dass Namensaktien nur mit Zustimmung der Gesellschaft (*şirketin onayıyla*) übertragen werden dürfen, Art. 492 Abs. 1 türkHGB. Somit können die Gesellschafter durch Vinkulierungsklauseln die Übertragung von Anteilen an die Zustimmung eines Gesellschaftsorgans binden. Dadurch sollen Personen, die der Gesellschaft aus wirtschaftlichen oder persönlichen Gründen nicht recht sind, von dieser ferngehalten werden[929]. Gerade bei Familienunternehmen sind familienfremde Personen unerwünscht[930]. Für die türkGmbH ist noch einmal zu erwähnen, dass für die Anteilsübertragung von Anteilen per Gesetz die Zustimmung der Gesellschafterversammlung erforderlich ist, Art. 595 Abs. 2 türkHGB. Von daher bedarf es bei der türkGmbH keiner entsprechenden Klausel im Gesellschaftsvertrag.

Bei nicht börsenkotierten Namensaktien kann die Gesellschaft gemäß Art. 493 Abs. 1 türkHGB das Gesuch um Zustimmung zur Übertragung ablehnen (*onay istemini reddedebilir*), wenn sie hierfür einen wichtigen, im Gesellschaftsvertrag genannten Grund angibt oder wenn sie dem Veräußerer der Aktien anbietet, die Aktien für eigene Rechnung, für Rechnung anderer Anteilseigner oder für Rechnung Dritter zum wirklichen Wert (*gerçek değeriyle*) im Zeitpunkt des Gesuches zu übernehmen. Als wichtige Gründe gelten gesellschaftsrechtliche Bestimmungen über die Zusammensetzung des Anteilseignerkreises, die im Hinblick auf den Gesellschaftszweck (*şirketin işletme konusu*) oder die wirtschaftliche Selbstständigkeit des Unternehmens die Verweigerung (*onayın reddi*) rechtfertigen, Art. 493 Abs. 2 türkHGB.

Beim erbrechtlichen Erwerb nicht börsenkotierter Aktien schließt das Gesetz die Ablehnung des Gesuchs um Zustimmung nur dann aus, wenn die Übernahme der Aktien zum wirklichen Wert durch die Gesellschaft nicht sichergestellt ist, vgl. Art. 493 Abs. 4 türkHGB. Die Gesellschaft kann sich mithin nicht auf die oben genannten statutarischen Verweigerungsgründe nach der Vorschrift des Art. 493 Abs. 2 türkHGB berufen. Demnach entfalten statutarische Vinkulierungen in den Fällen, in denen nicht börsenkotierte Namensaktien durch Erbgang übergehen, keine Wirkung[931]. Im Ergebnis kann die Gesellschaft nicht verhindern, dass der Gesellschaftsanteil auf die Erben übergeht.

Gehen börsenkotierte Namensaktien im Todesfall auf den Erben über, dann hat die prozentmäßige Begrenzung der Namensaktien nach Art. 495 Abs. 1

---

929 *Bozkurt*, S. 20 ff.

930 *Okutan Nilsson*, § 4 IV C), S. 77; dies. § 5 III B 3a), S. 208 f.

931 *Ayan*, Dokuz Eylül Üniversitesi Dergisi 2019, S. 1, 16.

türkHGB keine Wirkung. Auch wenn der Anteilsübergang die prozentmäßige Beschränkung überschreitet, darf die Gesellschaft demnach den Erben als Gesellschafter nicht ablehnen. In diesem Fall wird der Erwerber ohne einen Vermerk im Aktienbuch (*pay defteri*) eingetragen, er wird sofort Gesellschafter mit dem Recht, an der Gesellschafterversammlung teilzunehmen und abzustimmen[932]. Das Gesetz hat im Gegensatz zu nicht börsenkotierten Namenaktien der Gesellschaft im Erbfall nicht die Befugnis eingeräumt, die Übernahme der Aktien zum wirklichen Wert anzubieten und die Eintragung in das Aktienbuch zu verweigern. Der Grund dafür ist, dass eine Aktiengesellschaft, deren Aktien an der Börse gehandelt werden, kein Gesellschaftsinteresse hat, die eine Verhinderung eines gesetzlichen Erwerbes erfordern würden[933].

5. „Ankaufsklausel" / *Satım Alma Klozu*

Durch eine sog. Ankaufsklausel, ein vom Gesetz vorgesehener Ablehnungsgrund, kann eine Kapitalgesellschaft im Gesellschaftsvertrag regeln, dass sie das Gesuch um Zustimmung zum Anteilsübergang (*devre onay istemi*) ohne Angabe von Gründen verweigern kann, wenn sie dem Erben die Übernahme der Anteile zum wirklichen Wert anbietet[934]. Damit schafft das Gesetz bei gesetzlichen Übertragungen wie beim Erbgang einen Ausweg für die Gesellschaft, einen unerwünschten Erben fernzuhalten sowie eine Überfremdung der Gesellschaft verhindern[935]. Keine zwingende Voraussetzung ist, dass die Klausel in die Statuten aufgenommen wird[936]. Denn das Recht, die Übernahme der Anteile anzubieten, stellt von der Rechtsnatur her einen gesetzlichen Verweigerungsgrund (*kanuni red sebebi*) dar[937].

Im Folgenden werden die Voraussetzungen sowie die Rechtsfolgen für den Fall der Ausübung des Übernahmerechts für die Aktiengesellschaft und die Gesellschaft mit beschränkter Haftung im Einzelnen dargestellt.

---

932 *Tekinalp*, Anonim Ortaklıkta Yeni Bağlam Sisteminin Esasları, § 4 Rn. 18.

933 *Tekinalp*, Anonim Ortaklıkta Yeni Bağlam Sisteminin Esasları, § 7 Rn. 12.

934 Vgl. für die türkAG *Yüksel*, Galatasaray Üniversitesi Hukuk Fakültesi Dergisi 2013, S. 159, 165; *Bozkurt*, S. 215; *Akın*, S. 75.

935 *Yüksel*, Galatasaray Üniversitesi Hukuk Fakültesi Dergisi 2013, S. 159, 161, 164; *Çakır*, Sosyal Bilimler Dergisi 2018, S. 391, 401; *Uçar*, S. 80 f., 87.

936 Siehe *Uzel*, S. 305; *Çakır*, Sosyal Bilimler Dergisi 2018, S. 391, 401.

937 *Yüksel*, Galatasaray Üniversitesi Hukuk Fakültesi Dergisi 2013, S. 159, 166; *Akın*, S. 73 f.

Beim erbrechtlichen Erwerb nicht börsenkotierter **Aktien** kann der Erwerber als Aktionär nur dann abgelehnt werden, wenn ihm die Übernahme der Aktien zum wirklichen Wert angeboten wird (*gerçek değeri ile devralmayı önerdiği taktirde*), Art. 493 Abs. 1, 4 türkHGB. Das Erwerbsangebot hat die Gesellschaft selbst zu unterbreiten[938]. Die Gesellschaft kann das Erwerbsangebot weder bedingt aussprechen noch es zurückziehen. Lehnt der Erwerber das Übernahmeangebot nicht innerhalb eines Monats nach Kenntnis des wirklichen Werts ab, so gilt es als angenommen, Art. 493 Abs. 6 türkHGB.

An dieser Stelle sei noch einmal erwähnt, dass beim Erwerb von nicht börsenkotierten Namensaktien durch Erbgang das Eigentum und die Vermögensrechte sogleich, die Mitwirkungsrechte erst mit der Zustimmung der Gesellschaft (*şirketin onayı ile*) auf den Erben übergehen, Art. 494 Abs. 2 türkHGB. Der Gesetzgeber hat sich somit für eine Spaltung der Aktionärsrechte (*pay sahipliği haklarında bölünme*) entschieden, die Mitwirkungsrechte befinden sich damit bis zur Zustimmung der Gesellschaft im Schwebezustand (*hakların askıda kalması*)[939]. Das bedeutet, dass niemand die besagten Mitwirkungsrechte innehat und niemand diese Rechte ausübt[940].

Auch der türkGmbH steht – wie bereits dargestellt – beim erbrechtlichen Erwerb nach Art. 596 Abs. 2 türkHGB die Möglichkeit zu, die erwerbende Person abzulehnen. Die Ablehnung hat innerhalb von drei Monaten ab dem Zeitpunkt der Kenntniserlangung über den Anteilsübergang zu erfolgen. Voraussetzung ist, dass die Gesellschaft dem Erwerber die Übernahme der Stammanteile zum wirklichen Wert im Zeitpunkt des Gesuches anbietet. Nach der Gesetzesbegründung bezweckt auch diese Vorschrift, unerwünschten Personen den Eintritt in die Gesellschaft zu verwehren. Die infrage kommenden Anteile können entweder seitens der Gesellschaft selbst, eines anderen Gesellschafters oder Dritten durch ein entsprechendes Angebot übernommen werden.

Von der Lehre wird die Ankaufsklausel bei der Aktiengesellschaft auch als sog. „Escape-Clause" bezeichnet [941]. Soweit diesseits bekannt, hat sich eine vergleichbare Begrifflichkeit für die GmbH-Ankaufsregelung in der türkischen Praxis und Lehre bisweilen nicht gemeinhin durchgesetzt. Da der Regelungsgehalt in beiden Bestimmungen, Art. 596 Abs. 2 bzw. Art. 493 Abs. 1, 4 türkHGB, gleich

---

938 Siehe *Yüksel*, Galatasaray Üniversitesi Hukuk Fakültesi Dergisi 2013, S. 159, 193 ff.

939 *Tekinalp*, Anonim Ortaklıkta Yeni Bağlam Sisteminin Esasları, § 6 Rn. 27; zur Rechtslage im Schwebezustand siehe *Pulaşlı*, Kommentar III, § 50 Rn. 135 ff.

940 *Tekinalp*, Anonim Ortaklıkta Yeni Bağlam Sisteminin Esasları, § 6 Rn. 30.

941 Weitere Nachweise siehe bei *Akın*, S. 34.

gelagert ist, könnte durchaus in beiden Fällen von einer sog. „Escape-Clause" gesprochen werden.

Im Schrifttum wird diskutiert, wie die Rechtslage ist, wenn der Erbe dem Erwerbsangebot der Aktiengesellschaft nicht zustimmt. Hierzu werden unterschiedliche Auffassungen vertreten.

Die herrschende Lehre[942] ist der Ansicht, dass das Erwerbsangebot abgelehnt werden kann. Bei dem Erwerbsangebot handle es sich nach dem Wortlaut des Art. 493 Abs. 1, 4 türkHGB um ein Angebot im schuldrechtlichen Sinne nach Art. 3 türkOGB. Die Gesellschaft könne nicht mit einer einseitigen Willenserklärung einen Kaufvertragsschluss herbeiführen. So wie das Angebot angenommen werden könne, könne es auch abgelehnt werden. Dafür spreche ferner die Vorschrift des Art. 493 Abs. 4 türkHGB, nach der das Übernahmeangebot als angenommen gilt, wenn der Erwerber es nicht innerhalb eines Monats nach Kenntnis des wirklichen Wertes ablehnt. Daraus folge, wenn dem Schweigen die Bedeutung einer Zustimmung zukomme, dann müsse bei einer Erklärung auch das Recht zur Ablehnung gegeben sein.

Nach der Mindermeinung[943] steht dem Erben nicht das Recht zu, das Erwerbsangebot der Gesellschaft abzulehnen. Er könne lediglich der Höhe des angebotenen Übernahmepreises der Namensaktien widersprechen. Begründet wird diese Ansicht damit, dass der Gesellschaft gesetzlich ein Vorkaufsrecht zustehe, welche durch eine einseitige Willenserklärung dem Erben gegenüber ausgeübt werden könne.

Im Ergebnis ist der Ansicht zu folgen, nach welcher das Erwerbsangebot durch den Erben abgelehnt werden kann. Dem Wortlaut des Art. 493 Abs. 4 türkHGB ist nicht zu entnehmen, dass die Aktien gegen den Willen des Erben entzogen werden dürfen. Nimmt der Erbe das Angebot nicht an, verbleiben ihm zwar Eigentum und Vermögensrechte, doch gilt er aufgrund der Vinkulierung trotzdem als abgelehnt und seine Mitwirkungsrechte ruhen, Art. 494 Abs. 2 türkHGB. Somit bleibt er auf Dauer ‚Aktionär ohne Stimmrecht'. Aus der Vinkulierung ergibt sich ein faktischer Zwang, das Übernahmeangebot entweder anzunehmen oder aber die Aktien zu veräußern. Denn auf die Dauer macht es keinen Sinn, weitgehend ohne Mitwirkungsrechte der nicht genehme Aktionär in der Gesellschaft zu sein. Dies ist wohl auch der Grund, warum dieser Streit in der Praxis keine Relevanz hat.

---

942 *Uzel*, S. 322, 323; *Bozkurt*, S. 248 f.; Yüksel, Galatasaray Üniversitesi Hukuk Fakültesi Dergisi 2013, S. 159, 196.

943 *Tekinalp*, Anonim Ortaklıkta Yeni Bağlam Sisteminin Esasları, S. 48.

Auf der anderen Seite hat die Gesellschaft, die kein Angebot zur Übernahme der Aktien abgeben möchte bzw. aus Liquiditätsproblemen nicht kann, keinen weiteren Ausweg, als der Übertragung zuzustimmen[944].

Kommt schließlich die Ankaufsklausel zur Anwendung und übernimmt die Aktiengesellschaft bzw. die Gesellschaft mit beschränkter Haftung anstelle des abgelehnten Erben die Anteile, so können Uneinigkeiten über den wirklichen Wert entstehen. Der wirkliche Wert der Gesellschaftsanteile wird im Gesetz nicht näher definiert. Nach der Lehre bestimmt sich der wirkliche Wert als Gesamtwert der Gesellschaft auf der Grundlage von Substanz- und Ertragswert[945]. Bei Uneinigkeit kann der Erbe nach Art. 493 Abs. 5 türkHGB bzw. Art. 597 türkHGB verlangen, dass der Richter am Sitz der Gesellschaft den wirklichen Wert bestimmt. In diesem Fall nimmt das Gericht als Grundlage den Wert, der dem Zeitpunkt der Entscheidung der Gesellschaft am nächsten kommt, an. Die Kosten der Bewertung trägt die Gesellschaft.

Mit den Spezialregelungen der Art. 493 Ab. 4 türkHGB und Art. 596 Abs. 2 türkHGB ist zugunsten des Erben gewährleistet, dass diese nicht unendlich an die Gesellschaft gefesselt werden. Für die restlichen Gesellschafter hat dies den Vorteil, dass sie die Gesellschaftsanteile zu einem späteren Zeitpunkt immer noch von der Gesellschaft erwerben können[946].

Im Ergebnis ist festzuhalten, dass im Fall der Vererbung an den „falschen Erben“ kraft Gesetzes die Möglichkeit besteht, den Erben durch ein entsprechendes Erwerbsangebot „zwangsweise“ von der Familiengesellschaft fernzuhalten. Allerdings kann die Übernahme der Anteile zum wirklichen Wert für die betroffene Gesellschaft einen existenzbedrohlichen Liquiditätsabfluss zur Folge haben. Eine Beschränkung oder gar ein Ausschluss des Entgeltes zum Schutz der Familiengesellschaft ist dem türkischen Recht fremd. Aufgrund der fehlenden Wertminderung erübrigt sich mithin auch die Frage, ob ggfs. Pflichtteilsansprüche auszugleichen sind.

944 *Yüksel*, Galatasaray Üniversitesi Hukuk Fakültesi Dergisi 2013, S. 159, 188.
945 *Bozkurt*, S. 179 ff.; *Pulaşlı*, Kommentar Band III, § 50, Rn. 118.
946 *Çakır*, Sosyal Bilimler Dergisi 2018, S. 391, 409.

IV. Vergleichender Teil: Unterschiede und Gemeinsamkeiten / *Mukayeseli Bölüm: Farklılıklar ve Benzerlikler*

Sowohl in Deutschland als auch in der Türkei kommt der Anteilsvererbung bzw. -übertragung von Kapitalgesellschaften volkswirtschaftlich eine erhebliche Bedeutung zu. Die gesellschaftsrechtlichen Ausführungen zeigen, dass es nach dem türkischen Recht kraft Gesetzes Möglichkeiten für eine Steuerung der Unternehmensnachfolge gibt, die im deutschen Recht erst durch vertragliche Gestaltung erreicht werden kann. Wenn man das Gesamtbild betrachtet, stellt sich heraus, dass manche der deutschen Probleme in der Türkei rechtlich nicht existieren. So etwa bei der Vererbung von Kapitalgesellschaftsanteilen, wenn durch gesellschaftsvertragliche „Nachfolgeregelungen" die Pflichtteile der weichenden Erben verletzt werden. Dafür existieren im türkischen Recht andere Probleme, die das deutsche Recht nicht kennt, wie etwa die Spaltung der Aktionärsrechte im Erbgang, wenn der Erbe das Erwerbsangebot der Gesellschaft nicht annimmt oder die Gesellschaft trotz Liquiditätsengpässe der Übertragung innerhalb der gesetzlich vorgesehenen Frist von drei Monaten nicht zustimmt. In diesen Fällen bleibt der Erbe Aktionär ohne Mitwirkungsrechte.

Im Folgenden sollen die Unterschiede zwischen den beiden Rechtssystemen im Einzelnen dargestellt werden. Abschließend soll herausgearbeitet werden, welche gesellschaftsrechtlichen Rahmenbedingungen im vorliegenden Zusammenhang dem Erblasser bessere Mittel und Wege der Sicherung der Unternehmensnachfolge bieten.

Nach türkischem Recht bedarf es für die Wirksamkeit der Anteilsübertragung von GmbH-Anteilen grundsätzlich der Zustimmung der Gesellschafterversammlung. Gemäß Art. 595 Abs. 2 türkHGB kann im Gesellschaftsvertrag der türkGmbH jedoch vereinbart werden, dass es nicht der Zustimmung der Gesellschafterversammlung bedarf und die Anteilsübertragung in der gesetzlich vorgeschriebenen Form erfolgen kann. Nach deutschem Recht ist dies genau umgekehrt. Die Übertragung von GmbH-Anteilen ist gemäß § 15 Abs. 1 GmbHG frei und kann durch eine entsprechende Regelung in der Satzung der Gesellschaft abgeändert und insbesondere von der Genehmigung der Gesellschaft abhängig gemacht werden, § 15 Abs. 5 GmbHG.

Bei der Übertragung von Namensaktien gilt sowohl nach deutschem als auch nach türkischem Recht der Grundsatz der freien Übertragbarkeit, § 68 Abs. 1 AktG bzw. Art 490 Abs. 1 türkHGB. Während das türkische HGB zwischen der gesetzlichen und gesellschaftsvertraglichen Beschränkung der Anteilsübertragung unterscheidet, sieht das deutsche Aktiengesetz eine Beschränkung nur durch Satzung vor.

Nach beiden Rechtsordnungen sind die Anteile an einer Kapitalgesellschaft kraft Gesetzes zwingend vererblich. Das bedeutet, dass die Vererblichkeit der Gesellschaftsanteile weder durch einen Beschluss der Gesellschafterversammlung noch durch die Satzung ausgeschlossen oder eingeschränkt werden kann. Für die Gesellschaften mit beschränkter Haftung folgt die freie Vererblichkeit aus den Vorschriften § 15 Abs. 1, 2. Alt. GmbHG bzw. Art. 596 Abs. 1 türkHGB. Der für die Übertragung der Anteile an einer türkGmbH grundsätzlich erforderlichen Zustimmung der Gesellschafterversammlung bedarf es demnach im Erbfall nicht. Mit dem Anteilserwerb können die Gesellschafterrechte ausgeübt werden. In Deutschland hingegen gilt der Erbe im Verhältnis zur Gesellschaft, also insbesondere in Bezug auf seine Gesellschafterrechte, gemäß §§ 16 Abs. 1 S. 1, 40 GmbHG erst mit der Eintragung in die Gesellschafterliste als Inhaber. Die freie Vererblichkeit der Namensaktien ergibt sich aus § 1922 BGB bzw. Art. 491 Abs. 1 türkHGB. Im Verhältnis zur AG gilt in Deutschland der Erbe jedoch erst mit der Eintragung ins Aktienregister als Aktionär, § 67 Abs. 2 AktG. In der Türkei gehen beim Erwerb von nicht börsenkotierten Namensaktien durch Erbgang das Eigentum und die Vermögensrechte sogleich, die Mitwirkungsrechte gehen erst mit der Zustimmung der Gesellschaft auf den Erben über, Art. 494 Abs. 2 türkHGB. Eine Spaltung der Aktionärsrechte ist mithin bis zur Zustimmung gegeben. Die türkische Aktiengesellschaft kann den Erwerber als Aktionär nur dann ablehnen, wenn sie die Übernahme der Aktien zum wirklichen Wert anbietet.

Sowohl in Deutschland als auch in der Türkei übernehmen die Erben mit dem Tode des Gesellschafters die Erbschaft bzw. den Kapitalanteil an der Gesellschaft als Ganzes (Gesamtrechtsnachfolge). Die Gesamtrechtsnachfolge im Sinne des Art. 599 Abs. 1 türkZGB ist vergleichbar ausgestaltet wie die des § 1922 Abs. 1 BGB. Die Anteile gehen mit allen Rechten und Pflichten, die mit dem Erbgang verbunden sind, mit dem Tod des betroffenen Gesellschafters im Wege der Gesamtrechtsnachfolge *ipso iure* auf dessen Erben über.

Bei Nachfolge einer Mehrzahl von Erben fallen die Kapitalgesellschaftsanteile in beiden Ländern automatisch der Erbengemeinschaft zur gesamten Hand an. Die Gesellschaftsanteile gehen unmittelbar und „ungeteilt" auf die Erbengemeinschaft über. Die Miterben können ihre Rechte am Anteil nur gemeinschaftlich ausüben. Das Erfordernis der gemeinschaftlichen Ausübung der Rechte führt zu einer gewissen Schwerfälligkeit. Die Kapitalgesellschaftsanteile gelangen erst dann an den einzelnen Erben, wenn die Miterbengemeinschaft sich auseinandersetzt. Ungewollte Zersplitterungseffekte der Gesellschafterstruktur sind somit bei Kapitalgesellschaften nach beiden Rechtsordnungen nicht zu vermeiden.

Angesichts der freien Vererblichkeit von Kapitalgesellschaftsanteilen sind Familienunternehmen sowohl in Deutschland als auch in der Türkei sehr darum bemüht, die freie Übertragbarkeit zumindest einzuschränken. Gleichwohl bestehen insoweit nicht unerhebliche Unterschiede, die unbedingt beachtet werden sollten. Die „Nachfolgeregelungen" sind in beiden Ländern unterschiedlich ausgestaltet.

Nach deutschem Recht existieren kraft Gesetzes keine Möglichkeiten für eine Steuerung der Unternehmensnachfolge. Gesellschaftsvertragliche Regelungen über die Nachfolge in Anteile eines versterbenden Gesellschafters wie Formen der sog. Einziehungsklausel nach § 34 GmbHG bzw. § 237 AktG und die sog. Abtretungsklausel bei der GmbH sind nach deutschem Recht möglich. Sie haben den Zweck, die Überfremdung der Gesellschaft auszuschließen und die Zersplitterung der Gesellschaftsstrukturen zu verhindern. Durch diese sog. „Nachfolgeklauseln" kann geregelt werden, unter welchen Voraussetzungen der auf die Erben des verstorbenen Gesellschafters übergegangene Anteil bei den Gesellschaftererben verbleibt. Dies gilt für die GmbH und die AG gleichermaßen. Auch Pool- oder Stimmrechtsbindungsvereinbarungen unter den Familiengesellschaftern einer Kapitalgesellschaft können zur Sicherung des familiären Einflusses als zusätzlicher Schutzmechanismus in Erwägung gezogen werden.

Im Gegensatz zur deutschen Rechtslage räumt das Gesetz in der Türkei mit der Spezialregelung der Art. 493 Abs. 4, 494 Abs. 3 türkHGB bzw. des Art. 596 Abs. 2 türkHGB (sog. Ankaufsklausel) der Kapitalgesellschaft die Möglichkeit ein, innerhalb von drei Monaten die Zustimmung hinsichtlich des Anteilsübergangs per Beschluss zu verweigern. Somit kann die Gesellschaft zwar den Eintritt von nicht erwünschten Gesellschaftern verhindern, im Gegenzug hat sie jedoch dem Erben die Übernahme der Stammanteile zum wirklichen Wert im Zeitpunkt des Gesuches anzubieten. Für die Gesellschaft bedeutet dies auf der Basis des wirklichen Werts einen erblichen Liquiditätsabfluss, der in den meisten Fällen mit einer Zersplitterung der Gesellschaft verbunden ist. Eine Zustimmungsverweigerung durch die türkGmbH wirkt sich gemäß Art. 596 Abs. 3 türkHGB *ex tunc* auf den Zeitpunkt des Erwerbs. Nimmt der Erbe das Angebot nicht an, kommt es nicht zu einer Spaltung der Gesellschaftsanteile, da es für den Übergang der GmbH-Anteile im Erbgang gemäß Art. 596 Abs. 1 türkHGB nicht der Zustimmung der Gesellschafterversammlung bedarf. Bei der türkAG sieht die Rechtslage anders aus. Denn beim Erwerb von nicht börsenkotierten Namensaktien durch Erbfolge gehen das Eigentum und die Vermögensrechte sogleich, die Mitwirkungsrechte erst mit der Zustimmung der Gesellschaft auf den Erben über, Art. 494 Abs. 2 türkHGB. Nimmt der Erbe das Übernahmeangebot der türkAG nicht an, verbleiben ihm aufgrund der gesetzlich bedingten Spaltung der Aktionärsrechte zwar Eigentum und Vermögensrechte, doch gilt er aufgrund der Vinkulierung trotzdem als abgelehnt und seine Mitwirkungsrechte befinden sich bis zur Zustimmung der Gesellschaft im Schwebezustand. Folglich entsteht ein faktischer Zwang, das Übernahmeangebot entweder anzunehmen oder aber die Anteile zu veräußern.

Lehnt die türkGmbH oder die türkAG das Gesuch um Zustimmung innerhalb von drei Monaten nicht ausdrücklich und schriftlich ab, so gilt die Zustimmung als erteilt, vgl. Art. 494 Abs. 3 bzw. Art. 596 Abs. 4 türkHGB. Dies kann wiederum dazu führen, dass die verbliebenen Gesellschafter einer Kapitalgesellschaft einem völlig neuen Gesellschafterkreis ausgesetzt sind.

Ein weiterer Unterschied zum deutschen Recht besteht darin, dass das türkische Recht eine „Beschränkungs- bzw. eine Ausschlussmöglichkeit" von „Abfindungsansprüchen" der weichenden Erben nicht kennt. Dementsprechend ist weder in der türkischen Rechtsprechung noch Literatur eine dezidierte Diskussion über Pflichtteilsminimierung durch Gesellschaftsrecht festzustellen. Auch sind die Begrifflichkeiten in diesem Zusammenhang unterschiedlich. Während nach türkischem Recht die Gesellschaft das Recht hat, dem Erben die Übernahme der Aktien zum wirklichen Wert anzubieten (‚Übernahmepreis'), ist nach deutschem Recht von Abfindung die Rede. Der Grund liegt darin, dass die türkische Ausgestaltung rechtsgeschäftlich indiziert ist, d.h. in Form eines Angebotes und einer Annahme über den Kauf (Verpflichtungsgeschäft) und die Übertragung (Verfügungsgeschäft) der in Rede stehenden Gesellschaftsanteile. Da insoweit weder der Ausgleich eines etwaigen Schadens noch eine gütliche Kompensation einer Unbilligkeit geregelt wird, spricht das türkische Recht nicht von einer Entschädigung bzw. Abfindung.

Im Ergebnis bieten die deutschen gesellschaftsvertraglichen Rahmenbedingungen mit Möglichkeit der wirksamen Abfindungsbeschränkung bzw. -ausschluss dem Erblasser bessere Mittel und Wege zur Erhaltung einer Kapitalgesellschaft als Familienunternehmen. Denn nur so kann der Kapitalabfluss, der durch die Erfüllung von Pflichtteilsansprüchen zwangsweise gegeben ist, und in den meisten Fällen aufgrund geringer Eigenkapitalquoten die Gefährdung der Existenz des Familienunternehmen zur Folge hat, vermieden werden. Jedoch sollte bei der Familienvermögensplanung berücksichtigt werden, dass es nicht vorhersehbar ist, welcher Gesellschafter zuerst sterben wird. In der Türkei bedarf es demgegenüber keiner gesellschaftsvertraglichen Nachfolgegestaltung, da das Gesetz der Gesellschaft Möglichkeiten für eine Steuerung der Unternehmensnachfolge vorsieht. Allerdings kann die Gesellschaft den Erben nur dann ablehnen, wenn sie ihm die Übernahme der Gesellschaftsanteile zum wirklichen Wert anbietet. Dadurch werden zwar keine Pflichtteilsansprüche der weichenden Erben tangiert, jedoch gefährdet der Abfluss liquider Mittel die Unternehmenskontinuität. Anders als das deutsche Gesellschaftsrecht trägt das türkische Gesellschaftsrecht dem Gedanken des Bestandsschutzes von Familienunternehmen nicht ausreichend Rechnung.

7. Kapitel: Rechtsrahmen für die Unternehmensnachfolge im Wege der „vorweggenommenen Erbfolge“ / *„Öne Alınmış Mirasçılık“ Yoluyla Sağlararasında Şirket Halefiyeti ve Hukuki Çerçevesi*

I. Vorteile lebzeitiger Vermögensübertragungen / *Sağlararası Devretmenin Avantajları*

Der Erblasser kann auch bereits zu Lebzeiten sein Unternehmen im Wege der „vorweggenommenen Erbfolge“ auf den vorgesehenen Nachfolger übertragen, unter anderem mit der Folge, dass die unternehmerische Beteiligung gar nicht erst in den Nachlass fällt[947]. Der Nachfolger erhält somit bereits zu Lebzeiten Vermögenswerte, die ihm andernfalls erst mit dem Erbfall zugefallen wären[948].

Eine privatautonome Vermögensnachfolge unter Lebenden bietet gegenüber einer Vermögensübertragung von Todes wegen viele Vorteile. Gerade bei Familiengesellschaften lässt sich mit der vorweggenommenen Erbfolge gut eine schrittweise Übertragung des Unternehmens realisieren, ohne dass der Nachfolger von Anfang an die Geschäftsführung zu übernehmen oder Haftungsrisiken zu tragen hätte. Der veräußernde Unternehmer kann seinen Nachfolger beobachten, ihn unterstützen und gegebenenfalls unerwünschtes Verhalten bzw. etwaige Fehlentwicklungen korrigieren[949]. Durch die vereinbarte Präsenz des Unternehmenspatriarchen kann so ein schonender Übergang des Unternehmens auf den Nachfolger unter Wahrung der Familien- oder Gesellschaftsinteressen – aber auch der Interessen von langjährig verbundenen Vertragspartnern – sichergestellt werden[950].

---

947 Hierzu siehe *Gesmann-Nuissl*, BB 2006, S. 2, 3; *Lorz/Kirchdörfer*, Kap. 5 Rn. 1 ff.; Scherer/*Stenger*, § 21 Rn. 1 ff.; Riedel/*Roglmeier*, § 4 Rn. 158 f.; Sudhoff/*Stracke*, Familienunternehmen, § 35 Rn. 1.

948 BGH NJW 1995, 1349; *Milatz*, Kap. 4.1.5.6., S. 55.

949 Vgl. *Scherer*/Blanc/Kormann/Groth/Wimmer, Kap. 4 Rn. 226; Sudhoff/*Stenger*, Unternehmensnachfolge, § 20 Rn. 3; Scherer/*Stenger*, § 21 Rn. 1; *Lorz/Kirchdörfer*, Kap. 5 Rn. 2.

950 *Gesmann-Nuissl*, BB 2006, S. 2, 3; *Galonska*, Unternehmensnachfolge, S. 139, 140.

Ein weiterer Vorteil einer frühzeitigen Übertragung des Unternehmens wird durch die Möglichkeit der Vermeidung bzw. Reduzierung von Pflichtteilsansprüchen eröffnet[951]. Die lebzeitige Übertragung kann ferner ertrags- und erbschaftssteuerliche Vorteile bieten[952]. Und schließlich lassen sich lästige Erbauseinandersetzungen – die im Erbfall regelmäßig, insbesondere aber innerhalb von Erbengemeinschaften im Sinne von § 2032 Abs. 1 BGB auftreten – durch eine vertragliche Vermögensverteilung zu Lebzeiten vermeiden[953]. Insgesamt entspricht das Geben mit der warmen, statt mit der schon erstarrten Hand einer verbreiteten Vorstellung in Unternehmerkreisen[954]. Der Schenker möchte bereits zu Lebzeiten ein „Hineinwachsen" der Kinder in das Unternehmen erreichen. In persönlicher Hinsicht geht es dem Schenker häufig auch darum, Dank und Anerkennung für die Vermögensübertragung zu erhalten.

II. Vorweggenommene Erbfolge nach deutschem Recht / *Alman Hukukuna göre Beklenen Miras Hakkının Devri*

Eine Legaldefinition des Begriffs „vorweggenommene Erbfolge" fehlt im BGB[955]. Die unter dem Begriff der vorweggenommenen Erbfolge zusammengefassten Generationennachfolgeregelungen werden verstanden als „Übertragung des Vermögens oder eines wesentlichen Teils davon durch den künftigen Erblasser auf einen oder mehrere als künftige Erben in Aussicht genommene Empfänger"[956]. Charakteristisch für die vorweggenommene Erbfolge ist, dass die folgenden Generationen nachrücken[957]. In diesem Sinne wurde der gesetzliche Grundtyp der vorweggenommenen Erbfolge, der sogenannte Hofübergabevertrag

---

951 Um dies im deutschen Recht verwirklichen zu können, muss die Schenkung allerdings mindestens zehn Jahre vor Eintritt des Erbfalls erfolgt sein. Andernfalls wird die Zuwendung im Rahmen der Pflichtteilsergänzung berücksichtigt. Einzelheiten folgen unter II 7); vgl. auch *Gesmann-Nuissl*, BB 2006, S. 2, 4; *Lorz/Kirchdörfer*, Kap. 5 Rn. 4; Sudhoff/*Stenger*, Unternehmensnachfolge, § 20 Rn. 3.

952 Einzelheiten dazu siehe *Lorz/Kirchdörfer*, Kap. 4, Rn. 55; Kap. 5 Rn. 3; *Scherer*/Blanc/Kormann/Groth/Wimmer, Kap. 4 Rn. 226, 228; *Remha*, Kap. 5, S. 58 ff.; Scherer/*Stenger*, Unternehmensnachfolge, § 2 Rn. 5.

953 *Gesmann-Nuissl*, BB 2006, S. 2, 3; Scherer/*Stenger*, § 21 Rn. 1.

954 *Westermann*, Die Verträge der Familienunternehmer, S. 47, 49, siehe auch *Milatz*, Kap. 4 S. 56.

955 *Muscheler*, Band I, § 7, Rn. 138; Esskandari/Franck/*Künnemann*, S. 375 Rn. 1.

956 Sudhoff/*Stenger*, Unternehmensnachfolge, § 19 Rn. 1 m.w.N.; Sudhoff/*Stracke*, Familienunternehmen, § 35 Rn. 2; Riedel/*Roglmeier*, § 4 Rn. 158 f.

957 *Milatz*, Kap. 4 S. 55.

normiert[958]. Obwohl der Begriff der Vorwegnahme der Erbfolge den Eindruck erweckt, es liege eine vorweggenommene Gesamtrechtsnachfolge vor, handelt es sich in der Regel nicht um die Übertragung des Vermögens im Ganzen oder eines Bruchteils davon, sondern um die gezielte Nachfolge wie z.B. in ein Unternehmen, und damit gerade nicht um die Antizipation erbrechtlicher Regelungen insgesamt[959]. Der Vermögensübergang tritt mithin nicht kraft Gesetzes, sondern aufgrund einzelvertraglicher Regelungen ein[960], d.h. die vorweggenommene Erbfolge richtet sich im Grundsatz nicht nach dem Erbrecht, sondern nach den Regeln zu Rechtsgeschäften unter Lebenden, durch die der Nachfolger des Unternehmens bestimmt wird und die Übergabe des Unternehmens auf ihn im zukünftigen Erbgang vorweggenommen wird[961]. Damit werden bereits zu Lebzeiten des Erblassers Rechte und Pflichte begründet.

1. Anteilsübertragung von Gesellschaftsanteilen unter Lebenden / *Sağlararasında Şirket Katılım Paylarının Devri*

Beteiligungen an Kapitalgesellschaften können Gegenstand einer Vermögensübertragung im Rahmen der vorweggenommenen Unternehmensnachfolge sein. Möchte der Erblasser seine Gesellschaftsbeteiligung übertragen, hängt die Wirksamkeit der Übertragung allerdings davon ab, ob eine solche Übertragung gesellschaftsrechtlich zulässig ist. Dies richtet sich wiederum nach den Unternehmensformen.

Bei der GmbH sind die Geschäftsanteile nach § 15 Abs. 1 GmbHG übertragbar. Im Rahmen der Einzelrechtsnachfolge bedürfen sowohl der schuldrechtliche Vertrag als auch die Abtretung des Geschäftsanteils der notariellen Beurkundung, §§ 15 Abs. 3, 4 GmbHG. Die freie Übertragbarkeit der Geschäftsanteile kann aber eingeschränkt werden. Das ist dann der Fall, wenn der Gesellschaftsvertrag

---

958 Abweichend von den allgemeinen Regelungen der Unternehmensnachfolge gelten im Bereich der Landwirtschaft hergebrachte Grundsätze der Generationennachfolge, die ihren Niederschlag in der Höfeordnung (HöfeO) und einigen landesrechtlichen Anerbengesetzen gefunden haben. Es handelt sich dabei um ein landwirtschaftliches Sondernachfolge-recht, dessen Ziel es ist, die Zersplitterung landwirtschaftlichen Vermögens zu vermeiden. Zu diesem Zweck ist abweichend vom allgemeinen Erbrecht, das Sondernachfolgeerbrecht geregelt; Einzelheiten zum Sonderfall Hofübergabe siehe Esskandari/Franck/*Künnemann*, Einl. Kap 4 Rn. 2; Kap. 4 Rn. 566 ff.

959 Vgl. *Haberstroh*, S. 180; 182.

960 Hierzu *Gesmann-Nuissl*, BB 2006, S. 2, 3.

961 BGH NJW 1995, 1349, 1350; Palandt/*Weidlich*, Einl. v. § 1922 Rn. 6; *Röthel*, § 26 Rn. 1; MüKo/*Koch*, § 516 Rn. 85.

eine Vinkulierung vorsieht, nach der die Übertragung eines Gesellschaftsanteils von der Zustimmung der übrigen Gesellschafter abhängt, § 15 Abs. 5 GmbHG. Dies kann dann sinnvoll sein, wenn der potenzielle Erblasser die Weiterveräußerung durch den oder die Zuwendungsempfänger verhindern möchte[962]. Das Vermögen soll trotz lebzeitiger Übertragung in der Familie bleiben. Das Bedürfnis nach Vinkulierung besteht in allen GmbHs, die nicht auf Publikumsverkehr angelegt sind. Der Wunsch nach Stabilität im Gesellschafterkreis ist noch größer, wenn es um die Vorwegnahme der Erbfolge geht. Denn der Erblassergesellschafter schließt zu diesem Zweck nur mit denjenigen einen Gesellschaftsvertrag, die er ohne diesen Vertrag als Erben einsetzen würde.

Auch kann sich eine Einschränkung der Übertragbarkeit durch Regelungen in einem gesonderten Poolvertrag ergeben[963]. Poolverträge dienen regelmäßig der Bündelung der Stimmrechte sowie der Veräußerungs- und Vererbungsbeschränkung, da die Poolgesellschafter Veräußerungsverbote vereinbaren und sich gegenseitig Vorkaufs- oder Vorerwerbsrechte einräumen können[964]. Darüber hinaus wird sogar der gänzliche Ausschluss der Übertragbarkeit von GmbH-Anteilen als zulässig angesehen[965]. Wie oben bei der Vinkulierung ausgeführt, kann auch der Poolvertrag dazu dienen, dass der Zielgesellschafter seinen Anteil nicht veräußert. Allerdings muss dann zumindest eine Kündigungsmöglichkeit für den Gesellschafter bestehen, da es einem gesellschaftsrechtlichen Grundverständnis entspricht, dass die Möglichkeit bestehen muss, sich von der Gesellschaft zu trennen, sei es durch Kündigung oder durch Veräußerung des Anteils[966].

---

962 Siehe hierzu *Haberstroh*, S. 147.

963 Hierzu siehe *Scherer*/Blanc/Kormann/Groth/Wimmer, Kap. 4 Rn. 13; Scherer/*Stenger*, § 21 Rn. 66; Riedel/*Riedel*, § 19 Rn. 19 ff.

964 Auch aus erbschaftsteuerlichen Erwägungen werden solche Poolverträge geschlossen, da die weitreichenden erbschaftssteuerlichen Begünstigungen bei der Schenkung von Betriebsvermögen nur gewährt werden, wenn der Anteilseigner an der Gesellschaft zu mehr als 25% beteiligt ist. Diese Mindestbeteiligungsquote kann durch einen Poolvertrag überwunden werden, wenn aufgrund dieses Vertrages der Schenker sich mit weiteren Gesellschaftern verpflichtet hat, über die Anteile nur einheitlich zu verfügen oder die Anteile nur auf andere den poolvertraglichen Verpflichtungen unterliegende Anteilseigner zu übertragen und das Stimmrecht nur einheitlich auszuüben, vgl. § 13b ErbStG; siehe auch unter Kap. 6 II 5.

965 Henssler/Strohn/*Verse*, § 15 GmbHG Rn. 26; Baumbach/Hueck/*Servatius*, § 15 Rn. 12; MüKo/*Reichert*/*Weller*, § 15 GmbHG Rn. 441.

966 *Scherer*/Blanc/Kormann/Groth/Wimmer, Kap. 4 Rn. 11.

Bezüglich der Verfügungen über Mitgliedschaftsrechte von Aktionären muss danach unterschieden werden, um welche Art von Aktien (Inhaber- oder Namensaktie) es sich handelt, § 10 Abs. 1 AktG, und ob die Rechte in einer Urkunde verbrieft sind. Unverbriefte Aktien werden durch Abtretung der Mitgliedschaft nach §§ 413, 398 BGB übertragen. Inhaberaktien, die grundsätzlich die Ausstellung einer Aktienurkunde voraussetzen, werden durch Übereignung der Urkunde gemäß §§ 929 ff. BGB übertragen. Handelt es sich hingegen um verbriefte Namensaktien, so erfolgt die Übertragung nach § 68 Abs. 1 S. 1 AktG durch Indossament. Ein Indossament ist eine schriftliche Übertragungserklärung auf der Aktienurkunde oder einem mit ihr verbundenen Anhang. Die dingliche Übertragung von Aktien bedarf nicht der notariellen Beurkundung. Das Beurkundungserfordernis kann sich nur aus dem Zusammenhang mit anderen beurkundungsbedürftigen Geschäften ergeben oder wenn die Übertragung schenkweise erfolgen soll, § 518 Abs. 1 BGB.

Der Grundsatz der freien Übertragbarkeit kann auch bei Namensaktien durch Vinkulierung eingeschränkt werden, § 68 Abs. 2 S. 1 AktG. Insoweit kann in der Satzung die Übertragbarkeit an die Zustimmung der Gesellschaft gebunden werden. In der Satzung kann in diesem Fall weitgehend frei bestimmt werden, in welchen Fällen der Zustimmungsvorbehalt eingreifen soll, und wann die Zustimmung verweigert werden darf[967]. Erst mit der Erteilung der Zustimmung wird die Übertragung der Aktien wirksam. Demgegenüber sind satzungsmäßige Beschränkungen der Übertragbarkeit von Inhaberaktien nach §§ 929 ff. BGB nicht möglich. Als Alternative zu Regelungen in der Satzung hat sich auch bei der AG der Abschluss eines separaten Poolvertrages unter den Familiengesellschaften bewährt[968]. Auch sie können der Veräußerungsbeschränkung dienen. Die Poolgesellschafter können nämlich Veräußerungsverbote vereinbaren und sich gegenseitig Vorkaufs- oder Vorerwerbsrechte einräumen.

2. Zustimmung des Ehegatten / *Eşin Rızası*

Unabhängig von der Ausgestaltung der vorweggenommenen Erbfolge im Einzelnen muss der verheiratete Erblasser, der im gesetzlichen Güterstand der Zugewinngemeinschaft lebt und durch einen Ehevertrag nichts Abweichendes vereinbart hat, § 1365 Abs. 1 BGB beachten[969]. Das im Wege der

967 *Hüffer/Koch*, § 68 Rn. 13 f.; Henssler/Strohn/*Paefgen*, AktG. § 68 Rn. 4 ff.

968 *Scherer*/Blanc/Kormann/Groth/Wimmer, Kap. 4 Rn. 13; Einzelheiten zu Poolverträge siehe auch unter D II 5.

969 Hierzu Sudhoff/*Stracke*, Familienunternehmen, § 35 Rn. 3 f.; *Westermann*, Die Verträge der Familienunternehmer, S. 54.

vorweggenommenen Erbfolge vorweggenommene Rechtsgeschäft kann der Zustimmung des Ehegatten bedürfen, wenn der andere Ehegatte über sein ganzes Vermögen verfügt, § 1365 Abs. 1 S. 1 BGB. Dem Grunde nach existieren während der Ehe streng getrennte Vermögensmassen beider Ehegatten[970]. Zum Erhalt der wirtschaftlichen Existenzgrundlage und zum Schutze eines etwaigen späteren Zugewinnausgleichs wird die vollumfängliche Verfügungsfreiheit zwischen den Eheleuten beschränkt[971]. Über den Wortlaut des § 1365 Abs. 1 BGB hinaus besteht das Zustimmungserfordernis auch dann, wenn sich das Rechtsgeschäft nicht auf das Vermögen im Ganzen, sondern auf einzelne Vermögensgegenstände bezieht, die das ganze oder nahezu ganze Vermögen ausmachen[972]. Das Zustimmungserfordernis kann beispielsweise relevant werden, wenn ein Ehegatte sein Unternehmen oder seine Unternehmensbeteiligung, das seinen wesentlichen Vermögensbestand darstellt, auf seine Kinder überträgt[973]. Diese Grenze liegt nach h.M. im Rahmen der Unternehmensnachfolge bei 90%, d.h. gibt der Unternehmer nicht mehr als diesen Anteil seines Vermögens aus der Hand, ist trotz des etwaigen Bestehens einer Zugewinngemeinschaft keine Einwilligung des Ehegatten gemäß § 1365 Abs. 1 S. 2 BGB erforderlich[974]. Ferner können auch gesellschaftsvertragliche Änderungen, die den Wert der Mitgliedschaft berühren, wie etwa der Verzicht auf einen Abfindungsanspruch beim Ausscheiden, eine Zustimmungspflicht auslösende Verfügung über das Vermögen im Ganzen darstellen[975]. Diese Einschränkung der Verfügungsfreiheit ist grundsätzlich auch im Fall einer Familiengesellschaft zu bedenken.

3. Arten von Anteilsübertragungen / *Hisse Devrinin Nevileri*

Namensaktien bzw. Gesellschaftsanteile werden im Rahmen der Einzelrechtsnachfolge durch Abtretung gemäß §§ 413, 398 BGB übertragen[976]. Die Abtretung ist ein dingliches Rechtsgeschäft, mit dem üblicherweise eine schuldrechtliche Verpflichtung einhergeht. Der schuldrechtliche Vertrag beinhaltet die Verpflichtung zur Übertragung des Gesellschaftsanteils. Aus dem Begriff der

970 Siehe *Milatz*, Kap. 4.2.3., S. 73.

971 MüKo/*Koch*, § 1365 Rn. 1 f.

972 BGH NJW 89, 475; Palandt/*Siede*, § 1365 Rn. 6.

973 Hierzu *Scherer*/Blanc/Kormann/Groth/Wimmer, Kap. 4 Rn. 239.

974 Palandt/*Siede*, § 1365 Rn. 6 mit Rechtsprechungsnachweisen; Esskandari/Franck/*Künnemann*, Kap. 6 Rn. 38; *Milatz*, Kap. 4.2.3., S. 74.

975 *Scherer*/Blanc/Kormann/Groth/Wimmer, Kap. 4 Rn. 239.

976 Vgl. Esskandari/Franck/*Künnemann*, Kap. 6 Rn. 129; *Haberstroh*, § 4 B. I.

vorweggenommenen Erbfolge ist bereits zu ersehen, dass der andernfalls mit dem Erbfall eintretende Vermögensübergang vom Grundsatz her gerade ohne Gegenleistung erfolgt und somit schuldrechtlich im Regelfall eine Schenkung nach § 516 BGB vorliegt[977]. Die Übertragung und die entsprechende Vereinbarung beruhen somit nicht im Ganzen auf einem kaufmännischen Abwägen von Leistung und Gegenleistung, sondern erfolgen mit Rücksicht auf die verwandtschaftlichen Beziehungen[978]. Soweit jedoch vom Empfänger Verpflichtungen in Form von z.B. Versorgungsleistungen zum Zweck der Sicherung der Existenz des Übertragenden übernommen werden[979], bereitet die rechtliche Einordnung Schwierigkeiten. In Betracht kommt in solchen Fällen die Einordnung als Schenkung unter Auflage, als gemischte Schenkung oder gar als entgeltliches Geschäft. Die Abgrenzung dieser einzelnen Vertragstypen ist u.a. in Bezug auf die Anfechtung und Rückforderbarkeit wichtig. Denn der Übertragende wird sich Ansprüche auf Rückabwicklung vorbehalten, wenn der Vermögensempfänger sich nicht so verhält, wie es sich der Übergeber bei der Übertragung vorgestellt hat[980]. Daher sollte die entsprechende Vereinbarung so gestaltet werden, dass der Übergebende angemessen auf zukünftige Ereignisse reagieren kann. Die Abgrenzung ist ferner für die Pflichtteilslast und die Steuerpflicht von Bedeutung[981]. Im Folgenden werden daher die Arten der Zuwendung, die im Rahmen der Übertragung von Gesellschaftsanteilen in Betracht kommen, dargestellt.

a) Schenkung ohne Gegenleistung / *İvazsız (Karşılıksız) Bağış*

Die Übertragung von Gesellschaftsanteilen kann zunächst im Wege der reinen Schenkung erfolgen. Der Begriff der Schenkung ist in § 516 Abs. 1 BGB legaldefiniert. Schenkung ist danach eine Zuwendung, durch die jemand aus seinem Vermögen einen anderen bereichert, während beide Vertragsteile sich über die Unentgeltlichkeit der Zuwendung einig sind[982]. Im Rahmen einer Schenkung ist

977 Vgl. Sudhoff/*Stenger*, Unternehmensnachfolge, § 20 Rn. 1; *Scherer*/Blanc/Kormann/Groth/Wimmer, Kap. 4 Rn. 232.

978 *Milatz*, Kap. 4.1.5.6., S. 55.

979 Vgl. *Milatz*, Kap. 4.1.5.6., S. 55.

980 Vgl. *Scherer*/Blanc/Kormann/Groth/Wimmer, Kap. 4 Rn. 229; *Milatz*, Kap. 4.1.5.6., S. 57.

981 Sudhoff/*Stenger*, Unternehmensnachfolge, § 20 Rn. 9.

982 Hierzu siehe Palandt/*Weidenkaff*, § 516 Rn. 1 ff.; Sudhoff/*Stracke*, Familienunternehmen, § 35 Rn. 7 f.; *Galonska*, Unternehmensnachfolge, S.139, 141.

stets zwischen objektiver und subjektiver Ebene zu unterscheiden[983]. Objektiv muss eine Bereicherung des Empfängers vorliegen, während der Leistungsgeber eine dauerhafte Vermögensminderung hinnimmt. In subjektiver Hinsicht müssen sich Leistungsgeber und Empfänger über die Unentgeltlichkeit der Zuwendung einig sein. Das Tatbestandsmerkmal der Unentgeltlichkeit fehlt, wenn der Empfänger vertraglich eine Verbindlichkeit gegenüber dem Schenker – z.B. in Form von Rentenzahlungen – oder aber auch gegenüber Dritten übernimmt und diese aus seinem eigenen Vermögen erfüllen muss[984].

Nach § 518 Abs. 1 BGB ist vorgesehen, dass das Versprechen, eine Leistung schenkweise zuzuwenden, der notariellen Beurkundung bedarf. Die Formvorschrift soll zum einen übereilte Schenkungsversprechen verhindern und zum anderen klarstellen, ob ein ernst gemeintes Versprechen vorliegt.[985]

Die Schenkung ist abzugrenzen von anderen unentgeltlichen Zuwendungen unter Lebenden. Hierunter fällt z.B. die Stiftung nach §§ 80 ff. BGB. Allerdings liegt der Unterschied zwischen beiden Zuwendungen darin, dass der Stifter lediglich eine einseitige rechtsverbindliche Willenserklärung abgibt[986]. Im Gegensatz zur Schenkung erfolgt zudem keine endgültige und dauerhafte Vermögensminderung des Gebers. Für die Berechnung der Pflichtteile wird das Stiftungsgeschäft jedoch wie eine Schenkung behandelt[987].

b) Schenkung unter Auflage / *Yüklemeli Bağış*

Die Schenkung unter Auflage ist eine besondere Art der Schenkung, §§ 525 ff. BGB. Bei der Schenkung unter Auflage treffen die Parteien neben der unentgeltlichen Zuwendung die zusätzliche Nebenabrede, dass der Empfänger zu einer rechtlich selbstständigen Leistung, die ein Tun oder Unterlassen sein kann, verpflichtet sein soll, wenn er die Zuwendung erhalten hat[988]. Es entsteht aufseiten des Zuwendenden ein rechtlich durchsetzbarer Erfüllungsanspruch auf Vollziehung der vereinbarten Auflage, § 525 Abs. 1 BGB[989]. Um eine Schenkung

---

983 Vgl. Palandt/*Weidenkaff*, § 516 Rn. 1; Riedel/*Roglmeier*, § 4 Rn. 160, 164; Sudhoff/*Stenger*, Unternehmensnachfolge, § 20 Rn. 3.

984 *Galonska*, Unternehmensnachfolge, S.139, 141.

985 Palandt/*Weidenkaff*, § 518 Rn. 1a; Riedel/*Roglmeier*, § 4 Rn. 184.

986 Palandt/*Weidenkaff*, Riedel/*Roglmeier*, § 4 Rn. 161.

987 *Lorz/Kirchdörfer*, Kap. 8 Rn. 5; Einzelheiten folgen unter Kap. 8 II, 7.

988 Siehe hierzu MüKo/*Koch*, § 525 Rn. 1; Staudinger/*Chiusi*, § 525 Rn. 4; Palandt/ *Weidenkaff*, § 525 Rn. 1; *Scherer*/Blanc/Kormann/Groth/Wimmer, Kap. 4 Rn. 234; Riedel/*Roglmeier*, § 4 Rn. 219.

989 MüKo/*Koch*, § 525 Rn. 1 m.w.N.

im Sinne der §§ 516 ff. BGB handelt es sich dann, wenn dem Empfänger nach der subjektiven Meinung der Parteien eine Bereicherung verbleibt.

Bereitet die Einordnung Schwierigkeiten, so ist die Schenkung unter Auflage von der gemischten Schenkung abzugrenzen. Soll die auferlegte Leistung des Erwerbers aus dem zugewendeten Vermögen erfolgen, wie beispielsweise bei der Übernahme von Versorgungsverpflichtungen gegenüber dem Schenker, liegt keine entgeltliche Gegenleistung vor[990]. Muss er hingegen die Leistung aus seinem eigenen Vermögen erbringen, ist diese als entgeltliche Gegenleistung einzuordnen. Konkrete Auswirkungen hat diese im Einzelfall schwierige Abgrenzungsfrage im vorliegenden Kontext etwa bei der Berechnung des Pflichtteilsanspruchs, bei welcher die Auflage in Ansatz zu bringen ist, wenn der Beschenkte die Auflage selbst zu erfüllen hat[991]. Auch können Leistungen wie etwa Versorgungs- oder Betreuungsleistungen, die in einem konditionalen oder kausalen Zusammenhang mit der Zuwendung des Schenkers stehen, als Gegenleistung im Sinne des Schenkungssteuerrechts behandelt werden[992].

c) Bedingte Schenkung / *Koşullu Bağışlama*

Wünscht der Schenker eine noch weitergehende Bindung als durch eine Auflage, besteht für ihn die Möglichkeit, die Schenkung von einer Bedingung abhängig zu machen[993]. Durch die Vereinbarung derartiger Bedingungen ist es für den Schenker möglich, Einfluss auf das Verhalten des Beschenkten zu nehmen. Die bedingte Schenkung ist im Schenkungsrecht zwar nicht ausdrücklich geregelt. Jedoch kann auch die Schenkung als bedingungsfreundliches Rechtsgeschäft unter einer Bedingung im Sinne des § 158 BGB vorgenommen werden[994]. Der Schenker hat gemäß § 158 Abs. 1 BGB die Möglichkeit die Schenkung unter eine aufschiebende Bedingung zu stellen. In diesem Fall kann der Beschenkte die Übertragung der Gesellschaftsanteile erst mit Eintritt der Bedingung verlangen. Wird die Schenkung unter einer auflösenden Bedingung nach § 158 Abs. 2 BGB vorgenommen, so endet mit dem Eintritt der Bedingung die Wirkung des Rechtsgeschäfts und der frühere Rechtszustand tritt wieder ein. Diese Gestaltung wird jedoch häufig als Nachteil empfunden, da dem Schenker nicht die

---

990 Siehe *Scherer*/Blanc/Kormann/Groth/Wimmer, Kap. 4 Rn. 234; *Galonska*, Unternehmensnachfolge, S.139, 142.

991 Sudhoff/*Stenger*, Unternehmensnachfolge, § 20 Rn. 9.

992 Scherer/*von Sotten*, Unternehmensnachfolge, § 28 Rn. 12.

993 *Milatz*, Kap. 4.1.5.2.

994 Vgl. Palandt/*Ellenberger*, Einf. V. § 158 Rn. 12.

Möglichkeit bleibt, zu entscheiden, ob er den Rückfall wirklich will[995]. Der Schenker hat daher bei der Wahl zwischen Auflage und Bedingung Folgendes zu beachten: Vereinbart er eine Auflage, kann er diese ggfs. klageweise und damit zwangsweise durchsetzen[996]. Hat er dagegen eine Bedingung vorbehalten, kann er lediglich die Rückabwicklung der Schenkung verlangen. Die zwangsweise Durchsetzung einer Bedingung ist demgegenüber nicht möglich.

d) Gemischte Schenkung / *Karma Bağış*

Gemischte Schenkungen finden unter Familienangehörigen weite Anwendung. Bei einer gemischten Schenkung erhält der Empfänger das zugewendete Vermögen nicht vollständig geschenkt, sondern muss selbst hierfür Vermögen – z.B. Teile des mit dem geschenkten Unternehmen erzielten Gewinns – aufwenden[997]. Das Gesetz enthält keine Vorschriften über die gemischte Schenkung. Nach der Rechtsprechung des BGH und der herrschenden Meinung in der Literatur handelt es sich bei einer gemischten Schenkung um einen Typenverschmelzungsvertrag[998]. Begrifflich liegt sie dann vor, wenn den Vertragsbeteiligten das objektive Missverhältnis von Leistung und Gegenleistung bekannt ist und gewollt ist, dass der überschießende Betrag vom Zuwendenden unentgeltlich aus dem eigenen Vermögen erbracht wird[999]. Dabei unterstellt die Rechtsprechung, dass bei einem auffallenden, groben Missverhältnis dieses von den Vertragsparteien erkannt wurde. Bereits bei Überschreitung der Leistung um 20% des Wertes der Gegenleistung spricht eine Vermutung für ein solches Missverhältnis und damit für eine gemischte Schenkung[1000]. Konsequenz dieser Zuordnung einer Schenkung zu den gemischten Schenkungen ist, dass hinsichtlich des Vermögens, das unentgeltlich übertragen wurde, in der Regel schenkungsrechtliche Vorschriften zur Anwendung kommen[1001].

---

995 Siehe Riedel/*Riedel*, § 7 Rn. 63; *Scherer*/Blanc/Kormann/Groth/Wimmer, Kap. 4 Rn. 281; Sudhoff/*Stenger*, Unternehmensnachfolge, § 26 Rn. 24.

996 *Milatz*, Kap. 4.1.5.2.

997 Siehe *Scherer*/Blanc/Kormann/Groth/Wimmer, Kap. 4 Rn. 233.

998 BGHZ 112, 40 ff.; MüKo/*Koch*, § 516 Rn. 38 f.; Riedel/*Roglmeier*, § 4, Rn. 215; Palandt/*Grüneberg*, vor § 311 Rn. 23; Palandt/*Weidenkaff*, § 516 Rn. 13 ff.

999 BGH NJW-RR 1993, 773, 774; BGH NJW 1989, 2122, 2123; MüKo/*Koch* § 516 BGB Rn. 26.; Scherer/*Stenger*, Unternehmensnachfolge, § 2 Rn. 36.

1000 BGH NJW 1995, 1349, 1350.

1001 *Scherer*/Blanc/Kormann/Groth/Wimmer, Kap. 4 Rn. 233.

Dem unentgeltlichen Charakter steht indes nicht entgegen, dass der Bedachte auf seinen Erb- oder Pflichtteil verzichtet[1002]. Die Auswirkungen der Zuwendung auf den Erb- und Pflichtteil des Übernehmers sollten ausdrücklich geregelt werden, da ansonsten das Gericht durch Ermittlung ermittelt, ob der Erblasser mit der Zuwendung eine Ausgleichung nach §§ 2316 Abs. 1, 2050 Abs. 3 BGB oder eine Anrechnung gemäß § 2315 Abs. 1 BGB anordnen wollte[1003].

e) Schenkung von Todes wegen / *Ölüme Bağlı Bağış*

Eine weitere Möglichkeit ist die schenkweise Übertragung von Unternehmensbeteiligungen unter der Bedingung, dass der Beschenkte den Schenker überlebt. Für solche Verfügungen unter Lebenden auf den Todesfall gelten gemäß § 2301 Abs. 1 BGB grundsätzlich dieselben Regeln wie für Verfügungen von Todes wegen. Dies bezieht sich nicht nur auf die Form des Rechtsgeschäfts, sondern auch auf die Rechte von Nachlassgläubigern und Pflichtteilsberechtigten. Zweck dieser Regelung ist, die Umgehung der zwingenden erbrechtlichen Vorschriften durch formlosere Rechtsgeschäfte zu verhindern[1004]. Nach herrschender Meinung bedarf eine solche Schenkung zu ihrer Wirksamkeit wie ein Erbvertrag der Einhaltung der Formvorschriften[1005]. Das Schenkungsversprechen muss somit gemäß § 2276 Abs. 1 BGB zur Niederschrift eines Notars bei gleichzeitiger Anwesenheit beider Parteien abgegeben werden. Einen Anspruch auf die Zuwendung erlangt der Beschenkte erst mit dem Erbfall, sofern er ihn erlebt. Der Schenker ist an das in der erbrechtlich konkreten Form gegebene Versprechen gebunden. Von dieser Bindung kann er sich durch Anfechtung, Aufhebung und Rücktritt befreien, vgl. §§ 2281 ff., 2290 ff., 2293 ff. BGB.

Die Vorschrift des § 2301 Abs. 2 BGB ordnet das Schenkungsversprechen den Rechtsgeschäften unter Lebenden zu, wenn die unter Überlebensbedingung erfolgte Schenkung vom Schenker vollzogen wird. Hierzu ist erforderlich, dass der Erblasser zu Lebzeiten alles Erforderliche für den Eintritt des Leistungserfolges getan hat, damit der Rechtserwerb des Empfängers ohne weitere Maßnahmen von selbst eintreten kann[1006]. Will der zukünftige Erblasser seine

1002 BGH NJW 2009, 1143, 1145 mit Anm. Zimmer NJW 2009, 1146; *Galonska*, Unternehmensnachfolge, S. 139, 142.

1003 BGH MittBayNot 2011, 153.

1004 Palandt/*Weidlich*, § 2301, Rn. 2.

1005 Scherer/*Stenger*, § 2 Rn. 142; Palandt/*Weidlich*, § 2301 Rn. 6; *Milatz*, Kap. 4.1.6.1, S. 62; Riedel/*Riedel*, § 4 Rn. 221.

1006 Sudhoff/*Stracke*, Familienunternehmen, § 35 Rn. 24: Palandt/*Weidlich*, § 2301 Rn. 8.

Unternehmensnachfolge durch Schenkung unter Lebenden vollziehen, muss stets berücksichtigt werden, ob durch die Schenkung seine Erben oder sein Unternehmensnachfolger über Gebühr mit Pflichtteils-, Pflichtteilsergänzungs- oder Pflichtteilsrestansprüchen belastet werden[1007].

4. Absicherung durch Rückforderungs- und Widerrufsrechte / *Geri İsteme ve Cayma Hakları ile Sağlama Alma*

Die Vermögensübertragung in Form von freigebigen Zuwendungen kann für den Übergeber aus verschieden Gründen rückblickend nachteilig sein[1008]. Besonders familiäre Spannungen, aber auch wirtschaftliche Zwänge können Ausgang der Erwägungen sein, das Geschenkte von dem Zuwendungsempfänger zurückzufordern. Da der Schenker nicht mehr auf sein Vermögen zurückgreifen kann, bedarf es daher sowohl in finanzieller als auch in persönlicher Hinsicht einer gewissen Absicherung. Das Gesetz hält eine Reihe von Rückforderungs- und Widerrufsrechten bereit, die es dem Schenker ermöglichen, eine Schenkung rückgängig zu machen. In Betracht kommen das Rückforderungsrecht des Schenkers bei Nichterfüllung einer Auflage nach § 527 BGB, die Rückforderung wegen Bedürftigkeit des Schenkers nach § 528 BGB und der Widerruf der Schenkung wegen groben Undanks nach § 530 BGB.

Allgemein stehen das Bereicherungsrecht bei Zweckverfehlung, das Institut des Wegfalls der Geschäftsgrundlage nach § 313 BGB für die Anpassung des Vertrages und ultimativ für die Rückgewähr des Geschenks zur Verfügung[1009]. Gemeinsam haben sämtliche Rückforderungsrechte, dass sie lediglich dazu dienen sollen, Härtefälle und Ungleichheiten zu beseitigen[1010]. Der gesetzliche Schutz des Schenkers kann im Einzelfall aber unzureichend sein. Denn die Durchsetzung von gesetzlichen Schutzrechten ist nur auf bestimmte Fallkonstellationen beschränkt, bei denen der Widerruf nur unter sehr erschwerten Bedingungen möglich ist. Insbesondere bei Übertragung von Unternehmen ist die Geltendmachung gesetzlicher Rückforderungsrechte nicht hilfreich, etwa weil der Erblasser aus Altersgründen zur Übernahme nicht in der Lage ist, weil geschäftliche Gründe entgegenstehen oder sich die Gesellschaftsanteile zwischenzeitlich wesentlich verändert haben[1011]. Auch die Verbindung der

1007 Sudhoff/*Stracke*, Familienunternehmen, § 35 Rn. 26.
1008 *Milatz*, Kap. 9, S. 215.
1009 Sudhoff/*Strenger*, Unternehmensnachfolge, § 25 Rn. 1.
1010 *Milatz*, Kap. 9.1.1, S. 216.
1011 Siehe Sudhoff/*Strenger*, Unternehmensnachfolge, § 25 Rn. 21.

Schenkung mit einer Auflage, welche dem Beschenkten ein bestimmtes Verhalten abverlangt, ist nicht stets geeignet, den Erblasser zu schützen.

Für eine weitergehende Sicherung des übertragenden Vermögens ist eine vertragliche Ausgestaltung des Rückforderungsrechtes unerlässlich[1012]. Nur sie kann eine vereinbarte Leistungserfüllung am effektivsten absichern und sorgt für eine schnelle Rückforderung im Bedarfsfall. Vertragliche Gestaltungsmöglichkeiten können die Risiken, die eine endgültige vorbehaltlose Übertragung des Vermögens auf den Zuwendungsempfänger begleiten, verringern. Vor allem aber kann dadurch bereits im Vorfeld ein deutlicher Wertschutz erreicht und innerfamiliärer Streit vermieden werden. Als vertragliche Gestaltungsmöglichkeiten kommen auflösende Bedingungen, vereinbarte Rücktrittsgründe und Widerrufsvorbehalte in Betracht. Nach Maßgabe der Rechtsprechung hindert selbst eine freie Widerrufsklausel die Wirksamkeit und erbschaftsteuerliche Anerkennung der Schenkung nicht[1013]. Jedoch eignet sich eine freie Widerrufsklausel nicht bei schenkweiser Zuwendung von Gesellschafts- und Geschäftsanteilen. Ein solches Widerrufsrecht birgt das Risiko, dass die Übertragung steuerrechtlich und/oder pflichtteilsrechtlich nicht als Schenkung anerkannt wird[1014]. Die Nichtanerkennung der vollzogenen Schenkung hätte zur Folge, dass die Gewinne aus der unternehmerischen Beteiligung weiterhin dem Übertragenden zugerechnet werden und von diesem zu versteuern sind. Auch im Pflichtteilsrecht, bei der Bemessung der Zehn-Jahres-Grenze in § 2325 Abs. 3 BGB, wird Gestaltungen die Anerkennung versagt, bei denen bildlich gesprochen „alles beim Alten“ bleibt. Außerdem können freie Widerrufsklauseln sich negativ auf die Leistungsbereitschaft des Beschenkten auswirken[1015]. Denn der Beschenkte wird sich für grundlos entziehbares Eigentum weniger engagieren.

5. Versorgung des Übergebers / *Bağışlayanın Geçiminin Sağlanması*

Von entscheidender Bedeutung im Rahmen einer jeden vorweggenommenen Erbfolge ist die Sicherstellung der Versorgung des Übertragenden[1016]. Diese

1012 Siehe hierzu *Milatz*, Kap. 9.1.2., S. 219; Sudhoff/*Strenger*, Unternehmensnachfolge, § 25 Rn. 21.

1013 Vgl. BFH NJW 1990, 1750; vgl. hierzu auch *Ivens*, ZErb 2010, 286, 292; *Lorz/Kirchdörfer*, Kap. 5 Rn. 17.

1014 Vgl. BFH NJW 1990, 1750; *Lorz/Kirchdörfer*, Kap. 5 Rn. 17 ff.

1015 *Lorz/Kirchdörfer*, Kap. 5 Rn. 22.

1016 Siehe *Lorz/Kirchdörfer*, Kap. 5 Rn. 23f.; *Milatz*, Kap. 8, S. 157; *Habig/Berninghaus*, Kap. 2.3, S. 224; *Westermann*, Die Verträge der Familienunternehmer, S. 60.

Notwendigkeit besteht regelmäßig bei Übertragungen zu Lebzeiten, wenn das übertragende Familienvermögen auch die wirtschaftliche (Haupt-)Lebensgrundlage des Übergebenden bildet. So kann es sein, dass der Übertragende selbst eine unzureichende Altersversorgung hat, oder er aus künftigen Bezügen weichenden Erben noch etwas zukommen lassen will oder der Nachfolger das Unternehmen nicht „in den Schoß gelegt" bekommen soll. Die Sicherstellung kann auf verschiedene Arten erfolgen. In Betracht kommen die Einräumung eines Nießbrauchsrechts zugunsten des Übergebers, die Vereinbarung von wiederkehrenden Leistungen in der Form von Rentenzahlungen oder dauernden Lasten oder die Möglichkeit des Verkaufs des Unternehmens an den Nachfolger.

a) Der Nießbrauchsvorbehalt / *İntifa Hakkını Saklı Tutarak Bağışlama*

Der Nießbrauch ist in den §§ 1030 ff. BGB geregelt. Er ist ausgestaltet als höchstpersönliches und unvererbbares Recht, §§ 1059, 1061 BGB. Ein Nießbrauchsvorbehalt gibt dem Übertragenden gemäß § 1030 Abs. 1 BGB das Recht, weiterhin die Nutzungen aus dem übertragenden Gegenstand zu ziehen, d.h. der Übertragende kann weiterhin die Früchte des Gegenstands, etwa der Unternehmensbeteiligung, genießen, während Wertsteigerungen dem Beschenkten zugutekommen[1017]. Der Nießbrauchsvorbehalt wirkt als Absicherung gegen einen denkbaren Verkauf durch den Beschenkten. Die Schenkung unter Nießbrauchsvorbehalt ist als eine Schenkung unter Auflage im Sinne von § 525 BGB zu sehen. Die Auflage besteht in der Verpflichtung zur Einräumung des Nießbrauchs. Vorteilhaft am Nießbrauchsvorbehalt ist die hiermit verbundene vertikale Spreizung zwischen Substanz und Ertrag. Während dem Schenker die Nutzungen aus den übertragenden Vermögenswerten verbleiben, vollziehen sich Wertsteigerungen unmittelbar und somit erbschaftssteuerfrei beim Nachfolger selbst. Durch die Möglichkeit, den Nießbrauch quotal zu beschränken (Quotennießbrauch), liefert diese Gestaltung auch die erforderliche Flexibilität, um eine erbschaft- und einkommensteuerliche Optimierung zu erreichen[1018].

Zivilrechtlich erfolgt die Bestellung des Nießbrauchs an einem Gesellschaftsanteil nach den für die Übertragung des Rechts geltenden Vorschriften, § 1069 Abs. 1 BGB. Wie bereits ausgeführt sind Kapitalgesellschaftsanteile frei verfügbar und damit auch belastbar. Insofern kann zur Versorgung des Schenkers bei

1017 Vgl. *Lorz/Kirchdörfer*, Kap. 5 Rn. 24 ff.

1018 *Lorz/Kirchdörfer*, Kap. 5 Rn. 26.

der Übertragung von Kapitalgesellschaftsanteilen ein Nießbrauchsvorbehalt vereinbart werden[1019]. Zu beachten ist, dass bei der Nießbrauchsbestellung an einem GmbH-Anteil wegen § 15 Abs. 3 GmbHG die notarielle Beurkundung erforderlich ist.

Ist allerdings die Übertragung des Gesellschaftsanteils nach dem Gesellschaftsvertrag ausgeschlossen, so kann auch kein Nießbrauch daran begründet werden[1020].

Die Bestellung eines Nießbrauchs an Kapitalgesellschaftsanteilen beinhaltet im Wesentlichen das Recht auf den Kapitalertrag („Ertragsnießbrauch"). Streitig ist allerdings, wer bei einer Nießbrauchsbestellung an einem Kapitalgesellschaftsanteil das Stimmrecht ausübt. Nach der h. M. sollen die mit der Beteiligung verbundenen Verwaltungsrechte, insbesondere das Stimmrecht, dem Gesellschafter zustehen[1021]. Dieser ist jedoch verpflichtet, bei der Ausübung dieser Rechte die Interessen des Nießbrauchers zu berücksichtigen. Wegen der unklaren Rechtslage sind eindeutige und detaillierte vertragliche Regelungen, etwa indem dem Nießbraucher eine Stimmrechtsvollmacht zur Vertretung in den Gesellschafterversammlungen und zur Ausübung der mit dem Geschäftsanteil verbundenen Verwaltungsrechte eingeräumt wird, empfehlenswert[1022].

b) Übertragung gegen wiederkehrende Leistungen / *Yinelenen Edimlere Karşı Devir*

Oftmals ist der Übertragende nur bereit, sein Eigentum aufzugeben, wenn er im Gegenzug eine wirtschaftliche Absicherung in Form wiederkehrender Bezüge erhält. Wiederkehrende Leistungen und Bezüge im Zusammenhang mit der Übertragung von Familienvermögen können Versorgungsleistungen, Unterhaltsleistungen oder wiederkehrende Leistungen in einem „echten" Austausch mit einer vollwertigen Gegenleistung sein[1023]. In letzterem Falle handelt es sich um ein gewöhnliches Veräußerungsgeschäft gegen Raten- bzw. Rentenzahlung mit entsprechendem Veräußerungsentgelt und – auf Erwerberseite – mit entsprechenden Anschaffungskosten. Ein solches Veräußerungsgeschäft mit einer

1019 Siehe auch *Milatz*, Kap. 8.1.9.2, S 181; Lorz/*Kirchdörfer*, Kap. 5 Rn. 23 f.

1020 MüKo/*Pohlmann*, § 1068 Rn. 35, 36; Esskandari/Franck/*Künnemann*, Kap. 5 Rn. 273.

1021 Hierzu *Scholz/Seibt*, GmbHG § 15 Rn. 192; *Spiegelberger*, § 13 Rn. 126; *Hannes/Kuhn/Brückmann*, § 6 Rn. 48.

1022 Vgl. *Milatz*, Kap. 8.1.9.2, S 181; *Lorz/Kirchdörfer*, Kap. 5 Rn. 29.

1023 Hierzu siehe *Lorz/Kirchdörfer*, Kap. 5 Rn. 35 ff.; *Milatz*, Kap. 8.3.1, S 190; Riedel/*Riedel*, § 7, Rn.117 ff.

Veräußerungsrente als Gegenleistung liegt vor, wenn die Vertragsparteien von der Gleichwertigkeit von Leistung und Gegenleistung ausgehen. Charakteristikum solcher Veräußerungsleistungen im Gegensatz zu Versorgungsleistungen ist als, dass die Höhe der laufenden Zahlungen unter Kaufpreisaspekten kaufmännisch abgewogen und festgelegt wird. Sie orientiert sich somit an dem Verkehrswert des zu übertragenden Vermögens, wohingegen bei den Versorgungsleistungen die Absicherung eines adäquaten Lebensunterhalts des Übertragenden und zugleich die wirtschaftliche Leistungsfähigkeit des Verpflichteten im Vordergrund stehen. Der Schenker will seine Altersversorgung sichergestellt wissen, nicht eine nach kaufmännischen Grundsätzen abgewogene angemessene Gegenleistung für die Hingabe seines Vermögens erhalten[1024].

Die wiederkehrenden Bezüge stellen bei der Vermögensübertragung in vorweggenommener Erbfolge gegen Versorgungsleistungen keine Gegenleistung dar, das Vermögen wird aus ertragsteuerlicher Sicht vielmehr unentgeltlich übertragen[1025]. Der Vorteil dieser Gestaltungsvariante besteht für den Schenker darin, sich nicht mehr aktiv um das Management des hingegebenen Vermögens kümmern zu müssen[1026]. Anders als beim Nießbrauch besteht die Verpflichtung des Beschenkten zur Leistung der vereinbarten Versorgungsbezüge unabhängig davon, ob bzw. welche Erträge aus dem übernommenen Vermögen erzielt werden.

c) Die „Verkaufslösung" / *Satış Çözümü*

Bei einem Verkauf des Unternehmens an den vorgesehenen Unternehmensnachfolger (entgeltliche Betriebsveräußerung) ist die Versorgung des Übergebers über den Kaufpreis sichergestellt[1027]. Abhängigkeiten wie die Sicherstellung der Versorgung von einem entsprechenden Geschäftsgang und somit auch vom Erfolg des Wirtschaftens der Beschenkten, die bei Nießbrauchsvorbehalt und bei wiederkehrenden Leistungen gegeben sind, entfallen. Der zu vereinbarende und zu zahlende Kaufpreis wird dabei nach kaufmännischen Gesichtspunkten bestimmt[1028]. Einen Abschlag, der dem Unternehmensnachfolger die Übernahme erleichtert, wird nicht gewährt. „Für die steuerliche Anerkennung des Verkaufs im Familienbund als entgeltliches Veräußerungs- und

1024 Riedel/*Riedel*, § 7 Rn. 118.
1025 Näher dazu *Lorz/Kirchdörfer*, Kap. 5 Rn. 36.
1026 Riedel/*Riedel*, § 7 Rn. 119 f.
1027 Vgl. *Lorz/Kirchdörfer*, Kap. 5 Rn. 47 ff.
1028 Riedel/*Riedel*, § 7 Rn. 158.

Anschaffungsgeschäft ist entscheidend, dass die Beteiligten die zu erbringenden Leistungen gegen den Wert des zu übertragenden Vermögens wie unter Fremden gegeneinander abgewogen haben und sie subjektiv von der Gleichwertigkeit der beiderseitigen Leistungen ausgehen durften“[1029]. Daher wird in seltenen Fällen die Übertragung des Familienunternehmens auf den künftigen Erben im Wege eines Verkaufs des Unternehmens oder der Anteile vonstattengehen. Dieser setzt nämlich ein vollentgeltliches Veräußerungsgeschäft voraus, und läuft damit dem der vorweggenommenen Erbfolge typischen Wesen wenigstens teilweiser unentgeltlicher Zuwendung zuwider[1030]. Das Wesen der vorweggenommenen Erbfolge besteht aber darin, dass der Nachfolger für den Erhalt des Unternehmens oder der unternehmerischen Beteiligung keine Gegenleistung oder zumindest nur eine geringere als die marktübliche Gegenleistung erbringen soll, die Nachfolger also im Wege einer Schenkung oder zumindest einer gemischten Schenkung erfolgt. Der Verkauf des Unternehmens oder der unternehmerischen Beteiligung kann sich jedoch in den Fällen anbieten, in denen es den Eltern vorrangig auf die Verwirklichung von Teilungsgerechtigkeit unter mehreren Abkömmlingen ankommt, neben dem zu übertragenden Unternehmen jedoch kein hinreichend dimensioniertes Privatvermögen zur Verwirklichung dieser Absicht vorhanden ist[1031].

6. Absicherung weichender Erben / *Muhtemel Mirasçıların Haklarının Korunması*

Um die Akzeptanz der gewünschten Vermögensnachfolge bei allen Erbanwärtern, auch denjenigen, welche nicht durch schenkweise Zuwendung von Unternehmensvermögen des Erblassers begünstigt sind, sicherzustellen, ist es ratsam, zu Lebzeiten des Erblassers neben dem Schenkungsvertrag zugunsten des Unternehmensnachfolgers ergänzende vertragliche Vereinbarungen mit den weichenden Erben zu treffen[1032]. Derartige Regelungen schützen auch den Unternehmensnachfolger und das Unternehmen vor eventuellen späteren Pflichtteilsansprüchen der weichenden Erben. In Betracht kommen Pflichtteilsverzichtsverträge gemäß § 2346 Abs. 2 BGB. Der Pflichtteilsverzicht ist der beschränkte isolierte Verzicht nur auf das Pflichtteilrecht und eine spezielle Art

1029 *Lorz/Kirchdörfer*, Kap. 5 Rn. 50; BFH DB 1990, 2196.

1030 Sudhoff/*Strenger*, Unternehmensfolge, § 20 Rn. 33; Sudhoff/*Stracke*, Familienunternehmen, § 35 Rn. 28.

1031 Lorz/Kirchdörfer, Kap. 5 Rn. 48.

1032 Vgl. *Habig/Berninghaus*, Kap. 2.2.5., S. 215; Riedel/*Gockel*, § 14 Rn. 1 ff.

des Erbverzichts[1033]. Voraussetzung ist jedoch, dass der Pflichtteilsberechtigte bereit ist, auf seinen Pflichtteil zu verzichten[1034]. In der Praxis wird hierfür regelmäßig die Zahlung eines Entgelts vereinbart. Ein solcher Verzicht bewirkt, dass kein Pflichtteilsanspruch des Verzichtenden entsteht. Dagegen bleibt die gesetzliche Erbfolge unberührt, sodass der Verzichtende Erbe wird, wenn der Erblasser nicht anders testiert[1035]. Aus der Sicht des Erblassers kann daher ein Pflichtteilsverzicht eines abgefundenen Abkömmlings günstiger sein als ein Erbverzicht, weil sich dadurch der Spielraum bei der testamentarischen Gestaltung der Erbfolge erweitert[1036]. Der Verzicht bedarf nach §§ 2346, 2348 BGB der notariellen Beurkundung, um wirksam zu sein. Sind Pflichtteilsverzichtsverträge bei den weichenden Erben auch gegen eine Abfindung nicht durchsetzbar, dann bieten sich Schenkungen mit einer Anrechnungsbestimmung auf den Pflichtteil gemäß § 2315 BGB an[1037]. Die Anrechnungsbestimmung muss im Zeitpunkt der Schenkung unmissverständlich zum Ausdruck gebracht werden. Eine nachträgliche einseitige Anrechnungsbestimmung des Erblassers etwa durch Testament ist nicht möglich.

7. Pflichtteilsergänzungsanspruch gemäß § 2325 BGB / *Saklı Payın Tamamlanması İstemi*

Sind bzw. konnten im Übergabevertrag keine Abfindungen zugunsten der „weichenden Erben“ im Übergabezeitpunkt vereinbart werden, sind die Pflichtteilsberechtigten auf die Pflichtteilsergänzungsansprüche gemäß §§ 2325 ff. BGB verwiesen, sobald der Unternehmer verstirbt. Sinn und Zweck der Pflichtteilsergänzungsvorschriften ist, dass der Erblasser zu Lebzeiten möglichst nicht die durch das Pflichtteilsrecht garantierte Mindestbeteiligung naher Angehöriger am Nachlass verringert oder gar vereitelt[1038]. Voraussetzung für die Entstehung eines Pflichtteilsergänzungsanspruchs ist neben dem Pflichtteilsrecht eine Minderung des Erblasservermögens durch unentgeltliche Übertragung des Unternehmens im Wege der Schenkung[1039]. Bei der Berechnung des Anspruchs wird

---

1033 Palandt/*Weidlich*, § 2346 Rn. 14.

1034 *Milatz*, Kap. 4.1.5.6., S. 58.

1035 MüKo/*Wegerhoff*, § 2346 Rn. 19.

1036 *Leipold*, § 16 Rn. 552.

1037 *Scherer*/Blanc/Kormann/Groth/Wimmer, Kap. 4 Rn. 270; *Habig/Berninghaus*, Kap. 2.2.5.; *Mutter*, § 4 B III, 1a).

1038 Vgl. BGH NJW 04, 1382, 1384; Palandt/*Weidlich*, § 2325 Rn. 1; *Mutter*; § 4 B III, 1c).

1039 Vgl. MüKo/*Lange*, § 2325 Rn. 1; Palandt/*Weidlich*, § 2325 Rn. 7.

der Wert des Unternehmens zum Nachlass hinzugerechnet, um zu verhindern, dass der Erblasser den Pflichtteilsanspruch durch Schenkungen zu Lebzeiten umgeht[1040]. Der Pflichtteilsergänzungsanspruch berechnet sich aus der Differenz zwischen dem Pflichtteil unter Berücksichtigung der Schenkung und dem Pflichtteil ohne Schenkung.

Ansprüche weichender Erben gegen den Nachlass können durch lebzeitige Vermögensübertragungen auf den Unternehmensnachfolger allerdings dann umgangen werden, wenn der Übertragende die Schenkung eine bestimmte Zeit überlebt hat. Das Gesetz sieht in der Neufassung des § 2325 Abs. 3 BGB ein sog. Abschmelzungsmodell im Sinne einer Pro-rata-Regelung vor, wobei die Zuwendung umso weniger berücksichtigt wird, je länger sie beim Erbfall zurückliegt[1041]. Die Neuregelung durch das Gesetz zur Änderung des Erb- und Verjährungsrechts, welche zum 01.01.2010 in Kraft getreten ist, hat die entsprechenden Handlungsmöglichkeiten des Erblassers durch die Neufassung von § 2325 BGB deutlich erweitert[1042]. Unterfielen bislang alle in den letzten zehn Jahre vor dem Erbfall vorgenommene Schenkungen der Pflichtteilsergänzung nach §§ 2325 ff. BGB, so sieht die Vorschrift nunmehr ein gescheitertes Abschmelzen des Ergänzungsanspruchs vor[1043]. Das heißt, liegt der Erbfall vor dem 31.12.2009 und sind seit der Schenkung bis zum Tod des Erblassers noch nicht zehn Jahre vergangen und, dann wird die Schenkung gemäß Art. 229 § 23 Abs. 4 EGBGB in voller Höhe berücksichtigt[1044]. Ist der Erblasser nach dem 01.01.2010 verstorben, wird die Schenkung gemäß § 2325 Abs. 3 BGB nur in voller Höhe berücksichtigt, wenn sie innerhalb eines Jahres vor dem Erbfall vollzogen wurde und es sich nicht um eine Pflicht- und Anstandsschenkung handelt[1045]. Danach kann der Verpflichtete vom Wert des Unternehmens jedoch für jedes Jahr, das der Erblasser nach der Übertragung gelebt hat, gemäß § 2325 Abs. 3, 1 BGB 10% in Abzug bringen, sodass das Unternehmen nach zehn Jahren aus der Pflichtteilsergänzung vollständig ausscheidet[1046]. Die Ausschlussfrist beginnt mit der „Leistung" des

1040 BVerfG NJW 1991, 217; BGH NJW 1992, 564; NJW 1997, 2676, 2677; *Scherer/Bregulla-Weber*, § 20 Rn. 44.

1041 *Westermann*, Die Verträge der Familienunternehmer, S. 47, 69; Esskandari/*Franck*/Künnemann, Kap. 1 Rn. 280.
Riedel/*Roglmeier*, § 4 Rn. 156.

1042 Siehe hierzu *Lorz/Kirchdörfer*, Kap. 4 Rn. 16.

1043 Siehe oben.

1044 MüKo/*Lange*, § 2325 Rn. 60.

1045 BGH NJW 1984, 2939, 2940; MüKo/*Lange*, § 2325 Rn. 68 f.

1046 Siehe weiter oben im gleichen Abschnitt.

Zuwendungsgegenstandes. Dies erfordert nach BGH eine „wirtschaftliche Ausgliederung“ des Schenkungsgegenstandes[1047]. Gestaltungen, die wirtschaftlich gesehen keine Veränderung für den Erblasser bewirken und diesem die Möglichkeit geben, den geschenkten Gegenstand im Wesentlichen weiter zu nutzen – wie dies z.B. beim Vorbehalt eines Nießbrauchs der Fall ist – reichen für einen Fristbeginn nach Auffassung der sog. „Genußrechtsprechung“ des BGH[1048] nicht aus, da dem Erblasser ja weiterhin ein umfassendes Nutzungsrecht zusteht und er den Vermögensabfluss wirtschaftlich nicht spürt. Bei Schenkungen an den Ehegatten beginnt der Lauf der Frist aber bislang nicht vor Auflösung der Ehe, § 2325 Abs. 3 BGB[1049]. In den aufgeführten Gestaltungen kann 10 Jahre und noch länger nach der Schenkung der Wert des verschenkten Vermögens im Wege der Pflichtteilsergänzung bei der Nachlassauseinandersetzung mitberücksichtigt werden. Mithin bildet die Zehn-Jahres-Frist nicht immer hinreichenden Schutz vor Pflichtteilsergänzungsansprüchen.

Umstritten ist, ob Abfindungsleistungen, die der Erblasser lebzeitig gegenüber einem potenziellen Erben für einen Erbverzicht erbringt, ebenfalls der Pflichtteilsergänzung zugunsten der übrigen Erben unterliegen[1050]. Auszugehen ist davon, dass der Erbverzicht als Gegenleistung den Schenkungscharakter der Abfindung aufhebt. Die Rechtsprechung ordnet Abfindungen für einen Erbverzicht zwar in die Kategorie der unentgeltlichen Zuwendungen ein. Mit Blick auf die infolge des Verzichts auf das gesetzliche Erbrecht eintretende Erhöhung des Pflichtteils nach § 2310 S. 2 BGB legt sie § 2325 BGB aber insoweit einschränkend aus, dass eine Pflichtteilsergänzung dann nicht in Betracht kommt, wenn die Abfindung der Höhe nach im Rahmen der Erberwartung des Verzichtenden bleibt[1051].

1047 Vgl. auch BGH NJW 1994, 1791, 1791; BGH NJW 1992, 2887; *Lorz/Kirchdörfer*, Kap. 4 Rn. 16; Esskandari/*Franck*/Künnemann, Kap. 1 Rn. 280; Kap. 4 Rn. 216; *Scherer*/Blanc/Kormann/Groth/Wimmer, Kap. 3 Rn. 52; *Spiegelberger*, § 2 Rn. 24.

1048 Genussrechtsprechung des BGH siehe DNotZ 1994, 784.

1049 *Lorz/Kirchdörfer*, Kap. 4 Rn. 16.

1050 Vgl. *Lorz/Kirchdörfer*, Kap. 4 Rn. 17.

1051 So etwa BGH ZEV 2009, 77, 78 f.; OLG Hamm ZEV 2000, 277, 278; Dauner-Lieb/Grziwotz/*Heisel*, § 2310 Rn. 10ff.

III. Vorweggenommene Erbfolge nach türkischem Recht / *Türk Hukukuna göre Beklenen Miras Hakkının Devri*

1. Anteilsübertragung von Gesellschaftsanteilen unter Lebenden / *Sağlar Arasında Şirket Katılım Paylarının Devri*

Auch nach türkischem Recht können Rechte wie Beteiligungen an Kapitalgesellschaften Gegenstand einer Vermögensübertragung im Rahmen der vorweggenommenen Unternehmensnachfolge sein[1052]. Die Wirksamkeit der Übertragung hängt davon ab, ob eine solche Übertragung gesellschaftsrechtlich zulässig ist. Dies richtet sich wiederum nach den Unternehmensformen. Die Anteilsübertragung von Kapitalgesellschaftsanteilen unterliegt grundsätzlich dem Prinzip der freien Übertragbarkeit (*serbest devir ilkesi*) bzw. der Möglichkeit der freien Übertragung (*serbest devir imkânı*)[1053]. Da die Übertragbarkeit bei der personalistischen Gesellschaft mit beschränkter Haftung (*limitet şirket*) im Vergleich zur Aktiengesellschaft unterschiedlich ausgestaltet ist, ist zu unterscheiden, um welche Kapitalgesellschaftsanteile es sich im Einzelnen handelt. Der Grund für die unterschiedliche Ausgestaltung liegt darin, dass einerseits das Wesen der Gesellschaft mit beschränkter Haftung als „Personengesellschaft" geschützt werden soll. Andererseits soll verhindert werden, dass GmbH-Anteile Handelsthema (*ticaret konusu*) werden[1054].

Im türkischen GmbH-Recht gilt die „Möglichkeit der freien Übertragbarkeit"[1055]. Die Übertragbarkeit der Stammanteile einer türkischen Gesellschaft mit beschränkter Haftung ist in der Vorschrift des Artikels 595 Abs. 2 türkHGB geregelt. Demnach bedarf es im Gegensatz zum deutschen Recht für die Abtretung von Stammanteilen – falls in den Statuten kein Verzicht des Zustimmungserfordernisses vorgesehen – der Zustimmung der Gesellschafterversammlung. Da nach der Gesetzesbegründung zu Artikel 595 Abs. 2 türkHGB es sich hierbei nicht um eine zwingende Vorschrift (*emredici hüküm değil*) handelt, darf in den Statuten daher geregelt werden, dass die Abtretung der Stammanteile nicht der Zustimmung der Gesellschafterversammlung bedarf, und dass die Übertragung entsprechend der gesetzlichen Formerfordernisse erfolgen kann[1056].

1052 Vgl. *Zevkliler/Gökyayla*, § 5 II A.; *Eren*, § 7 III A) Rn. 936; *Tandoğan*, § 19 II 1b).

1053 *Ayan*, Dokuz Eylül Üniversitesi Hukuk Fakültesi Dergisi 2019, S. 1, 10, 14; *Pulaşlı*, § 36 Rn. 22 ff.

1054 *Pulaşlı*, § 36 Rn. 23.

1055 *Pulaşlı*, § 36 Rn. 22 ff.

1056 *Pulaşlı*, § 36 Rn. 22, 24.

Nach Artikel 595 Ab. 4 türkHGB ist es sogar möglich, dass die Übertragung der Stammanteile in den Statuten ausgeschlossen werden kann. Für diesen Fall räumt Artikel 595 Abs. 5 türkHGB dem Gesellschafter das Recht auf Austritt aus wichtigem Grund ein. Mithin kann der Gesellschaftsvertrag das Zustimmungserfordernis erschweren oder auch erleichtern. Zur Übertragung der Stammanteile enthält Artikel 595 Abs. 1 türkHGB eine klare Formregelung. Demnach bedürfen sowohl der schuldrechtliche Vertrag als auch die Abtretung des Stammanteils der schriftlichen Form, die Unterschriften der Beteiligten sind notariell zu beglaubigen. Im Ergebnis sind die Stammanteile an einer GmbH nicht unübertragbar. Nach der dispositiven gesetzlichen Bestimmung des Art. 595 Abs. 2 türkHGB besteht eine gesetzliche Vinkulierung (*kanunen bağlamlı*)[1057]. Die Statuten können aber einen Verzicht des Zustimmungserfordernisses vorsehen, womit die Stammanteile frei übertragbar werden.

Im türkischen Aktienrecht gilt das Prinzip der freien Übertragbarkeit[1058]. Bezüglich der Verfügungen über Mitgliedschaftsrechte ist zu unterscheiden, um welche Art von Aktien es sich handelt. Die Übertragung von Inhaberaktien in Wertpapierform erfolgt gemäß Artikel 489 türkHGB durch die Übertragung des Besitzes an der Urkunde. Für Namensaktien bestimmt Artikel 490 türkHGB, dass sie unter Gesetzesvorbehalt oder Statutenbestimmungen übertragbar sind. Der Grundsatz der freien Übertragbarkeit kann bei Namensaktien durch Vinkulierung eingeschränkt werden. Insoweit können die Statuten nach Artikel 492 türkHGB bestimmen, dass Namenaktien nur mit Zustimmung der Gesellschaft übertragen werden dürfen. Demgegenüber sind statuarische Beschränkungen der Übertragbarkeit von Inhaberaktien nicht möglich[1059]. Eine entsprechende Regelung in den Statuten ist unwirksam.

Eine Einschränkung der Übertragbarkeit kann sich auch durch Regelungen in einem gesonderten Poolvertrag ergeben[1060]. Poolverträge sind nach der Lehre Vereinbarungen, die Verpflichtungen zur Stimmrechtsausübung beinhalten und eine Beeinflussung des Entscheidungsmechanismen des Unternehmens ermöglichen[1061].

1057 Vgl. *Pulaşlı*, § 36 Rn. 23.

1058 *Uçar*, S. 17 f.

1059 *Bahtiyar*, § 17 III A 2), S. 255; Poroy/*Tekinalp*/Çamoğlu, Ortaklıklar Hukuku II, S. 141, Rn. 1145.

1060 *Okutan Nilsson*, § 5 III B), S. 172.

1061 Zur Definition und allgemeinen Merkmalen von Poolverträgen siehe *Moroğlu*, § 2, S. 4 ff.

2. Zustimmung des Ehegatten / *Eşin Rızası*

Das türkische Eherecht sieht gemäß Artikel 199 türkZGB Beschränkungen der Verfügungsbefugnis des Ehegatten vor, soweit es die Sicherung der wirtschaftlichen Grundlagen der Familie oder die Erfüllung einer vermögensrechtlichen Verpflichtung aus der ehelichen Gemeinschaft erfordert. Das Gericht kann in diesem Fall auf Begehren eines Ehegatten die Verfügung über bestimmte Vermögenswerte von dessen Zustimmung abhängig machen[1062]. Zweck der Vorschrift ist es zu verhindern, dass Ehegatten Vermögen beiseite schaffen[1063]. Das Zustimmungserfordernis kann beispielsweise dann in Betracht kommen, wenn ein Ehegatte über gewisse Vermögensgegenstände oder Rechte verfügt, die der Sicherung der wirtschaftlichen Grundlagen der Familie oder die Erfüllung einer vermögensrechtlichen Verpflichtung aus der ehelichen Gemeinschaft dienen[1064]. Diese Einschränkung der Verfügungsfreiheit ist grundsätzlich auch im Fall einer Familiengesellschaft zu bedenken.

Anzumerken ist an dieser Stelle noch, dass ein Ehegatte, der gemäß Art. 194 türkZGB Eigentümer einer Familienwohnung bzw. eines Familienhauses ist (*Aile konutu*), ohne Zustimmung des anderen Ehegatten diese(s) nicht veräußern. In diesem darf ein Ehegatte auch nicht seine Familienwohnung bzw. sein Familienhaus seinem Unternehmen als Kapital zuweisen[1065]. Die Entscheidungen des Kassationshofes sind sogar dahin gehend, dass Hypothekenvereinbarungen, die als Sicherheit für ein von der Bank erhaltenes Darlehen abgeschlossen werden, unwirksam sind, wenn der andere Ehegatte seine Zustimmung für dieses, das Familienhaus betreffende Rechtsgeschäft nicht erteilt[1066]. Falls ohne Zustimmung des Ehegatten dieses Rechtsgeschäft getroffen wurde, dann ist dieses Rechtsgeschäft von Gesetzes wegen unwirksam. In jüngeren Entscheidungen

---

1062 Grundlegend zur Beschränkung der Verfügungsbefugnis siehe *Şıpka*, Aile Konutu ile ilgili İşlemlerde diğer Eşin Rızası; *Yağcıoğlu*, Edinilmiş Mallara Katılma Rejiminde Eşlerin Yasal Alım Hakkı.

1063 Siehe Gesetzesbegründung zu Artikel 199 ZGB.

1064 *Kılıçoğlu Yılmaz*, TBB 2015, Sayı 120; S. 423, 445 ff.; *Badur*, TBB 2013, Sayı 109, S. 251, 265 ff.

1065 Gemäß Art. 193 türkZGB kann jeder Ehegatte mit anderen oder mit dem Dritten Rechtsgeschäfte abschließen, sofern das Gesetz nichts anderes bestimmt. Bestimmt das Gesetz – wie etwa in Art. 194 türkZGB – etwas anderes, so hängt die Wirksamkeit der Verfügung von der Zustimmung des anderen Ehegatten ab.

1066 Großer Zivilsenat des Kassationshofs (*Yargıtay Hukuk Genel Kurulu*), 13.12.2017, E. 2017/2906, K. 2017/1723; Großer Zivilsenat des Kassationshofs, 02.03.2016, E. 2014/498, K. 2014, 569.

des Kassationshofes wird betont, dass die aus Art. 194 türkZGB resultierenden Einschränkung der Verfügungsfreiheit der Einschränkung der Geschäftsfähigkeit (*fiil ehliyeti*) gleichkommt[1067].

3. Arten von Anteilsübertragungen / *Şirket Hisselerinin Devir Türleri*

Namensaktien und GmbH-Gesellschaftsanteile werden – sofern die Übertragung der Anteile an einer GmbH in den Statuten vorgesehen – im Rahmen der Einzelrechtsnachfolge gemäß Art. 183 türkOGB durch Abtretung (*alacağın devri*) übertragen[1068]. Zu ihrer Gültigkeit bedarf die Abtretung der schriftlichen Form, Art. 184 türkOGB. Die Abtretung ist ein dingliches Rechtsgeschäft, mit dem üblicherweise eine schuldrechtliche Verpflichtung einhergeht. Der schuldrechtliche Vertrag beinhaltet die Verpflichtung zur Übertragung des Gesellschaftsanteils. Aus dem Begriff der vorweggenommenen Erbfolge ist bereits zu ersehen, dass der andernfalls mit dem Erbfall eintretende Vermögensübergang vom Grundsatz her gerade ohne Gegenleistung erfolgt und somit schuldrechtlich im Regelfall eine Schenkung nach Art. 285 türkOGB vorliegt.

Verpflichtet sich jedoch der Empfänger etwa zur Übernahme von Versorgungsleistungen zum Zweck der Sicherung der Existenz des Übertragenden, bereitet die rechtliche Einordnung Schwierigkeiten. In Betracht kommt in solchen Fällen die Einordnung als Schenkung unter Auflage, als gemischte Schenkung oder gar als entgeltliches Geschäft. Die Abgrenzung dieser einzelnen Vertragstypen ist wie im deutschen Recht in Bezug auf die Anfechtung und Rückforderbarkeit sowie für die Pflichtteilslast und die Steuerpflicht von Bedeutung. Im Folgenden werden daher die Arten der Zuwendung, die im Rahmen der Übertragung von Gesellschaftsanteilen in Betracht kommen, dargestellt.

a) Schenkung ohne Gegenleistung / *İvazsız (Karşılıksız) Bağış*

Die Übertragung von Gesellschaftsanteilen kann zunächst im Wege der reinen Schenkung erfolgen. Die Schenkung ist im türkischen Obligationengesetzbuch (türkOGB), welches am 01.07.2012 in Kraft getreten ist[1069] und das bisherige

---

1067 Großer Zivilsenat des Kassationshofs, 25.05.2017, E 2016/6764, K. 2017/6194.

1068 Siehe ausführlich hierzu *Pulaşlı*, Kommentar Band II, § 43 Rn. 26; Poroy/*Tekinalp*/Çamoğlu, Ortaklıklar Hukuku I, Rn. 767a, S. 618.

1069 Veröffentlicht im türkischen Amtsblatt Resmi Gazete Nr. 27836 v. 14.02.2011. Das türkische Obligationenrecht beruht weiterhin auf schweizerischen Grundlagen, was sich ohne Weiteres aus dem Gesetzestext und den Gesetzesmotiven ergibt.

Obligationengesetz aus dem Jahre 1926 ersetzt hat, geregelt. Das neue Obligationengesetz ist wie das türkHGB mit dem gleichen Bestreben entstanden, nämlich der Annäherung an europäische Vorgaben. Nach der Legaldefinition des Art 285 türkOGB ist die Schenkung ein Vertrag, durch den sich der Schenker verpflichtet, mit Wirkung unter Lebenden aus eigenem Vermögen (*malvarlığının özünden*) den Beschenkten unentgeltlich (*karşılıksız*) zu bereichern (*kazandırmak*)[1070]. Die Schenkung ist grundsätzlich als Vertrag zu qualifizieren, der zwei synallagmatische Willenserklärungen, Angebot und Annahme, voraussetzt und zu Lebzeiten geschlossen werden muss[1071]. Bei der Schenkung müssen sich die Parteien über den grundlegenden Vertragsinhalt, insbesondere über die Unentgeltlichkeit einig sein. Die Vertragsparteien müssen die Unentgeltlichkeit wissen und wollen[1072]. Übernimmt der Empfänger vertraglich eine Verbindlichkeit gegenüber dem Schenker - z.B. in Form von „Unterhaltszahlungen" ohne hierzu gesetzlich verpflichtet zu sein –, so ist der Tatbestand der Unentgeltlichkeit nicht gegeben[1073]. Die Vorschrift des Art. 288 Abs. 1 türkOGB verlangt ferner für das Schenkungsversprechen die Schriftform. Das Formerfordernis dient dem Schutz vor Übereilung. Die Schenkung ist abzugrenzen von anderen unentgeltlichen Zuwendungen unter Lebenden wie etwa von der Stiftung. Da der Stiftungsgründung kein Vertrag zugrunde liegt, stellt sie keine Schenkung dar[1074].

b) Bedingte Schenkung / *Koşullu Bağışlama*

Im türkischen Schenkungsrecht gibt es mit Art. 290 türkOGB eine eigene Vorschrift für die bedingte Schenkung. Danach kann mit einer Schenkung eine Bedingung verbunden werden. Bei der bedingten Schenkung hängt die Wirksamkeit oder der Wegfall des Vertrages vom Eintritt eines künftig entstehenden und ungewissen Ereignisses ab[1075]. Da die Bedingung - unabhängig vom Willen des Beschenkten - von einem Ereignis abhängt, begründet die Vereinbarung einer Bedingung für den Beschenkten keinerlei Leistungsverpflichtung.

1070 Vgl. *Serozan/Baysal/Sanlı*, Borçlar Hukuku, § 3 II Rn. 989.

1071 Ausführlich zur Schenkung siehe *Yavuz*, § 6 II 3, S. 219; *Tandoğan*, S. 342, 350; *Zevkliler/Gökyayla*, § 5 II C, S. 168; *Eren*, § 7 II A) Rn. 925, III B) Rn. 939 f.; *Gümüş*, § 4 I, 1, S. 171.

1072 *Eren*, § 7 II C) Rn. 930; *Zevkliler/Gökyayla*, § 5 II B, S. 167.

1073 *Zevkliler/Gökyayla*, § 5 II B, S. 167.

1074 *Yavuz*, § 6 II 1, S. 219.

1075 *Eren*, § 7 IV C) Rn. 961, S. 291; *Zevkliler/Gökyayla*, § 5 III C, S.174.

Die Schenkung kann sowohl von einer aufschiebenden (*geciktirici koşul*) als auch von einer auflösenden Bedingung (*bozucu koşul*) abhängig gemacht werden[1076]. Bei der aufschiebenden Bedingung wird der Vertrag gemäß Art. 170 türkOGB erst durch den Eintritt des noch ungewissen Ereignisses wirksam. Durch die Erfüllung der auflösenden Bedingung wird die bei Vertragsschluss sofort eingetretene Wirkung des Vertrages nachträglich aufgehoben, Art. 173 türkOGB.

Die Bedingung darf nicht gegen das Recht und gegen die guten Sitten verstoßen. Ansonsten ist die völlige Nichtigkeit (*butlan*) des Schenkungsvertrages gegeben. Im Falle der Unmöglichkeit der aufschiebenden Bedingung ist der Schenkungsvertrag insgesamt nichtig[1077]. Hingegen berührt die Unmöglichkeit der auflösenden Bedingung die Wirksamkeit des Schenkungsvertrages nicht.

c) Schenkung unter Auflage / *Yüklemeli Bağışlama*

Der Schenker kann das Schenkungsversprechen auch mit einer Auflage für den Beschenkten verbinden. Die Schenkung unter Auflage ist eine besondere Form der Schenkung und ist in Artikel 291 Abs. 1 türkOGB geregelt. Unter einer Auflage ist die Verpflichtung des Beschenkten zu einer bestimmten Leistung zu verstehen[1078]. Beispiele für eine Schenkung unter Auflage sind etwa Schenkung einer Immobilie unter der Auflage von Stipendienleistungen[1079] oder Zinsleistungen für geschenktes Geld[1080].

Diese Verpflichtung stellt allerdings keine vertragliche Verpflichtung im engeren Sinne, sondern vielmehr eine Nebenpflicht (*fer`i edim*) dar[1081]. Denn der Schenker legt dem Beschenkten die Auflage nicht auf, um eine Gegenleistung zu erlangen, sondern um einen bestimmten Zeck (*belli bir gaye*) zu erreichen. Daher sind Auflagen nicht als Gegenleistungen (*karşı edim*) zu qualifizieren, ein Synallagma besteht mithin nicht. Inhalt einer Auflage kann jede Form einer

1076 *Zevkliler/Gökyayla*, § 5 III C, S. 174; *Gümüş*, § 4 III 4, S.176; Yavuz, § 6 IV 3, S. 224; *Eren*, § 7 IV C) Rn. 959 ff.

1077 Zur Unmöglichkeit der aufschiebenden und auflösenden Bedingung siehe *Tandoğan*, § 20 III, 1, S. 363; *Zevkliler/Gökyayla*, § 5 III C, S.174; *Eren*, § 7 IV C) Rn. 965.

1078 Ausführlich zur Schenkung unter Auflage siehe *Zevkliler/Gökyayla*, § 5 III C, S.174; *Eren*, § 7 IV C) Rn. 967 ff., S. 292 f.; *Gümüş*, § 4 III 5, S.176; Yavuz, § 6 IV 4, S. 225.

1079 *Yavuz*, § 6 IV 4, S. 225.

1080 *Tandoğan*, § 20 III 1, S. 364.

1081 Vgl. Großer Zivilsenat des Kassationshofs (*Yargıtay Hukuk Genel Kurulu*), 31.03.2004, E. 2004/5-199, K. 2004/187; *Tandoğan*, § 20 III 1, S. 363.

Handlung und Unterlassung sein[1082]. Voraussetzung ist lediglich, dass kein Verstoß gegen das Gesetz und gegen die guten Sitten vorliegt sowie die Ausführung nicht unmöglich ist. Ist die Auflage rechts- oder sittenwidrig, so ist der Schenkungsvertrag insgesamt nichtig.

Im Gegensatz zum aufschiebend bedingten Schenkungsvertrag behält die Schenkung auch bei Nichterfüllung der Auflage ihre Gültigkeit[1083]. Durch die Vereinbarung einer Auflage entsteht gemäß Art. 291 Abs. 2 türkOGB eine einklagbare (Neben-)Leistungspflicht. Der Beschenkte darf die Vollziehung einer Auflage verweigern, insoweit der Wert der Zuwendung die Kosten der Auflage nicht deckt und ihm der Ausfall nicht ersetzt wird; Art. 291 Abs. 4 türkOGB.

d) Gemischte Schenkung / *Karma Bağışlama*

Erfolgt die Übertragung nicht vollständig unentgeltlich, sondern werden Gegenleistungen vorbehalten, so kommt eine gemischte Schenkung in Betracht. Die gemischte Schenkung ist im Gesetz nicht ausdrücklich geregelt.

Bei einer gemischten Schenkung legen die Parteien bewusst einen Verkaufspreis fest, der so erheblich unter dem tatsächlichen Wert des Vertragsgegenstandes liegt (qualifiziertes objektives Element / *nitelikli objektif unsur*), dass er „ins Auge sticht" (*göze çarpacak ölçüde*)[1084]. Auf der anderen Seite sind sich die Parteien darüber einig, dass die Differenz zwischen dem tatsächlichen Wert und dem Verkaufswert für den Käufer aufgrund der Schenkung eine unentgeltliche Zuwendung (*ivazsız kazandırma*) darstellt (subjektives Element / *sübjektif unsur*). Anzuwenden sind allein (*tek başına*) die vertragsspezifischen Regeln, deren Charakter überwiegt[1085]. In den Fällen, in denen ein rein symbolischer Preis für den Verkaufsgegenstand etwa bestimmt wird, finden die Schenkungsvorschriften Anwendung. Denn hier überwiegt der Schenkungscharakter. Bei einer Pflichtteilsverletzung kann der unentgeltliche Teil der Zuwendung gemäß Art. 565 Abs. 3 türkZGB der Herabsetzung unterliegen[1086]. Ausführungen zur Herabsetzung bei einer Pflichtteilsverletzung erfolgen im weiteren Verlauf der Arbeit[1087].

1082 Vgl. *Gümüş*, § 4 III 5, S. 177; *Eren*, § 7 IV D) Rn. 969.

1083 *Tandoğan*, S. 365.

1084 Grundlegend zur gemischten Schenkung siehe *Gümüş*, § 4 III 3, S.176; *Serozan/Baysal/Sanlı*, § 3 III Rn. 991 ff.

1085 *Serozan/Baysal/Sanlı*, Borçlar Hukuku, § 3 III Rn. 993.

1086 Serozan/*Engin*, § 3 Rn. 46; *Öztan*, S. 103.

1087 Hierzu siehe III, 7).

e) Schenkung auf den Todesfall / *Ölüme Bağlı Bağış*

Eine Schenkung, deren Vollziehbarkeit (*tenfizi*) auf den Tod des Schenkers gestellt ist, ist nach Art. 290 Abs. 2 türkOGB möglich[1088]. Der Schenker kann sich zu Lebzeiten gegenüber dem Beschenkten verpflichten, diesem auf den Todesfall aus seinem Vermögen einen bestimmten Gegenstand unentgeltlich ihm zuzuwenden. Eine solche Vereinbarung ist eine vom Tode des Schenkers abhängiger Schenkungsvertrag in Form eines schuldrechtlichen Vertrages (*borçlar hukuku nitelikli bir sözleşme*) und wird in der Form eines Schenkungsversprechens (*bağışlama sözü verme*) getroffen[1089]. Mit diesem Vertrag geht der Schenker noch zu Lebzeiten die Übergabeverpflichtung ein. Dem Schenkungsempfänger wird die Sache jedoch nicht übergeben, mit anderen Worten ist die Vertragserfüllung bzw. Vollziehbarkeit des Vertrages (*sözleşmenin ifası*) bis zum Tode des Schenkers aufgeschoben. Schenkungen auf den Todesfall unterstehen nicht dem Schenkungsrecht, sondern dem Erbrecht. Nach Art. 290 Abs. 2 türkOGB sind die Vorschriften über die Verfügung von Todes wegen nach Art. 514 ff. türkZGB anzuwenden. Nach dem Kassationshof reicht für die Form die Errichtung des einfachen Testaments nach Art. 531 türkZGB aus[1090].

Nach Art. 292 Abs. 1 türkOGB kann sich der Schenker bereits bei Abschluss des Schenkungsvertrages den Rückfall der geschenkten Sache an sich selbst für den Fall vorbehalten (*dönme koşullu bağışlama*), dass der Beschenkte vor ihm versterben sollte[1091]. Der Schenker überträgt hier dem Schenkungsempfänger das Eigentum an dem Schenkungsgegenstand unter der auflösenden Bedingung, dass im Fall des Vorversterbens des Schenkungsempfängers vor dem Schenker der Schenkungsgegenstand in das Eigentum des Schenkers zurückfällt[1092]. Nach dem Kassationshof stellt der Vorbehalt des Rückfalls der geschenkten Sache eine Art der Schenkung auf den Todesfall dar[1093].

1088 Hierzu siehe *Gümüş*, § 4 III 6.

1089 Siehe *Zevkiler/Gökyayla*, § 5 III D); *Eren*, § 7 IV E) Rn. 976.

1090 Kassationshof 16. ZS, 13.10.1989, E. 1989/10845, K. 1989/14561.

1091 Grundlegend zum Vorbehalt des Rückfalls der geschenkten Sache siehe *Gümüş*, § 4 III 7); *Yavuz*, § 6 IV 3b); *Zevkliler/Gökyayla*, § 5 III E).

1092 *Gümüş*, § 4 III 7; *Tandoğan*, § 20 V, S. 371; *Eren*, § 7 IV F) Rn. 977.

1093 *Tandoğan*, § 20 V, S. 371 m.w.N.

4. Absicherung durch Rückforderungs- und Widerrufsrechte / *Geri Alma Hakkını Saklı tutarak Güvenceye Alma*

Auch das türkische Recht bietet dem Schenker – unabhängig von der Erfüllung der Vertragsbedingungen – diverse Instrumente an, die Schenkung unter bestimmten Voraussetzungen zu widerrufen bzw. die Folgen des Schenkungsvertrages rückgängig zu machen. Sie dienen der Daseinssicherung des Schenkers[1094]. Rückblickend kann die Vermögensübertragung in Form von freigebigen Zuwendungen für den Schenker aus verschieden Gründen nachteilig sein. Daher bedarf es für den Schenker sowohl in finanzieller als auch in persönlicher Hinsicht einer gewissen Absicherung.

Das Gesetz unterscheidet den Widerruf der vollzogenen Schenkung nach Art. 295 türkOGB (*yerine getirilen bağışlama sözünün geri alınması*) vom Widerruf des Schenkungsversprechens (*bağışlama sözü vermenin geri alınması*) nach Art. 296 türkOGB[1095]. Die vollzogene Schenkung kann bei einer schweren Straftat des Beschenkten gegen den Schenker oder eine diesem nahestehende Person, Art. 295 Ziff. 1 türkOGB, bei einer schweren Verletzung familienrechtlicher Pflichten gegenüber dem Schenker oder dessen Angehörigen, Art. 295 Ziff. 2 türkOGB, bei Nichterfüllung von Auflagen, Art. 295 Ziff. 3 türkOGB widerrufen werden.

Art. 296 türkOGB erweitert die Widerrufsmöglichkeit für das Schenkungsversprechen. Dies ist etwa möglich, wenn sich die Vermögensverhältnisse des Schenkers so geändert haben, dass ihn die Schenkung außerordentlich schwer belasten würde, Art. 296 Abs. 1 Ziff. 2 türkOGB. Des Weiteren steht dem Schenker nach Art. 296 Abs. 1 Ziff. 3 türkOGB ein Widerrufsrecht zu, wenn ihm seit dem Versprechen familienrechtliche Pflichten erwachsen sind, die vorher gar nicht oder in erheblich geringerem Umfang bestanden haben. Schließlich wird das Schenkungsversprechen durch Ausstellung eines Verlustscheines oder Konkurseröffnung aufgehoben, Art. 296 Abs. 2 türkOGB.

Aufgrund der Privatautonomie ist grundsätzlich auch ein vereinbarter Widerrufsvorbehalt (*serbestçe dönme hakkini saklı tutma*) möglich, dessen Geltendmachung an keine Gründe gebunden ist[1096]. Dabei handelt es sich um eine durch Potestativbedingung auflösend bedingte Schenkung, d.h. der Eintritt bzw.

1094 *Serozan/Baysal/Sanlı*, § 3 IX Rn. 1062.

1095 Dazu siehe *Zevkliler/Gökyayla*, § 5 IV C); *Yavuz*, § 6 VI 2; *Eren*, § 8 I Rn. 999 ff.; *Serozan/Baysal/Sanlı*, § 3 IX Rn. 1056 ff.; *Tandoğan*, § 21 II 2, S. 376 ff; *Gümüş*, § 4 V 2, S. 179 ff.

1096 Vgl. *Yavuz*, § 6 IV 3c).

Nichteintritt hängt allein vom Willen des Schenkers ab. Dies ergibt sich etwa aus Art. 565 Ziff. 3 türkZGB, wonach bei Pflichtteilsverletzungen Schenkungen der Herabsetzung unterliegen, die der Schenker zur Ermittlung der Herabsetzung jederzeit frei widerrufen konnte. Einzelheiten hierzu folgen im weiteren Verlauf der Arbeit[1097].

Der Schenker kann die Schenkung innerhalb eines Jahres von dem Tag an, an welchem er vom Widerrufsgrund erfahren hat, gemäß Art. 297 Abs. 1 türkOGB widerrufen. Wurde das Schenkungsversprechen noch nicht erfüllt, kann der Schenker nach erfolgtem Widerruf dem Erfüllungsanspruch des Schenkungsempfängers seinen erklärten Widerruf als Einwendung entgegenhalten[1098]. Stirbt der Schenker vor Ablauf dieses Jahres, so geht das Klagerecht für den Rest der Frist auf dessen Erben über, Art. 297 Abs. 2 türkOGB. Nach dem neu eingefügten Absatz 3 des Art. 297 türkOGB können die Erben des Schenkers nach dessen Tod ebenfalls die Schenkung innerhalb eines Jahres widerrufen, wenn dieser zu Lebzeiten nicht von dem Widerrufsgrund erfahren hat.

5. Versorgung des Übergebers / *Bağışlayanın Geçiminin Sağlanması*

Im Rahmen einer vorweggenommenen Erbfolge kommen für die Sicherstellung der Versorgung des Übertragenden die Einräumung eines Nießbrauchsrechts zugunsten des Übergebers in Betracht. Die Bestellung eines Nießbrauchs an einem Gesellschaftsanteil erfolgt nach den für die Übertragung des Rechts geltenden Vorschriften gemäß Artikel 794 Abs. 1 türkZGB. Ein Nießbrauchsrecht verleiht gemäß Art. 794 Abs. 2 türkZGB dem Berechtigten, wenn nicht anders geregelt ist, den vollen Genuss eines Gegenstands, eines Rechts oder des ganzen Vermögens. So kann etwa der Unternehmensüberträger weiterhin Erträge aus dem Unternehmen sichern.

Für die Bestellung eines Nießbrauchs an einem GmbH-Anteil sind die Vorschriften über die Übertragung der Gesellschaftsanteile anwendbar, vgl. Art. 600 Abs. 1 türkHGB. Demnach bedarf es für die Nießbrauchsbestellung der Schriftform sowie der notariellen Beglaubigung der Unterschriften der Parteien[1099]. Ferner ist – sofern im Gesellschaftsvertrag der türkGmbH nichts anderes vereinbart ist – für die Bestellung des Nießbrauchs die Zustimmung

1097 Ausführungen zur Herabsetzung siehe unter III, 7).

1098 *Tandoğan*, § 21 II 2a); S. 377.

1099 Siehe *Pulaşlı*, § 34 Rn. 20, 21.

der Gesellschafterversammlung erforderlich, vgl. Art. 595 Abs. 2 türkHGB. Wie bereits ausgeführt sind Aktien frei verfügbar und damit auch belastbar[1100]. Insofern kann zur Versorgung des Schenkers bei der Übertragung von Aktien ein Nießbrauchsvorbehalt vereinbart werden. Zu beachten ist, dass – sofern in der Satzung vorgesehen – die Beschränkung der Übertragbarkeit der Namensaktien gemäß Art. 492 II türkHGB auch für die Begründung eines Nießbrauchs gilt.

Als weitere wirtschaftliche Absicherungen des Übertragenden im Rahmen der Vermögensübertragung in vorweggenommener Erbfolge kommen wiederkehrende Bezüge (*periyodik/dönemsel edimler*) in Form von Rentenzahlungen (*gelir sözleşmesi*) und Unterhaltsleistungen (*bakma sözleşmesi*) in Betracht[1101].

Auch ist die Möglichkeit der Übertragung des Familienunternehmens auf den künftigen Erben im Wege eines Verkaufs des Unternehmens gegeben[1102]. Der Verkauf setzt jedoch ein vollentgeltliches Veräußerungsgeschäft voraus. Daher ist die Verkaufslösung im Rahmen der vorweggenommenen Erbfolge, bei der zwecks Erhalts des Unternehmens keine bzw. geringere Gegenleistung erbracht wird, nicht ratsam.

6. Absicherung weichender Erben / *Muhtemel Mirasçıların Haklarının Korunması*

Zu Lebzeiten des Erblassers kann mit einem Pflichtteilverzichtsvertrag (*saklı paydan feragat sözleşmesi*) der Kreis der Pflichtteilsberechtigten beeinflusst werden[1103]. Der Erblasser kann damit die Erbfolge vor dem Erbfall den besonderen Verhältnissen des Einzelfalles anpassen und somit dem gewünschten Unternehmensnachfolger per Schenkungsvertrag sein Familienunternehmen lebzeitig übertragen. Sinn und Zweck des Verzichtsvertrages ist die Erweiterung der Verfügungsfreiheit des Erblassers durch „Lockerung des Pflichtteilssystems" (*saklı pay sisteminin esnemesi*)[1104]. Zulässig ist der Pflichtteilsverzichtsvertrag nach Artikel 528 ZGB. Zwar regelt die Norm ausdrücklich nur den Erbverzichtsvertrag,

1100 Siehe *Pulaşlı*, Kommentar Band III, § 52 Rn. 32; *Okutan Nilsson*, § 6 I B 3), S. 286 f.

1101 Zu den Einzelheiten von Rentenzahlungen und Unterhaltsleistungen siehe *Eren*, § 28 Rn. 2785 ff.; § 29 Rn. 2804 ff.; *Yavuz*, Borçlar Hukuku Dersleri Özel Hükümler § 30, § 31; *Zevkliler/Gökyayla*, § 23, § 24.

1102 Zur schuldrechtlichen Übertragung des Unternehmens siehe *Tandoğan,* § 4 II 1a), S. 79.

1103 Vgl. *Serozan/Engin*, § 4 Rn. 194 ff.; *Çabri*, § 35 Rn. 792 ff.; *Gençcan*, t 3, Art. 528, S. 2290 ff.

1104 *Çabri*, § 35 Rn. 793.

jedoch kann sich der Verzicht isoliert auch auf das Pflichtteilsrecht beziehen[1105]. Der Pflichtteilsberechtigte muss natürlich bereit sein, auf seinen Pflichtteil zu verzichten. Nur durch die gegenseitige Vereinbarung zwischen Erblasser und Pflichtteilsberechtigten kann somit zu Lebzeiten auf das Pflichtteilsrecht verzichtet werden[1106]. Zu seiner Gültigkeit bedarf der Verzichtsvertrag gemäß Artikel 545 Abs. 1 ZGB der Form der öffentlichen letztwilligen Verfügung[1107].

Nach dem Wortlaut des Artikels 528 Abs. 1 ZGB kann der Verzichtsvertrag sowohl entgeltlich als auch unentgeltlich abgeschlossen werden[1108]. Falls der Verzichtsvertrag nicht anderes vorsieht, wirkt gemäß Artikel 528 Abs. 3 ZGB der entgeltliche Verzicht (*ivazlı feragat*) auch gegenüber den Nachkommen. Der unentgeltliche Verzicht (*ivazsız feragat*) umfasst jedoch in der Regel nicht die Nachkommen des Verzichtenden[1109]. In diesem Fall erweitert der Verzicht die verfügbare Quote des Erblassers nicht. Demzufolge können die Nachkommen des Verzichtenden von der Vorschrift des Art. 511 Abs. 3 türkZGB profitieren und ihren Pflichtteilsanspruch geltend machen.

7. Herabsetzung bei Pflichtteilsverletzung / *Saklı Pay İhlali ve Tenkis*

Wird durch eine Schenkung der Pflichtteil eines Erben verletzt, dann kann die durch den Erblasser vorgenommene lebzeitige Zuwendung nach Art. 560 Abs. 1 türkZGB auf das erlaubte Maß herabgesetzt werden. Zuwendungen des Erblassers unter Lebenden werden nämlich insoweit zum Vermögen hinzugerechnet, als sie der Herabsetzung unterliegen, vgl. Art. 508 türkZGB. Die Pflichtteilserben können demnach nach Ableben des Erblassers mit der Herabsetzungsklage ihre Rechte auf Rückleistung der übermäßigen Verfügung bis zur Wiederherstellung des Pflichtteils durchsetzen. Gegenstand der Herabsetzungsklage sind zwar in der Regel Verfügungen von Todes wegen[1110]. Jedoch kann eine

1105 *Serozan/Engin*, § 4 Rn. 195.

1106 *Imre/Erman*, § 24 II, 1; *Serozan/Engin*, § 4 Rn. 185, 196.

1107 Plenarentscheidung des Kassationshofs (*Yargıtay İçtihadı Birleştirme Kararı*) v. 11.02.1959, E. 1958/16, K. 1959/14; Kassationshof 2. ZS, 14.05.2007, E. 2007/6349, K. 2007/7938; *Çabri*, § 35 Rn. 798.

1108 *Serozan/Engin*, § 1 Rn. 173; *Çabri*, § 35 Rn. 807; *Dural/Öz*, § 16 VIII b) Rn. 890.

1109 Siehe *Eren/Yücer Aktürk*, § 7 III D 1c) bb) Rn. 775; *Imre/Erman*, § 24 II, 2; *Serozan/Engin*, § 4 Rn. 205; *Dural/Öz*, § 22 3b) Rn. 1189; *Kocayusufpaşaoğlu*, Miras Hukuku, § 32 III 2, S. 410 f.

1110 *Çabri*, § 72 Rn. 1490, *Kocayusufpaşaoğlu*, S. 380, 381; *Dural/Öz*, § 21 III 2 Rn. 1121; *Serozan/Engin*, § 3 Rn. 29.

Nichtberücksichtigung von lebzeitigen Zuwendungen des Erblassers auch die Interessen der Pflichtteilserben beeinträchtigen. Häufig wird in der Praxis festgestellt, dass der Erblasser unentgeltliche Zuwendungen unter Lebenden tätigt, um Rechte der Pflichtteilserben zu verletzen. Zum Schutz der Pflichtteilsberechtigten fallen daher auch lebzeitige Zuwendungen in den Anwendungsbereich der Herabsetzungsklage.

Die herabsetzbaren Zuwendungen sind im Einzelnen in Art. 565 türkZGB aufgeführt. Art. 565 Ziff. 3 türkZGB regelt die Herabsetzung von lebzeitigen Schenkungen[1111]. Herabsetzbar sind frei widerrufliche Schenkungen (*serbestçe dönme hakkını saklı tutarak yapılan bağışlamalar*) sowie Schenkungen, die der Erblasser während des letzten Jahres vor seinem Tod ausgerichtet hat (*ölümünden önceki bir yıl içinde yapılan bağışlamalar*). Der Gesetzgeber hat die Zeitspanne von einem Jahr für den Fall einer Pflichtteilsverletzung durch lebzeitige Schenkungen des Erblassers bewusst kurz gesetzt[1112]. Es sei nicht billig, eine Herabsetzungsklage gegen denjenigen zu erheben, der seit Langem im Besitz und Eigentum der ihm geschenkten Gegenstände ist. Ferner wird vorgetragen, dass eine lange Zeitgrenze zwischen der Leistung des verschenkten Gegenstandes und dem Erbfall den Grundsatz der rechtlichen Vorhersehbarkeit und der Rechtssicherheit verletzt. Von der Herabsetzung ausgenommen sind nach Art. 565 Ziff. 3 türkZGB übliche Gelegenheitsgeschenke wie Geburtstags-, Verlobungs- und Hochzeitsgeschenke[1113].

Unter einem simulierten Vertrag (*muvazaalı sözleşme*) getätigte Zuwendungen, die offensichtlich zur Umgehung des Pflichtteils (*dolanma amaçlı işlemler*) vom Erblasser getätigt wurden, sind nach Art. 565 Ziff. 4 türkZGB ohne zeitliche Beschränkung hinzurechnungspflichtig[1114]. Nach dieser Vorschrift ist es unerheblich, wann die pflichtteilsrelevante Verfügung erfolgte. Unabhängig davon wie lange die Verfügung vor dem Erbfall zurückliegt, unterliegt sie jederzeit der Herabsetzung. Die zeitlich unbeschränkte Herabsetzungsmöglichkeit wird von der türkischen Literatur kritisiert[1115]. Die „pro rata" Abschmelzlösung des deutschen BGB sei realistischer, praktischer und pragmatischer als die türkische

---

1111 Grundlegend dazu siehe *Turan Başara*, Miras Hukukunda Denkleştirme; *Aydın Ünver*, FS für Prof. Şener Akyol, S. 111; *Eren/Yücer Aktürk*, § 8 I B 2d) Rn. 844 ff.; *Kılıçoğlu*, § 15 II C; *Imre/Erman*, § 29 IV 2c); *Çabri*, § 72 Rn. 1506 ff.;

1112 Ausführlich hierzu siehe *Nar*, S. 178.

1113 *Gençcan*, Miras Hukuku, § 24 A 7a).

1114 *Imre/Erman*, § 29 IV d); Serozan/*Engin*, § 3 Rn. 40, 49.

1115 Umfassend dazu siehe Sert Sütçü, Miras Bırakanın Muvazaalı Hukuki İşlemleri ve Sonuçları; Serozan, Successio 2014, 4, 9.

„open end-Lösung". Das deutsche Recht habe den Vorteil, den Pflichtteilsschutz stark zurückzuschrauben und unerwünschte alte Erbstreitigkeiten zu vermeiden.

Nach Art. 570 türkOGB unterliegen in erster Linie die Verfügungen von Todes wegen der Herabsetzung und erst danach die Zuwendungen unter Lebenden, und zwar in der Weise, dass die späteren vor den früheren herabgesetzt werden, bis der Pflichtteil hergestellt ist.

Die Herabsetzungsklage kann nur nach dem Tode des Erblassers innerhalb der Verjährungsfrist von Art. 571 Abs. 1 türkZGB erhoben werden[1116]. Demnach ist die Klage innerhalb eines Jahres ab Kenntnis der Erben von der Verletzung Ihrer Pflichtteilsrechte und in jedem Fall innerhalb von zehn Jahren nach Eröffnung der letztwilligen Verfügung (*vasiyetname açılması*) zu erheben.

IV. Vergleichender Teil: Unterschiede und Gemeinsamkeiten / *Mukayeseli Bölüm: Farklılıklar ve Benzerlikler*

Der Überblick über die lebzeitigen Vermögensübertragungen und deren Schutzmaßnahmen zeigt, dass beide Rechtsordnungen –trotz der teilweise vorhandenen Unterschiede – einander in den Grundzügen doch weitgehend entsprechen. Nach beiden Rechtsordnungen gilt der Grundsatz der freien Übertragbarkeit bzw. der Möglichkeit der freien Übertragung von Kapitalgesellschaftsanteilen. Im Gegensatz zum deutschen GmbH-Recht bedarf die Übertragung der Stammanteile einer türkGmbH allerdings grundsätzlich der Zustimmung der Gesellschafterversammlung. Jedoch darf im Gesellschaftsvertrag davon abgesehen werden.

In der Regelung und Ausgestaltung der Schenkung zeigt eine Gegenüberstellung der beiden Rechtsordnungen deutliche Parallelen. So sind die wesentlichen Merkmale der Schenkung eine unentgeltliche Zuwendung unter Lebenden und die Einigung über deren Unentgeltlichkeit. Deutlich klarer als das deutsche Recht definiert das türkische Recht die Schenkung nunmehr in Art. 283 türkOGB als Vertrag. Hinsichtlich der Schenkungsarten unterscheiden beide Rechtsordnungen zwischen Schenkungsversprechen, der Schenkung unter Auflage und bedingter Schenkung sowie der Schenkung auf den Todesfall. Anders als im deutschen Recht ist die bedingte Schenkung im türkischen Recht ausdrücklich in Art. 290 türkOGB geregelt. Sowohl im deutschen als auch im türkischen

---

1116 *Çabri*, § 78 Rn. 1604; *Imre/Erman*, § 29 III 4); *Serozan/Engin*, § 3 Rn. 118 ff.; *Dural/Öz*, § 23 II 3 Rn. 1233 ff.

Schuldrecht ist das auf den Tod des Schenkers bezogene Schenkungsversprechen in Form der Schenkung auf den Todesfall bzw. Schenkung von Todes wegen vorgesehen, welches nach der türkischen Rechtsprechung nicht der Form eines Erbvertrages, sondern der des Testaments entsprechen muss, sodass die Behandlung dieser Schenkung der deutschen herrschenden Meinung entspricht.

Schwierigkeiten bereitet die Abgrenzung der Schenkung unter Lebenden von Schenkungen, bei denen die Schenkung unter der Bedingung steht, dass der Beschenkte den Schenker überlebt. Nach deutschem Recht ist hierbei nach § 2301 BGB auf den Zeitpunkt des Vollzugs einer solchen Schenkung abzustellen. Wird die Schenkung noch zu Lebzeiten vollzogen, sind nach § 2301 Abs. 2 BGB die Vorschriften über die Schenkung unter Lebenden anzuwenden. Nach türkischem Recht finden umgekehrt gemäß Art. 290 Abs. 2 türkOGB die erbrechtlichen Vorschriften auf eine Schenkung Anwendung, deren Erfüllung vom Tode des Schenkers abhängig gemacht wurde. Sinn und Zweck beider Vorschriften ist es, die Umgehung der in beiden Rechtsordnungen vorgesehenen erbrechtlichen Formvorschriften und Beschränkungen der Testierfreiheit zu verhindern. Gemein ist nach deutschem wie nach türkischem Recht den Widerrufs- und Rückforderungsmöglichkeiten, dass grundsätzlich der Schutz des Schenkers gewollt ist. Die in beiden Rechtsordnungen festgelegten Widerrufsgründe zeigen deutliche Parallelen.

Ferner kann zur Absicherung der weichenden Erben nach beiden Rechtsordnungen ein Pflichtteilsverzicht vereinbart werden. Während der Pflichtteilsverzicht im deutschen Recht mit der Vorschrift des § 2346 Abs. 2 BGB ausdrücklich geregelt ist, fällt der Pflichtteilsverzicht im türkischen Recht gemäß Art. 528 türkZGB unter die Bestimmungen des Erbverzichts.

Darüber hinaus sehen beide Rechtsordnungen für den Fall einer Pflichtteilsverletzung durch lebzeitige Schenkungen des Erblassers Regelungen vor, nach der Ansprüche weichender Erben gegen den Nachlass umgangen werden können. Voraussetzung ist, dass der Übertragende die Schenkung eine bestimmte Zeit überlebt hat, d.h. lebzeitige Zuwendungen werden nur dann dem Nachlass hinzugerechnet werden, wenn sie innerhalb einer bestimmten Zeitspanne vor dem Tod des Erblassers getätigt wurden. Die zeitliche Schranke ist nach beiden Rechtsordnungen unterschiedlich ausgestaltet. Die hinzurechnungspflichtige Zeit beträgt in Deutschland gemäß § 2325 Abs. 3 S. 2 BGB zehn Jahre und in der Türkei gemäß Art. 565 Ziff. 3 türkZGB nur ein Jahr. Dabei ist nach deutschem Recht ein gescheitertes Abschmelzen des Ergänzungsanspruchs (sog. Abschmelzungsmodell) vorgesehen. Dem türkischen Recht ist ein solches Abschmelzungsmodell fremd. Aus der unterschiedlichen Ausgestaltung der zeitlichen Schranken kann geschlossen werden, dass das türkische Recht mit der kurzen

Zeitgrenze von nur einem Jahr die Verfügungsfreiheit des Erblassers zur Grundlage nimmt und das deutsche Recht sich mit der langen Zeitgrenze von zehn Jahren die gesetzliche Erbfolge zu eigen macht[1117]. Bei lebzeitiger Übertragung des Unternehmens ist demnach im deutschen Recht das Pflichtteilsrecht die entscheidende Rahmenbedingung. Hingegen können im türkischen Recht aufgrund der Ausgestaltung der *pro* Verfügungsfreiheit des Unternehmenserblassers lebzeitige Unternehmensübertragungen Pflichtteilsansprüche weichender Erben „umgangen" werden.

Ohne zeitliche Beschränkung hinzurechnungspflichtig sind frei widerrufliche Schenkungen sowie Zuwendungen, die offensichtlich zur Umgehung des Pflichtteils vom Erblasser getätigt wurden. In jedem Fall verwirkt aber das Recht auf eine Herabsetzungsklage zehn Jahre nach Eröffnung der letztwilligen Verfügung oder dem Tod des Erblassers, Art 571 Abs. 1 türkZGB.

1117 Vgl. *Nar*, S. 179.

8. Kapitel: Rechtsrahmen für die Unternehmensnachfolge mittels Stiftung und anderer Instrumente / *Vakıf ve Diğer Araçlar Aracılığıyla Şirket Halefiyetinin Hukuki Çerçevesi*

Die Stiftung kann sich als geeignetes Instrument erweisen, die Fortführung des Familienunternehmens bzw. Familienvermögens auch nach dem Tod des Unternehmers zu erhalten[1118]. Die Stiftung ist das einzige Rechtsinstitut, mit dem eine natürliche Person ihren Willen auch nach ihrem Tod auf ewig für nachfolgende Generationen regeln kann. Die Institution einer Stiftung rechtfertigt sich aus der verfassungsrechtlich verbürgten Testierfreiheit des Stifters[1119]. Sie schließt damit eine postmortale Beherrschungsmacht des Stifters ein und erlaubt hierdurch eine Perpetuierung von Eigentum durch die „tote Hand", indem durch die staatlich garantierte und regulierte Stiftungsaufsicht nachhaltig und langfristig die Vermögensverwaltung gesichert ist[1120].

I. Motive für die Errichtung von Stiftungen / *Vakıf Kurma Sebepleri*

Es gibt vielfältige Gründe für die Errichtung einer Stiftung. Ausgangspunkt ist der Bestand von Vermögen oder eines Unternehmens. Daraus ergeben sich verschiedene Motive, Stiftungen zu gründen, die in verschiedene Gruppen eingeteilt werden können. Hauptsächlich sind es uneigennützige Absichten eines Stifters, die zu Gründung von Stiftungen führen. Darunter fallen familiäre, ideelle, persönliche und wirtschaftliche Gründe.

Hinsichtlich der familiären Aspekte bei der Gründung einer Stiftung steht die Absicherung der Familie im Vordergrund. Von Bedeutung ist vor allem der Gedanke der dauerhaften Familiensorge, d.h., dass das Unternehmen möglichst vielen nachfolgenden Generationen eine wirtschaftliche Existenzgrundlage

---

1118 Siehe dazu umfassend *Feick*, Stiftung als Nachfolgeinstrument.

1119 Riedel/*Riedel*, § 13 Rn. 5.

1120 *Heuser/Frye*, BB 2011, S. 983, 984.

bieten soll, was insbesondere dann relevant wird, wenn keines der Familienmitglieder als Unternehmensnachfolger geeignet oder gewillt ist[1121].

Des Weiteren können auch ideelle Überzeugungen der Grund für die Errichtung einer Stiftung sein. Durch die Etablierung einer Stiftung soll ein Signal gegenüber Familie, Mitarbeitern und Öffentlichkeit gesetzt werden: Der Unternehmer möchte seine Person und die von ihm verkörperten Ideale über den Tod hinaus durch das Vehikel der Stiftung fortwirken lassen und derart eine „Testamentsvollstreckung ad infinitum" schaffen[1122], wie etwa durch Förderung unterschiedlicher gemeinnütziger Projekte im Bereich Wissenschaft, Forschung, Soziales, Kunst und Kultur[1123].

Ferner spielen für die Errichtung einer Stiftung persönliche Gründe eine Rolle, wie die Perpetuierung eines „Lebenswerks" oder die Unternehmenskontinuität auf Dauer (Pleonasmus). Die Gründung einer Stiftung bietet in diesem Zusammenhang den Vorteil, dass ein Familienunternehmen ungeachtet von wirtschaftlichen Individualinteressen und persönlichen Schicksalen (z.B. Tod und Scheidung) einzelner Familienmitglieder als Gesamtheit dauerhaft der Familie erhalten bleibt[1124]. Zwar lassen sich die Unternehmenskontinuität und Nachfolgeproblematik auch mit Familiengesellschaften lösen. Bei einer Stiftung können im Gegensatz zu einem von einer Familie beherrschten Unternehmen jedoch zwischenmenschliche und familiäre Probleme zwischen den Familienmitgliedern und einem Fremdgeschäftsführer weniger leicht entstehen. Absolut unlogisch und in der Praxis auch nicht der Fall. Denn die Besonderheit der Stiftung liegt darin, dass sie als juristische Person – anders als eine Gesellschaft – keine Eigentümer hat; sie ist verselbstständigte Vermögensmasse und gehört sich ausschließlich selbst[1125]. Über das Vermögen, welches in die Stiftung eingebracht wird (z.B. das Unternehmen) können weder die Familienmitglieder noch Dritte verfügen[1126], was das Streitpotenzial zwischen Familienmitgliedern erheblich reduziert. Dadurch kann das Unternehmen als Ganzes erhalten werden, eine Zersplitterung des Vermögens durch aufeinanderfolgende Erbgänge oder Veräußerungen droht jetzt nicht mehr („institutionalisierte Vermögenserhaltung")[1127].

1121 *König*, S. 70.

1122 *Lorz/Kirchdörfer*, Kap. 8 Rn. 3

1123 *Mutter*, S. 376.

1124 *König*, S. 70; Sudhoff/*Wälzholz*, Familienunternehmen, § 3 Rn. 71.

1125 *Gesmann-Nuissl*, BB 2006, 2, 8.

1126 *Lorz/Kirchdörfer*, Kap. 8 Rn. 16.

1127 vgl. *Heuser/Frye*, BB 2011, S. 983, 984; *Gesmann-Nuissl*, BB 2006, 2, 8; Riedel/*Riedel*, § 13 Rn. 1; *Hannes/Kuhn/Brückmann*, § 6 Rn. 93.

Zuletzt gibt es noch wirtschaftliche Gründe, die eine Stiftungserrichtung sinnvoll erscheinen lassen können. Im Einzelnen sind seine positive Publizitätswirkung bzw. öffentliche Anerkennung[1128] sowie steuerliche Vorteile von Bedeutung[1129].

II. Die Stiftung nach deutschem Recht / *Alman Hukukuna göre Vakıf*

1. Stiftungsbegriff / *Vakıf Kavramı*

Eine Legaldefinition des Begriffs „Stiftung" existiert weder im BGB noch in den Stiftungsgesetzen der Länder. Unterschieden wird zwischen rechtsfähigen und nicht rechtsfähigen Stiftungen. Rechtsfähige Stiftungen können in privatrechtlicher und öffentlich-rechtlicher Form unterteilt werden. Für die Nachlassplanung im Bereich der Unternehmensnachfolge spielen lediglich die privatrechtlichen Stiftungen eine Rolle. Diese können sowohl Privatinteressen als auch dem Gemeinwohl dienen. Die Stiftung bürgerlichen Rechts im Sinne der §§ 80 ff. BGB ist eine mit Rechtsfähigkeit ausgestattete, nicht verbandsmäßig organisierte Einrichtung, die einen vom Stifter bestimmten Zweck mithilfe eines dazu gewidmeten Vermögens dauernd fördern soll[1130]. Die Stiftung zeichnet sich dadurch aus, dass sie im Gegensatz zu Personen- oder Kapitalgesellschaften eine von ihrem Gründer völlig losgelöste juristische Person darstellt, die als eine reine Verwaltungsorganisation unabhängig von dem Stifter oder sonstigen begünstigten Dritten, den sog. Destinatären, existiert[1131]. Die wesentlichen Elemente einer Stiftung sind mithin der Stiftungszweck, das Stiftungsvermögen und die Stiftungsorganisation.

2. Stiftungserrichtung und Stiftungsstruktur / *Vakfın Kuruluşu ve Yapısı*

Die materiell-rechtlichen Voraussetzungen, unter denen eine Stiftung bürgerlichen Rechts Rechtsfähigkeit erlangt, sind in §§ 80 ff. BGB einheitlich und abschließend bestimmt. Erforderlich für die Errichtung einer Stiftung ist

---

1128 *Wachter*, Unternehmensnachfolge, S. 291, 292.

1129 Im Falle einer gemeinnützigen Stiftung, siehe *König*, S. 102 ff.

1130 Palandt/ *Ellenberger*, Vorb. v § 80 Rn. 5; Sudhoff/ *Wälzholz*, Familienunternehmen, § 3 Rn. 68.

1131 Sudhoff/*Froning*, Unternehmensnachfolge, § 50 Rn. 2.

demnach, dass ein oder mehrere Stifter in einem Stiftungsgeschäft förmlich den Willen bekunden, auf Dauer zur Verwirklichung eines bestimmten Zwecks eine Stiftung zu errichten und diese mit dem dazu benötigten Stiftungsvermögen und einer ihrem Zweck entsprechenden Organisation auszustatten[1132].

Bei einem Stiftungsgeschäft kann zwischen Stiftungserrichtung zu Lebzeiten, §§ 80, 81 BGB, und Stiftungserrichtung von Todes wegen, §§ 80, 83 BGB, unterschieden werden. Das Stiftungsgeschäft unter Lebenden ist eine einseitige, nicht empfangsbedürftige Willenserklärung[1133]. Es bedarf gemäß § 81 Abs. 1 BGB der Schriftform im Sinne von § 126 BGB. Neben den Anforderungen des § 81 BGB ist die Anerkennung durch die zuständige Landesbehörde nach § 80 Abs. 1 BGB konstitutive Voraussetzung[1134]. Im Gegensatz zur Stiftung durch Rechtsgeschäft unter Lebenden entsteht die Stiftung von Todes wegen durch einseitige Erklärung im Rahmen eines Erbvertrages oder durch Testament[1135]. Auch hier bedarf es der Anerkennung durch die nach Landesrecht zuständige Behörde, §§ 80, 83 BGB.

Die Errichtung der Stiftung und die Anerkennung durch die zuständige Landesbehörde sind ein sehr komplexer Vorgang, dem, wegen der mit Stiftungsgründung mehr oder weniger endgültigen Festlegung von Mitbestimmung und Einflussnahme der Familie, eine sehr sorgfältige Planung vorausgehen muss[1136].

Im Vergleich mit anderen juristischen Personen unterscheidet sich die Stiftung durch das Fehlen von Gesellschaftern oder sonstigen Mitglieder, d.h. sie hat keinerlei Verbandsstruktur und ist mithin lediglich in den Dienst ihres Stifterwillens gestellt[1137]. Wegen der rechtlichen Verselbstständigung des Stiftungsvermögens gegenüber dem Stifter bedarf es aber eines Organs, welches die Stiftung im Rechtsverkehr vertritt und die Geschäfte führt. Neben dem Vorstand, §§ 86, 26 BGB, kann die Stiftungsorganisation weitere Organe wie einen Aufsichtsrat, der die in der Praxis häufig als Kuratorium oder Beirat bezeichnet wird, vorsehen[1138].

1132 *Lorz/Kirchdörfer*, Kap. 8 Rn. 5; Sudhoff/*Froning*, Unternehmensnachfolge, § 50 Rn. 11 f.

1133 Palandt/*Ellenberger*, § 80 Rn. 1.

1134 Henssler/Strohn/*Schlüter*, BGB, § 80 Rn. 20.

1135 Palandt/*Ellenberger*, § 83 Rn. 1.

1136 *Gesmann-Nuissl*, BB 2006, 2, 8.

1137 *Heuser/Frye*, BB 2011, 983, 994.

1138 Soergel/*Neuhoff*, Vor § 80 BGB Rn. 17; Staudinger/*Hüttemann/Rawert*, Vor § 80 BGB Rn. 12; Sudhoff/*Froning*, Unternehmensnachfolge, § 50 Rn. 20; *Wachter*, Unternehmensnachfolge, S. 291, 300; *Kögel*, FuS 2014, S. 47, 48.

3. Vermögensübertragung auf die Stiftung / *Malvarlığının Vakfa Devredilmesi*

Bei der Übertragung der Unternehmensanteile auf eine Stiftung ist zwischen der Stiftungserrichtung unter Lebenden gemäß § 81 BGB und der Stiftungserrichtung von Todes wegen gemäß § 83 BGB zu unterscheiden.

Das Unternehmen kann zum Zeitpunkt der Errichtung der Stiftung im Rahmen des Stiftungsgeschäftes unter Lebenden übertragen werden, § 81 BGB. Der Stifter ist gemäß § 82 S. 1 BGB verpflichtet, das im Stiftungsgeschäft zugesicherte Vermögen der Stiftung zu übertragen, sobald die Stiftung anerkannt ist. Rechte, zu deren Übertragung ein Abtretungsvertrag genügt, gehen mit der Anerkennung auf die Stiftung von Gesetzes wegen über, sofern nicht aus dem Stiftungsgeschäft ein anderer Wille des Stifters ersichtlich ist, § 82 S. 2 BGB. Schuldrechtlich liegt im Stiftungsgeschäft eine Schenkung[1139]. Dinglich vollzieht sich der Übergang gemäß §§ 398, 413 BGB. Das Stiftungsgeschäft bedarf gemäß § 81 BGB der Schriftform im Sinne von § 126 BGB.

Die Unternehmensanteile auf eine Stiftung von Todes wegen im Sinne von § 83 BGB kann wie bereits erwähnt durch Testament oder Erbvertrag übertragen werden. Im Falle des Übergangs von Todes wegen geht der Nachlass gemäß § 1922 Abs. 1 BGB per Gesetz insgesamt (sog. Gesamtrechtsnachfolge) auf die Stiftung über[1140]. Zu beachten ist, dass nicht nur die letztwillige Verfügung den erbrechtlichen Formvorschriften unterliegt, sondern grundsätzlich auch Stiftungsgeschäfts und Stiftungssatzung[1141]. Ferner sollten die Bestimmungen in der letztwilligen Verfügung mit den Regelungen in den Gesellschaftsverträgen zwingend abgestimmt werden, da diese dem Erbrecht immer vorgehen.

4. Erscheinungsformen von Stiftungen / *Vakıf Nevileri*

Nach deutschem Recht gibt es verschiedene Möglichkeiten, eine Stiftung mit einem Unternehmen zu verknüpfen[1142]. Stiftungen können nach ihrem Zweck klassifiziert werden. Solange der Zweck nicht dem Gemeinwohl nach § 80 Abs. 2 S. 1 BGB zuwiderläuft, sind insoweit alle denkbaren Erscheinungsformen möglich. Von praktischer Bedeutung für die Unternehmensnachfolge sind vor allem Familienstiftungen, gemeinnützige Stiftungen sowie eine Kombination

1139 Scherer/*Biermann/Koslowski*, § 9 Rn. 53.
1140 Riedel/*Riedel*, § 13 Rn. 54.
1141 Scherer/*Biermann/Koslowski*, § 9 Rn. 66.
1142 Übersicht siehe *Lorz/Kirchdörfer*, Kap. 8 Rn. 4.

aus beiden, die sog. Doppelstiftung[1143]. Alle drei Stiftungsarten werden auch unternehmensverbundene Stiftungen genannt, soweit sie aufgrund ihrer Gesellschafterstellung direkt oder indirekt (durch zwischengeschaltete Kapitalgesellschaften, die aus Gründen der Gemeinnützigkeit oft erforderlich oder zumindest empfehlenswert sind) mit einem Unternehmen verbunden sind und dieses meistens beherrschen.

a) Unternehmensverbunde Stiftungen / *Aile Şirketine Bağlı Vakıflar*

Im Bereich der unternehmensverbundenen Stiftungen sind drei Grundtypen zu unterscheiden. Stiftungen, die ein Unternehmen unmittelbar selbst betreiben, sind in der Praxis die absolute Ausnahme[1144]. Zum einen wegen ihrer fehlenden Flexibilität. Zum anderen, weil die Zulässigkeit reiner Unternehmensstiftungen zweifelhaft ist. Der Standard sind Beteiligungsträgerstiftungen, bei denen die Stiftung – als Mehrheits- oder Minderheitsgesellschafter – Beteiligungen an Personen- oder Kaptalgesellschaften hält[1145]. Die Flexibilität des Unternehmens ist bei diesem Stiftungstyp nicht beeinträchtigt, da die Stiftung – wie jeder sonstige Anteilseigner auch – mit ihrem Vermögen frei schalten und walten kann, es sei denn, der Stifter hat in der Stiftungssatzung bestimmte Beschränkungen vorgesehen[1146]. Schließlich gibt es in der Rechtspraxis auch noch die Komplementär-Stiftung, bei denen die Stiftung persönlich haftende Gesellschafterin einer Kommanditgesellschaft („Stiftung & Co. KG) ist[1147]. Diese „Rechtsform" der Stiftung kann für den Fall, dass der Unternehmer das unternehmerische Vermögen bei seiner Familie als Ganzes belassen möchte, jedoch den Einfluss auf die Unternehmensführung nur einzelnen Familienmitgliedern einräumen will, eine interessante Gestaltung sein[1148]. Eine solche Gestaltung bewirkt eine „Trennung von Herrschaft und Kapital", die im Erbfall positiv genutzt werden kann. Während die operative Geschäftsführung dem Stiftungsvorstand obliegt, der aus einem angestellten Fremdgeschäftsführer und/oder einem Familienmitglied besteht, dem dann meist auch die Geschäftsanteile an der Komplementär-GmbH, gewissermaßen dem „Machtzentrum", ganz oder mehrheitlich gehören,

1143 ausführlich dazu *König*, S. 87 ff.

1144 Vgl. *Hennerkes*, S. 202; Sudhoff/*Froning*, Unternehmensnachfolge, § 50 Rn. 4; *Schiffer*, Familienunternehmen im Fokus von Wirtschaft und Wissenschaft, S. 600.

1145 *König*, S. 88.

1146 *Hennerkes*, S. 202.

1147 Riedel/*Riedel*, § 13 Rn. 82.

1148 Grundlegend zur Stiftung & Co. KG siehe *Binz/Sorg*, § 23.

können die Kommanditanteile nach dem Willen des Unternehmers beliebig auf die Nachkommen verteilt werden[1149]. Auch mitbestimmungsrechtlich bietet die Stiftung & Co. KG Vorteile[1150], die mehr als 2.000 Arbeitnehmer in Deutschland beschäftigt, große Vorteile, da die Pflicht entfällt, einen paritätisch mitbestimmten Aufsichtsrat zu bilden[1151].

b) Gemeinnützige Stiftungen / *Kamuya Yararlı Vakıflar*

Bei der gemeinnützigen Stiftung gibt der Stifter sein Vermögen unwiderruflich aus der Hand, betätigt sich also als Mäzen[1152], um damit steuerbegünstigte Zwecke im Sinne der §§ 51 ff. AO zu verfolgen und entsprechende gemeinnützige Projekte zu fördern und zu unterstützen[1153]. Da der Stiftungszweck dem Gemeinwohl dient, genießt die gemeinnützige Stiftung eine vollständige Steuerfreiheit, vgl. etwa §§ 13 Abs. 1 Nr. 16 b und Nr. 17 ErbStG, 5 Abs. 1 Nr. 9 KStG. Um die Steuervergünstigungen zu erhalten, darf nicht mehr als ein Drittel der Einkünfte der Stiftung für den angemessenen Lebensunterhalt des Stifters und seiner nächsten Angehörigen verwendet werden, § 58 Nr. 6 AO. Nach Auffassung der Finanzverwaltung umfasst der Kreis der nächsten Angehörigen die Ehegatten, Eltern, Großeltern, Kinder, Enkel, Geschwister und Pflegeeltern sowie Pflegekinder[1154]. Eine langfristige Sicherung des Familienunterhalts ist damit nicht möglich. Die gemeinnützige Stiftung ist daher in erster Linie als Gestaltungsoption in den Fällen in Betracht zu ziehen, in denen der Unternehmer sein Unternehmen aus persönlichen Gründen dauerhaft von der Familie abkoppeln möchte oder in denen dem Unternehmer ein bestimmter gemeinnütziger Zweck im Vordergrund steht[1155].

c) Familienstiftung / *Aile Vakfı*

Die Familienstiftung sichert die materiellen Interessen der Familie, die Familienmitglieder des Stifters erhalten laufende Zuwendungen aus dem Stiftungsvermögen[1156]. Sie wird gelegentlich auch als „Prototyp der privaten

---

1149 Vgl. *Lorz/Kirchdörfer*, Kap. 8 Rn. 22, 23.
1150 *Lorz/Kirchdörfer*, Kap. 8 Rn. 23.
1151 *Binz/Sorg*, § 23.
1152 *Hennerkes*, S. 206.
1153 *Lorz/Kirchdörfer*, Kap. 8 Rn. 9.
1154 vgl. Scherer/Blanc/*Kormann*/Groth/Wimmer, Kap. 1, Rn. 109; *Lorz/Kirchdörfer*, Kap. 8 Rn. 11.
1155 *Lorz/Kirchdörfer*, Kap. 8 Rn. 9.
1156 Sudhoff/*Stracke*, Familienunternehmen, § 36 Rn. 7.

Stiftung"[1157] bezeichnet. Der Begriff der Familienstiftung wird im BGB nicht definiert. Zwar wird sie in einzelnen anderweitigen gesetzlichen Regelungen wie z.B. in § 1 Abs. 1 S. 1 Nr. 4, § 15 Abs. 2 S. 1 ErbStG erwähnt, eine einheitliche Definition existiert aber nicht[1158]. Nach dem Bundesgerichtshof handelt es sich um eine Variante der Stiftung, „[...] die von ihrer Zielsetzung her ausschließlich oder überwiegend dem Interesse der Mitglieder einer oder mehrerer Familien [...] dient[1159]. Die Erträge der Stiftung fließen den Begünstigten, den sog. Destinatären zu. Da bei Familienstiftungen die Gemeinwohlorientierung fehlt, werden sie nicht wie gemeinnützige Stiftungen behandelt und somit auch nicht von der Steuer befreit. Die Vermögensübertragung auf die Stiftung ist – je nach Stiftungsmodell – schenkungs- oder erbschaftssteuerpflichtig, vgl. §§ 3 Abs. 2 Nr. 1, 7 Abs. 1 Nr. 8 ErbStG. Dabei richtet sich die Steuerklasse, anders als bei einer „gewöhnlichen" Stiftung, nach dem Verwandtschaftsgrad des entferntesten begünstigten Verwandten des Stifters, § 15 Abs. 2 ErbStG. Zusätzlich unterliegt das Stiftungsvermögen einer Familienstiftung alle 30 Jahre der sog. Ersatzerbschaftssteuer nach § 1 Abs. 1 Nr. 4 ErbStG. In den meisten Bundesländern sind Familienstiftungen von der Stiftungsaufsicht freigestellt[1160].

d) „Doppelstiftung" / *Çifte (İkili) Vakıf*

Um im Rahmen der Unternehmensnachfolge die steuerlichen Vorteile der gemeinnützigen Stiftung wahrnehmen zu können, ohne Versorgungsanliegen oder Einflussmöglichkeiten der Familie des Stifters einschränken zu müssen, hat sich in der Praxis das Modell der sog. Doppelstiftung etabliert[1161]. Diese besteht aus einer Familienstiftung und einer gemeinnützigen Stiftung, die als Beteiligungsträgerstiftungen an einer operativ tätigen Personen- oder Kapitalgesellschaft beteiligt sind. Der Unternehmer kann somit seine Anteile an einer Gesellschaft splitten und mit unterschiedlicher Teilhabe an den Vermögens- und Stimmrechten auf die beiden Stiftungen aufteilen[1162]. Die gemeinnützige Stiftung wird mit einem hohen Kapitalanteil und einem geringen Stimmrechtsanteil ausgestattet, wodurch die Belastung mir Erbschaft- bzw. Schenkungssteuer erheblich reduziert werden kann. Die Familienstiftung erhält dagegen einen geringen

1157 *Dutta*, S. 36.
1158 *König*, S. 93; *Lorz/Kirchdörfer*, Kap. 8 Rn. 17.
1159 Ausführlich hierzu *König*, S. 93.
1160 *Lorz/Kirchdörfer*, Kap. 8 Rn. 18.
1161 Grundlegend zur Doppelstiftung siehe *Feick*, § 30; *König*, S. 112 m.w.N.
1162 dazu siehe Schaubild *Lorz/Kirchdörfer*, Kap. 8 Rn. 15.

Kapitalanteil und einen hohen Stimmrechtsanteil, was die Einflussnahme der Unternehmerfamilie auf die Unternehmenssicherung sichert. Die Beteiligung am laufenden Unternehmensgewinn kann nach geltendem Steuerrecht in den Grenzen des steuerlichen Gestaltungsmissbrauchs relativ flexibel ausgestaltet und damit den Versorgungsbedürfnissen der Stifterfamilie angepasst werden[1163]. Bei einer Doppelstiftung ist darauf zu achten, dass die Vorstände der gemeinnützigen Stiftung nicht zugleich die Familienstiftung leiten, da bei einer Personalunion die gemeinnützige Stiftung zu einem wirtschaftlichen Geschäftsbetrieb mutiert und somit zum Wegfall der Gemeinnützigkeit führt[1164].

5. Stiftungsaufsicht / *Vakfın Denetimi*

Insbesondere das Fehlen von Eigentümern (Mitgliedern, Gesellschaftern, Aktionären) ist Grund, warum Stiftungen einer staatlichen Aufsicht unterliegen[1165]. Die Rechtsgrundlagen dazu finden sich in den landesgesetzlichen Regelungen. Die Stiftungsaufsicht ist eine Rechtsaufsicht, d.h. die öffentliche Hand darf nur die Rechtmäßigkeit des Handels der Stiftungsorgane überprüfen. Darauf zu achten, ob die Organe wirtschaftlich zweckmäßig oder unternehmerisch sinnvoll handeln, ist nicht Sache der Aufsichtsbehörden[1166]. Die Stiftungsaufsicht übernimmt eine Art Mitverantwortung dafür, dass der Wille des Stifters auch über dessen Tod hinaus dauerhaft verwirklicht wird. Aufgabe der Stiftungsaufsicht ist es, vor allem festzustellen, dass der Stiftungszweck verwirklicht wird, die Erträge dem satzungsgemäßen Stiftungszweck zugeführt und die Bestimmungssatzung eingehalten werden[1167]. Aus diesem Grund hat sich die Stiftung zur wichtigsten und einzigen Alternative der Testamentsvollstreckung entwickelt. Anders als diese ist sie in ihrer Laufzeit nicht beschränkt, sie ist stärker auf Familienkonsens ausgerichtet, da bei ihr die Mitwirkung einzelner Familienerben in den Stiftungsorganen möglich ist, und sie kann weniger leicht missbraucht werden, da die einzelnen Stiftungsorgane besser zu kontrollieren sind als ein einziger allmächtiger Testamentsvollstrecker[1168].

1163 vgl. *Mutter*, S. 412 ff.

1164 *Spiegelberger*, § 17 Rn. 41.

1165 *Feick*, BB 2006, 13, 14.

1166 *Hennerkes*, S. 203.

1167 *Feick*, BB 2006, 13, 14.

1168 *Hennerkes*, S. 203.

6. Einflussmöglichkeiten des Stifters und der Begünstigten / *Kurucunun ve Yararlananların Etki Olanakları*

Wie bereits dargestellt kann der bisherige Unternehmensinhaber jede Möglichkeit auf das Vermögen der Stiftung, sprich das Unternehmen und seine Vermögensmasse zuzugreifen, verlieren[1169]. Auch sind wie im „Gesellschaftsrecht" zugunsten der Familie als Destinatäre keinerlei Stimm-, Kontroll- und Informationsrechte vorgesehen[1170]. Jedoch bleibt dem Stifter das Recht vorbehalten, durch die Festlegung des Stiftungszwecks in der Satzung, die „Fortführung seines Unternehmens" ganz nach seinem Willen festzuschreiben und auszugestalten. Er kann beispielsweise sich oder seine Familienmitglieder zu Lebzeiten zum Vorstand der Stiftung bestellen oder ins Kuratorium berufen, um so seinen Einfluss oder den seiner Familie *post mortem* auf die Unternehmensführung auch weiterhin wahren[1171]. Die weitestgehende Einflussmöglichkeit kann sich ein Stifter in der Regel dadurch sichern, indem er sich zum alleinigen Vorstand der Stiftung bestellt[1172]. Dem Stifter steht es aber auch frei, sich durch Einrichtung von Kontrollorganen, dessen Besetzung er bestimmen kann, Einflussmöglichkeiten vorzubehalten. In Betracht kommen etwa Mitwirkungsrechte des Kuratoriums bei Grundlagenentscheidungen wie z.B. Satzungsänderungen, Zweckänderungen, Rücklagenbildung. Auch kann dem Kuratorium ein direktes Weisungsrecht gegenüber dem Vorstand eingeräumt werden[1173]. Die Verankerung des Stiftungszwecks in der Satzung ist Bestandteil der Stiftungsverfassung. Eine Änderung des Zwecks ist in der Praxis nahezu unmöglich, wenn der Stiftungsgründer verstorben ist, da der Zweck an den historischen Willen des Stifters geknüpft ist und mit diesem im Einklang stehen muss. Deshalb muss die Ausgestaltung der Stiftungssatzung, vor allem der Organstruktur der Stiftung vor Stiftungserrichtung vom Stifter sorgfältig durchdacht und abgewogen werden[1174].

1169 *Gesmann-Nuissl*, BB 2006, 1, 8.
1170 *Heuser/Frye*, BB 2011, 983, 983.
1171 *Gesmann-Nuissl*, BB 2006, 2, 8.
1172 *Kögel*, FuS 2014, S.47, 49.
1173 *Kögel*, FuS 2014, S.47, 49.
1174 Kögel, FuS 2014, S.47, 48; *Schwarz*, BB 2001, 2381, 2382.

7. Stiftung als Instrument der Pflichtteilsreduzierung / *Saklı Paydan Kaçınma Aracı Olarak Vakıf*

Auch im Falle einer Stiftungserrichtung lassen sich die zwingenden Vorschriften des deutschen Erbrechts nicht umgehen. Insbesondere Pflichtteils- bzw. Pflichtteilsergänzungsansprüche nach §§ 2303, 2325 BGB können durch die Übertragung des Unternehmens auf eine Stiftung vermieden werden[1175]. Das einer Stiftung zugewandte Vermögen unterliegt uneingeschränkt dem Wirkungskreis des Pflichtteilsrechts[1176]. Für die Berechnung der Pflichtteile wird das Stiftungsgeschäft wie eine Schenkung behandelt, sodass Pflichtteils- oder Pflichtteilsergänzungsansprüche gegeben sein können[1177]. Dies gilt auch dann, wenn es sich um eine gemeinnützige Stiftung handelt. Dabei gebietet nicht nur der Normzweck von § 2325 BGB eine Gleichbehandlung von Stiftungsausstattung und Schenkung, weil es in beiden Fällen gleichermaßen zu einer Schmälerung des Nachlasses kommt; der Stifter ist in der Regel auch entreichert, die Stiftungsausstattung erfolgt unentgeltlich und die Stiftung wird durch das ihr zugewendete Vermögen materiell und endgültig bereichert[1178]. Endgültige unentgeltliche Zuwendungen an Stiftungen sind also pflichtteilsergänzungspflichtige Schenkungen im Sinne von §§ 2325, 2329 BGB. Das Risiko der Pflichtteilsgeltendmachung kann sich aber durch eine frühzeitige Stiftungserrichtung verbunden mit der Einbringung des Unternehmens in die Stiftung reduzieren lassen, da – wie bereits dargestellt – Pflichtteilsergänzungsansprüche nach § 2325 Abs. 3 BGB über einen Zeitraum von zehn Jahren, beginnend mit der Unternehmens- bzw. sonstigen Vermögensübertragung, kontinuierlich abgeschmolzen werden.

Bei der Planung einer Stiftung von Todes wegen ist zu beachten, dass dies Pflichtteilsansprüche begründen kann. Das Grundstockvermögen der Stiftung kann einem erheblichen Liquiditätsabfluss unterliegen, was die stiftungsrechtliche Anerkennung auf Jahre durch Rechtsstreitigkeiten verzögern kann[1179].

Im Ergebnis bleibt daher anzuraten, die Errichtung einer Familienstiftung möglichst durch Pflichtteilsverzichtsvereinbarungen mit weichenden Erben zu sichern, es sei denn, es verbleibt ausreichend sonstiges Vermögen des Stifters, um die Ansprüche der Pflichtteilsberechtigten anderweitig zu befriedigen[1180].

1175 Riedel/*Riedel*, § 13 Rn. 2.

1176 *König*, S. 186.

1177 BGH NJW 2004, 1382 (Dresdner Frauenkirche); *Lorz/Kirchdörfer*, Kap. 8 Rn. 5.

1178 *König*, S. 145, 146; *Hennerkes/Kögel*, FS für Bernd Rödl, S. 281, 296.

1179 *Lorz/Kirchdörfer*, Kap. 8 Rn. 5.

1180 *Feick*, § 15 IV; *Hennerkes/Kögel*, FS für Bernd Rödl, S. 281, 298.

III. Die Stiftung nach türkischem Recht / *Türk Hukukuna Göre Vakıf*

Mit der Errichtung einer Stiftung hat der Erblasser die Möglichkeit seinen Namen und sein Vermögen über den Tod hinaus dauerhaft zu verewigen[1181]. Nach türkischem Recht handelt es sich bei der Stiftung (*vakıf*) um eine Vermögenseinheit (*mal topluluğu*), die einem bestimmten Zweck gewidmet worden ist[1182]. Die verfassungsrechtliche Grundlage hat das Stiftungsrecht in Artikel 33 der türkischen Verfassung, der die Vereinigungsfreiheit regelt und die Stiftungen ausdrücklich mit einbezieht. Zu untersuchen ist, ob die Stiftung nach türkischem Recht sich als geeignetes Instrument erweist, Familienvermögen auch nach dem Tod des Unternehmers zu erhalten.

1. Stiftungsbegriff / *Vakıf Kavramı*

Die Stiftung ist in den Artikel 101 ff. ZGB und im Stiftungsgesetz[1183] sowie in verschiedenen Verordnungen[1184] geregelt. Stiftungen nach türkischem Recht sind durch die Anordnung des Stifters einem bestimmten Zweck gewidmete Vermögen mit Rechtspersönlichkeit, Art. 101 Abs. 1 türkZGB. Im Gegensatz zum deutschen Recht gibt es im türkischen Recht keine Unterteilung in rechtsfähige und nicht rechtsfähige Stiftungen. Wesentlich ist für das Stiftungsrecht der Türkei, dass nicht alle Stiftungen dem ZGB unterstehen.

Die vor dem Inkrafttreten des türkZGB am 26.10.1926 nach den Vorschriften des alten islamischen Rechts gegründeten Stiftungen fallen nicht unter die Bestimmungen des neuen Zivilgesetzes. Für sie gelten Sonderbestimmungen des Stiftungsgesetzes von 1935 (*Vakıflar Kanunu*), nach der sie der direkten Verwaltung durch die Generaldirektion für das Stiftungswesen unterstehen. Unter die Gruppe der „alten" Stiftungen fallen etwa Stiftungen, deren Verwaltung gemäß den Vorschriften ihrer Stiftungsurkunde (*vakfiye*) den Nachkommen des Stifters überlassen ist, ferner gibt es die die sog. Handwerkerstiftungen (*esnaf vakıfları*) und die Stiftungen der religiösen Gemeinden (*cemaat vakıfları*). Die

---

1181 Grundlegend zur Stiftung siehe *Ballar*, Yeni Vakıflar Hukuku; *Serozan/Engin*, § 4 Rn. 179.

1182 *Öztan*, S. 317.

1183 *Vakıflar Kanunu*, Gesetz Nr. 5737 v. 20.02.2008, RG Nr. 26800 v. 27.02.2008.

1184 Wie etwa Ministerratsbeschluss Nr. 2013/4516 v. 25.03.2013, RG Nr. 28629 v. 26.04.2013.

alten Stiftungen werden vom Generaldirektorat für Stiftungswesen verwaltet und vertreten.

2. Stiftungserrichtung und Stiftungsstruktur / *Vakfın Kuruluşu ve Yapısı*

Die Stiftung wird errichtet durch das Stiftungsgeschäft, d.h. durch eine einseitige Willenserklärung des Stifters, die unter Lebenden mittels einer öffentlichen Urkunde (*resmi senet*) gemäß Artikel 102 Abs. 1 türkZGB oder von Todes wegen in einer letztwilligen Verfügung gemäß Artikel 526 türkZGB erfolgen kann[1185]. Der Wille des Stifters wird in der Stiftungsurkunde niedergelegt, Artikel 106 türkZGB. Die Stiftungserrichtung von Todes wegen kann durch einseitige Erklärung im Rahmen eines Erbvertrages oder durch Testament erfolgen[1186].

Das Stiftungsgeschäft unter Lebenden bedarf der qualifizierten Schriftform. Die Willenserklärung ist gerichtlich oder als Notariatsakt öffentlich zu beurkunden. Eine notariell beglaubigte Form genügt nicht. Die öffentliche Stiftungsurkunde wird vom Notar als Notariatsakt unter Mitwirkung von zwei Zeugen nach strengen Formvorschriften abgefasst. Erfolgt die Stiftung von Todes wegen, so ist die Form der letztwilligen Form einzuhalten.

Erst mit der Genehmigung des zuständigen Gerichtes und durch die Eintragung in das Stiftungsregister nach Artikel 104 türkZGB erlangt die Stiftung Rechtspersönlichkeit. Besteht das Stiftungsgeschäft in einer Verfügung von Todes wegen, so ist nach dem Tode des Stifters das Gesuch um die richterliche Genehmigung vom Erben, dem Testamentsvollstrecker oder der Aufsichtsbehörde an das zuständige Gericht zu richten. Zuständig ist das Amtsgericht, in dessen Bezirk die Stiftung ihren Sitz hat, Art. 102 türkZGB. Mit der Eintragung in das Stiftungsregister des Amtsgerichts und mit der Erlangung der Rechtsfähigkeit erwirbt die Stiftung das ihr gewidmete Vermögen ohne Weiteres von Gesetzes wegen, Art. 105 Abs. 1 türkZGB. Bei der durch Verfügung von Todes wegen errichteten Stiftung ruft die Erbeinsetzung dinglich eine interessante Rechtserwerbstechnik hervor, und zwar begründet sie eine Universalsukzession, sodass die Stiftung mit der Eintragung im öffentlichen Register sowohl die Rechtspersönlichkeit als auch das dingliche Recht auf den Vermögenswert erwirbt[1187].

1185 *Dural/Öz*, § 16 V Rn. 768; *Çabri*, § 33 Rn. 735, 737; *Serozan/Engin*, § 4 Rn. 179.

1186 *Serozan/Engin*, § 4 Rn. 179; *Çabri*, § 33 Rn. 737; ausführlich hierzu *Imre/Erman*, § 21.

1187 *Serozan/Engin*, § 4 Rn. 180b); *Çabri*, § 33 Rn. 744.

Die Gründung der Stiftung hat die Aufsichtsbehörde im Zentralregister zu veröffentlichen, Art. 104 Abs. 1 türkZGB.

Die Stiftungsurkunde (*vakıf senedi*) bestimmt ferner gemäß Artikel 106 türkZGB die Organisation der Stiftung. Die Stiftung hat keine Mitglieder. Die Stiftung hat nur ein obligatorisches Organ, den Stiftungsvorstand, Artikel 109 türkZGB. Möglich ist allerdings die Beigabe eines privaten Aufsichts- oder Kontrollorgans, den sog. Stiftungsrat (*mütevelli heyet*), für die interne Kontrolle der Stiftung, wobei die externe Beaufsichtigung der Stiftung durch die öffentlich-rechtliche Aufsichtsbehörde durchgeführt wird. Das Teilnahmerecht und das Stimmrecht der Stiftungsratmitglieder werden statuarisch geregelt. Der Stiftungsrat wird grundsätzlich vom Vorstand einberufen, sog. ordentliche Versammlung. Die Statuten gewähren aber den einzelnen oder einem Bruchteil der Mitglieder des Stiftungsrats das Recht, die Einberufung der Stiftungsratversammlung zu verlangen, sog. außerordentliche Versammlung. Der Stiftungsrat hat das Recht, den Vorstand und andere Organe zu wählen, zu überwachen und sie abzuberufen, wenn wichtige Gründe vorliegen. Der Vorstand kann aus einer einzelnen oder mehreren Personen bestehen. Der Stifter darf sich selbst zum Vorstand bestellen. Der Stiftungsvorstand verwaltet und vertritt die Stiftung. Da der Vorstand der Stiftung nur Verwaltungsbefugnisse hat, kann sie die Gestalt der Stiftung nicht ändern. Mitglieder des Stiftungsvorstands müssen regelmäßig eine Erklärung über ihren Vermögensstatus abgeben, ein Erfordernis, das im Jahre 1990 im Zuge der Bekämpfung von Bestechung und Bestechlichkeit eingeführt worden ist[1188].

3. Stiftungsarten / *Vakfın Nevileri*

Das türkische ZGB unterscheidet je nach Zweck der Stiftungen zwischen Familienstiftungen nach Artikel 372 türkZGB, gemeinnützigen Stiftungen und die in Artikel 522 türkHGB erwähnten Stiftungen zu Wohlfahrtszwecken für Angestellte und Arbeiter[1189]. Klarzustellen ist dabei, dass ein Stifter bei der Gestaltung seiner Stiftung über eine große Zahl von Alternativen und einen beträchtlichen Spielraum verfügt. Der Stiftungszweck kann innerhalb des Erlaubten und Sittlichen beliebig sein. Gemäß Artikel 101 Abs. 4 türkZGB sind Stiftungen verboten, die sich gegen die verfassungsmäßige Ordnung richten oder deren Zwecke bzw.

1188 *Mal Bildiriminde Bulunulması, Rüşvet ve Yolsuzluklarla Mücadele Kanunu* (Gesetz Nr. 3628 v. 19.04.1990, Amtsblatt Nr. 20508 v. 04.05.1190).

1189 Arbeitnehmerstiftungen können mit Zuweisung von Anteilen an den Rücklagen errichtet werden. Deren Zweck stellt die soziale Sicherung der Arbeitnehmer dar.

Tätigkeiten den Grundsätzen der Verfassung, dem Gesetz, gegen die guten Sitten, der nationalen Einheit und nationalen Interessen zuwiderlaufen. Ferner dürfen Stiftungen nicht zur Unterstützung einer Rasse oder einer Religionsgemeinschaft gegründet werden.

a) Fortführung des Familienunternehmens als zulässiger Stiftungszweck? / *Vakfın Amacı ve Aile Şirketinin Devamlılığı*

Bevor im Einzelnen auf die Stiftungsarten eingegangen wird, ist vorab zu prüfen, ob die „Fortführung des Familienunternehmens bzw. die Erhaltung des Familienvermögens nach dem Tod des Unternehmers" einen zulässigen Zweck nach türkischem Stiftungsrecht darstellt.

Dagegen könnte der Gesetzeswortlaut des Artikels 26 türkStiftungsG[1190] mit der Überschrift „Wirtschaftsunternehmen und Gründung von Unternehmen" sprechen. Nach dieser Vorschrift dürfen Stiftungen nur dann Wirtschaftsunternehmen gründen, wenn dies zur Verwirklichung des Stiftungszwecks förderlich ist oder zur Einnahme der Stiftung dient. Ferner ist Bedingung, dass die Generaldirektion darüber informiert wird. Daraus ist zu schließen, dass eine Stiftung mit idealem Zweck auch wirtschaftlich durch Führung eines Unternehmens agieren kann[1191]. Dies wird auch durch Artikel 16 türkHGB bekräftigt. Demnach gelten Stiftungen als Kaufmann, wenn sie ein Handelsunternehmen betreiben, um ihren Zweck zu erreichen. Dadurch ist die Stiftung den Regeln über die nach kaufmännischer Art betriebenen Gewerbe unterworfen. Aufgrund der Publizitätsfunktion ist die Eintragung im Handelsregister somit Pflicht. Demgegenüber besitzen Stiftungen, die mehr als die Hälfte ihrer Erträge für Leistungen im Bereich der öffentlichen Arbeit ausgeben, nicht die Kaufmannseigenschaft. Dies gilt auch unabhängig davon, ob sie ein Unternehmen nach den Bestimmungen des öffentlichen Rechts führen oder nicht, Artikel 16 Abs. 2 türkHGB.

Bei der wirtschaftlichen Betätigung der Stiftung darf es sich aber nur um eine Nebentätigkeit handeln. Ist diese Unternehmensführung nicht nebensächlich, also nicht von untergeordneter Bedeutung, so hat dies auf die Rechtsstellung der Stiftung Auswirkungen. Die reine wirtschaftliche Betätigung führt dazu, dass die

---

1190 *Vakıflar Kanunu*, Gesetz Nr. 5737 v. 20.02.2008, Amtsblatt (*Resmî Gazete*) Nr. 26800 v. 27.02.2008.

1191 *Korkusuz/Ergün*, DÜHFD 2008, 69, 105, 131; *Doğan/Narbay*, AÜEHFD 2000, 437, 449.

Stiftung ihren Charakter verliert[1192]. Die Stiftung ist folglich nur dann gültig, wenn sie den gesetzlichen Vorschriften entspricht.

In der allgemeinen Gesetzesbegründung des Stiftungsgesetzes[1193] heißt es hierzu wörtlich: „Definiert wird die Stiftung als Vermögensübertragung vom Privateigentum auf Gemeineigentum[1194]. Die Nutzung von Vermögen hat wohltätigen, sozialen, kulturellen Zwecken zu dienen." Dies sei durch die historische Entwicklung bedingt, heißt es weiter in der Begründung: „Im Osmanischen Reich wurden alle „kollektiven Dienstleistungen" mit Ausnahme der Innen-, Außensicherheits- und Justizdienste von Stiftungen getragen[1195]. Auf diese Weise wurde soziale Gerechtigkeit gewährleistet, soziale Konflikte verhindert, ein Gleichgewicht bei der Einkommens- und Vermögensverteilung erreicht und soziale Beziehungen zwischen Einzelpersonen und Gemeinschaften organisiert. Die Tatsache, dass das Institut der Stiftung im Osmanischen Reich alle sozialen Einrichtungen erfasste und der öffentliche Bereich vollständig den Stiftungen überlassen war, veranlasste die westlichen Sozialpolitiker, den Begriff „Stiftungsparadies" für die osmanische Gesellschaft des 16. Jahrhunderts zu verwenden."

Nach Ansicht der Literatur[1196] sollte der Stifter, falls er wirtschaftliche Vorteile aus dem von ihm gestifteten Vermögen ziehen möchte, dies nicht durch die Gründung einer Stiftung, sondern mittels Gründung einer Handelsgesellschaft tun. Die Gründung einer Stiftung mit rein wirtschaftlicher Betätigung führe zur Entstehung einer neuen Form vom Unternehmen. Denn das wichtigste Merkmal, das die Stiftung von Handelsunternehmen trennt, sei der Zweck. Denn Handelsunternehmen können nicht für ideelle Zwecke gegründet werden, und die Stiftung kann nicht für wirtschaftliche Zwecke gegründet werden. Als ideeller Zweck gelten wissenschaftliche, künstlerische, wohltätige, gesellige, religiöse, politische oder ähnliche Zwecke.

Somit bleibt festzuhalten, dass die Fortführung des Familienunternehmens bzw. die Erhaltung des Familienvermögens nach dem Tod des Unternehmers keinen zulässigen Zweck nach türkischem Stiftungsrecht darstellt. Dennoch bleibt zu prüfen, inwieweit die Stiftungsarten des türkischen ZGB für die

1192 *Doğan/Narbay*, AÜEHFD 2000, 437, 439.
1193 https://www.tbmm.gov.tr/sirasayi/donem22/yil01/ss1239m.htm
1194 So auch *Ertem*, Divan Dergisi Bilim ve Sanat Vakfı Yayınları 1999, 25, 60.
1195 Im Einzelnen dazu siehe *Ertem*, Divan Dergisi Bilim ve Sanat Vakfı Yayınları 1999, 25, 35 ff.
1196 *Doğan/Narbay*, AÜEHFD 2000, 437, 440.

Unternehmensnachfolge geeignet sind. In Betracht kommen die Familienstiftung und die gemeinnützige Stiftung.

b) Familienstiftung / *Aile Vakfı*

Die Familienstiftung ist im türkischen Zivilgesetzbuch im Teil Familienrecht unter dem Abschnitt Familienvermögen in Artikel 372 Abs. 1 geregelt. Das ZGB macht keinen Unterschied zwischen der Errichtung der Familienstiftung und der gewöhnlichen Stiftung. Die Errichtung der Familienstiftung erfolgt wie bei anderen Stiftungen durch öffentliche Urkunde oder Verfügung von Todes wegen. Eine Eintragung in das Stiftungsregister ist für die Rechtspersönlichkeit obligatorisch.

Die Errichtung von Familienstiftungen ist aber nur zu ganz bestimmten, eng umgrenzten Zwecken gestattet. So kann „ein Vermögen mit einer Familie dadurch verbunden werden, dass zur Bestreitung der Kosten der Erziehung, Ausstattung oder Unterstützung von Familienangehörigen oder zu ähnlichen Zwecken eine Familienstiftung nach den Regeln des Personenrechts oder des Erbrechts errichtet wird". Artikel 372 ZGB statuiert somit eine doppelte Zweckbeschränkung, zum einen in personeller Hinsicht, Beschränkung des Begünstigtenkreises nur auf Familienangehörige, und zum anderen in sachlicher Hinsicht über den abschließenden Katalog zulässiger Zwecke.

Artikel 372 Abs. 2 türkZGB regelt demgegenüber das Verbot der Neuerrichtung von Familienfideikommissen als Überreste früherer feudaler Anschauungen[1197]. Dem Wortlaut nach ist es verboten, Vermögen so zu binden, dass es innerhalb einer Familie generationsübergreifend vererbt wird und somit auf andere, familienfremde Personen nicht übergehen kann. Mit dem Verbot sollte die feudale Bevorzugung einzelner Familienmitglieder verhindert werden und die Stiftungserträge sollten gerecht verteilt werden. Neue Fideikommissen dürfen seit Inkrafttreten des türk ZGB 1926 nicht mehr errichtet werden. Die schon vor 1926 gegründeten und vereinzelt vorkommende dürfen, im Rahmen der Vorschriften des Stiftungsgesetzes von 1935, weiter bestehen und werden weiterhin von deren Normen beherrscht.

Den in Artikel 372 Abs. 1 türkZGB aufgeführten Zwecken ist gemein, dass Familienmitgliedern in Lebenslagen mit speziellen Bedürfnissen gezielt geholfen werden soll. Die Versorgung von Familienmitgliedern in jeglichen

---

1197 Ausführlich dazu *Söğüt*, TBB Dergisi 2020, 143, 170 ff.; *Dural/Öğüz/Gümüş*, § 24 II Rn. 1880 ff., S. 406.

Lebenssituationen ist demnach nicht möglich. Diese Restriktion zeigt, dass der Gesetzgeber aufgrund historisch bedingter Erwägungen eine ewige Vermögensperpetuierung zugunsten von Familienangehörigen nicht gewünscht hat. Es sollte vermieden werden, dass mit der Familienstiftung wirtschaftlich die gleichen Ergebnisse wie bei der Familienfideikomissen geschaffen werden. Ferner kann sicherlich der Gesichtspunkt eine Rolle gespielt haben, dass Familienangehörige über Generationen hinweg für ihren eigenen Lebensunterhalt selbst und unabhängig sorgen sollen und somit nicht der „Bequemlichkeit“ der Stiftungserträge ausgeliefert sind. Schließlich war wohl unerwünscht, dass aufgrund der ewigen Vermögensperpetuierung zugunsten von Familienangehörigen das betroffene Kapital nicht der Gesamtwirtschaft zur Verfügung steht.

Folglich kommt die türkische Familienstiftung aufgrund des engen Zweckkatalogs nicht als geeignetes Instrument in Betracht, Familienvermögen auch nach dem Tod des Unternehmens zu erhalten.

c) Gemeinnützige Stiftung / *Kamuya Yararlı Vakıflar*

Gemeinnützigkeit ist gegeben, wenn die Stiftung in den Bereichen Gesundheit, Soziales, Bildung, wissenschaftliche Forschung und Entwicklung, Kultur, Umweltschutz, Aufforstung tätig ist und diese der Öffentlichkeit zugänglich sind. Diese Tätigkeit sollte geeignet sein, um die Belastung des Staates durch den öffentlichen Dienst zu verringern. Die Gemeinnützigkeit bringt im Gegensatz zu anderen Stiftungen der Stiftung und dem Stifter beträchtliche Steuervorteile, Artikel 20 des Gesetzes über die Anerkennung der Steuerfreiheit für Stiftungen[1198]. Diese Stiftungsform ist für die Unternehmensnachfolge nicht geeignet, da – soweit ersichtlich – es keine Vorschrift gibt, nach der die Erträge der Stiftung, wenn auch nur zum Bruchteil, zugunsten der Familienangehörigen verwendet werden dürfen.

4. Stiftungsaufsicht / *Vakfın Denetimi*

Die Stiftungen stehen gemäß Art. 111 türkZGB unter der Aufsicht der öffentlichen Aufsichtsbehörde für Stiftungswesen (*Vakıflar Genel Müdürlüğü*). Die Aufsicht dient der staatlichen Kontrolle über selbstständige Stiftungen des privaten Rechts. Dabei ist klarzustellen, dass die Entscheidungskompetenz der Stiftung Vorrang hat und der Behörde in erster Linie eine Beobachterrolle zugewiesen ist. Ihre Eingriffsbefugnisse bestehen nur subsidiär. Die Aufsichtsbehörde hat dafür

1198 Vakıflara Vergi Muafiyeti Tanınması Hakkında Kanun, Gesetz Nr. 4962 v. 30.07.2003.

Sorge zu leisten, dass das Stiftungsvermögen seinen Zwecken gemäß verwendet wird. Ihre Aufgaben beschränken sich darauf, die Entscheidungen der Stiftungsorgane anhand der Vorgaben von Gesetz und Satzung auf ihre Rechtmäßigkeit zu beurteilen. Darüber hinaus ist ihr auch eine präventive Kontrolle im Hinblick auf Änderungen der Stiftungssatzung aufgetragen.

Die üblicherweise im Jahresturnus durchgeführte Prüfung soll der Behörde ein Urteil darüber ermöglichen, ob der Vorstand seiner Pflicht zur Erhaltung des Stiftungsvermögens nachgekommen ist, die Vermögensanlagen den Vorhaben von Gesetz und Satzung entsprechen, das Stiftungsvermögen sparsam bewirtschaftet wird und seine Erträge nach den Zielsetzungen der Stiftung verwendet wurden. Prüfungsgegenstand sind in erster Linie die Unterlagen, welche die Stiftung nach den gesetzlichen Vorgaben vorlegen muss, also insbesondere Jahresrechnung, Vermögensübersicht und Berichte über Zweckerfüllung und Kapitalerhaltung, Art. 111, 114 türkZGB.

5. Stiftung als Instrument der Pflichtteilsreduzierung / *Saklı Paydan Kaçınma Aracı Olarak Vakıf*

Auch im Falle einer Stiftungserrichtung lassen sich die zwingenden Vorschriften des türkischen Erbrechts nicht umgehen. Das einer Stiftung zugewandte Vermögen unterliegt uneingeschränkt dem Wirkungskreis des Pflichtteilsrechts.

Gemäß Artikel 108 türkZGB untersteht das zu Lebzeiten erfolgte Stiftungsgeschäft des Erblassers der Herabsetzungsklage. Für die Berechnung der Pflichtteile wird das Stiftungsgeschäft wie eine Schenkung behandelt. Für die Stiftungserrichtung von Todes wegen gilt Artikel 563 Abs. 1 türkZGB, nach der die Stiftungserrichtung ebenfalls der Herabsetzungsklage unterliegt. Denn nach Artikel 526 türkZGB ist der Erblasser nur befugt, den verfügbaren Teil seines Vermögens ganz oder teilweise für irgendeinen Zweck als Stiftung zu widmen. Sind Pflichtteile der Erben verletzt, können diese mittels Herabsetzungsklage auf Rückleistung der übermäßigen Verfügung bis zur Wiederstellung des Pflichtteils klagen[1199]. Zugunsten der gemeinnützigen Stiftungen gibt es die Sonderregelung des Artikels 570 Abs. 2 türkZGB, nach welcher die Verfügungen von Todes wegen und Zuwendungen unter Lebenden an letzter Stelle herabgesetzt werden[1200].

1199 *Dural/Öz*, § 21 III 2d) Rn. 1157 ff.; *Çabri*, § 33 Rn. 738.

1200 *Çabri*, § 33 Rn. 738.

IV. Familienvermögensgemeinschaft / *Aile Malları Ortaklığı*

Ein weiteres Instrument für die Sicherung der Unternehmensnachfolge könnte die Gründung einer Familienvermögensgemeinschaft gemäß Art. 373 türkZGB sein. Demnach kann ein Vermögen mit einer Familie dadurch verbunden werden, dass Verwandte entweder eine Erbschaft ganz oder zum Teil als Gemeinschaftsgut fortbestehen lassen, oder dass sie Vermögen zu einer familiären Gemeinschaft zusammenlegen. Die Vermögenswerte der familiären Gemeinschaft stehen gemäß Art. 379 türkZGB jedoch im Gesamteigentum aller Gesellschafter[1201]. Ferner besitzt die Familienvermögensgemeinschaft keine eigene juristische Persönlichkeit. Daher ist diese Lösung für die Nachfolge in Familienunternehmen insbesondere in Form von Kaptalgesellschaften nicht geeignet.

V. Trust / *Trust*

Schließlich kommt als Vermögensnachfolgeinstrument der Trust in Betracht. Zu den Funktionen des Rechtsinstituts Trust gehört die unentgeltliche Zuwendung durch Rechtsgeschäft unter Lebenden oder durch Verfügung von Todes wegen[1202]. Zudem hat der Trust die Funktionen als Vermögensverwaltung (*mal varlığı yönetimi*), als Sicherungsmittel (*teminat aracı*) und als Nachlassplanung (*miras planlaması*). Auch dient der Trust zur Umsetzung von Wohltätigkeitsarbeiten (*hayır işlerini gerçekleştirme*). Der Trust ist in der türkischen Rechtsordnung eigentlich unbekannt[1203]. Im Gegensatz zu Deutschland wird aber in der Türkei die Übernahme des Rechtsinstituts Trust befürwortet. Grundsätzlich sind an einem Trust drei Parteien beteiligt: der Begründer/Settlor (*kurucu*), der Trustee (*güvenilen*) und der Begünstigte/Beneficiary (*lehtar*). Bei einem Trustgeschäft überträgt der Begründer Vermögen auf einen Trustee als Rechtsträger[1204]. Der Trustee wird durch dieses Rechtsgeschäft Eigentümer des Trustvermögens. Das übertragene Vermögen stellt jedoch ein Sondervermögen dar, welches von dem sonstigen Vermögen des Begünstigten zu unterscheiden ist. Der Trustee hat dieses Sondervermögen im Rahmen der Trustbestimmung zugunsten der Begünstigten zu verwalten. Der Trust hat keine eigene Rechtspersönlichkeit.

1201 Hierzu siehe *Gençcan*, Kommentar Band 2, Art. 373, S. 1769.
1202 Zu den Funktionen des Trusts siehe *Kurtulan Güner*, S. 73 ff.
1203 Ausführlich hierzu *Kurtulan Güner*, S. 345 ff.
1204 Zur Begrifflichkeit des Trusts siehe *Kurtulan Güner*, S. 104 f.

Im Zusammenhang mit Trust ergeben sich vielfältige Fragestellungen erbrechtliche Natur, so zum Beispiel inwiefern die Errichtung eines testamentarischen Trustes mit dem *Numerus clausus* des türkischen Erbrechts vereinbar ist. Einigkeit besteht in der türkischen Literatur dahin gehend, dass mit dem Trust das Pflichtteilsrecht nicht ausgehebelt werden kann. Der Erblasser kann nur im Rahmen seiner Verfügungsfreiheit einen Trust gründen[1205]. Mithin ist der Anwendungsbereich des Trusts in der Praxis eingeschränkt.

Weiterhin ist fraglich, ob die Errichtung eines Trustes mit den Verboten der mehrfachen Nacherbeneinsetzung oder dem Familienfideikommiss vereinbar ist[1206]. Es wird vorgetragen, dass die geltenden Vorschriften nicht durch die Errichtung eines Trusts umgangen werden dürfen. Demzufolge ist es nicht möglich, das Vermögen so zu binden, dass es von Generation zu Generation übertragen werden kann.

Im Ergebnis eignet sich der Trust nicht als Instrument für die Erhaltung von Familienunternehmen.

VI. Vergleichender Teil: Unterschiede und Gemeinsamkeiten / *Mukayeseli Bölüm: Farklılıklar ve Benzerlikler*

Aufgrund der relativ großen historischen Ausstrahlungswirkung des Stiftungsinstituts im Osmanischen Reich auf die heutige türkische Stiftung sind im Vergleich zum deutschen Stiftungsrecht gravierende Unterschiede augenfällig. In Einzelheiten bestehen Gemeinsamkeiten. So sind nach beiden Rechtsordnungen die wesentlichen Elemente einer Stiftung der Stiftungszweck, das Stiftungsvermögen und die Stiftungsorganisation. Im Gegensatz zum deutschen Recht gibt es im türkischen Recht keine Unterteilung in rechtsfähige und nicht rechtsfähige Stiftungen. Weiterhin gemein ist beiden Rechtsordnungen, dass die Stiftungserrichtung durch Abschluss des Stiftungsgeschäftes und die Genehmigung der jeweils zuständigen Behörde erfolgt. Ferner unterscheiden beide Ordnungen zwischen Stiftungserrichtung zu Lebzeiten und Stiftungserrichtung von Todes wegen. Zwar sind sowohl nach dem deutschen als auch nach dem türkischen Stiftungsrecht alle denkbaren Stiftungsformen möglich.

Allerdings ist im nach türkischem Recht der Stiftungszweck durch das Stiftungsgesetz auf rein ideelle Betätigungen beschränkt. Ein wirtschaftlicher Zweck

1205 Kurtulan Güner, S. 491 f.

1206 Ausführlich dazu *Kurtulan Güner*, Trust, S. 487 ff.

ist nur erlaubt, wenn es sich bei der Betätigung der Stiftung um eine Nebentätigkeit handelt. Der türkische Gesetzgeber zieht mithin eine scharfe Grenze zwischen den Handelsgesellschaften und der Stiftung. Mit dem Stiftungsgesetz trennt er wie eine „Axt" den Beweggrund der zielgerichteten Tätigkeit. Handelt es sich nur um wirtschaftliche Zwecke, so kommen aufgrund *Numerus clausus* der Rechtsformen ausschließlich Handelsgesellschaften in Betracht. Bei ideellen Zwecken können Stiftungen gegründet werden. Demgegenüber existiert im deutschen Stiftungsrecht keine entsprechende Schranke, die den Stiftungszweck so stark einschränkt.

In beiden Rechtsordnungen gibt es Familienstiftungen. Die türkische Familienstiftung ist sogar explizit gesetzlich normiert. Allerdings kann die Familienstiftung nach türkischem Recht nur dem Zweck dienen, Familienmitgliedern in Lebenslagen mit speziellen Bedürfnissen gezielt zu helfen. Die Versorgung von Familienmitgliedern in jeglichen Lebenssituationen ist demnach nicht möglich. Diese Restriktion zeigt, dass der türkische Gesetzgeber aufgrund historisch bedingter Erwägungen eine ewige Vermögensperpetuierung zugunsten von Familienangehörigen nicht gewünscht hat. Es sollte vermieden werden, dass mit der Familienstiftung wirtschaftlich die gleichen Ergebnisse wie bei den abgeschafften Familienfideikommissen erzielt werden. Anders ist es wieder im deutschen Recht. Auch wenn die Familienstiftung steuerlich nicht begünstigt ist, kann der Zweck der Familienstiftung auf die Begünstigung und finanzielle Unterstützung der Stifterfamilie als Dotationsquelle gerichtet sein.

Auch sind gemeinnützige Stiftungen kein geeignetes Instrument für die Kontinuität des Familienunternehmens, da es an einer Regelung fehlt, die wie im deutschen Recht die zumindest teilweise Verwendung der Einkünfte der Stiftung für den Lebensunterhalt des Stifters und seiner nächsten Angehörigen vorsieht.

Demnach ist festzuhalten, dass nach türkischem Recht mittels einer Stiftungsgründung die Absicherung der Familie und die dauerhafte Familiensorge durch Unternehmenskontinuität nicht möglich ist. Eine Zersplitterung des Vermögens durch aufeinanderfolgende Erbgänge oder Veräußerungen droht, da eine „institutionalisierte Vermögenserhaltung" nicht zulässig ist. Das deutsche Stiftungsrecht bietet vor diesem Hintergrund dagegen Familienunternehmen ein „Stiftungsparadies", um das Vermögen auf Dauer zu erhalten.

9. Kapitel: Schlussbetrachtung / *Sonuç*

Ziel der vorliegenden Arbeit war es, die geltenden rechtlichen Rahmenbedingungen für die Familienvermögensplanung und insbesondere das Pflichtteilsrecht als die zentrale rechtliche Rahmenbedingung für eine generationsübergreifende Familienvermögensplanung in Deutschland und in der Türkei herauszuarbeiten. Eine abschließende rechtsvergleichende Betrachtung zeigt, dass beide Rechtssysteme verschiedene Mittel und Wege für die Sicherung der Unternehmensnachfolge bieten.

Zunächst einmal ist festzustellen, dass in beiden Ländern die volkswirtschaftliche Bedeutung von Familienunternehmen enorm groß ist. Angesichts dessen werden ein generationsübergreifender Erhalt und eine Fortführung von Familienunternehmen durch den vom Erblasser bestimmten Nachfolger als erstrebenswert und förderungswürdig angesehen. Es gilt, die Leistungs- und Wirtschaftskraft von Familienunternehmen nicht zu gefährden. In Bezug auf die Wahrung der Unternehmenskontinuität kommt der Vermeidung eines ungewollten Liquiditätsabflusses besondere Bedeutung zu.

Aufgrund des Zusammenspiels unterschiedlicher Rechtsgebiete bei der Familienvermögensplanung stellen die Gestaltung und die Durchführung der Nachfolge in beiden Ländern jedoch eine große Herausforderung dar. Anknüpfend an diese Herausforderungen wurden die Möglichkeiten und Grenzen der generationenübergreifenden Perpetuierung von unternehmerischen Vermögen anhand von Instrumenten, die die Rechtsordnungen zur Vermögensplanung zur Verfügung stellen, im nationalen Gesamtzusammenhang und sodann rechtsvergleichend aufgezeigt.

Der Übergang eines Unternehmens ohne Verfügungen des Erblassers ist sowohl in Deutschland als auch in der Türkei problematisch. Denn es gibt im türkischen wie im deutschen Erbrecht keine Regelungen, die auf die Besonderheiten des Unternehmens und der Unternehmensnachfolge zugeschnitten wären. Das Erbrecht ist zugeschnitten auf „statische" Vermögensgegenstände. Ein Unternehmen ist jedoch eine dynamische Organisationseinheit. Die Vererbung von Unternehmen bereitet schon auf der zivilrechtlichen Ebene erhebliche Schwierigkeiten. So ist die generationsübergreifende Erhaltung des Unternehmens als schützenswerte wirtschaftliche Einheit dann schon gefährdet, wenn mehrere Erben vorhanden sind. Im Ergebnis ist eine gesicherte Erhaltung von Familienunternehmen auf dem Wege der gesetzlichen Erbfolge ohne gestaltende Vorsorge kaum möglich.

Die Rechtslage mit Verfügungen des Erblassers bietet verschiedene Instrumente für die Sicherung der Unternehmensnachfolge an. Grundlage der gewillkürten Erbfolge ist nach beiden Rechtsordnungen das Prinzip der Testierfreiheit. Jedoch wird die Testierfreiheit nicht schrankenlos gewährt. Insbesondere durch das Pflichtteilsrecht wird der Unternehmenserblasser in seiner Verfügungsfreiheit eingeschränkt. Für den Unternehmenserblasser bedeutet das, dass er einen nicht gewünschten Pflichtteilsberechtigten im Rahmen der gewillkürten Erbfolge letztlich nicht von seiner Erbschaft ausschließen kann.

Gesellschaftsrechtliche Rahmenbedingungen bieten in beiden Ländern dem Erblasser bessere Mittel und Wege der Sicherung der Unternehmensnachfolge. Nach beiden Rechtsordnungen sind die Anteile an einer Kapitalgesellschaft kraft Gesetzes zwingend vererblich. Daher sind Familienunternehmen sehr darum bemüht, die freie Übertragbarkeit zumindest einzuschränken. Nach deutschem Recht besteht die Möglichkeit Nachfolgeklauseln kombiniert mit einer allseitigen Abfindungsbeschränkung bzw. Abfindungsausschluss auf den Todesfall im Gesellschaftsvertrag wirksam zu regeln. So kann der Kapitalabfluss, der durch die Erfüllung von Pflichtteilsansprüchen zwangsweise gegeben ist, und in den meisten Fällen, aufgrund geringer Eigenkapitalquoten, die Existenzgefährdung des Familienunternehmens zur Folge hat, vermieden werden. Allerdings ist diese Lösung nicht vorteilhaft im Sinne einer nachhaltigen Familienvermögensplanung. Denn es ist vorher nicht abzusehen, welcher Gesellschafter zuerst sterben wird. Demgegenüber bedarf es nach türkischem Recht keiner gesellschaftsvertraglichen Nachfolgegestaltung, da das Gesetz der Gesellschaft Möglichkeiten für eine Steuerung der Unternehmensnachfolge einräumt. Allerdings kann die Gesellschaft den Erben nur dann ablehnen, wenn sie ihm die Übernahme der Gesellschaftsanteile zum wirklichen Wert anbietet. Dadurch werden zwar keine Pflichtteilsansprüche der weichenden Erben tangiert, jedoch gefährdet der Abfluss liquider Mittel auch hier die Existenz des Unternehmens. Mit den Regeln des deutschen Gesellschaftsrechts kann daher ein Bestandsschutz von Familienunternehmen eher erreicht werden.

Der Erblasser kann nach beiden Rechtsordnungen auch bereits zu Lebzeiten sein Unternehmen im Wege der „vorweggenommenen Erbfolge“ auf den vorgesehenen Nachfolger übertragen. Einer der Vorteile einer frühzeitigen Übertragung des Unternehmens ist, dass die Möglichkeit der Vermeidung bzw. Reduzierung von Pflichtteilsansprüchen gegeben ist. Beide Rechtsordnungen sehen allerdings für den Fall einer Pflichtteilsverletzung durch lebzeitige Schenkungen des Erblassers Regelungen vor, nach der Ansprüche weichender Erben gegen den Nachlass ausgeschlossen werden können. Voraussetzung ist, dass der Übertragende die Schenkung eine bestimmte Zeit überlebt hat. Die hinzurechnungspflichtige

Zeit beträgt in Deutschland zehn Jahre nach dem sog. Abschmelzungsmodell, während in der Türkei, sofern kein Umgehungsgeschäft vorliegt, eine Frist von nur einem Jahr besteht, und zwar nach dem „Alles-oder-Nichts-Prinzip". Mithin werden nach türkischem Recht lebzeitige Schenkungen ohne Umgehungsabsicht des Erblassers im Gegensatz zum deutschen Recht begünstigt, oder anders formuliert ist in diesen Fällen die Verfügungsfreiheit des Erblassers in der Türkei stärker ausgestaltet. Nichtsdestotrotz ist der Tod des Erblassers ein ungewisses Ereignis, sodass auch nach türkischem Recht das Pflichtteilsrecht bei lebzeitigen Zuwendungen ein Risiko bleibt.

Der Rechtsrahmen für die Unternehmensnachfolge mittels Stiftung unterscheidet sich in den beiden Ländern erheblich. So ist die Gründung einer Stiftung zur Absicherung der Familie und zur dauerhaften Familiensorge durch Unternehmenskontinuität in der Türkei, also eine „institutionalisierte Vermögenserhaltung" nicht zulässig. Das deutsche Stiftungsrecht bietet dagegen Familienunternehmen mittels Stiftung die Möglichkeit, das Familienvermögen auf Dauer zu erhalten. Jedoch lassen sich auch im Falle einer Stiftungserrichtung die Vorschriften des deutschen Pflichtteilsrechts nicht umgehen.

Im Ergebnis sind mit dem Erbfall die Erben und damit auch das Unternehmen grundsätzlich Pflichtteilsansprüchen weichender Erben ausgesetzt (ausgenommen im deutschen Recht im Falle gesellschaftsvertragliche Nachfolgeklauseln kombiniert mit einer allseitigen Abfindungsbeschränkung). Der damit verbundene erhebliche Liquiditätsdruck kann den Bestand und die Fortführung des Familienunternehmens gefährden. Beide Rechtsordnungen sichern mit dem Pflichtteilsrecht den nächsten Angehörigen des Erblassers eine Mindestteilhabe an dessen Nachlass. Jedoch unterscheiden sich beide Rechtsordnungen in der Ausgestaltung des Pflichtteilsrechts grundlegend. Im türkischen Recht ist die Mindestteilhabe als materielles Noterbrecht ausgestaltet, d.h. der Berechtigte hat grundsätzlich Anspruch auf die Einsetzung als Erbe. Der türkische Gesetzgeber hat sich damit für den Gedanken der Familiengebundenheit des Erblasservermögens ausgesprochen. Demgegenüber gewährt das deutsche Recht dem Pflichtteilsberechtigten einen schuldrechtlichen Zahlungsanspruch, der sofort zu erfüllen ist. Damit billigt das türkische Recht dem Pflichtteilsberechtigten im Grundsatz eine stärkere Position zu als das deutsche Recht.

Aufgrund der unterschiedlichen Ausgestaltung der Mindestteilhaberechte in beiden Rechtsordnungen divergiert auch deren Durchsetzung. In der Türkei kann der materielle Anspruch des Pflichtteilsberechtigten formell nur mit der Herabsetzungsklage geltend gemacht werden. Mit erfolgreicher Herabsetzungsklage erreicht der Pflichtteilsberechtigte in der Türkei seine Einsetzung als Erbe in Höhe seiner Pflichtteilsquote und hat am Nachlass Teilhabe mit dinglicher

Wirkung. In Deutschland hat der Pflichtteilsberechtigte jedoch keinerlei dingliche Berechtigung am Nachlass. Ihm steht mit dem Erbfall lediglich ein sofort fälliger Geldanspruch zu.

Im Rahmen der Unternehmensnachfolge nach türkischem Recht kann der materielle Anspruch auf Einsetzung als Erbe jedoch zu einer Zersplitterung des Familienunternehmens führen. Der Pflichtteilsberechtigte hat als Mitglied der Erbengemeinschaft eine Teilhabe am Gesellschaftsanteil. Ein erhöhtes Streitpotenzial unter den Erben ist damit gegeben. Der nach deutschem Recht vorgesehene schuldrechtliche Geldanspruch des Pflichtteilsberechtigten ist hingegen rechtlich unkomplizierter sowie in der Anwendung flexibler und „unternehmerfreundlicher" als das türkische Recht.

Aufgrund der pflichtteilsrechtlichen Liquiditätsproblematik und der Zersplitterungsgefahr von Familienunternehmen werden die inhaltliche Ausgestaltung und von einigen Stimmen sogar der Bestand des Pflichtteilsrechts in beiden Ländern infrage gestellt[1207]. Sozio-ökonomische, demografische und rechtspolitische Dynamiken würden den Pflichtteil als Garantie einer unentziehbaren und bedarfsunabhängigen Mindestbeteiligung am Nachlass nicht mehr rechtfertigen. Plädiert wird für mehr Testierfreiheit des Erblassers. Korrekturen im Pflichtteilsrecht würden dem Erblasser eine größere Freiheit bei der Vererbung unternehmerischen Vermögens zugestehen. Eine indirekte Möglichkeit, um das Pflichtteilsrecht zu reduzieren und die Testierfreiheit zu vergrößern, wird auch in der extensiven Auslegung der Enterbungsgründe gesehen[1208].

Eine komplette Abschaffung des Pflichtteils ist jedoch in beiden Ländern mit den Grundprinzipien des Familienerbrechts und dem im Grundgesetz verankerten Gedanken der familiären Solidarität nicht vereinbar. Die geltende Rechtslage sowohl in Deutschland als auch in der Türkei bietet aber aufgrund der hohen Pflichtteilslast und der damit verbundenen Liquiditätsproblematik kein unternehmerfreundliches Pflichtteilsrecht. Dabei ist der Unternehmenserblasser in der Türkei stärker eingeschränkt als in Deutschland. In Deutschland unterliegt ein Unternehmenserblasser Pflichtteilsverpflichtungen bis zu 50% seines Vermögens, wenn er abweichend von der gesetzlichen Erbfolge letztwillig verfügt, in der Türkei sogar bis zu 3/4 seines Vermögens. Mit anderen Worten ist die

1207 Zu den Reformvorschlägen in Deutschland siehe nur *Honzen*, Kapitel 5, S. 119 ff.; zu den Reformvorschlägen in der Türkei siehe nur *Serozan*, Die sozio-ökonomischen und rechtspolitischen Triebkräfte und ihre Auswirkungen auf die Entwicklung des Erbrechts, Successio, S. 4 ff.

1208 Für die extensive Auslegung der Enterbungsgründe *Hatipoğlu*, ZErb 2021, 171, 178.

Testierfreiheit des Unternehmenserblassers in der Türkei durch das Pflichtteilsrecht eingeschränkter als in Deutschland.

Eine Erhöhung der verfügbaren Quote des Erblassers wäre daher aus Gründen der Unternehmenskontinuität in beiden Ländern erstrebenswert. Eine Begrenzung des Pflichtteilsrechts und damit eine Erhöhung der verfügbaren Quote des Erblassers könnte dadurch erreicht werden, dass das Pflichtteilsrecht als „angemessene" Mindestbeteiligung am Nachlass unter Abwägung aller schutzwürdiger Interessen neu definiert wird. Die Grenze der Pflichtteilsquote sollte die verfassungsrechtlich garantierte Mindestquote nicht unterschreiten. Ausgehend von einem schuldrechtlichen Pflichtteilsanspruch könnte mit dieser Lösung der türkische Gesetzgeber den Rechtsrahmen für den Erhalt von Familienunternehmen stärken und somit auch die Weichen für eine Weiterentwicklung stellen. Einen weiteren Schutz für Familienunternehmen könnte die Korrektur der sofortigen Fälligkeit des Pflichtteilsanspruchs sowie eine Erweiterung der Stundungsmöglichkeit bieten. Nach der geltenden Rechtslage in Deutschland ist der Pflichtteilsanspruch mit dem Eintritt des Erbfalls sofort fällig. Mit einem Hinausschieben der Fälligkeit wäre es den Erben zumutbar, innerhalb einer angemessenen Zeit den Pflichtteil auszuzahlen, ohne dass es zu einer schlagartigen Gefährdung für das Familienunternehmen kommt. Im Übrigen könnte eine Vorschrift wie die des Artikels 239 Abs. 2 türkZGB in das entsprechende Gesetz aufgenommen werden. Diese Vorschrift regelt die Einräumung der Zahlungsfrist in den Fällen, in denen die sofortige Bezahlung der Beteiligungsforderung und des Mehrwertanteils den verpflichteten Ehegatten in ernstliche Schwierigkeiten bringt.

Als Ausblick bietet sich an dieser Stelle der Arbeit eine historische Exkursion an. Im Jahre 1933 wurde als Ausnahmefall nur für Mustafa Kemal Atatürk, dem Gründer der Türkischen Republik, ein Sondergesetz erlassen[1209], mit dem die Pflichtteilsrechte naher Angehöriger aufgehoben wurden. Etwa fünf Jahre nach Erlass des maßgeschneiderten Gesetzes verfasste Atatürk im Jahre 1938, genau zwei Monate vor seinem Tode ein handschriftliches Testament[1210]. In diesem Testament bestimmte Atatürk, dass die Republikanische Volkspartei (*Cumhuriyet Halk Partisi*), deren Gründer er selbst gewesen ist, sein ganzes Vermögen und seine Anteile an der Bank (*İş Bankası*) unter bestimmten

1209 Gesetz über die Nichtanwendung der Vorschrift des Art. 452 des Zivilgesetzbuches hinsichtlich der das Pflichtteilsrecht betreffenden Verfügungen seiner Exzellenz Gazi Mustafa Kemal (*Gazi Mustafa Kemal Hazretlerinin Kanunu Medeninin 452. Maddesine Göre Olan Tasarruflarının, Mahfuz Hisseler Hakkındaki Hükümden Müstesna Olduğuna Dair Kanun*), Gesetz Nr. 2307 v. 12.06.1933, RG Nr. 2431 v. 19.06.1933.

1210 https://www.ttk.gov.tr/belgelerle-tarih/ataturkun-vasiyeti/, zuletzt abgerufen am 16.07.2021.

> Auflagen erhält. Einen Teil der Zinserträge aus diesen Anteilen hat er seiner Schwester und seinen Adoptivtöchtern als ausreichenden Unterhalt zukommen lassen. Den restlichen Teil der Erträge hat Atatürk der Einrichtung für türkische Geschichte (*Türk Tarih Kurumu*) und der Einrichtung für türkische Sprache (*Türk Dil Kurumu*) zukommen lassen. Mit diesem Testament widmete Atatürk sein ganzes Vermögen dem höchsten Zweck. Auf der einen Seite sicherte er die Versorgung der Frauen, die er als Vorbilder in der türkischen Gesellschaft großgezogen hatte und die der Gesellschaft dienen sollten. Auf der anderen Seite legte Atatürk mit der Finanzierung der oben genannten staatlichen Einrichtungen das Fundament der modernen Türkischen Republik. Dieses Fundament, das auf die Werte der westlichen Welt ausgerichtet ist und auf Ratio und Wissenschaft basiert, ist so gelegt worden, dass trotz jeglicher Stürme die Türkische Republik samt den Reformen von Atatürk schon lange Jahre existiert.

Diese historische Exkursion könnte ein Anreiz für eine nachhaltige Lösung im Rahmen der Nachfolge in Familienunternehmen sein. Eine Reform des Pflichtteilsrechts, die eine Reduktion der hohen Pflichtteilslast in Form eines nicht sofort fälligen, schuldrechtlich ausgestalten Pflichtteilsanspruchs verbunden mit einer angemessenen Stundungsmöglichkeit vorsieht, könnte dem Unternehmenserblasser, der in Generationen denkt, sowohl in Deutschland als auch in der Türkei sichere Möglichkeiten bieten, das Fundament für ein erfolgreiches und nachhaltiges Familienunternehmen zu legen.

Literaturverzeichnis

I. Deutsche Literatur

Baumbach, Adolf / Hopt, Klaus J., Kommentar zum Handelsgesetzbuch, 39. Auflage, München 2020 (zitiert: Baumbach/Hopt/*Bearbeiter*, HGB)

Baumbach, Adolf / Hueck, Alfred, Kommentar zum GmbHG, 21. Auflage, München 2017 (zitiert: Baumbach/Hueck/*Bearbeiter*, GmbHG)

Baddeley, Margareta/ Dauner-Lieb, Barbara/ Deixler-Hübner, Astrid/ Kalss, Susanne/ Schauer, Martin/ Trigo Trindade, Rita, Familiäre Vermögensplanung, Wien 2020 (zitiert: *Baddeley/Dauner-Lieb/Deixler-Hübner/Kalss/Schauer/Trigo Trindade*)

Bengel, Manfred, Unternehmen vererben – Rechtliche Strategien für die geregelte Unternehmensnachfolge, Rödel, Christian/ Scheffler, Wolfram/ Winter, Michael (Hrsg.), Internationale Familienunternehmen, Festschrift für Bernd Rödl, München 2008 (zitiert: *Bengel*, FS für Bernd Rödl)

Binz, Mark/ Mayer, Gerd, Anteilsvinkulierung bei Familienunternehmen, Neue Zeitschrift für Gesellschaftsrecht 2012, 15. Jahrgang, S. 201–212 (zitiert: Binz/Mayer, NZG 2012)

Binz, Mark/ Sorg, Martin, Die GmbH & Co. KG, 12. Auflage, München 2018 (zitiert: *Binz/Sorg*)

Breyer, Michael, Leitlinien für die Nachfolgeplanung, FuS – Zeitschrift für Familienunternehmen und Strategie, 2018, Sonderausgabe, S. 22–26 (zitiert: *Breyer*)

Brox, Hans/ Walker, Wolf-Dietrich, Erbrecht, 29. Auflage, München 2021 (zitiert: *Brox/Walker*)

Crezelius, Georg, Unternehmenserbrecht, 2. Auflage, München 2009 (zitiert: *Crezelius*)

Dauner-Lieb, Barbara, Abfindungsklauseln bei Personengesellschaften, Zeitschrift für das gesamte Handelsrecht und Wirtschaftsrecht, ZHR 158, 1994, S. 271–291 (zitiert: *Dauner-Lieb*, ZHR)

Dies., Bedarf es einer Reform des Pflichtteilsrechts?, Deutsche Notar-Zeitschrift, Heft 6, 2001, S. 460-465 (zitiert: *Dauner-Lieb,* DNotZ 2001)

Dies., Das Pflichtteilsrecht – Ketzerische Fragen an ein altehrwürdiges Institut, FORUM Familien- und Erbrecht, 2000, S. 110–119 = Sonderheft 2001, 16 ff. (zitiert: *Dauner-Lieb,* FF 2000)

Dies., Pflichtteilsrecht und Pflichtteilsentziehung auf dem Prüfstand – Bemerkungen anläßlich des Beschlusses des BVerfG vom 30.08.2000, FORUM Familien- und Erbrecht, 2001, S. 78–82 (zitiert: *Dauner-Lieb,* FF 2001)

Dies., Unternehmen in Sondervermögen – Haftung und Haftungsbeschränkung, Tübingen 1998 (zitiert: *Dauner-Lieb,* Unternehmen in Sondervermögen)

Dauner-Lieb, Barbara/ Grziwotz, Herbert, Kommentar zum Pflichtteilsrecht, 2. Auflage, Baden-Baden 2017 (zitiert: Dauner-Lieb/Grziwotz/*Bearbeiter*)

Dethloff, Nina, Unterhalt, Zugewinn- und Versorgungsausgleich – sind unsere familienrechtlichen Ausgleichssysteme noch zeitgemäß? Gutachten A für den 67. Deutschen Juristentag, 2008, S. A1–A159 (zitiert: *Dethloff*)

Dieckmann, Andreas, Gesamthand und juristische Person, Tübingen 2019 (zitiert: *Dieckmann,* Gesamthand und juristische Person)

Döbereiner, Christoph, Unternehmenserbrecht in Deutschland, S. 1–29, Löhning, Martin/ Dutta, Anatol/ Gottwald, Peter/ Grziwotz, Herbert/ Henrich, Dieter/ Reimann, Wolfgang/ Schwab, Dieter (Hrsg.), Unternehmenserbrecht in Europa, Buch VII, Bielefeld 2018 (zitiert: *Döbereiner,* Unternehmenserbrecht in Europa)

Dutta, Anatol, Warum Erbrecht?, Tübingen 2014 (zitiert: *Dutta*)

Erman, Walter (Hrsg.), Kommentar zum Bürgerlichen Gesetzbuch, 16. Auflage, Köln 2020 (zitiert: Erman/*Bearbeiter*)

Esskandari, Manzur/ Franck, Sebastian/ Künemann, Ulf, Unternehmensnachfolge, Heidelberg 2012 (zitiert: *Esskandari/Franck/Künnemann*)

Feick, Martin, Die Stiftung als Instrument der Unternehmensnachfolge, Betriebs-Berater 2006, Heft 1, S. 13–18 (zitiert: *Feick,* BB 2006)

Ders., Stiftung als Nachfolgeinstrument – Zivilrecht, Steuerrecht und internationales Recht, München 2015 (zitiert: *Feick*)

Fleischer, Holger/ Goette, Wulf (Hrsg.), Münchener Kommentar zum GmbHG, Band 1, §§ 1–34, 3. Auflage, München 2018 (zitiert: MüKo/*Bearbeiter,* §§)

Galonska, Wolfgang, Unternehmensnachfolge zu Lebzeiten, S. 139–149, Schlecht & Partner, Taylor Wessing (Hrsg.), Unternehmensnachfolge, 2. Auflage, Berlin 2010 (zitiert: *Galonska,* Unternehmensnachfolge)

Gerken, Ulrich, Pflichtteilsrecht zwischen Testierfreiheit und Familienerbfolge, Rechtspfleger 1989, S. 45–52 (zitiert: *Gerken,* Rpfleger 1989)

Gernhuber, Joachim/ Coester-Waltjen, Dagmar, Familienrecht, 7. Auflage, München 2020 (zitiert: *Gernhuber/Coester-Waltjen*)

Gesmann-Nuissl, Dagmar, Unternehmensnachfolge – ein Überblick über die zivil- und gesellschaftsrechtlichen Gestaltungsmöglichkeiten, Betriebs-Berater 2006, Heft 1, S. 2–8 (zitiert: *Gesmann-Nuissl,* BB 2006)

Göthel, Stephan, Erwerb von Familienunternehmen durch Familienfremde – potenzielle Erwerber und Verfahrensablauf, Betriebs-Berater 2012, Heft 12, S. 726–728

Gursky, Karl-Heinz/ Lettmaier, Saskia, Erbrecht, 7. Auflage, Heidelberg 2018 (zitiert: *Gursky/Lettmaier*)

Haas, Ulrich, Der Pflichtteilsanspruch als Störfall der Unternehmensnachfolge, Zeitschrift für die Notar-Praxis 2001, S. 370–380 (zitiert: *Haas,* ZNotP 2001)

Ders., Ist das Pflichtteilsrecht verfassungswidrig?, ZEV – Zeitschrift für Erbrecht und Vermögensnachfolge 2000, Heft 7, S. 249–260 (zitiert: *Haas*, ZEV 2000)

Haberstroh, Roland, Gesellschaftsrechtliche Lösungen der vorweggenommenen Erbfolge, Stuttgart 2009 (zitiert: *Haberstroh*)

Habig, Helmut / Berninghaus, Jochen, Die Nachfolge im Familienunternehmen ganzheitlich regeln, 3. Auflage, Berlin 2010 (zitiert: *Habig/Berninghaus*)

Hannes, Frank, Formularhandbuch Vermögens- und Unternehmensnachfolge, München 2011 (zitiert: *Hannes*)

Hannes, Frank / Kuhn, Thorsten / Brückmann, Miriam, Familienunternehmen, 1. Auflage, Wiesbaden 2008 (zitiert: *Hannes/Kuhn/Brückmann*)

Heckschen, Heribert, Auswirkungen des MoMiG auf die Übertragung von GmbH-Anteilen von Todes wegen und im Wege der vorweggenommenen Erbfolge, ZErb – Zeitschrift für die Steuer- und Erbrechtspraxis Zeitschrift 2008, S. 246–253 (zitiert: *Heckschen,* ZErb 2008)

Heinze, Stefan, Der Mauracher Entwurf und die Abkehr von der Gesamthand – Gefahren im Steuerrecht?, Deutsches Steuerrecht, 2020, Heft 39, S. 2107–2110 (zitiert: *Heinze,* DStR 2020)

Hennerkes, Brun-Hagen / Kirchdörfer, Rainer, Die Familie und ihr Unternehmen, 2. Auflage, Frankfurt am Main 2015 (zitiert: *Hennerkes/Kirchdörfer*)

Hennerkes, Brun-Hagen/ Kögel, Rainer, Familienstiftung – Ein Instrument zur Sicherung des Familienerbes, S. 281–299, Rödel, Christian / Scheffler, Wolfram /Winter, Michael (Hrsg.), Internationale Familienunternehmen, Festschrift für Bernd Rödl, München 2008 (zitiert: *Hennerkes/Kögel*, FS für Bernd Rödl)

Henssler, Martin / Strohn, Lutz, Gesellschaftsrecht, 5. Auflage, München 2021 (zitiert: Henssler/Strohn/*Bearbeiter*)

Heuser, Paul/ Frye, Bernd, Die deutsche Familienstiftung – steuerrechtliche Gestaltungsmöglichkeiten für Familienvermögen, Betriebs-Berater 2011, Heft 16, S. 983–994 (zitiert: *Heuser/Frye*, BB 2011)

Hollmann, Claus-Henning, Pflichtteilsrecht und Familienzusammenhang, 1. Auflage, Baden-Baden 2007 (zitiert: *Hollmann*)

Honzen, Johannes, Pflichtteil und Unternehmensnachfolge, Bonn 2012 (zitiert: *Honzen)*

Horsch, Andreas, Familiensolidarität als Begriff und Rechtsprinzip in der Rechtsprechung des BverfG zur Erbrechtsgarantie, Neue Zeitschrift für Verwaltungsrecht 2010, S. 232–236 (zitiert: *Horsch*, NVwZ 2010)

Huber, Ulrich, Rechtsfähigkeit, juristische Person und Gesamthand, S. 107–139, Schneider, Uwe/ Hommelhoff, Peter / Schmidt, Karsten/ Timm, Wolfram / Grunewald, Barbara / Drygala, Tim, Festschrift für Marcus Lutter, Köln 2000 (zitiert: *Huber*, FS für Marcus Lutter)

Hüffer, Uwe / Koch, Jens, Kommentar zum Aktiengesetz, 15. Auflage, München 2021 (zitiert: *Hüffer/Koch*)

Hülsmann, Christoph, Buchwertabfindung des GmbH-Gesellschafters im Lichte aktueller Rechtsprechung, Die GmbH-Rundschau 2001, S. 409–417 (zitiert: *Hülsmann*, GmbHR 2001)

Inkmann, Kilian, Die Sittenwidrigkeit von Pflichtteilsverzichten, Baden-Baden 2019 (zitiert: *Inkmann*)

Ivens, Michael, Rückforderung geschenkter Personengesellschaftsanteile, ZErb – Zeitschrift für die Steuer- und Erbrechtspraxis 2010, S. 286–292 (zitiert: *Ivens,* ZErb)

Ivo, Malte, Die Vererbung von GmbH-Geschäftsanteilen, ZEV – Zeitschrift für Erbrecht und Vermögensnachfolge 2006, S. 252–257 (zitiert: *Ivo*)

Jauernig, Othmar, Kommentar zum BGB, 17. Auflage, München 2018 (zitiert: Jauernig/*Bearbeiter*)

Kaiser, Dagmar, Statuswechsel: Umwandlung einer Lebenspartnerschaft in eine gleichgeschlechtliche Ehe, § 20a LPartG, FamRZ – Zeitschrift für das gesamte Familienrecht 2017, S. 1985–1996 (zitiert: *Kaiser*, FamRZ 2017)

Kalss, Susanne/ Dauner-Lieb, Barbara, Ein nachhaltiges Pflichtteilsrecht für Unternehmen, GesRZ – Fachzeitschrift für Gesellschafts- und Unternehmensrecht 2018, S. 261–277 (zitiert: *Kalss/Dauner-Lieb*, GesRZ 2018)

Dies, Unternehmerehe: Die Beiträge der Ehepartner zum Familienunternehmen, GesRZ 2019, S. 374–390 (zitiert: *Kalss/Dauner-Lieb*, GesRZ 2019)

Kalss, Susanne / Probst, Stephan, Familienunternehmen – eine erste Vermessung, GesRZ 2013, 115–123 (zitiert: *Kalss/Probst*)

Kesselmeier, Barbara, Ausschließungs- und Nachfolgeregelungen in der GmbH-Satzung, Köln 1989 (zitiert: *Kesselmeier*)

Kirchdörfer, Rainer, Unternehmensnachfolge anders gedacht, FuS – Zeitschrift für Familienunternehmen und Strategie, 2019, S. 144–149 (zitiert: *Kirchdörfer,* FuS 2019)

Klein, Sabine, Internationale Familienunternehmen – Definition und Selbstbild, S. 1–14, *Rödel, Christian / Scheffler, Wolfram / Winter, Michael* (Hrsg.),

Internationale Familienunternehmen, Festschrift für Bernd Rödl, München 2008.(zitiert: *Klein*, FS für Bernd Rödl)

Kögel, Rainer, Welche Einflussmöglichkeiten hat ein Stifter auf „seine" Stiftung nach deren Errichtung, FuS – Zeitschrift für Familienunternehmen und Strategie, 2014, S. 47-52 (zitiert: *Kögel*, FuS 2014)

König, Christian, Die Stiftung als Instrument der Nachlassplanung, Tübingen 2018 (zitiert: *König*)

Krüger, Hilmar, Das türkische IPR-Gesetz von 1982, Praxis der Internationalen Privat- und Verfahrensrechts 1982, S. 252 (zitiert: *Krüger,* IPRAX)

Krüger, Hilmar/ Ansay, Tugrul, Türkei: Internationales Privat- und Zivilverfahrensrecht, StAZ – Das Standesamt Zeitschrift für Standesamtswesen, Familienrecht, Staatsangehörigkeit, Personenstandsrecht, internationales Privatrecht des In- und Auslands, 1982, S. 49 (zitiert: *Krüger/Ansay,* StAZ)

Lange, Knut Werner, Erbrecht, 2. Auflage, München 2017 (zitiert: *Lange*)

Lange, Heinrich/ Kuchinke, Kurt, Erbrecht, 5. Auflage, München 2001 (zitiert: *Lange/Kuchinke*)

Leipold, Dieter, Erbrecht, 22. Auflage, Tübingen 2020 (zitiert: *Leipold*)

Löhnig, Martin, Umwandlung einer Lebenspartnerschaft in eine Ehe – Voraussetzungen und Rechtsfolgen, NZFam – Neue Zeitschrift für Familienrecht 2017, S. 978–980 (zitiert: *Löhnig*, NZFam 2017)

Lorz, Rainer / Kirchdörfer, Rainer, Unternehmensnachfolge, 2. Auflage, München 2011 (zitiert: *Lorz/Kirchdörfer*)

Mayer, Jörg, Pflichtteilsverzichtsverträge, S. 71-102, Röthel, Anne / Schmidt, Karsten (Hrsg.), Die Verträge der Familienunternehmer, 1. Auflage, Hamburg 2013 (zitiert: *Mayer*, Die Verträge der Familienunternehmer)

Michalski, Lutz/ Schmidt, Jessica, BGB-Erbrecht, 5. Auflage, Heidelberg 2019

Milatz, Jürgen E., Die Übertragung von Familienunternehmen, 3. Auflage, Wiesbaden 2018 (zitiert: *Milatz*)

Muscheler, Karlheinz, Abfindungsbeschränkungen in Gesellschaftsverträgen und ihr Einfluss auf Pflichtteil und Zugewinn, S. 193–212, Schlecht & Partner, Taylor Wessing (Hrsg.), Unternehmensnachfolge, 2. Auflage, Berlin 2010 (zitiert: *Muscheler*, Unternehmensnachfolge)

Ders., Erbrecht, Band I und Band II, Tübingen 2010 (zitiert: *Muscheler,* Band)

Mutter, Christoph, Vermögensmanagement für Familienunternehmer – Rechtsgestaltung, Steueroptimierung, Vermögensverwaltung, 2. Auflage, Stuttgart 2011 (zitiert: *Mutter*)

Olzen, Dirk / Looschelders, Dirk, Erbrecht, 6. Auflage, Berlin 2020 (zitiert: *Olzen/ Looschelders*)

Oppeln-Bronikowski, Christoph von, Erb- und Pflichtteilsverzichte zur Absicherung der Unternehmensnachfolge, S. 213–220, Schlecht & Partner, Taylor Wessing (Hrsg.), Unternehmensnachfolge, 2. Auflage, Berlin 2010 (zitiert: *Oppeln-Bronikowski*, Unternehmensnachfolge)

Palandt, Otto (Hrsg.), Kommentar zum Bürgerlichen Gesetzbuch, 80. Auflage, München 2021 (zitiert: Palandt/*Bearbeiter*)

Pauli, Rudolf, Unternehmensnachfolge durch Vermächtnis, Bonn 2007 (zitiert: *Pauli*)

Perzborn, Philipp, Gesellschaftsvertragliche Nachfolgeregelungen bei Gesellschaften mit beschränkter Haftung und Aktiengesellschaften, Rheinische Notar-Zeitschrift 2017, Heft 9, S. 405–427 (zitiert: *Perzborn*)

Piltz, Detlev, Rechtspraktische Überlegungen zu Abfindungsklauseln, Gesellschaftsverträgen, Betriebs-Berater 1994, S. 1021–1027 (zitiert: *Piltz*, BB 1994)

Remha, Denis, Familieninterne Unternehmensnachfolge aus steuerrechtlicher Sicht, Hamburg 2014 (zitiert: *Remha*)

Riedel, Christopher, Praxishandbuch Unternehmensnachfolge, 2. Auflage, Bonn 2018 (zitiert: Riedel/*Bearbeiter*)

Röthel, Anne, Erbrecht, 18. Auflage, München 2020 (zitiert: *Röthel*)

Säcker, Jürgen/ Rixecker, Roland/ Oetker, Hartmut/ Limperg, Bettina (Hrsg.), Münchener Kommentar zum Bürgerlichen Gesetzbuch, Band 1, §§ 1–240 BGB, 8. Auflage, München 2018 (zitiert: MüKo/*Bearbeiter,* §§)

Dies., Münchener Kommentar zum Bürgerlichen Gesetzbuch, Band 4, §§ 433–534 BGB, 8. Auflage, München 2019 (zitiert: MüKo/*Bearbeiter,* §§)

Dies., Münchener Kommentar zum Bürgerlichen Gesetzbuch, Band 7, §§ 705–853 BGB, 8. Auflage, München 2020 (zitiert: MüKo/*Bearbeiter,* §§)

Dies., Münchener Kommentar zum Bürgerlichen Gesetzbuch, Band 8, §§ 854–1296 BGB, 8. Auflage, München 2020 (zitiert: MüKo/*Bearbeiter,* §§)

Dies., Münchener Kommentar zum Bürgerlichen Gesetzbuch, Band 10, §§ 1589–1921 BGB, 8. Auflage, München 2020 (zitiert: MüKo/*Bearbeiter,* §§)

Dies., Münchener Kommentar zum Bürgerlichen Gesetzbuch, Band 11, §§ 1922–2385 BGB, 8. Auflage, München 2020 (zitiert: MüKo/*Bearbeiter,* §§)

Saenger, Ingo, Gesellschaftsrecht, 5. Auflage, München 2020 (zitiert: *Saenger*)

Scherer, Stephan, Unternehmensnachfolge, 6. Auflage, München 2020 (zitiert: Scherer/*Bearbeiter*)

Scherer, Stephan/ Blanc, Michael/ Kormann, Hermut/ Groth, Torsten / Wimmer, Rudolf, Familienunternehmen, 2. Auflage, Frankfurt am Main 2012 (zitiert: *Scherer/Blanc/Kormann/Groth/Wimmer*)

Schiffer, Jan, Die Familienstiftung – eine für Familienunternehmen geeignete Rechtsform?, S. 600–612, Dauner-Lieb, Barbara/ Freudenberg, Götz / Werner, Götz (Hrsg.), Familienunternehmen im Fokus von Wirtschaft und Wissenschaft, FS für Mark K. Binz, München 2014 (zitiert: *Schiffer*, Familienunternehmen im Fokus von Wirtschaft und Wissenschaft)

Schmidt, Karsten, Gesellschaftsrecht, 4. Auflage, München 2002 (zitiert: *Schmidt*)

Schmoeckel, Mathias, Erbrecht, 6. Auflage 2021 (zitiert: *Schmoeckel*)

Scholz, Franz (Hrsg.), Kommentar zum GmbH-Gesetz, Band 1: §§ 1–34, 12. Auflage, Köln 2018 (zitiert: Scholz/*Bearbeiter*)

Ders., Kommentar zum GmbH-Gesetz, Band 2: §§ 35–52, 12. Auflage, Köln 2018 (zitiert: Scholz/*Bearbeiter*)

Ders., Kommentar zum GmbH-Gesetz, Band 3: §§ 53–85, 11. Auflage, Köln 2015 (zitiert: Scholz/*Bearbeiter*)

Schulz, Fabian, Unternehmensnachfolge – Eine Sondererbfolge für Familienunternehmen, FamRZ – Zeitschrift für das gesamte Familienrecht 2013, 1782–1788 (zitiert: *Schulz*, FamRZ 2013)

Schwarz, Günter Christian, Die Stiftung als Instrument für die mittelständische Unternehmensnachfolge, Betriebs-Berater 2001, 2381 (zitiert: *Schwarz*, BB 2001)

Soergel, Hans-Theodor (Hrsg.), Kommentar zum Bürgerliches Gesetzbuch, Band 21: Erbrecht 1, 13. Auflage, Stuttgart 2002 (Soergel/*Bearbeiter*)

Sommer, Michael, Zivilrechtliche Aspekte der Unternehmensnachfolge bei Kapitalgesellschaften, S. 253–267, Schlecht & Partner, Taylor Wessing (Hrsg.), Unternehmensnachfolge, 2. Auflage, Berlin 2010 (zitiert: *Sommer*, Unternehmensnachfolge)

Spiegelberger, Sebastian, Unternehmensnachfolge, 2. Auflage, München 2009 (zitiert: *Spiegelberger*)

Staudinger, Julius von (Begr.), Kommentar zum Bürgerlichen Gesetzbuch mit Einführungsgesetz und Nebengesetzen, Buch 1: Allgemeiner Teil, §§ 80-89 (Stiftungsrecht), Neubearbeitung, Berlin 2017 (zitiert: Staudinger/*Bearbeiter*)

Ders., Kommentar zum Bürgerlichen Gesetzbuch mit Einführungsgesetz und Nebengesetzen, Buch 2: Recht der Schuldverhältnisse, §§ 516–534 (Schenkungsrecht), Neubearbeitung Berlin 2021 (zitiert: Staudinger/*Bearbeiter*)

Ders., Kommentar zum Bürgerlichen Gesetzbuch, Buch 5: Erbrecht, §§ 1967–2063 (Rechtsstellung des Erben), Berlin 2017 (zitiert: Staudinger/*Bearbeiter*)

Ders., Kommentar zum Bürgerlichen Gesetzbuch, Buch 5: Erbrecht, §§ 2303–2345 (Pflichtteil, Erbunwürdigkeit), Berlin 2017 (zitiert: Staudinger/*Bearbeiter*)

Strobel, Benedikt, Bedarf das gemeinschaftliche Testament des deutschen BGB einer Reform?, S. 399–432, Bork, Reinhard / Taupitz, Jochen / Wagner, Gerhard (Hrsg.), Archiv für die civilistische Praxis – AcP 221 (2021) (zitiert: *Strobel*, AcP 221)

Sudhoff, Heinrich, Familienunternehmen, 2. Auflage, München 2005 (zitiert: Sudhoff/*Bearbeiter*, Familienunternehmen)

Ders., Unternehmensnachfolge, 5. Auflage, München 2005 (zitiert: Sudhoff/*Bearbeiter*, Unternehmensnachfolge)

Wachter, Thomas, Gesellschaftervereinbarungen als Gestaltungsinstrument bei der Rechtsnachfolge in Familienunternehmen – Teil 1: Gesellschaftsrechtliche Zulässigkeit von Stimmbindungs- und Poolvereinbarungen, ErbR – Zeitschrift für die gesamte erbrechtliche Praxis 2016, S. 114–121 (zitiert: *Wachter*, ErbR 2016)

Ders., Stiftungen und Unternehmen, S. 291–303, Schlecht & Partner, Taylor Wessing (Hrsg.), Unternehmensnachfolge, 2. Auflage, Berlin 2010 (zitiert: *Wachter*, Unternehmensnachfolge)

Werner, Rüdiger, Möglichkeiten zur Kontrolle der Gesellschafternachfolge von Todes wegen bei Familienunternehmen in der Rechtsform der GmbH, ErbR – Zeitschrift für die gesamte erbrechtliche Praxis 2010, S. 381–386 (zitiert: *Werner*, ErbR 2010)

Westermann, Harm Peter, Die Gestaltung vorweggenommener Erbfolge in Gesellschaftsbeteiligungen, S. 47–70, Röthel, Anne /Schmidt, Karsten (Hrsg.), Die Verträge der Familienunternehmer,1. Auflage, Hamburg 2013 (zitiert: *Westermann*, Die Verträge der Familienunternehmer)

Windbichler, Christine, Gesellschaftsrecht, 24. Auflage, München 2017 (zitiert: *Windbichler*)

Winkler, Christian, Unternehmensnachfolge und Pflichtteilsrecht-Wege zur Minimierung des Störfaktors „Pflichtteilsansprüche", ZEV – Zeitschrift für Erbrecht und Vermögensnachfolge 2005, 89-98 (zitiert: *Winkler*, ZEV 2005)

II. Türkische Literatur

Acabey, M. Beşir, Edinilmiş Mallara Katılma Rejimi ve Tavsiyesi, Ankara 2020 (zitiert: *Acabey*)

Akbıyık, Cem, Vasiyeti Yerine Getirme Görevlisi, 1. Auflage, Istanbul 2012 (zitiert: *Akbıyık*)

Akın, Murat Yusuf, Anonim Ortaklıkta Bağlı Nama Yazılı Hisseler, 1. Auflage, Istanbul 2014 (zitiert: *Akın*)

Akünal, Teoman, Stiftung in der Türkei, S. 143–153, Breitschmid, Peter / Ansay, Tugrul (Hrsg.), 100 Jahre schweizerisches ZGB, 80 Jahre türkisches

ZGB, Berlin 2008 (zitiert: *Akünal*, 100 Jahre schweizerisches ZGB, 80 Jahre türkisches ZGB)

Arslan, İbrahim, Şirketler Hukuku Bilgisi, 14. Auflage, Konya 2010 (zitiert: *Arslan*)

Ayan, Özge, Ölümün Şirketler Hukuku İlişkilerine Etkileri, S. 1–25, Dokuz Eylül Üniversitesi Dergisi, Band 21, Sayı 1, 2019 (zitiert: *Ayan*, Dokuz Eylül Üniversitesi Dergisi 2019)

Aydin Ünver, Tülay, Miras Bırakanın Yasa Gereği Denkleştirmeye Tabi Olan Kazandırmaları, S. 111 ff., Festschrift Für Prof. Sener Akyol (zitiert: *Aydin Ünver*, Festschrift Für Prof. Sener Akyol)

Bahtiyar, Mehmet, Anonim Ortaklık Anasözleşmesi, 1. Auflage, Istanbul 2001 (zitiert: *Bahtiyar*)

Badur, Emel, Eşin Rızası, S. 251–302, TBB – Türkiye Barolar Birliği Dergisi 2013, Sayı 109 (zitiert: *Badur*, TBB 2013, Sayı 109)

Ballar, Suat, Yeni Vakıflar Hukuku, 5. Auflage, Istanbul 2015 (zitiert: *Ballar*)

Bozkurt, Tamer, Anonim Şirketlerde Pay Devrinin Sınırlandırılması (Bağlam), „Die Vinkulierung", 1. Auflage, Istanbul 2016 (zitiert: *Bozkurt*)

Çabri, Sezer, Miras Hukuku Şerhi, Band I, 1. Auflage, Istanbul 2018 (zitiert: *Çabri*)

Çakır, Ayşe, 6102 sayılı Türk Ticaret Kanunu'na göre Anonim Şirketlerde Bağlı Nama Yazılı Payların Devri, S. 391–413, Sosyal Bilimler Dergisi 2018 (zitiert: *Çakır*, Sosyal Bilimler Dergisi 2018)

Doğan, Murat / Narbay, Şafak, İktisadi amaçla Vakıf Kurulamaması Prensibi ve Vakfın İktisadi İşletme İşletmesi, Atatürk Üniversitesi Erzincan Hukuk Fakültesi Dergisi 2000, S. 437–461 (zitiert: *Doğan/Narbay*, AÜEHFD 2000)

Dural, Mustafa / Öğüz, Tufan / Gümüş, Alper, Türk Özel Hukuku Band III, Aile Hukuku, 16. Auflage, Istanbul 2021 (zitiert: *Dural/Öğüz/Gümüs*)

Dural, Mustafa / Öz, Turgut, Türk Özel Hukuku Band IV, Miras Hukuku, 15. Auflage, Istanbul 2020 (zitiert: *Dural/Öz*)

Eminoğlu, Cafer, Der Entwurf eines neuen Türkischen Handelsgesetzbuches im Überblick, RIW 2010, S. 557–561 (zitiert: *Eminoğlu*, RIW 2010)

Engin, Baki İlkay, Die gesetzliche Erbfolge im neuen türkischen Zivilgesetzbuch, S. 29–38, Krüger, Hilmar / Körtek, Yasemin (Hrsg.), Beiträge zum türkischen Recht (zitiert: *Engin*, Beiträge zum türkischen Recht)

Erdem, Ercüment, Yönetim Kurulunun Oluşumu, Yetkileri ve Yetki Devri, S. 25-61, Altınbaş, Ayşegül / Özatlan, Yurdal (Hrsg.), Yeni Türk Ticaret Kanunu'nun İş Dünyasına Etkileri, Auflage 2014, Ankara (zitiert: *Erdem*, Yeni Türk Ticaret Kanunu'nun İş Dünyasına Etkileri)

Eren, Fikret, Borçlar Hukuku Özel Hükümler, 8. Auflage, Ankara 2020 (zitiert: *Eren*)

Eren, Fikret / Yücer Aktürk, İpek, Türk Miras Hukuku, 3. Auflage, Ankara 2020 (zitiert: *Eren/Yücer Aktürk*)

Ertem, Adnan, Osmanlıdan Günümüze Vakıflar, Divan Dergisi Bilim ve Sanat Vakfı Yayınları 1999, S. 25–65 (zitiert: *Ertem*, Divan Dergisi Bilim ve Sanat Vakfı Yayınları 1999)

Gençcan, Ömer Uğur, Türk Medeni Kanunu Yorumu, 2. Band, Art. 185–194, Ankara 2015 (zitiert: *Gençcan,* Kommentar Band)

Ders., Türk Medeni Kanunu Yorumu, 3. Band, Art. 495–1030, Ankara 2015 (zitiert: *Gençcan,* Kommentar Band)

Ders., Mal Rejimleri Hukuku, 7. Auflage, Ankara 2020 (zitiert: *Gençcan*, Mal Rejimleri Hukuku)

Ders., Miras Hukuku, 2. Auflage, Ankara 2011 (zitiert: *Gençcan*, Miras Hukuku)

Gümüş, Mustafa Alper, Borçlar Hukuku Özel Hükümler, 5. Auflage, Istanbul 2020 (zitiert: *Gümüş*)

Hatemi, Hüseyin, Miras Hukuku, 9. Auflage, Istanbul 2021 (zitiert: *Hatemi*, Miras Hukuku)

Ders., Aile Hukuku, 9. Auflage, Istanbul 2021 (zitiert: *Hatemi*, Aile Hukuku)

Hatipoğlu, Gözde, Die Verletzung familienrechtlicher Verpflichtungen als Grund der Enterbung nach türkischem Recht, ZErb – Zeitschrift für die Steuer- und Erbrechtspraxis Zeitschrift 2021, S. 171–178 (zitiert: *Hatipoğlu*, ZErb 2021)

Imre, Zahit / Erman, Hasan, Miras Hukuku, 15. Auflage, Istanbul 2021 (zitiert: *Imre /Erman*)

Karpuzoğlu, Ebru, Aile Şirketlerinin Sürekliliğinde Kurumsallaşma, 1. Aile İşletmeleri Kongresi Kongre Kitabi, Istanbul 2004, S. 42, 43 (İstanbul Kültür Üniversitesi Yayınları) (zitiert: *Karpuzoğlu*)

Kılıçoğlu, Ahmet, Miras Hukuku, 10. Auflage, Ankara 2019 (zitiert: *Kılıçoğlu*)

Kılıçoğlu Yılmaz, Kumru, Evlilik Birliğinin Korunması, TBB – Türkiye Barolar Birliği Dergisi 2015, Sayı 120, S. 423–464 (*Kılıçoğlu Yılmaz,* TBB 2015, Sayı 120)

Kocayusufpaşaoğlu, Necip, Miras Hukuku, 3. Auflage, Istanbul 1987 (zitiert: *Kocayusufpaşaoğlu*)

Kocaağa, Köksal, Vasiyeti Yerine Getirme Görevlisinin Hukuki Niteliği, GÜHFD 2002, S. 55-82 (zitiert: *Kocaağa,* GÜHFD 2002)

Korkusuz, Refik/ Ergün, Ömer, Hukuksal Boyutları ile Eski ve Yeni Vakıflar, Dicle Üniversitesi Hukuk Fakültesi Dergisi 2008, S. 69–138 (zitiert: *Korkusuz/ Ergün*, DÜHF 2008)

Kurtulan Güner, Gökçe, Trust ve Türk Hukuku Acısından Değerlendirilmesi, 1. Auflage, Istanbul 2020 (zitiert: *Kurtulan Güner*)

Moroğlu, Erdoğan, Özellikle Anonim ve Limited Ortaklıklarda Oy Sözleşmeleri, 3. Auflage, Ankara 2002 (zitiert: *Moroğlu*)

Nar, Ahmet, Türk Miras Hukukunda Tenkis, 1. Auflage, Istanbul 2016 (zitiert: *Nar*)

Odenthal, Hanswerner, Das neue türkische Ehegüterrecht, FamRZ – Zeitschrift für das gesamte Familienrecht 2003, S. 648–657 (zitiert: *Odenthal*, FamRZ 2003)

Oğuz, Arzu, Die Errungenschaftsbeteiligung als der neue ordentliche Güterstand des türkischen Zivilgesetzbuches, Ankara Law Review 2017, S. 131–176 (zitiert: *Oğuz*, Ankara Law Review 207)

Oğuzman, Kemal, Miras Hukuku, 3. Auflage, Istanbul 1984 (zitiert: *Oğuzman*)

Ders., Evlilik Dışı Çocukların Babalarına Mirasçılığı Sorunu, S. 303–310), Ankara Üniversitesi SBF Dergisi 49 (1994) (zitiert: *Oğuzman*, Ankara Üniversitesi SBF Dergisi 49 (1994))

Okutan Nilsson, Gül, Anonim Ortaklıklarda Paysahipleri Sözleşmeleri, 1. Auflage, Istanbul 2004 (zitiert: *Okutan Nilsson*)

Öztan, Bilge, Miras Hukuku, 11. Auflage, Ankara 2020 (zitiert: *Öztan*)

Pekdinçer, Tamer, TTK Tasarısına Göre Anonim Şirketlerde Bağlam Hükümlerinin Değerlendirilmesi, S. 211–222, Anonim Şirketler ve Sermaye Piyasası Hukukunda Güncel Gelişmeler, Türk-Alman Uluslararası Sempozyumu Yayını, Istanbul 2011 (zitiert: Pekdinçer, Anonim Şirketler ve Sermaye Piyasası Hukukunda Güncel Gelişmeler 2011)

Poroy, Reha / Tekinalp, Ünal / Çamoğlu, Ersin, Ortaklıklar Hukuku I, 15. Auflage, Istanbul 2021 (zitiert: *Poroy/Tekinalp/Çamoğlu*, Ortaklıklar Hukuku I)

Dies., Ortaklıklar Hukuku II, 14. Auflage, Istanbul 2019 (zitiert: *Poroy/Tekinalp/Çamoğlu*, Ortaklıklar Hukuku II)

Pulaşlı, Hasan, Şirketler Hukuku Genel Esaslar, 7. Auflage, Ankara 2021 (zitiert: *Pulaşlı*)

Ders., Şirketler Hukuku Şerhi – Band I, 3. Auflage, Ankara 2018 (zitiert: *Pulaşlı*, Kommentar Band)

Ders., Şirketler Hukuku Şerhi – Band II, 3. Auflage, Ankara 2018 (zitiert: *Pulaşlı*, Kommentar Band)

Ders., Şirketler Hukuku Şerhi – Band III, 3. Auflage, Ankara 2018 (zitiert: *Pulaşlı*, Kommentar Band)

Saltaş-Özcan, Figen, Die Scheidungsfolgen nach türkischem materiellem Recht, Frankfurt am Main 2002 (zitiert: *Saltaş-Özcan*)

Serozan, Rona, Das türkische Erbrecht verglichen mit dem deutschen Erbrecht: mehr Gemeinsamkeiten als Besonderheiten, ZEV – Zeitschrift für

Erbrecht und Vermögensnachfolge 1997, S. 473–481 (zitiert: *Serozan*, ZEV 1997)

Ders., Die Entwicklung des türkischen Erbrechts, S. 9–27, Krüger, Hilmar / Körtek, Yasemin (Hrsg.), Beiträge zum türkischen Recht (zitiert: *Serozan*, Beiträge zum türkischen Recht)

Ders., Die türkische Weiche im Geleise des schweizerischen Erbrechts, S. 175–184, Breitschmid, Peter / Ansay, Tuğrul (Hrsg.), 100 Jahre schweizerisches ZGB 80 Jahre türkisches ZGB (zitiert: Serozan, 100 Jahre schweizerisches ZGB 80 Jahre türkisches ZGB)

Serozan, Rona/ Engin, Baki İlkay, Miras Hukuku, 6. Auflage, Ankara 2019 (zitiert: *Serozan/Engin*)

Serozan, Rona / Sanlı, Kerem Cem / Baysal, Basak, Borçlar Hukuku Özel Bölüm, 4. Auflage, Istanbul 2019 (zitiert: *Serozan/Sanlı/Baysal*)

Sert Sütçü, Selin, Miras Bırakanın Muvazaalı Hukuki İşlemleri ve Sonuçları, Ankara 2019 (zitiert: *Sert Sütçü*)

Söğüt, İpek Sevda, Roma ve Türk Hukuku'nda Aile Fideikomisi (Fideicommissum Familiae Relictum) Kavramı, TBB Dergisi 2020, S. 143–181 (zitiert: *Söğüt*, TBB Dergisi 2020)

Şıpka, Şükran, Edinilmiş Mallara Katılma Rejimi ve Uygulamaya ilişkin Sorunlar, 2. Auflage, Istanbul 2013 (zitiert: *Şıpka*)

Dies., Aile Konutu ile ilgili İşlemlerde diğer Eşin Rızası, 2. Auflage, Istanbul 2004 (zitiert: *Şıpka, Aile Konutu ile ilgili İşlemlerde diğer Eşin Rızası*)

Tandoğan, Haluk, Borçlar Hukuku Özel Borç İlişkileri, Band I/1, 6. Auflage, Istanbul 2008 (zitiert: *Tandoğan*)

Taşdelen, Nihat, 6102 sayılı Ticaret Kanunu'nun Getirdiği Sınırlamalar, S. 3351–3382, Dokuz Eylül Üniversitesi Dergisi, Cilt 16, Özel Sayı 2014, Prof. Dr. Hakan Pekcanıteze Armağan (zitiert: *Taşdelen*, Dokuz Eylül Üniversitesi Dergisi 2014)

Tekinalp, Ünal, Sermaye Ortaklıklarının Yeni Hukuku, 4. Auflage, Istanbul 2015 (zitiert: *Tekinalp*, Sermaye Ortaklıklarının Yeni Hukuku)

Ders., Anonim Ortaklıkta Yeni Bağlam Sisteminin Esasları, 1. Auflage, Istanbul 2012 (zitiert: *Tekinalp*, Anonim Ortaklıkta Yeni Bağlam Sisteminin Esasları)

Topuz, Murat, Yargıtay Kararları Işığında Muris Muvazaasının Varlığını Gösteren Emareler, S. 709–727, İKÜHFD, 15 (2) 2016 (zitiert: *Topuz*, İKÜHFD, 15 (2) 2016)

Turan Başara, Gamze, Miras Hukukunda Denkleştirme, Ankara 2013 (zitiert: *Turan Basara*, Miras Hukukunda Denkleştirme)

Uçar, Sercan, Anonim Şirket Paylarının Devrinde Önalım ve Öncelik Hakları, 1. Auflage, Istanbul 2017 (zitiert: *Uçar*)

Uyar Hatipoğlu, Zeynep, Yargıtay İçtihatlarına Göre Muris Muvazaasında Miras Bırakanın Asil İradesinin Tayini, S. 109–136, DÜHFD, Cilt: 22, Sayı: 36, 2017 (zitiert: *Uyar Hatipoğlu*, DÜHFD, Cilt: 22, Sayı: 36, 2017)

Uzel, Necdet, Anonim Ortaklıkta Esas Sözleşmesel Bağlam, 1. Auflage, Istanbul 2013 (zitiert: *Uzel*)

Yağcıoğlu, Ali Haydar, Edinilmiş Mallara Katılma Rejiminde Eşlerin Yasal Alım Hakkı 1. Auflage, Izmir 2007 (zitiert: *Yağcıoğlu*, Edinilmiş Mallara Katılma Rejiminde Eşlerin Yasal Alım Hakkı)

Yarayan, Ali, Das Ehegüterrecht nach türkischem Recht in der deutschen Rechtspraxis, NZFam – Neue Zeitschrift für Familienrecht 2016, S. 1147–1153 (zitiert: *Yarayan*, NZFam 2016)

Yavuz, Cevdet, Borçlar Hukuku Özel Hükümler, 17. Auflage, Istanbul 2021 (zitiert: *Yavuz*)

Yılmaz, Çiğdeme Mine/ Bozkurt Yaşar, Sevgi, Eşler Arasındaki Mal Rejimi Hükümleri Çerçevesinde Anonim Şirketlerde Bağlı Nama Yazılı Payların İktisabı, TBB – Türkiye Barolar Birliği Dergisi 2017, S. 449–516 (zitiert: *Yılmaz/Yaşar*, TBB Dergisi 2017)

Yüksel, Sinan, Borsaya Kote Edilmemiş Bağlı Nama Yazılı Payların Devrinde Şirketin Alım Önerisinde Bulunarak Onay İstemini Reddetme Hakki (Kaçış Klozu), S. 159–217, Galatasaray Üniversitesi Hukuk Fakültesi Dergisi 2013 (zitiert: *Yüksel*, Galatasaray Üniversitesi Hukuk Fakültesi Dergisi 2013)

Zevkiler, Aydın/ Gökyayla, K. Emre, Borçlar Hukuku Özel Borç İlişkileri,20. Auflage 2020 (zitiert: *Zevkiler/Gökyayla*)

Zeytin, Zafer, Edinilmiş Mallara Katılma Rejimi ve Tavsiyesi, 4. Auflage, Ankara 2020 (zitiert: *Zafer*)

Schriften zum Gesellschafts-, Bilanz- und Unternehmensteuerrecht

Herausgegeben von Barbara Grunewald und Joachim Hennrichs

Band 1 Moritz Pöschke: Eigenkapital mittelständischer Gesellschaften nach IAS/IFRS. 2009.

Band 2 Ulrike Lehmann: Gesellschaftsrechtliche Gestaltungen im Erbschaft- und Schenkungsteuerrecht. Eine Untersuchung der Erbschaft- und Schenkungsteuersubjektivität der Personengesellschaft sowie der mittelbaren Anteilsschenkung. 2009.

Band 3 Christian Graw: Das Konzept der Anteilseignerbesteuerung nach § 22 UmwStG 2006 – insbesondere im Vergleich zu § 21 UmwStG 1995. 2009.

Band 4 Christopher M. Picot: Die Rechte der Aktionäre beim Delisting börsennotierter Gesellschaften. 2009.

Band 5 Pascal Alexander Salomon: Regelungsaufträge in der Societas Privata Europea. Einführung in eine neue Rechtsform unter besonderer Berücksichtigung des Gesetzgebungs-instruments des Regelungsauftrages. 2010.

Band 6 Anna Sabrina Cryns: Gesellschafterfremdfinanzierung in Frankreich und Zinsschranke – ein Rechtsvergleich. 2011.

Band 7 Björn Karst: Das Marktmanipulationsverbot gem. § 20a WpHG. Unter besonderer Berücksichtigung der „Safe-Harbor"-Regelung. 2011.

Band 8 Ulrike Petig: Verdeckte Sacheinlagen im GmbH- und Aktienrecht. Die Veränderungen durch MoMiG und ARUG. 2012.

Band 9 Jochen Möller: Vorteilsanrechnung bei nützlichen Pflichtverletzungen im Kapitalgesellschafts- und Kartellrecht. 2012.

Band 10 Alexander Kersten: Zinsschranke und IFRS. Rechtssystematische Einordnung einer punktuellen Maßgeblichkeit der IFSR im Steuerrecht am Beispiel der Zinsschranke. 2012.

Band 11 Tobias Strohmeier: Special Purpose Acquisition Companies. SPACs im Spannungsfeld von deutschem Aktien- und Kapitalmarktrecht. 2012.

Band 12 Ruth Winter: Die steuerliche Behandlung von Scheinauslandsgesellschaften. Eine Untersuchung zur doppelansässigen Kapitalgesellschaft. 2013.

Band 13 Daniel Krey: IFRS und Ausschüttungsbemessung. 2013.

Band 14 Gabriel Jakob Litzenberger: Sanierungspflichten in der Krise von AG und GmbH. 2014.

Band 15 Franziska Neumann: Rechtliche Probleme von PIPE-Transaktionen. 2014.

Band 16 Jan Winzen: Vorzugsaktie und KGaA. Instrumente zur Kontrollerhaltung bei der Eigenkapitalfinanzierung. Unter besonderer Berücksichtigung der Vereinheitlichung von Aktiengattungen. 2014.

Band 17 Andreas Gerten: Angemessenheit und Steuern. Verdeckte Einkommensverwendung bei Kapitalgesellschaften im internationalen Vergleich. 2014.

Band 18 Isabel Kristin Fischer: Die Partnerschaftsgesellschaft mit beschränkter Berufshaftung. Rechtliche Einordnung und Haftungsverfassung unter Berücksichtigung der englischen LLP. 2015.

Band 19 Leif Klinkert: Probleme der neuen Ansatzrechte im Sinne des § 268 Abs. 8 HGB und der entsprechenden Ausschüttungssperren. Zugleich ein Vergleich zur kalifornischen Ausschüttungsregelung. 2016.

Band 20 Kai Sofia Loth: Die Haftung der Organe einer Aktiengesellschaft bei Entscheidungen unter Rechtsunsicherheit. De lege lata et ferenda. 2016.

Band 21 Nikolaus Moench: Die Societas Unius Personae (SUP). 2016.

Band 22 Moritz Evertz: Unternehmensstrafrecht aus gesellschaftsrechtlicher Sicht. Eine Untersuchung am Beispiel des nordrhein-westfälischen Gesetzesentwurfs zur Einführung eines Verbandsstrafgesetzbuchs. 2016.

Band 23 Gudrun Dorothea von der Laage: Handelsbilanzielle und körperschaftsteuerliche Aspekte der Sitzverlegung einer Europäischen Aktiengesellschaft (SE). Profili contabili e fiscali (dell'IRES) del trasferimento di sede di una Società Europea (SE). 2017.

Band 24 Christina Schröter: Rechtliche Grundlagen und normzweckadäquate Unternehmensbewertung bei Kapitalgesellschaften. 2017.

Band 25 Eric Becker: Unternehmerische Freiheit in deutscher KGaA und britischer PLC. Eignet sich die PLC als Rechtsformalternative für börsenwillige Familienunternehmen in Deutschland? 2017.

Band 26 Benedikt Statz: Die Haftungsverfassung der Partnerschaftsgesellschaft mit beschränkter Berufshaftung. 2017.

Band 27 Moritz Beneke / Barbara Grunewald: Der Besondere Vertreter nach § 147 AktG. 2018.

Band 28 Florian Wirkes: Rechtsfolgen einer nicht nach § 87 Abs. 1 AktG angemessenen Vorstandsvergütung. Unter Berücksichtigung der Änderungen durch das Gesetz zur Angemessenheit der Vorstandsvergütung (VorstAG). 2018.

Band 29 Peter Schaub: Die Kapitalschutzfunktion des Jahresabschlusses nach dem BilMoG. 2018.

Band 30 Benjamin Baisch: Verjährungsbeginn der Ansprüche von AG und GmbH gegen ihre Geschäftsleiter gemäß § 199 Abs. 1 BGB. Eine Sonderkonstellation der Wissenszurechnung. 2018.

Band 31 Oliver Markmann: Finanzielle Unterstützungsleistungen der Aktiengesellschaft zugunsten ihrer Aktionäre. 2019.

Band 32 Matthias Sebastian Weber: Liability Management Transaktionen. 2019.

Band 33 Martin Grabmann: Differenz- und Existenzvernichtungshaftung in der Aschenputtel-GmbH. 2019.

Band 34 Christian Brenscheidt: Informationsrechte des Private Equity-Investors gegenüber dem Portfolio-Unternehmen. Untersuchung am Beispiel einer Aktiengesellschaft. 2020.

Band 35 Sarah Söntgerath: Die Nichtigkeitsgründe des § 241 AktG – de lege lata und de lege ferenda. 2020.

Band 36 Svenja Fröhlich: Ausscheiden von Personengesellschaftern. Eine rechtsvergleichende Untersuchung des deutschen und US-amerikanischen Rechts mit besonderem Fokus auf die Hinauskündigung. 2020.

Band 37 Simon Krämer: Die Herabsetzung der Vergütung des Vorstandes nach § 87 Abs. 2 AktG vor dem Hintergrund der Vergütungsproblematik, der besonderen Rolle des Vorstandes und seiner Rechtsbeziehung zur Aktiengesellschaft. 2021.

Band 38 Michael Mildner: Prognosen im Kapitalmarktrecht. 2021.

Band 39 Mauritz Rogier: Die übertragende Auflösung. Eine Untersuchung zum Recht der Aktiengesellschaft, der Gesellschaft mit beschränkter Haftung und der Kommanditgesellschaft. 2022.

Band 40 Aysegül Altinbas: Nachfolge in Familienunternehmen – Rechtliche Rahmenbedingungen bei Kapitalgesellschaften in Deutschland und in der Türkei. *Aile Şirketlerinde Halefiyet – Türkiye ve Almanya'daki Sermaye Şirketlerindeki Hukuksal Çerçeve.* 2022.

www.peterlang.com

www.ingramcontent.com/pod-product-compliance
Ingram Content Group UK Ltd.
Pitfield, Milton Keynes, MK11 3LW, UK
UKHW021842290926
8980IPUK00005B/592

9 783631 858745